Kokemoor | Sozialrecht

Sozialrecht

Von
Dr. iur. Axel Kokemoor
Professor an der Hochschule Fulda

6., neu bearbeitete und verbesserte Auflage

Verlag Franz Vahlen München 2014

Zitiervorschlag: *Kokemoor* SozR Rn.

www.vahlen.de

ISBN 978 3 8006 4845 0

© 2014 Verlag Franz Vahlen GmbH
Wilhelmstraße 9, 80801 München
Druck: Druckhaus Nomos
In den Lissen 12, 76547 Sinzheim

Satz: R. John + W. John GbR, Köln
Umschlagkonzeption: Martina Busch Grafikdesign, Homburg Kirrberg

Gedruckt auf säurefreiem, alterungsbeständigem Papier
(hergestellt aus chlorfrei gebleichtem Zellstoff)

Für Kristina, Gustav und Till

Vorwort

Seit der ersten Auflage dieses »Lernbuchs« sind mitlerweile zehn Jahre vergangen. Zielsetzung und Konzeption sind im Vorwort zur ersten Auflage erläutert, das auf der Folgeseite auszugsweise abgedruckt ist. Es ist nach wie vor aktuell und dem ist an sich nichts hinzuzufügen. Allerdings haben Regelungsdichte und -frequenz der Rechtsmaterie dazu geführt, dass von der – im Vergleich zu anderen Rechtsgebieten – ohnehin recht überschaubaren Zahl umfangreicherer Lehrbücher nur noch ein relativ kleiner Teil in halbwegs aktuellen Auflagen verfügbar ist. Dadurch kommt diesem Buch zwischenzeitlich eine Bedeutung zu, die es eigentlich gar nicht einnehmen wollte. Ursprünglich war es nur als didaktischer Einstieg in eine Materie gedacht, die durch andere Werke detailreicher erschlossen werden konnte. Inzwischen gehört es aber zu den wenigen Lehrbüchern, die einem Sozialrechtsneuling überhaupt noch eine Einarbeitung in die Materie auf aktuellem Stand ermöglichen. Der an der Materie interessierte Leser und die interessierte Leserin mögen diesen Grundansatz bitte nachsichtig vergegenwärtigen, wenn hier bisweilen nur die (vermeintlich) wesentlichsten Teile des Sozialrechts dargestellt werden können.

Obwohl die Vorauflage erst aus dem vergangenen Jahr stammt, war – wie im Sozialrecht stets – zahlreichen Rechtsänderungen sowie neuen Urteilen Rechnung zu tragen. Die Neuauflage berücksichtigt insbesondere das Altersgeldgesetz v. 28.8.2013, BGBl. I 3386, das 14. SGB V-Änderungsgesetzes v. 27.3.2014, BGBl. I 261, das GKV-Finanzstruktur- und Qualitäts-Weiterentwicklungsgesetz (GKV-FQWG) v. 21.7.2014, BGBl. I 1133, das Gesetz über Leistungsverbesserungen in der gesetzlichen Rentenversicherung (RV-Leistungsverbesserungsgesetz) v. 23.6.2014, BGBl I 787, das Achte Gesetz zur Änderung des Zweiten Buches Sozialgesetzbuch v. 28.7.2014, BGBl. I 1306, den Entwurf eines Fünften SGB XI-Änderungsgesetzes (BT-Drs. 18/1798), den Entwurf eines Gesetzes zur Einführung des Elterngeld Plus mit Partnerschaftsbonus und einer flexiblen Elternzeit im Bundeselterngeld- und Elternzeitgesetz (BR-Drs. 355/14) sowie die ersten Überlegungen zur Refom des Wohngeldrechts im Jahr 2015 und weitere im Koalitionsvertrag von CDU, CSU und SPD vom 27.11.2013 für die 18. Legislaturperiode genannten Vorhaben (insbes. im Hinblick auf ein neues Bundesleistungsgesetz für Menschen mit Behinderungen sowie die Einführung eines Bundesteilhabegeldes).

Dank der Anregungen und Hinweise von interessierten Leserinnen und Lesern sowie von aufmerksamen Kolleginnen und Kollegen, die ich gern aufgegriffen habe, konnten wiederum Ergänzungen und Verbesserungen vorgenommen werden. Für derartige Hinweise und Anregungen bin ich stets sehr dankbar. Sie erreichen mich per E-Mail unter der Adresse Axel.Kokemoor@sk.hs-fulda.de oder brieflich über die Hochschule Fulda, Marquardstr. 35, 36039 Fulda.

Fulda, im August 2014   *Axel Kokemoor*

Aus dem Vorwort zur ersten Auflage

Das Sozialrecht erscheint auf den ersten Blick als unübersichtliches, im ständigen Gesetzgebungsfluss befindliches und nur schwer durchschaubares Rechtsgebiet. Das vorliegende »Lernbuch« möchte vor allem Studierenden der Rechtswissenschaften und des Sozialwesens sowie der Wirtschaftswissenschaften an Universitäten, (Verwaltungs-)Fachhochschulen und Berufsakademien den Einstieg in die Materie erleichtern. Auch Praktikern, die nicht schwerpunktmäßig sozialrechtlich tätig sind, kann es einen knappen Überblick über die wichtigsten Fragen und Zusammenhänge der unübersichtlichen Materie geben. Aufgrund seiner vorwiegend *didaktisch-pädagogischen* Konzeption soll und vermag es die zum Teil ganz hervorragenden und meist wesentlich ausführlicheren Grundrisse und Lehrbücher zum Sozialrecht nicht zu ersetzen. Auf sie wird zur Vertiefung hingewiesen.

Gefolgt wird dem *Wörlen*'schen Konzept des »Lernens im Dialog«, das den Leser anregen soll, sich den Stoff aktiv durch eigene Überlegungen zu erarbeiten. Graphische Darstellungen können den Zugang erleichtern, zusammenfassende Übersichten zum Ende der Kapitel ermöglichen eine kurze Erfolgskontrolle zu den wichtigsten Lehrinhalten. Um auch auf Klausursituationen vorzubereiten, sind die Inhalte überwiegend anhand von *Fällen* aufbereitet.

Umfangreiche Normierungen machen das Sozialrecht nicht nur unübersichtlich, sondern bieten auf der anderen Seite auch den Vorzug, dass vieles ausdrücklich geregelt ist und nur aufgefunden werden muss. Unerlässlich ist es daher, alle erwähnten *Rechtsvorschriften zu lesen*, wozu beständig angehalten wird. Als hilfreich können sich – sofern zulässig – auch Paragraphenverweise und Unterstreichungen erweisen, wozu ebenfalls Hilfestellungen gegeben werden.

Der inhaltliche Schwerpunkt liegt auf dem *Sozialversicherungsrecht* sowie den grundsätzlichen Regelungen des Sozial- und Sozialverwaltungsrechts. ...

Schmalkalden, im Juni 2004 *Axel Kokemoor*

Inhaltsverzeichnis

Verzeichnis der Abbildungen und Übersichten

Verzeichnis der Übungsfälle

Abkürzungsverzeichnis

aE	am Ende
aF	alter Fassung
AA	Agentur für Arbeit, Arbeitsamt
Abb.	Abbildung
Abs.	Absatz
AEUV	Vertrag über die Arbeitsweise der Europäischen Union
aF	alte/r Fassung
AG	Arbeitgeber
Aichberger	Sozialgesetzbuch (Loseblatt-Textsammlung)
ALG	Gesetz über die Alterssicherung der Landwirte
Alg.	Arbeitslosengeld
allg.	allgemein/e/er/es
AltGG	Altersgeldgesetz
AN	Arbeitnehmer
AOK	Allgemeine Ortskrankenkasse (heute: Ortskrankenkasse)
ArblV	Arbeitslosenversicherung
ArbR	Arbeitsrecht
ArbSchG	Arbeitsschutzgesetz
ArbSichG	Arbeitssicherheitsgesetz
ArbStättVO	Arbeitsstättenverordnung
Art.	Artikel
ArbuR	Arbeit und Recht (Zeitschrift)
AsylbLG	Asylbewerberleistungsgesetz
AT	Allgemeiner Teil
Aufl.	Auflage
ausf.	ausführlich
BA	Bundesagentur für Arbeit, Bundesanstalt für Arbeit
BAföG	Bundesausbildungsförderungsgesetz
BBG	Beitragsbemessungsgrenze
BDSG	Bundesdatenschutzgesetz
BeamtVG	Beamtenversorgungsgesetz
BEEG	Bundeselterngeld- und Elternzeitgesetz
BErzGG	Bundeserziehungsgeldgesetz
BEA	Bescheinigungen Elektronisch Annehmen
bes.	besondere, besonders
Besch.	Beschäftigung
betriebl.	betrieblich
BetrVG	Betriebsverfassungsgesetz
BfA	Bundesversicherungsanstalt für Angestellte
BG	Berufsgenossenschaft; Die Berufsgenossenschaft (Zeitschrift; s. jetzt BPUVZ)
BGB	Bürgerliches Gesetzbuch
BGBl.	Bundesgesetzblatt
BGH	Bundesgerichtshof
BGHZ	Amtliche Sammlung der Entscheidungen des Bundesgerichtshofs in Zivilsachen
BIP	Bruttoinlandsprodukt
BKGG	Bundeskindergeldgesetz
BKiSchG	Bundeskinderschutzgesetz
BKK	Betriebskrankenkasse
BMAS	Bundesministerium für Arbeit und Soziales
BMG	Bundesministerium für Gesundheit

BMGS	Bundesministerium für Gesundheit und Soziale Sicherung
BPUVZ	Zeitschrift für betriebliche Prävention und Unfallversicherung (vormals: BG)
BR	Bundesrat
BRK	Behindertenrechtskonvention (der UN)
BSG	Bundessozialgericht
BSGE	Amtliche Sammlung der Entscheidungen des Bundessozialgerichts
BSHG	Bundessozialhilfegesetz
BT-Drs.	Bundestagsdrucksache
Buchst.	Buchstabe
BUK-NOG	BUK-Neuorganisationsgesetz, Gesetz zur Neuorganisation der bundesunmittelbaren Unfallkassen, zur Änderung des Sozialgerichtsgesetzes und zur Änderung anderer Gesetze
BVerfG	Bundesverfassungsgericht
BVerfGE	Amtliche Sammlung der Entscheidungen des Bundesverfassungsgerichts
BVerwG	Bundesverwaltungsgericht
BVerwGE	Amtliche Sammlung der Entscheidungen des Bundesverwaltungsgerichts
BVG	Bundesversorgungsgesetz
bzw.	beziehungsweise
d.	der, den, des
dh	das heißt
DDR	Deutsche Demokratische Republik
DEÜV	Datenerfassungs- und Übermittlungsverordnung
Di	Dienstag
DMP	Disease-Management-Programme
Do	Donnerstag
DRV	Deutsche Rentenversicherung
DVP	Deutsche Verwaltungspraxis (Zeitschrift)
E	Entwurf
EAO	Erreichbarkeitsanordnung
ELENA	Elektronischer Entgeltnachweis
ELStAM	Elektronische LohnSteuerAbzugsMerkmale
EFZG	Entgeltfortzahlungsgesetz
EG	Europäische Gemeinschaft(en)
ESR	Europäisches Sozialrecht
EStG	Einkommensteuergesetz
EU	Europäische Union
EuGH	Gerichtshof der Europäischen Union
EWG	Europäische Wirtschaftsgemeinschaft
FA	Fachanwalt Arbeitsrecht (Zeitschrift)
f.	folgende (Seite)
ff.	fortfolgende (Seiten)
FEVS	Fürsorgerechtliche Entscheidungen der Verwaltungs- und Sozialgerichte (Zeitschrift)
Fr	Freitag
FS	Festschrift
GdS	Grad der Schädigungsfolgen
GdB	Grad der Behinderung
GefStoffV	Gefahrstoffverordnung
gem.	gemäß
ges.	gesetzlich
gez.	gezeichnet
GG	Grundgesetz
ggf.	gegebenenfalls

GKV	gesetzliche Krankenversicherung
GKV-FQWG	GKV-Finanzstruktur- und Qualitäts-Weiterentwicklungsgesetz
GmbH	Gesellschaft mit beschränkter Haftung
GMG	GKV-Modernisierungsgesetz
grds.	grundsätzlich
GrS	Großer Senat
GS ArbSu	Grundsicherung für Arbeitsuchende
GSG	Gerätesicherheitsgesetz
GSiG	Gesetz über eine bedarfsorientierte Grundsicherung im Alter und bei Erwerbsminderung
GWB	Gesetz gegen Wettbewerbsbeschränkungen
HBeglG	Haushaltsbegleitgesetz
hins.	hinsichtlich
Hs.	Halbsatz
HVBG-Info	Hauptverband der gewerblichen Berufsgenossenschaften, Aktueller Informationsdienst für die berufsgenossenschaftliche Sachbearbeitung
idF	in der Fassung
idR	in der Regel
ieS	im engeren Sinn
iS	im Sinne
iSd	im Sinne des/der
iSv	im Sinne von
iVm	in Verbindung mit
IAO	Internationale Arbeitsorganisation
IfSG	Infektionsschutzgesetz
insbes.	insbesondere
info also	Informationen zum Arbeitslosenrecht und Sozialhilferecht (Zeitschrift)
InsO	Insolvenzordnung
IPR	Internationales Privatrecht
ISR	Internationales Sozialrecht
JuS	Juristische Schulung (Zeitschrift)
jurisPR-ArbR	juris Praxisreport Arbeitsrecht
jurisPR-SozR	juris Praxisreport Sozialrecht
KassKomm	Kasseler Kommentar
Kfz	Kraftfahrzeug
KH	Das Krankenhaus (Zeitschrift)
KiSt	Kirchensteuer
KK	Krankenkasse
KKasse	Krankenkasse
KKG	Gesetz zur Kooperation und Information im Kinderschutz
krit.	kritisch
KrV	Kranken- und Pflegeversicherung (Zeitschrift)
KSVG	Künstlersozialversicherungsgesetz
KV	Krankenversicherung; Kranken- und Pflegeversicherung (Zeitschrift)
KVLG 1989	Zweites Gesetz über die Krankenversicherung der Landwirte
LeistungsentgeltVO	Leistungsentgeltverordnung
LPartG	Lebenspartnerschaftsgesetz
Ls.	Leitsatz
LSG	Landessozialgericht
LSt	Lohnsteuer
LVA	Landesversicherungsanstalt
m. zahlr. wN	mit zahlreichen weiteren Nachweisen

mwN	mit weiteren Nachweisen
MdE	Minderung der Erwerbsfähigkeit
MDK	Medizinischer Dienst der Krankenversicherung
Mo	Montag
Mon.	Monat, Monate
Mrd.	Milliarden
MuSchG	Mutterschutzgesetz
NDV	Nachrichtendienst des Deutschen Vereins für öffentliche und private Fürsorge (Zeitschrift)
neue L.	neue Länder
nF	neue/r Fassung
NJW	Neue Juristische Wochenschrift
Nr.	Nummer/n
NZA	Neue Zeitschrift für Arbeitsrecht
OEG	Opferentschädigungsgesetz
ÖffR	öffentliches Recht
OMS	Optimiertes Meldeverfahren in der sozialen Sicherung
pers.	persönlich
PNG	Pflege-Neuausrichtungs-Gesetz
PflR	PflegeRecht (Zeitschrift)
PflV	Pflegeversicherung
RBEG	Regelbedarfs-Ermittlungsgesetz
RBFV	Regelbedarfsstufen-Fortschreibungsverordnung
rd.	rund
Reha	Rehabilitation
Rn.	Randnummer
Rs.	Rechtssache
RV	Rentenversicherung
RVO	Reichsversicherungsordnung
S.	Seite, Satz
s.	siehe
SchuldR AT	Schuldrecht Allgemeiner Teil
SED	Sozialistische Einheitspartei Deutschlands
SG	Sozialgericht
SGB	Sozialgesetzbuch
SGb	Die Sozialgerichtsbarkeit (Zeitschrift)
SGG	Sozialgerichtsgesetz
Slg.	Amtliche Entscheidungssammlung des EuGH
sog.	sogenannt
Soli	Solidaritätszuschlag
SozHi	Soziale Hilfe und Förderung
SozVers.-Träger	Sozialversicherungsträger
SRa	Sozialrecht aktuell (Zeitschrift)
stRspr	ständige Rechtsprechung
staatl.	staatlich
StRehaG	Strafrechtliches Rehabilitierungsgesetz
StVG	Straßenverkehrsgesetz
StVO	Straßenverkehrsordnung
SV-Abkommen	Sozialversicherungsabkommen
SvEV	Sozialversicherungsentgeltverordnung
SVG	Soldatenversorgungsgesetz
Thür.	Thüringen

TK	Techniker-Krankenkasse
Tz.	Textziffer
TzBfG	Teilzeit- und Befristungsgesetz
uÄ	und Ähnliches
uU	unter Umständen
Übers.	Übersicht
UhVG	Unterhaltsvorschussgesetz
UN	Vereinte Nationen (United Nations)
UN-BRK	UN-Behindertenrechtskonvention
Urt.	Urteil
usw	und so weiter
UV	Unfallversicherung
UWG	Gesetz über den unlauteren Wettbewerb
v.	von, vom, vor
vAw	von Amts wegen
VA	Verwaltungsakt
Var.	Variante
VDR	Verband Deutscher Rentenversicherungsträger
VDR INFO	Informationsdienst des VDR
VersR	Versicherungsrecht – Zeitschrift für Versicherungsrecht, Haftungs- und Schadensrecht
vgl.	vergleiche
VO	Verordnung
Vor.	Voraussetzung
Vorb.	Vorbemerkung
VwGO	Verwaltungsgerichtsordnung
VwRehaG	Verwaltungsrechtliches Rehabilitierungsgesetz
VwVfG	Verwaltungsverfahrensgesetz
wiss.	wissenschaftlich
WoGG	Wohngeldgesetz
WzS	Wege zur Sozialversicherung (Zeitschrift)
zB	zum Beispiel
ZBR	Zeitschrift für Beamtenrecht
ZfF	Zeitschrift für das Fürsorgewesen
zT	zum Teil
zZt	zur Zeit
zahlr.	zahlreich
ZDG	Zivildienstgesetz
ZESAR	Zeitschrift für europäisches Sozial- und Arbeitsrecht
ZfS	Zeitschrift für Sozialversicherung, Sozialhilfe und Versorgung
ZFSH/SGB	Zeitschrift für Sozialhilfe und Sozialgesetzbuch
Ziff.	Ziffer
zit.	zitiert

Literaturverzeichnis

Bley/Kreikebohm/ Marschner SozR	Bley, H./Kreikebohm, R./Marschner, A., Sozialrecht, 9. Aufl. 2007
BMAS SozR	Bundesministerium für Arbeit und Soziales, Übersicht über das Sozialrecht, 11. Aufl. 2014 (Ausgabe 2014/2015)
Brand/*Bearbeiter*	Brand, J. (Hrsg.), Sozialgesetzbuch, Arbeitsförderung – SGB III, Kommentar, 6. Aufl. 2012
Creifelds	Creifelds, C., Rechtswörterbuch, 20. Aufl. 2011
Eichenhofer SozR	Eichenhofer, E., Sozialrecht, 8. Aufl. 2012
Eichenhofer SozR EU	Eichenhofer, E., Sozialrecht der Europäischen Union, 5. Aufl. 2013
Erlenkämper/Fichte SozR	Erlenkämper, A./Fichte, W., Sozialrecht, 6. Aufl. 2007
Fuchs/Preis SozVersR	Fuchs, M./Preis, U., Sozialversicherungsrecht, 2. Aufl. 2009
GesR/*Bearbeiter*	Igl, G./Welti, F. (Hrsg.), Gesundheitsrecht, 2012
Gitter SozR	Gitter, W., Sozialrecht, 4. Aufl. 1996
Gitter/Schmitt SozR	Gitter, W./Schmitt J., Sozialrecht, 5. Aufl. 2001
Igl/Welti SozR	Igl, G./Welti, F., Sozialrecht, 8. Aufl. 2007
KassKom/*Bearbeiter*	Leitherer, S. (Hrsg.), Kasseler Kommentar Sozialversicherungsrecht, Loseblatt
KomSozR/*Bearbeiter*	Kreikebohm, R./Spellbrink, W./Waltermann, R. (Hrsg.), Kommentar zum Sozialrecht, 3. Aufl. 2013
Kopp/Schenke	Kopp, F. O./Schenke, W.-R., Verwaltungsgerichtsordnung, Kommentar, 20. Aufl. 2014
Kreßel/Wollenschläger Leitfaden SozVersR	Kreßel, E./Wollenschläger, M., Leitfaden zum Sozialversicherungsrecht, 2. Aufl. 1996
LPK-SGB I/*Bearbeiter*	Krahmer, U./Trenk-Hinterberger, P. (Hrsg.), Sozialgesetzbuch I – Allgemeiner Teil, Lehr- und Praxiskommentar, 3. Aufl. 2014
LPK-SGB V/*Bearbeiter*	Hänlein, A./Kruse, J./Schuler, R. (Hrsg.), Sozialgesetzbuch V – Gesetzliche Krankenversicherung, Lehr- und Praxiskommentar, 4. Aufl. 2012
Meyer-Ladewig/ Keller/Leitherer	Meyer-Ladewig, J./Keller, W./Leitherer, S., Sozialgerichtsgesetz, Kommentar, 11. Aufl. 2014
Muckel/Ogorek SozR	Muckel, S./Ogorek, M., Sozialrecht, 4. Aufl. 2011
Ost/Mohr/Estelmann SozR	Ost, W./Mohr, G./Estelmann, M., Grundzüge des Sozialrechts, 2. Aufl. 1998
PraxSozR/*Bearbeiter*	Brand, J. (Hrsg.), Praxis des Sozialrechts, 2. Aufl. 2011
Rüfner Einführung SozR	Rüfner, W., Einführung in das Sozialrecht, 2. Aufl. 1991
Schmitt, J.	Schmitt, J., SGB VII – Gesetzliche Unfallversicherung, Kommentar, 4. Aufl. 2009
Schnapp/J. Schmitt Übungen SozR	Schnapp, F. E./Schmitt, J., Übungen im Sozialrecht, 1992
Steckler/Bachert/Strauß Arb/SozVersR	Steckler, B./Bachert, P./Strauß, R., Kompendium Arbeitsrecht und Sozialversicherung, 7. Aufl. 2010

Waltermann SozR	Waltermann, R., Sozialrecht, 10. Aufl. 2012
Wannagat SozVersR	Wannagat, G., Lehrbuch des Sozialversicherungsrechts, Bd. 1, 1965
Wörlen/Metzler-Müller BGB AT	Wörlen, R. (†)/Metzler-Müller, K., BGB AT – Einführung in das Recht – Allgemeiner Teil des BGB, 13. Aufl. 2014
Wörlen/Metzler-Müller SchuldR AT	Wörlen, R. (†)/Metzler-Müller, K., Schuldrecht AT, 11. Aufl. 2013
Wörlen/Kokemoor ArbR	Wörlen, R. (†)/Kokemoor, A. Arbeitsrecht, 11. Aufl. 2014
v. Wulffen/Schütze/ *Bearbeiter*	von Wulffen, M./Schütze, B. (Hrsg.), SGB X, Sozialverwaltungsverfahren und Sozialdatenschutz, Kommentar, 8. Aufl. 2014

1. Kapitel. Einführung in das Sozialrecht

I. Begriff und Aufgaben des Sozialrechts

1. Formeller und materieller Begriff des Sozialrechts

a) Formeller Begriff

Was versteht man unter Sozialrecht? Pragmatisch, leicht handhabbar und sehr einprägsam ist der formelle Begriff des Sozialrechts. **1**

> **Definition:** Sozialrecht im formellen Sinn ist das gesamte im Sozialgesetzbuch geregelte Recht.[1]

▓[2] Schauen Sie also in das Inhaltsverzeichnis Ihrer Gesetzessammlung (zB des »Aichberger«) und verschaffen Sie sich einen ersten Überblick, welche Bereiche der Gesetzgeber dem Sozialgesetzbuch (SGB) zuordnet! Wenn Sie sich das Inhaltsverzeichnis Ihrer Gesetzessammlung genau angeschaut haben (falls noch nicht geschehen, bitte jetzt nachholen!), könnte Ihnen eine vordergründige Unstimmigkeit aufgefallen sein (HALT! Erst überlegen, dann weiterlesen!).

▶ Neben den einzelnen Teilen des SGB (SGB I–XII) finden sich in den meisten Gesetzessammlungen zum Sozialrecht weitere Gesetze, die nicht den Titel »Sozialgesetzbuch« tragen, zB das Bundeselterngeld- und Elternzeitgesetz (BEEG) oder das Bundesausbildungsförderungsgesetz (BAföG).

Insoweit bedient sich der Gesetzgeber in § 68 SGB I eines »gesetzgeberischen Tricks«: Diese und andere Gesetze »gelten« bis zu ihrer Einordnung in das SGB als dessen besondere Teile.

▓ Wissen Sie, wie der juristische Ausdruck für diesen »Trick« lautet?
▶ Die Antwort gibt Ihnen Fußnote[3]!

Die Wirkung des § 68 SGB I soll die nachfolgende Graphik veranschaulichen:[4] **2**

---

1 Vgl. statt aller zB *Igl/Welti* SozR § 1 Rn. 3 mwN; *Bley/Kreikebohm/Marschner* SozR Rn. 2.
2 ▓ bedeutet im Folgenden immer, auch wenn dies nicht ausdrücklich erwähnt wird: **»Achtung, erst selbst nachdenken!«. Der Pfeil (»▶ «) weist dann auf die Antwort hin.**
3 Juristen sprechen in diesen Fällen von einer »Fiktion«. Falls nicht mehr gewusst, s. zB *Wörlen/Metzler-Müller* BGB AT Rn. 45.
4 In Anlehnung an *Waltermann* SozR Rn. 8.

Übersicht 1: Sozialrecht im formellen Sinn

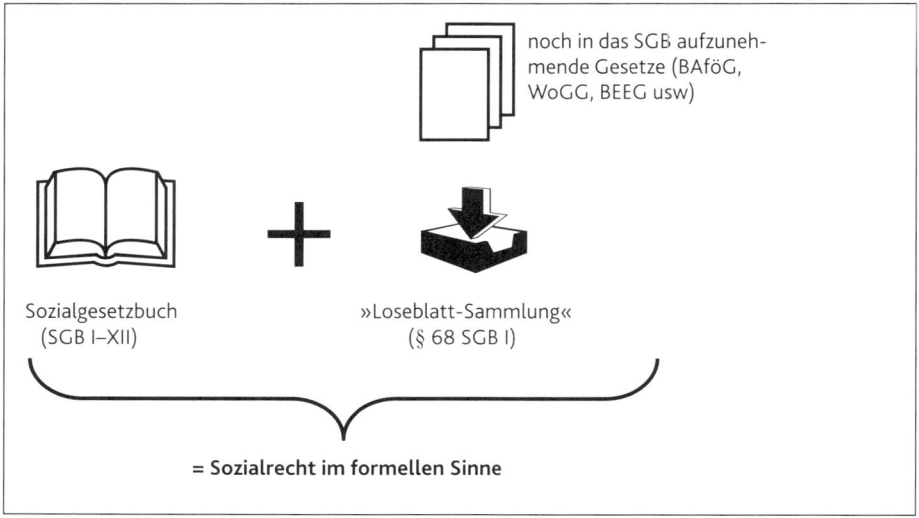

noch in das SGB aufzuneh-
mende Gesetze (BAföG,
WoGG, BEEG usw)

Sozialgesetzbuch
(SGB I–XII)

»Loseblatt-Sammlung«
(§ 68 SGB I)

= Sozialrecht im formellen Sinne

Der Gesetzgeber hat bereits bestimmt, welche Materien auf lange Sicht dem Sozialgesetzbuch zugeordnet werden sollen. Diese werden durch § 68 SGB I – bildlich gesprochen – solange in einer Loseblatt-Sammlung zum SGB zusammengeführt, bis sie bei »Neuauflagen« des SGB in das »gebundene Werk« eingearbeitet werden können.

b) Materieller Begriff

3 Der materielle Begriff des Sozialrechts zielt auf eine *inhaltliche* Bestimmung des Sozialrechts. Er muss bei so weiten Begriffen wie *soziale Gerechtigkeit* und *soziale Sicherheit* ansetzen. Da diese aber auch in anderen Rechtsbereichen wie zB dem Arbeits-[5], Wohnraummiet- oder Steuerrecht eine Rolle spielen, bedarf es einer Beschränkung auf solche Bereiche, die *primär und eigenständig* diese Ziele anstreben.[6] Da auch soziale Leistungen von privater Seite gewährt werden (zB in Suppenküchen karitativer Organisationen oder durch Betriebskindergärten), ist ferner eine Einschränkung auf Leistungen des öffentlichen Bereichs erforderlich.[7]

---

5 In anderen Rechtsordnungen wird daher nicht selten auch das Arbeitsrecht dem Sozialrecht zugeordnet, vgl. *Waltermann* SozR Rn. 34.
6 S. *Bley/Kreikebohm/Marschner* SozR Rn. 2 f.; vgl. auch *Eichenhofer* SozR Rn. 2 ff., 4; *Waltermann* SozR Rn. 34.
7 Vgl. *Eichenhofer* SozR Rn. 6.

Übersicht 2:   Annäherung an den materiellen Begriff des Sozialrechts[8]

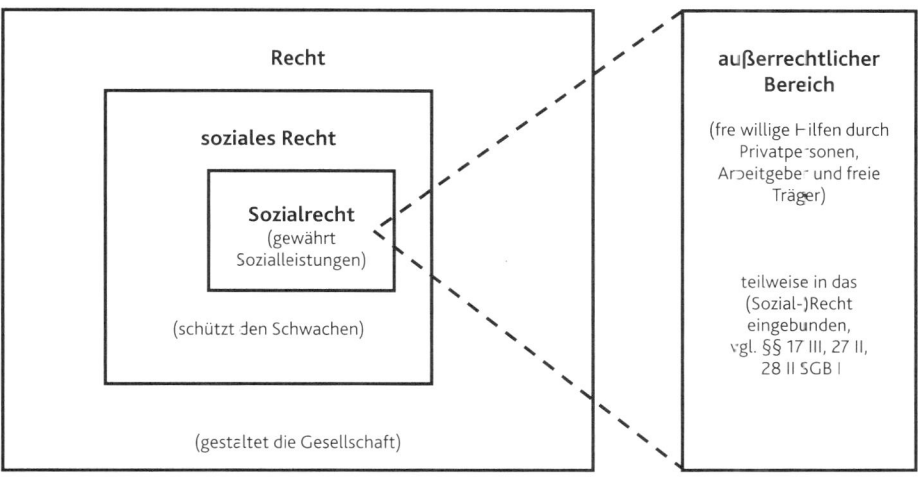

Der materielle Begriff des Sozialrechts spielte eine große Rolle in der Diskussion vor **4** und bei Schaffung des SGB.[9] Er kann aber auch heute zum besseren Verständnis des Sozialrechts und des Gesamtzusammenhangs der sozialen Ordnung beitragen und wird in der wissenschaftlichen Diskussion oder bei politischen Überlegungen zum »Umbau des Sozialstaats« benötigt. Der materielle Begriff ist jedoch unscharf und kann nur annäherungsweise bestimmt werden. Für die praktische juristische Arbeit – einschließlich des Studiums! – ist der formelle Begriff in aller Regel hilfreicher.[10] Will man sich dem materiellen Sozialrechtsbegriff dennoch annähern, sollte man sich dazu heute an § 1 I 1 SGB I (lesen!) orientieren: Die Vorschrift enthält eine allgemeine Umschreibung der Ziele und Aufgaben des Sozialrechts, die durch das Mittel der Gewährung und Gestaltung von Sozialleistungen erreicht werden sollen.[11]

▧ Wie könnte eine darauf aufbauende Definition aussehen?

▷ Sozialrecht im materiellen Sinn ist danach das der *sozialen Gerechtigkeit* und der *sozialen Sicherheit* dienende Recht, das diese Ziele durch die Gewährung von Sozialleistungen zu verwirklichen sucht,[12] oder, noch kürzer, das *Recht der Sozialleistungen.*[13]

---

8   In Anlehnung an *Eichenhofer* SozR Rn. 4, Abb. 1; zur **Zusammenarbeit mit freien Trägern** vgl. zB *Rüfner* Einführung SozR § 3 IV; *Waltermann* SozR Rn. 464; → **Rn. 409.**

9   S. zur wiss. Diskussion vor und bei Schaffung des SGB: *Gitter/Schmitt* SozR § 1 Rn. 1–4 mwN.

10   S. *Gitter/Schmitt* SozR § 1 Rn. 4; *Igl/Welti* SozR § 1 Rn. 3; *Ost/Mohr/Estelmann* SozR 3.

11   Vgl. *Waltermann* SozR Rn. 34.

12   *Igl/Welti* SozR § 1 Rn. 1; *Ost/Mohr/Estelmann* SozR 3 f.

13   Vgl. *U. Becker* JuS 1998, 90 ff. (91); *Eichenhofer* SozR Rn. 2; ausf. zum Ganzen: *Rüfner* Einführung SozR 11 ff.

2. Soziale Gerechtigkeit und soziale Sicherheit als Aufgaben des Sozialrechts

5   Aus § 1 SGB I ist zu ersehen, dass der Gesetzgeber die Aufgaben des Sozialrechts vor dem Hintergrund des Grundgesetzes beschreibt. Durch § 1 I 2 SGB I wird dies besonders deutlich. Danach soll Sozialrecht insbesondere dazu beitragen, ein »menschenwürdiges Dasein« zu sichern. Spätestens jetzt sollte es bei Ihnen »geklingelt« haben!

- ▨ Mit diesem Passus bezieht sich der Gesetzgeber auf ... – erst nachdenken, dann weiterlesen!
- ▶ Die Antwort finden Sie in Fußnote[14].
- ▨ Wenn Sie nun noch an die Staatszielbestimmungen des Grundgesetzes zurückdenken ...,
- ▶ ... wird Ihnen bereits klar sein, dass es *die* wesentliche Aufgabe des Sozialrechts ist, die Wertevorstellungen des Grundgesetzes über die *Würde des Menschen* (Art. 1 I GG) sowie über den *sozialen* Rechtsstaat (Art. 20 I; 28 I 1 GG) umzusetzen!

Im Hinblick darauf soll Sozialrecht – wie zum materiellen Begriff des Sozialrechts bereits erwähnt – zur Schaffung »sozialer Gerechtigkeit« und »sozialer Sicherheit« (§ 1 I 1 SGB I) beitragen. Beide Aspekte des Sozialstaatsprinzips hatte das BVerfG schon vor Schaffung des SGB herausgearbeitet.[15]

a) Soziale Sicherheit

6   Inhaltlich werden beide Gebote durch § 1 I 2 SGB I sowie die §§ 3–10 SGB I (lesen!) näher umschrieben. *Soziale Sicherheit* ist danach mehr als eine wirtschaftliche Grundsicherung, wie sie für die physische Existenz und für ein Mindestmaß an Teilhabe am gesellschaftlichen, kulturellen und politischen Leben unerlässlich und aufgrund des aus Art. 1 I, 20 I GG abzuleitenden *Grundrechts auf Gewährleistung eines menschenwürdigen Existenzminimums* verfassungsrechtlich verbürgt ist.[16] Es wird darunter die Möglichkeit des Einzelnen verstanden, sein Leben – vor allem in wirtschaftlicher Hinsicht – auf verlässlicher Basis in einer der menschlichen Würde entsprechenden Weise zu gestalten.[17] Neben der materiellen Existenzsicherung, die insbesondere durch die Grundsicherung für Arbeitsuchende nach dem SGB II (s. § 19a I Nr. 2 SGB I) sowie die Sozialhilfe nach dem SGB XII (s. §§ 9, 28 SGB I) gewährleistet wird, geht es hier in erster Linie um die gesetzliche Sozialversicherung (gesetzliche Kranken-, Renten-, Unfallversicherung sowie soziale Pflegeversicherung, ferner auch die Arbeitslosenversicherung aus dem Recht der Arbeitsförderung, § 4 SGB I, § 1 I SGB IV). Die einzelnen Zweige der Sozialversicherung werden daher bildlich auch als die fünf Säulen der Sozialversicherung oder sogar der sozialen Sicherheit umschrieben.

---

14 **Art. 1 I GG, die Menschenwürde!**
15 Vgl. BVerfGE 5, 85 (198); 40, 121 (133 f.); gute Darstellung der Rspr. des BVerfG zum Sozialstaatsprinzip bei *Gitter/Schmitt* SozR § 3 Rn. 18 ff., 20.
16 BVerfG Urt. v. 9.2.2010 – 1 BvL 1/09 und andere = BVerfGE 125, 175 ff.; s. ferner BVerfGE 40, 121 (133); 82, 60 (85).
17 *Igl/Welti* SozR § 1 Rn. 9; *Waltermann* SozR Rn. 37; zur Entwicklung des Begriffs, der im Gegensatz zu dem des »Sozialrechts« weltweit verbreitet ist, s. *Eichenhofer* SozR Rn. 8 mwN.

Übersicht 3:   Die fünf Säulen der Sozialversicherung und der sozialen Sicherheit

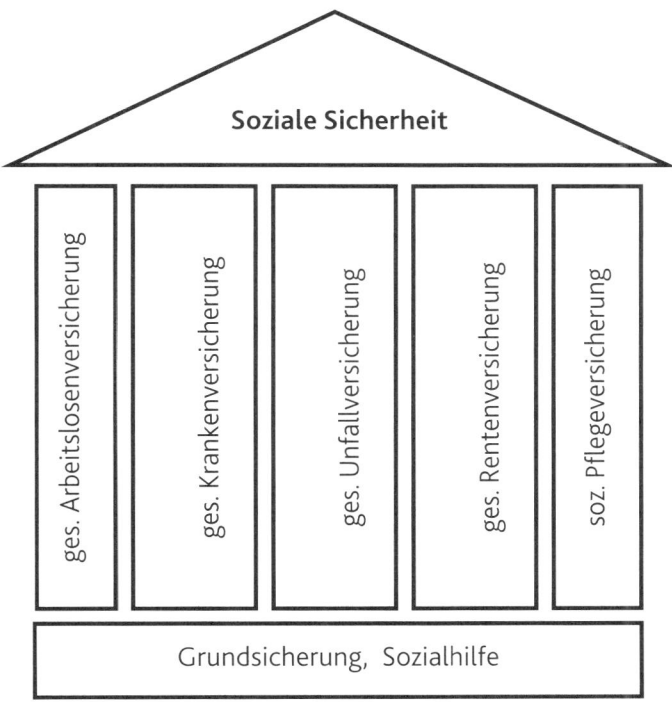

Soziale Sicherheit

ges. Arbeitslosenversicherung

ges. Krankenversicherung

ges. Unfallversicherung

ges. Rentenversicherung

soz. Pflegeversicherung

Grundsicherung, Sozialhilfe

b) Soziale Gerechtigkeit

Soziale Gerechtigkeit ist erreicht, wenn jeder die Chance hat, die seinen individuellen   7
Kräften und Fähigkeiten entsprechende Stellung in Staat und Gesellschaft zu erlangen
oder zu behalten.[18] Es geht dem Gesetz vor allem um die Herstellung von Chancengleichheit.[19] Dies lässt sich den §§ 3–10 SGB I entnehmen.[20] Diese Vorschriften sprechen davon, dass der Einzelne »ein Recht auf …« hat.

▪ Es könnte sich bei diesen Normen daher um solche handeln, die … (bitte denken
  Sie nach, bevor Sie weiterlesen!)
▶ … jemandem das Recht einräumen, von einem anderen etwas zu fordern.
▪ Solche Vorschriften bezeichnet man normalerweise als…
▶ Die Antwort finden Sie in Fußnote[21].

§ 2 I 2 SGB I stellt jedoch klar, dass sich sozialrechtliche Ansprüche erst aus den Vorschriften der besonderen Teile des SGB ergeben. Sofern dies nach der für Sie geltenden Prüfungsordnung oder Hilfsmittelverordnung zulässig ist, sollten Sie daher
§ 2 SGB I neben »Recht auf« in den §§ 3–10 SGB I notieren.

---

18 Vgl. *Igl/Welti* SozR § 1 Rn. 5; *Waltermann* SozR Rn. 36.
19 *Igl/Welti* SozR § 1 Rn. 5 f.
20 Vgl. *Waltermann* SozR Rn. 36.
21 **Anspruchsgrundlagen**; falls nicht mehr präsent, s. zB *Wörlen/Metzler-Müller* BGB AT Rn. 190.

8 Im Einzelnen geht es den §§ 3, 6, 10 SGB I um Chancengerechtigkeit ieS. So schafft die Bildungs- und Arbeitsförderung die Grundlage, um eine den individuellen Kräften und Fähigkeiten entsprechende soziale Stellung zu erreichen (s. § 3 SGB I; BAföG, SGB III). Die Wahrung der Chancengleichheit von Menschen mit Kindern haben die Leistungen zur Minderung des Familienaufwandes im Auge (§ 6 SGB I; BKGG; BEEG). Verstärkte Anstrengungen zum Chancenausgleich fordert das Sozialrecht ferner zur Eingliederung behinderter Menschen (§ 10 SGB I). Aspekte der Leistungs- und Besitzstandsgerechtigkeit betreffen die §§ 4, 5 SGB I. § 4 SGB I sichert den Zugang zu den beitragsfinanzierten Sozialversicherungssystemen. § 5 SGB I gibt jedem das Recht auf Entschädigung bei Gesundheitsschäden, für welche die Allgemeinheit eine besondere Verantwortung trägt, insbesondere für Opfer von Kriegs- und Wehrdienst, von Straftaten und von behördlich angeordneten oder empfohlenen Impfungen (BVG, OEG, IfSG). Aspekte des bedarfsbezogenen Chancenausgleichs enthalten die §§ 7 ff. SGB I. Konkret geht es um Zuschüsse für angemessenes Wohnen (§ 7 SGB I; WoGG), die Leistungen der öffentlichen Jugendhilfe (§ 8 SGB I; SGB VIII) und – zur Sicherung des Existenzminimums in elementaren Notsituationen – um die Sozialhilfe (§ 9 SGB I; § 1 SGB XII) sowie die Grundsicherung für Arbeitsuchende (§ 19a SGB I, § 1 I 2 SGB II), die immer dann greifen, wenn alle anderen Hilfs- und Förderungssysteme versagen.[22]

II. Geschichtliche Entwicklung der sozialen Sicherung in Deutschland

9 Das Sozialrecht ist ein verhältnismäßig junges Rechtsgebiet. Sein wichtigster Zweig, das Sozialversicherungsrecht, ist kaum mehr als einhundertdreißig Jahre alt. Die Geschichte des Sozialrechts entspricht der Geschichte der sozialen Sicherung in der industriellen Gesellschaft und ist eng mit der des Arbeitsrechts verknüpft.[23] Vorläufer einer sozialen Sicherung gab es allerdings auch schon zuvor. Beispiele dafür sind Ansätze einer Armenfürsorge in den antiken Stadtkulturen sowie seit dem Mittelalter wohlfahrtspflegerische Aktivitäten der Kirche und der Städte, ferner Selbsthilfeeinrichtungen der Knappschaften im Bergbau sowie der Zünfte (»Zunftbüchsen«) und Bruderschaften der Handwerksgesellen.[24]

10 Zu Beginn des Industriezeitalters wandelten sich die Verhältnisse in den Gesellschaften tiefgreifend zum einen durch die fortschreitende technische Entwicklung, zum anderen durch die damit einhergehenden rechtlichen Veränderungen.

- Die rechtlichen Veränderungen sind Ihnen sicher zumindest teilweise aus dem Geschichtsunterricht bekannt.
- ► Die Bauernbefreiung, die Einführung der Gewerbefreiheit und der Freizügigkeit ermöglichten die Wahl des Wohnsitzes und des Arbeitsplatzes, wodurch die Bevölkerung in den Städten stetig anwuchs.
- Infolge der technischen Entwicklung bildete sich zugleich welche neue betriebliche Organisationseinheit?

---

22 Vgl. *Eichenhofer* SozR Rn. 7.
23 Bei Interesse s. zB *Wörlen/Kokemoor* ArbR Rn. 10 ff.
24 S. *Waltermann* SozR Vor Rn. 40 sowie Rn. 40 f.; ausf. *Eichenhofer* SozR Rn. 17 ff.; *Gitter* SozR 6 ff.

▷ Die Fabrik, der maschinelle Industriebetrieb, wurde zur charakteristischen Betriebsform.

Mit fortschreitender Industrialisierung wurde das Arbeitsverhältnis zur Massenerscheinung. Es entstand die neue soziale Schicht der Fabrikarbeiterschaft, die darauf angewiesen war, abhängige Lohnarbeit zu verrichten, um den Lebensunterhalt und damit ihre Existenz zu sichern. Aufgrund eines Überangebots an Arbeitkräften und fehlender rechtlicher Schutzmechanismen konnten die Arbeitsbedingungen von den Unternehmern praktisch diktiert werden. Um überhaupt existieren zu können, musste die ganze Familie mitarbeiten; auch Kinder wurden 14–16 Stunden täglich eingesetzt. Die Arbeitsverhältnisse waren jederzeit auflösbar, Kündigungsschutz, eine Absicherung gegen die Folgen von Krankheit, Unfall, Invalidität, Alter und Tod gab es nicht. Erste Ansätze für eine Verbesserung der Lage der Arbeitnehmer im Krankheitsfall brachte die Preußische Gewerbeordnung von 1845, in deren Folge mehr und mehr »Hilfskassen« entstanden. Als Vorläufer der Unfallversicherung gilt das Reichshaftpflichtgesetz von 1871. Es erweiterte die Haftung der Unternehmer besonders gefährlicher Betriebe und begründete für Eisenbahnunternehmen eine vom Verschulden unabhängige Gefährdungshaftung.[25]

Die ausgelösten sozialen Missstände wie niedrige Löhne, Kinderarbeit, mangelnder Unfallschutz, fehlende Absicherung bei Krankheit und Invalidität (sog. »soziale Frage«) lösten Gegenentwicklungen vor allem in zwei Bereichen aus. **11**

▧ Fällt Ihnen einer dieser Bereiche ein?
▷ Einerseits kam es zur Bildung der Arbeiterbewegung und von Arbeitnehmerkoalitionen (Gewerkschaften), andererseits zu einer staatlichen Arbeitsschutzgesetzgebung und der Bismarck'schen Sozialgesetzgebung, die als direkter Vorläufer der heutigen Kranken-, Unfall- und Rentenversicherung angesehen werden kann.

Sie wurde eingeleitet durch die berühmte und von Bismarck initiierte *Kaiserliche Botschaft* vom 17.11.1881,[26] mit der die drei Hauptzweige der Sozialversicherung, die Kranken-, die Unfall- sowie die Rentenversicherung (Alters- und Invalidenversicherung), bereits in ihren Grundzügen beschrieben wurden.

> **Hinweis:** Ohne zumindest vage Vorstellungen von der Kaiserlichen Botschaft sollten Sie nicht in eine mündliche Prüfung gehen!

Bismarck verfolgte mit der Kaiserlichen Botschaft das Ziel, trotz des Kampfes gegen die Sozialdemokratie (Stichwort: *Sozialistengesetz*) eine Versöhnung mit der Arbeiterschaft herbeizuführen und diese von der Sozialdemokratie zu entfremden (»Zähmungspolitik«), was allerdings misslang. Der Kaiserlichen Botschaft folgten Taten: 1883 wurde die Krankenversicherung, 1884 die Unfallversicherung und 1889 die Alters- und Invalidenversicherung für Arbeiter geschaffen. Die Gründe der einstigen Dreiteilung der Sozialversicherung, die insoweit bis heute fortbesteht, liegen dabei in der historischen Entwicklung: Für die Krankenversicherung konnte als

---

25 Zu den Einzelheiten s. *Gitter/Schmitt* SozR § 2 Rn. 2 ff.; *Eichenhofer* SozR Rn. 25 f., 32 ff.; *Waltermann* SozR Rn. 42 ff. sowie ausf. *Gitter* SozR 10 ff.

26 Abgedr. in den wesentlichen Passagen zB bei *Eichenhofer* SozR Rn. 34; *Muckel/Ogorek* SozR § 1 Rn. 5.

Grundlage auf die bestehenden Hilfskassen zurückgegriffen werden. Mit der Unfallversicherung wurde die Unternehmerhaftung nach dem Haftpflichtgesetz abgelöst. Nur für die Altersversorgung musste eine gänzlich neue Struktur geschaffen werden.[27]

12 Die Gesetze über die drei Versicherungszweige waren international wegweisend. Sie wurden 1911 in der Reichsversicherungsordnung (RVO) zusammengefasst. 1911 folgte mit dem Versicherungsgesetz für Angestellte die Schaffung einer Invaliden- und Hinterbliebenenversicherung für Angestellte. Obwohl die Unterscheidung zwischen Arbeitern und Angestellten arbeits- und sozialversicherungsrechtlich seit längerem fast keine Rolle mehr spielt, hielt sich die Zweiteilung in der Rentenversicherung noch bis zur Schaffung der »Deutschen Rentenversicherung« im Jahr 2005.[28]

▨ Wissen Sie, welche Selbstverwaltungskörperschaften für die Durchführung der Rentenversicherung der Arbeiter einerseits und der Angestellten andererseits bis dahin zuständig waren?

▶ Arbeiter waren bei den Landesversicherungsanstalten (LVAen) versichert, während für Angestellte die Bundesversicherungsanstalt für Angestellte (BfA) zuständig war.

Den Kriegsfolgen wurde 1920 mit der Schaffung der Kriegsopferversorgung durch das Reichsversorgungsgesetz begegnet. Das Risiko der Arbeitslosigkeit wurde erst nach dem Ersten Weltkrieg gesetzlich geregelt. Verschiedene Normierungen wurden 1927 mit dem Gesetz über Arbeitsvermittlung und Arbeitslosenversicherung zusammengefasst. Bezeichnend für die Zeit des Nationalsozialismus waren die Abschaffung der Selbstverwaltung in der Sozialversicherung sowie der Ausschluss der Juden aus den Sozialversicherungssystemen.[29]

13 Nach dem Zweiten Weltkrieg bis in die späten 80er Jahre des vergangenen Jahrhunderts wurde die Entwicklung des deutschen Sozialrechts geprägt durch eine ständige Ausdehnung des versicherten oder anspruchsberechtigten Personenkreises bei gleichzeitiger Leistungsausweitung. An wesentlichen Veränderungen sind zu nennen: Umstellung der Finanzierung der Altersrenten vom inflationsanfälligen sog. Kapitaldeckungsverfahren (Ansparverfahren)[30] auf ein Umlageverfahren gem. dem »Generationenvertrag«[31], Ausbau des Entschädigungsrechts, Umwandlung des Fürsorgerechts in das Sozialhilferecht durch das Bundessozialhilfegesetz (BSHG; s. heute SGB XII und SGB II) von 1961, Entwicklung des Rechts der sozialen Förderung (Ausbildungs- und Arbeitsförderung, Kindergeld). Seit 1976 wird das in zahlreichen Einzelgesetzen unübersichtlich geregelte Sozialrecht in das Sozialgesetzbuch überführt. Die Wiedervereinigung der beiden deutschen Staaten erfolgte über eine Angleichung des ostdeutschen Sozialrechts an das westdeutsche sowie die

---

27 Ausf. dazu *Gitter* SozR 13 ff. sowie – mit internationalen Bezügen – *Eichenhofer* SozR Rn. 34 ff., 42 ff.
28 S. zur Organisationsreform in der gesetzlichen Rentenversicherung → Rn. 328.
29 *Waltermann* SozR Rn. 53; *Muckel/Ogorek* SozR § 1 Rn. 8 f. sowie ausf. *Gitter* SozR S. 18 ff. und *Eichenhofer* SozR Rn. 45 ff.
30 Die Renten einer Generation werden danach grds. aus den von ihr **selbst eingezahlten Rentenbeiträgen** bestritten → Rn. 329.
31 Finanzierung der Ausgaben durch die **aktuellen Einnahmen** → Rn. 329.

nachfolgende Inkraftsetzung des bundesdeutschen Sozialrechts auch in den neuen Bundesländern. Als letzter großer Schritt auf dem Weg einer ständigen Ausweitung des Sozialrechts ist die Schaffung der sozialen Pflegeversicherung als weitere Säule der Sozialversicherung im Jahr 1994 zu nennen. Die Einführung fiel jedoch bereits in eine Zeit, die durch Einsparungen sowie Leistungseinschränkungen gekennzeichnet ist und ihren Anfang mit dem die gesetzliche Krankenversicherung betreffenden Gesundheitsreformgesetz von 1988 nahm.[32]

- Für den gegenwärtigen Zwang zum Sparen in den Sozialsystemen hat sich ein Schlagwort eingebürgert. Kennen Sie es, zB aus der Presse?
- Man spricht von der Notwendigkeit eines ... [33]

III. Gliederung des Sozialrechts

Wie dargestellt, entwickelte sich das deutsche Sozialrecht nach und nach und ohne in sich geschlossenes Konzept. Auf eine gesetzliche Systematisierung der Sozialleistungsbereiche nach ihren inhaltlichen Unterschieden wurde bei Schaffung des SGB verzichtet. Systematisierungsversuche der Lehre sollen helfen, das Verständnis des Sozialrechts zu erleichtern. Für Studierende verwirrend ist dabei, dass die Interpretationen nicht einheitlich erfolgen, aber zugleich klare Trennlinien nicht immer erkennbar werden, die auf gravierende unterschiedliche Ansätze deuten. Zum einen beruht dies sicher darauf, dass vollständig überzeugende Lösungen bislang nicht gefunden wurden,[34] zum anderen darauf, dass einige Leistungssysteme oder Leistungen mehrere Gestaltungsgesichtspunkte aufweisen. Je nachdem, auf welchen Aspekt man abstellt, können sie daher unterschiedlich oder mehrfach zugeordnet werden.[35] Der vorliegende Grundriss beschränkt sich auf die gebräuchlichsten beiden Einteilungen – eine vermeintlich veraltete und eine offenbar neue –, die in allen aktuellen Lehrbüchern aufgegriffen werden.[36]

14

Hinweis: In mündlichen Prüfungen sollten Sie zumindest die Schlagworte aus der folgenden Übersicht 4 nennen können!

---

32 S. *Waltermann* SozR Rn. 54 f.; *Gitter/Schmitt* SozR § 2 Rn. 23 ff.; jeweils auch mit Ausblick auf die Rechtsentwicklung in der ehem. DDR: *Eichenhofer* SozR Rn. 49 ff.; *Muckel/Ogorek* SozR § 1 Rn. 10, § 2 Rn. 1 ff.; ausf. zur Geschichte der Sozialversicherung nach dem 2. Weltkrieg: *Kreßel/Wollenschläger* Leitfaden SozVersR § 2.
33 **Umbaus des Sozialstaats.**
34 So zu Recht *Muckel/Ogorek* SozR § 4 Rn. 1.
35 Vgl. *Igl/Welti* SozR § 2 vor Rn. 1; s. auch *Rüfner* Einführung SozR § 2 IV.
36 Darstellungen oder Überlegungen zu weiteren Ansätzen finden sich insbes. bei *Bley/Kreikebohm/Marschner* Rn. 15; *Eichenhofer* SozR Rn. 10 ff., *Muckel/Ogorek* SozR § 4 Rn. 2 ff.; *Igl/Welti* SozR § 2 Rn. 1 ff.; s. ferner die weiterführenden Nachweise bei *Gitter/Schmitt* SozR § 1 Rn. 10.

Übersicht 4:   Gliederung des Sozialrechts (Kurzüberblick)

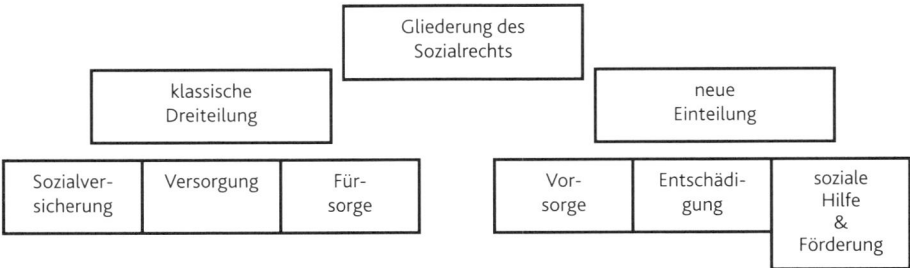

1. Klassische Dreiteilung

15 Herkömmlich unterteilt man das Sozialrecht in die drei Bereiche Sozialversicherung, Versorgung (insbes. Kriegsopferversorgung) und Fürsorge (Sozialhilfe, Grundsicherung).[37] Diese klassische Dreiteilung setzt auch das Grundgesetz voraus, wie sich Art. 74 Nrn. 7, 10 und 12 GG entnehmen lässt.[38] Sie geht von den inhaltlichen Voraussetzungen für die Leistungsgewährung (mit oder ohne individuelle wirtschaftliche Bedürftigkeitsprüfung) und den Unterschieden bei der Finanzierung (Steuer- oder Beitragsfinanzierung) aus.

Unter »*Sozialversicherung*« ist die Absicherung der typischen Wechselfälle des Lebens sowie des Alters zu verstehen, die in einem versicherungsmäßigen Gegenseitigkeitsverhältnis von Beiträgen und Leistungen erfolgt. Da die Leistungen durch Beiträge »erkauft« sind, ist ihre Gewährung nicht von der individuellen wirtschaftlichen Bedürftigkeit abhängig.

»*Versorgung*« bezeichnet staatliche Sozialleistungen aus Steuermitteln, die unabhängig von der individuellen wirtschaftlichen Bedürftigkeit wegen besonderer Opfer erbracht werden.

»*Fürsorge*« ist der veraltete Begriff für eine nachrangige soziale Absicherung des Existenzminimums, wie sie heute insbesondere durch die Grundsicherung für Arbeitsuchende sowie die Sozialhilfe erfolgt. Sie wird aus Steuermitteln und nur bei individueller wirtschaftlicher Bedürftigkeit gewährt.

2. Neue Einteilung

16 Eine neuere, auf *Hans F. Zacher* zurückgehende Kategorisierung unterteilt die Sozialleistungsbereiche nach ihrer Funktion in Vorsorgesysteme, Entschädigungssysteme und Systeme des Ausgleichs durch soziale Hilfe und Förderung.[39]

Zur *sozialen Vorsorge* iS dieser Einteilung gehört insbesondere die Sozialversicherung als kollektives Vorsorgesystem gegen allgemeine soziale Risiken.

---

37 *Wannagat* SozVersR 1 ff. (33 ff.).
38 *Muckel/Ogorek* SozR § 5 Rn. 3; *Igl/Welti* SozR § 2 Rn. 2.
39 S. zB die umfassenden Darstellungen bei *Igl/Welti* SozR § 2 Rn. 3 ff. sowie *Waltermann* SozR Rn. 62 ff.

Die *soziale Entschädigung* betrifft die Kompensation von gesundheitlichen Sonder-opfern für die oder in Verantwortung der Allgemeinheit und schützt gegen Gefahren, für die eine Vorsorge nicht möglich oder nicht zumutbar ist (zB durch Krieg, Gewalt-taten, Nothilfe für andere).

Bei der *sozialen Förderung* geht es um Leistungen, die Chancengleichheit und gleiche soziale Entfaltungsmöglichkeiten herstellen sollen, wie zB die Ausbildungs- und Be-rufsförderung nach BAföG sowie SGB II und III, Wohngeld, Elterngeld. Die *soziale Hilfe* betrifft den Ausgleich besonderer Leistungsschwächen zur Absicherung des Existenzminimums, also speziell die Grundsicherung für Arbeitsuchende sowie die Sozialhilfe.

3. Stellungnahme

Die klassische Dreiteilung (»Trias«) vermag die unter Geltung des Grundgesetzes neu hinzugekommenen Sozialleistungen nur schwer zu erfassen. **17**

- Welcher Gruppe könnten Leistungen wie das Elterngeld und das Wohngeld wohl am ehesten zugeordnet werden? (Erst überlegen, dann weiterlesen!)
- Da es an einem Gegenseitigkeitsverhältnis fehlt, aber in aller Regel auch keine auf das Existenzminimum bezogene nachrangige soziale Absicherung bewirkt wird, käme wohl nur eine Zuordnung zum Bereich der ...[40] in Betracht.

Auch wird der Begriff der »Fürsorge« heute als veraltet und dem Menschenbild des Grundgesetzes nicht mehr entsprechend[41] empfunden. Der klassische Ansatz wird daher – soweit ersichtlich – mit seinen ursprünglichen Begrifflichkeiten heute nicht mehr vertreten. Praktisch durchgesetzt hat sich im Schrifttum die durch die neue Ein-teilung geprägte Terminologie, auf die auch das SGB heute überwiegend selbst zu-rückgreift (vgl. insbes. die §§ 3, 5, 8, 9, 10 SGB I). Soweit es nur um das Sozialrecht im formellen Sinne geht ...

- (Wissen Sie noch, was man darunter versteht?
- Ansonsten sollten Sie kurz zu → Rn. 1 f. zurückblättern!),

... auf das wir uns hier beschränken wollen, wird eine wirklich »neue« Einteilung des Sozialrechts damit jedoch in aller Regel nicht verbunden. Zumeist wird nur eine »be-hutsame Weiterentwicklung der klassischen Dreiteilung«[42] vollzogen, die die veralte-ten Begriffe Versorgung und Fürsorge durch Entschädigung und Hilfe sowie in aller Regel auch den Terminus Versicherung durch Vorsorge ersetzt. Sodann werden grds. alle neueren Sozialleistungen, die sich den klassischen Kategorien nicht oder nur schwer zuordnen lassen, in der neuen Rubrik der sozialen Förderung zusammenge-fasst. Sachlich sind dies jene auf Chancengleichheit zielenden Leistungen, für die erst das Grundgesetz mit der Idee der Teilhabe an Gemeinschaftsgütern eine Realisie-rungsgrundlage gegeben hat.[43]

---

40 »**Versorgung**«.
41 Vgl. *Eichenhofer* SozR Rn. 11.
42 So ausdrücklich *Gitter/Schmitt* SozR § 1 Rn. 11; ähnlich *Bley/Kreikebohm/Marschner* SozR Rn. 14.
43 Vgl. *Fuchs/Preis* SozVersR § 5 II.

18 Übersicht 5: Gliederung des Sozialrechts (ausführlich)

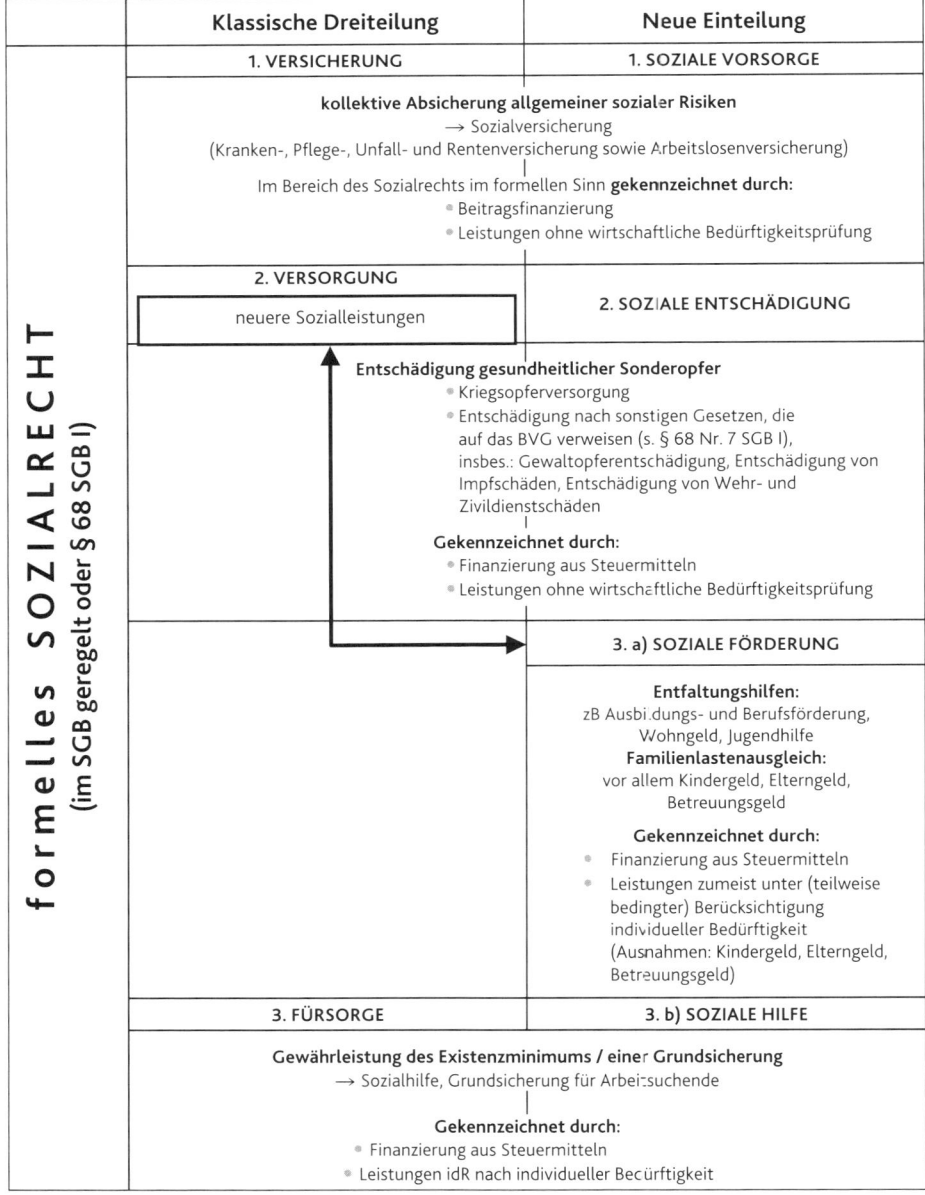

Klassische Dreiteilung	Neue Einteilung
1. VERSICHERUNG	**1. SOZIALE VORSORGE**
kollektive Absicherung allgemeiner sozialer Risiken → Sozialversicherung (Kranken-, Pflege-, Unfall- und Rentenversicherung sowie Arbeitslosenversicherung) Im Bereich des Sozialrechts im formellen Sinn **gekennzeichnet durch:** • Beitragsfinanzierung • Leistungen ohne wirtschaftliche Bedürftigkeitsprüfung	
2. VERSORGUNG	**2. SOZIALE ENTSCHÄDIGUNG**
neuere Sozialleistungen	
Entschädigung gesundheitlicher Sonderopfer • Kriegsopferversorgung • Entschädigung nach sonstigen Gesetzen, die auf das BVG verweisen (s. § 68 Nr. 7 SGB I), insbes.: Gewaltopferentschädigung, Entschädigung von Impfschäden, Entschädigung von Wehr- und Zivildienstschäden **Gekennzeichnet durch:** • Finanzierung aus Steuermitteln • Leistungen ohne wirtschaftliche Bedürftigkeitsprüfung	
	3. a) SOZIALE FÖRDERUNG
	Entfaltungshilfen: zB Ausbildungs- und Berufsförderung, Wohngeld, Jugendhilfe **Familienlastenausgleich:** vor allem Kindergeld, Elterngeld, Betreuungsgeld **Gekennzeichnet durch:** • Finanzierung aus Steuermitteln • Leistungen zumeist unter (teilweise bedingter) Berücksichtigung individueller Bedürftigkeit (Ausnahmen: Kindergeld, Elterngeld, Betreuungsgeld)
3. FÜRSORGE	**3. b) SOZIALE HILFE**
Gewährleistung des Existenzminimums / einer Grundsicherung → Sozialhilfe, Grundsicherung für Arbeitsuchende **Gekennzeichnet durch:** • Finanzierung aus Steuermitteln • Leistungen idR nach individueller Bedürftigkeit	

(Linke Randbeschriftung: **formelles SOZIALRECHT** (im SGB geregelt oder § 68 SGB I))

IV. Ökonomische Grundlagen des Sozialrechts

1. Sozialbudget

Die Aufwendungen für Leistungen zur sozialen Sicherung sind in der Vergangenheit 19
nahezu stetig gestiegen. Durch seinen hohen Anteil am Staatshaushalt hat das Sozialrecht eine ganz erhebliche wirtschaftliche Bedeutung. Mit dem Sozialbericht stellt die
Bundesregierung gegenwärtig einmal je Legislaturperiode (zuletzt 2013) Maßnahmen
und Vorhaben in der Gesellschafts- und Sozialpolitik vor und legt so die sozialpoli-
tischen Entwicklungen der jeweiligen Legislaturperiode offen. Mit dem Sozialbericht wird regelmäßig als Teil B das Sozialbudget veröffentlicht.[44] Darunter versteht
man den Bericht der Bundesregierung, der in einem bestimmten Zeitraum die in
der Bundesrepublik Deutschland erbrachten Sozialleistungen und ihre Finanzierung darstellt.

- Sie haben den Begriff wahrscheinlich bereits mit einer anderen Bedeutung kennen
  gelernt?
- Er dient auch als Kurzbezeichnung für die Summe der im Sozialbudget dargestellten Leistungen.[45]

Zu den Sozialleistungen gehören dabei alle Leistungen öffentlicher und privater Stellen, die beim Eintreten bestimmter sozialer Tatbestände, Risiken oder Bedürfnisse
geleistet werden.[46] Neben den Leistungen aufgrund sozialrechtlicher Gesetze zählen
dazu ferner unter anderem die betriebliche Altersversorgung sowie die Entgeltfortzahlung im Krankheitsfall durch die Arbeitgeber, die Leistungen zur sozialen
Sicherung der Beamten und die Grundleistungen der privaten Kranken- und Pflegeversicherung, die dem Leistungskatalog der gesetzlichen Kranken- und Pflegeversicherung entsprechen.[47]

Definition:
a) Sozialbudget nennt man den Bericht der Bundesregierung über die in einem bestimmten Zeitraum erbrachten Sozialleistungen und ihre Finanzierung.
b) Auch die Summe der im Sozialbudget dargestellten Leistungen wird als Sozialbudget bezeichnet.

Für das Jahr 2012 wurde ein Sozialbudget von 782,4 Mrd. EUR prognostiziert. Dies 20
entspricht einem Betrag von fast 9.560 EUR pro Einwohner.[48]

- Was lässt sich dieser Zahl entnehmen?
- Dass im Jahr 2012 jeder Einwohner der Bundesrepublik durchschnittlich in dieser
  Höhe Sozialleistungen (in dem soeben dargestellten weiteren Sinn) erhalten hat.

Der Wert der in 2012 erbrachten Sozialleistungen stieg nominal (also ohne Inflations-
bereinigung) um 1,9% gegenüber dem Vorjahresbetrag, während das Bruttoinlandsprodukt (BIP) um nominal 2,0% anwuchs. Das BIP betrug 2012 rd. 2.643,9 Mrd.

---

44 Seit 1995 erscheint das Sozialbudget zudem in jedem Jahr, in dem kein Sozialbericht erstellt wird,
    in verkürzter Form als Tabellenband.
45 S. *BMGS* Sozialbudget 2003, 44.
46 S. *BMAS* Sozialbericht 2013, 159.
47 Seit dem Jahr 2010 stimmt das nationale Sozialbudget in Aufbau und Systematik mit dem euro-
    päischen Sozialbudget überein, *BMAS* Sozialbericht 2013, 160.
48 Berechnung ausgehend von einer Einwohnerzahl von 81.844 Personen, s. *Statistisches Bundesamt*
    Statistisches Jahrbuch 2013, 26.

EUR.[49] Es umfasst alle in einem Jahr im Inland hergestellten Wirtschaftsgüter und beschreibt damit die inländische Wertschöpfung; zugleich drückt es den Wert der im Inland durch die Produktion von Gütern und Dienstleistungen entstandenen Faktoreinkommen (Lohn, Pacht, Zins, Unternehmergewinn) aus. Die Sozialleistungsquote betrug damit 29,9% im Jahr 2012.[50] Sie ist das in Prozent ausgedrückte Verhältnis des Sozialbudgets zum Bruttoinlandsprodukt des gleichen Jahres. Ihre Höhe informiert über das volkswirtschaftliche Gewicht sozialer Leistungen. Damit wird näherungsweise der Anteil der Wirtschaftskraft gemessen, der für soziale Ziele aufgewandt wird. Die Sozialleistungsquote kann aber auch als eine Kennziffer interpretiert werden, die das Ausmaß der Einkommensumverteilung beschreibt, das für die Finanzierung des sozialen Sicherungssystems erforderlich ist.[51]

2. Finanzierungsfragen

21   Sozialrecht regelt Sozialleistungen und damit insbesondere den Transfer von Geldern sowie die unentgeltliche Bereitstellung von Diensten und Sachgütern. Soweit der Bereich der sozialen Vorsorge – die Sozialversicherung – betroffen ist, wird aber nicht nur das »Geben«, sondern auch das »Nehmen« im Hinblick auf die Sozialversicherungsbeiträge geregelt.[52] Dem Sozialbudget fließen Einnahmen vor allem als Beiträge der Versicherten und ihrer Arbeitgeber sowie als Zuschüsse des Staates (insbes. aus Steuermitteln) zu. Steuern und Sozialabgaben lassen sich auch als »negative Transfers«[53] beschreiben.

▧   Welche der beiden Finanzierungsarten ist die bedeutendere? Wenn Sie sich nicht mehr sicher sind, welche Bereiche zur Sozialversicherung gehören, also welche Leistungsbereiche grds. durch Beiträge zu finanzieren sind, schauen Sie vorher nochmals kurz auf Übersicht 5 bei → Rn. 18!

▷   Die bedeutendste Finanzierungsart des Sozialbudgets ist die ...[54].

Sie machte 2012 rund 64% des Sozialbudgets aus. Die Zuweisungen aus den Haushalten der Gebietskörperschaften (Bundeshaushalt, Länderhaushalte, kommunale Haushalte) summierten sich auf rd. 35% des Sozialbudgets und stammten letztlich aus Steuermitteln.[55] Der Unterschied zwischen Beitrags- und Steuerfinanzierung ist insofern bedeutsam, als beide Systeme unterschiedlichen Prinzipien folgen. Direkte Steuern werden nach wirtschaftlicher Leistungsfähigkeit erhoben, wobei der Steuersatz grds. mit wachsendem Einkommen ansteigt (progressive Besteuerung). Die Beitragserhebung richtet sich hingegen nach konstanten, einkommensunabhängigen Prozentsätzen und ist durch Beitragsbemessungsgrenzen nach oben gedeckt; im Ergebnis ergibt sich dadurch sogar eine sinkende prozentuale Belastung höherer Einkommen (degressiver Effekt). Auch wenn in beiden Systemen die Abgaben mit wachsendem Einkommen steigen, kommt es daher zu anderen Finanzierungsantei-

---

49   S. *BMAS* Sozialbericht 2013, 170 und 234 (Tabelle I-1; Schätzwerte).
50   *BMAS* Sozialbericht 2013, 172 und 234 (Tabelle I-1; Schätzwerte).
51   *BMAS* Sozialbericht 2013, 172.
52   *Eichenhofer* SozR Rn. 53.
53   *Bley/Kreikebohm/Marschner* SozR Rn. 34.
54   **Beitragsfinanzierung**.
55   S. *BMAS* Sozialbericht 2013, 221 f.

len des Einzelnen, je nachdem, ob eine Sozialleistung durch Steuern oder durch Beiträge finanziert wird.[56]

Übersicht 6: Ökonomische Grundlagen des Sozialrechts

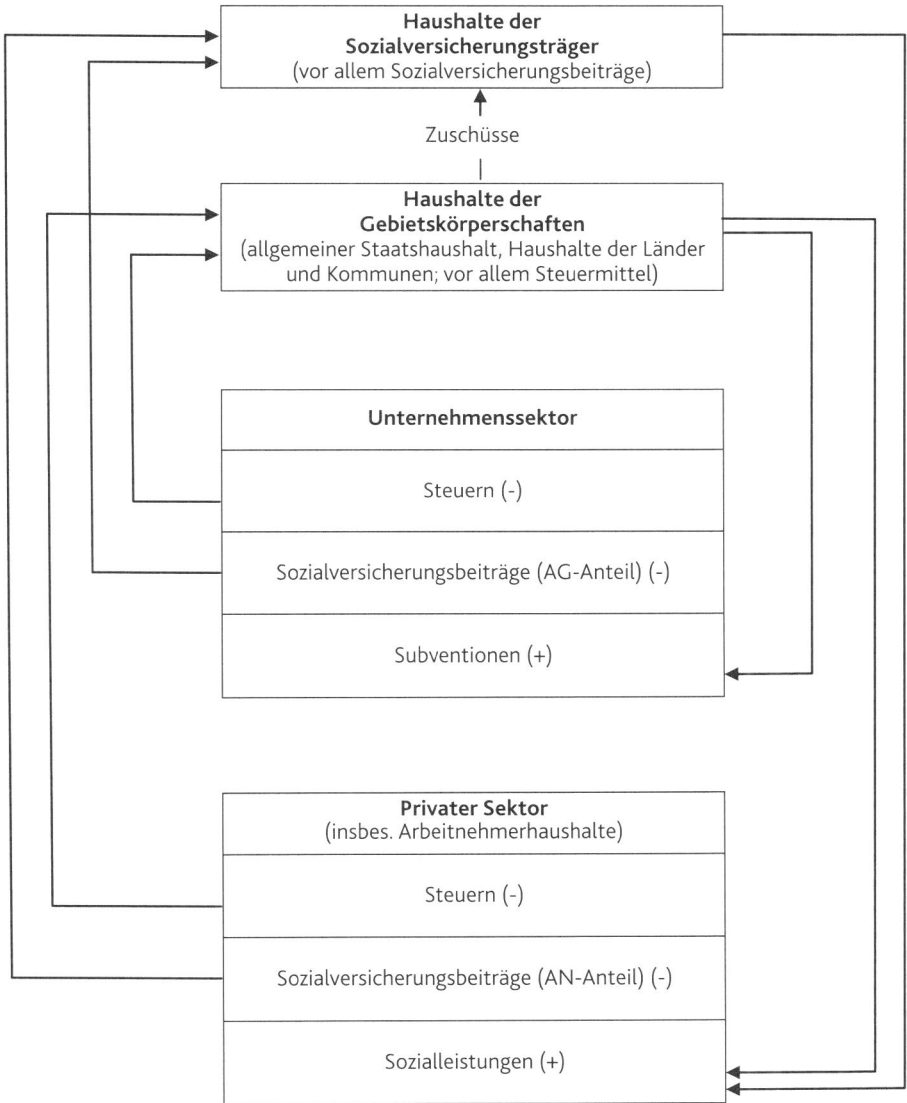

---

56 Vgl. *Eichenhofer* SozR Rn. 54.

3. Sozialrecht und Sozialpolitik

22 Das Sozialrecht ist eines der wichtigsten Instrumente der staatlichen Sozialpolitik.[57] Die Sozialpolitik ihrerseits ist das Mittel zur Verwirklichung sozialer Gerechtigkeit.[58] Man versteht darunter alle Bestrebungen und Maßnahmen, die das Ziel haben, soziale Gegensätze und Spannungen innerhalb der Gesellschaft zu mildern und zu beseitigen.[59] Die praktische Sozialpolitik befindet sich stets in einem Spannungsfeld zwischen den ökonomisch allein Erfolg versprechenden marktwirtschaftlichen Grundsätzen auf der einen und dem gesellschaftlichen Erfordernis sozialer Gerechtigkeit sowie Sicherheit auf der anderen Seite. Nachhaltige Sozialpolitik bedarf einer leistungsfähigen Wirtschaft: Schließlich kann nur verteilt werden, was zuvor erwirtschaftet wurde und auch künftig erwirtschaftet werden kann. Gegenwärtig steht die Sozialpolitik in Deutschland wie auch in Europa vor erheblichen Schwierigkeiten. Die Überalterung der Bevölkerung sowie prekäre Arbeitsverhältnisse stellen die Finanzierung der sozialen Sicherung und der Maßnahmen zur Herstellung sozialer Gerechtigkeit vor außergewöhnliche Probleme. Dies gilt insbesondere für die Renten- und die Krankenversicherung.[60]

Die Thematik ist dabei sehr komplex und nicht allein auf eine niedrige Geburtenrate zurückzuführen: Mehr Kinder würden zwar (ebenso wie eine regulierte Zuwanderung) die Altersstruktur der Bevölkerung positiv beeinflussen. Für das Sozialsystem wäre dies jedoch nur dann von Vorteil, wenn die verjüngte Bevölkerung aktiv zu seiner Finanzierung beitrüge, also insbesondere Beiträge und Steuern leistete. Eine verjüngte Bevölkerung weitgehend ohne existenzsichernde Arbeit nähme hingegen primär Sozialleistungen in Anspruch und würde daher das Problem nur weiter verschärfen.

V. Sozialrecht in der nationalen Rechtsordnung

1. Rechtsquellen des Sozialrechts

23 Auf den ersten Blick erscheint das Sozialrecht als sehr unübersichtliche und weite Materie. Mächtige Gesetzessammlungen und Kommentare lassen nicht nur Studierende der Anfangssemester zurückschrecken. Wenn Sie den ersten Schreck überwunden haben, sollten Sie sich aber die Vorteile einer umfangreichen Kodifizierung vor Augen führen: Alles, was der Gesetzgeber ausdrücklich geregelt hat, brauchen Sie nicht auswendig zu lernen. Es genügt zumeist, die Vorschriften aufzufinden und zu lesen. Um dies zu erleichtern, sollten Sie sich die Systematik des Rechtsgebiets erschließen und – im Rahmen des nach der jeweiligen Prüfungsordnung Zulässigen – den Gesetzestext durch Unterstreichungen und Querverweise aufbereiten. Denken Sie auch daran, ggf. in den Inhaltsverzeichnissen Ihrer Gesetzessammlung Hervorhebungen vorzunehmen, sofern die für Sie anwendbare Prüfungsordnung dies gestattet.

---

57 S. BVerfGE 68, 193 (209); *Bley/Kreikebohm/Marschner* SozR Rn. 25.
58 *Eichenhofer* SozR Rn. 120.
59 *Bley/Kreikebohm/Marschner* SozR Rn. 25 f.
60 Vgl. *Waltermann* SozR Rn. 60 f. sowie ausf. *Eichenhofer* SozR Rn. 69 ff.; *Bley/Kreikebohm/ Marschner* Rn. 25 ff.

a) Verfassungsrechtliche Vorgaben

Nur hinsichtlich der **Gesetzgebungs- und Verwaltungskompetenz** werden im 24
Grundgesetz sozialrechtliche Materien ausdrücklich erwähnt. Aus Art. 74 Nrn. 7, 9,
10, 12, 13 GG ergibt sich, dass dem Bund die konkurrierende Gesetzgebungskompetenz[61] praktisch für das gesamte Sozialrecht zusteht. Die Ausführung der Bundesgesetze obliegt grds. ebenso den Ländern wie die Einrichtung der Behörden (Art. 83,
84 GG). Eine Besonderheit regelt Art. 87 II GG, wonach Sozialversicherungsträger,
deren Zuständigkeitsbereich sich über das Gebiet eines Landes hinaus erstreckt, als
bundesunmittelbare Körperschaften des öffentlichen Rechts grds. der bundeseigenen
Verwaltung zugeordnet werden.

▨ Können Sie sich vorstellen, welche Sozialversicherungsträger über das Gebiet eines Landes hinaus zuständig sind?

▶ Dies sind vor allem die zumeist bundesweit tätigen Ersatzkassen im Bereich der
Kranken- und Pflegeversicherung, die Berufsgenossenschaften im Recht der gesetzlichen Unfallversicherung sowie die »Deutsche Rentenversicherung Bund«
und die »Deutsche Rentenversicherung Knappschaft-Bahn-See« im Bereich der
Rentenversicherung.

Landesunmittelbare Körperschaften sind hingegen die Ortskrankenkassen und die
Regionalträger der Deutschen Rentenversicherung (die früheren Landesversicherungsanstalten). Das BVerfG versteht Art. 87 II GG nur als Kompetenznorm. Es
entnimmt der Vorschrift weder ein Indiz für eine verfassungsrechtliche Garantie des
bestehenden sozialversicherungsrechtlichen Systems noch ein Indiz für eine »institutionelle Garantie« der Sozialversicherung.[62]

Dass das **Sozialstaatsprinzip** in den Art. 20 I, 28 I 1 GG verankert ist, hatten wir im 25
Zusammenhang mit den Aufgaben des Sozialrechts bereits erwähnt.

▨ Erinnern Sie sich, welchen wesentlichen Leitgedanken das BVerfG daraus für das
Sozialrecht schon vor der Schaffung des § 1 SGB I abgeleitet hat?

▶ Die Antwort gibt Fußnote[63].

Das Sozialstaatsprinzip unterfällt der sog. »Ewigkeitsgarantie« des Art. 79 III GG.
Als Staatszielbestimmung enthält es den Gestaltungsauftrag an den Gesetzgeber, sich
um einen »erträglichen Ausgleich der widerstreitenden Interessen und um die Herstellung erträglicher Lebensbedingungen ... zu bemühen«.[64] Dabei hat der Gesetzgeber einen weiten Gestaltungsspielraum, um sein Verständnis einer gerechten Sozialordnung zu verwirklichen.[65] Konkrete Ansprüche auf Sozialleistungen lassen sich
allein aus dem Sozialstaatsprinzip nicht ableiten.[66] Praktische Bedeutung erlangt das
Sozialstaatsprinzip heute insbesondere bei der Auslegung und Anwendung der bestehenden Sozialgesetze sowie zur Rechtfertigung gesetzgeberischer Beschränkungen

---

61 Wenn Sie nicht mehr wissen, was darunter zu verstehen ist, **lesen Sie bitte Art. 72 GG!**

62 Vgl. die Darstellung der Rspr. zB bei *Gitter/Schmitt* SozR § 3 Rn. 12 ff.; *Muckel/Ogorek* SozR
§ 6 Rn. 20 ff.; *Waltermann* SozR Rn. 18.

63 Aus dem Sozialstaatsprinzip leitet das *BVerfG* das **Gebot der sozialen Sicherheit und der sozialen Gerechtigkeit** ab, → Rn. 5.

64 BVerfGE 1, 97 (105).

65 BVerfGE 59, 231 (263); 82, 60 (85).

66 Oben (→ Rn. 6 mwN) wurde bereits erwähnt, dass sich aus Art. 1 I iVm Art. 20 I GG das
Grundrecht auf Gewährleistung eines menschenwürdigen Existenzminimums ableitet.

von Freiheitsgrundrechten (zB den Eingriff in die allgemeine Handlungsfreiheit des Art. 2 I GG bei der Auferlegung einer Versicherungs- und Beitragspflicht in einem Zweig der gesetzlichen Sozialversicherung).[67]

26 Verfassungsrechtliche Bezüge weist das Sozialrecht ferner dadurch auf, dass **Einzelgrundrechte**, insbesondere die der Art. 2, 3, 6, 12 und 14 GG, vom BVerfG als Maßstab bei der Überprüfung sozialrechtlicher Regelungen herangezogen werden. Dabei geht es zumeist um Freiheitsrechte als Abwehrrechte gegen staatliche Eingriffe. So darf zB bei der Zulassung der Vertragsärzte und Vertragszahnärzte (§§ 95 ff. SGB V) der gesetzlichen Krankenkassen nicht unzulässig in das Grundrecht der Berufsfreiheit aus Art. 12 I GG eingegriffen werden. Ferner können sozialversicherungsrechtliche Positionen, die auf Eigenleistung beruhen (insbes. Rentenanwartschaften), Eigentumsschutz nach Art. 14 I GG genießen. Dieser ist aufgrund des Sozialbezugs allerdings deutlich schwächer ausgeprägt, als der Schutz des zivilrechtlichen Eigentums. Er ist aber in jedem Fall beim anstehenden Abbau und der Umgestaltung von Sozialversicherungsleistungen zu beachten. Die größte praktische Bedeutung unter den Grundrechten erlangt im Sozialrecht der allgemeine Gleichheitssatz des Art. 3 I GG.[68]

▨ Können Sie sich vorstellen, warum dies so ist? Denken Sie daran, dass man Sozialrecht auch mit dem Recht der Sozialleistungen gleichsetzen kann![69]

▶ Der Gleichheitssatz kommt immer dann als Prüfungsmaßstab in Betracht, wenn es um die Abgrenzung des leistungsberechtigten Personenkreises geht. Derjenige, der eine Leistung nicht erhält, wird darin oftmals eine gleichheitssatzwidrige Behandlung sehen und unter Berufung auf den Gleichheitssatz ebenfalls Leistungen beanspruchen.

Einen weiteren Ansatzpunkt bieten die Abgrenzung des versicherungs- und damit beitragspflichtigen Personenkreises in der Sozialversicherung sowie die Beitragserhebung selbst. Die Mehrzahl der Entscheidungen des BVerfG zu Art. 3 I betreffen das Sozialrecht. Zu den Einzelheiten muss aus Platzgründen auf die weiterführende Literatur verwiesen werden.[70]

b) Sozialgesetzbuch

27 Das Sozialgesetzbuch ist die zentrale Rechtsquelle des Sozialrechts. Seine einzelnen Bücher werden mit römischen Ziffern bezeichnet.

▨ Wenn Sie jetzt bitte das Inhaltsverzeichnis Ihrer sozialrechtlichen Textsammlung überfliegen, werden Sie feststellen, dass dieses zwei Bücher als allgemeine Teile bezeichnet:

▶ Das SGB I sowie das SGB IV.

Damit wird ein gesetzgeberisches Prinzip aufgegriffen, das Sie sicher kennen. Es geht um das Prinzip des »Vor die Klammer«-Ziehens.[71]

---

67 S. zum Ganzen: *Bley/Kreikebohm/Marschner* SozR Rn. 39 ff.; *Fuchs/Preis* SozVersR § 6 II; *Gitter/Schmitt* SozR § 3 Rn. 18 ff.; *Muckel/Ogorek* SozR § 6 Rn. 1 ff.; *Waltermann* SozR Rn. 13.
68 Vgl. *Bley/Kreikebohm/Marschner* SozR Rn. 43.
69 → Rn. 4.
70 S. zB *Fuchs/Preis* SozVersR § 6 V; *Gitter/Schmitt* SozR § 3 Rn. 22 ff.; *Muckel/Ogorek* SozR § 6 Rn. 4 ff.; *Waltermann* SozR Rn. 15 ff.
71 Vgl. *Kreßel/Wollenschläger* Leitfaden SozVersR § 3 Rn. 2.

▨ Es findet sich in vergleichbarer Form in einem Gesetzbuch, das Ihnen geläufig sein dürfte.

▷ Die Antwort gibt Ihnen Fußnote[72].

Neben dem SGB I enthält das SGB IV als weiterer »kleiner« allgemeiner Teil »Gemeinsame Vorschriften für die Sozialversicherung« (gesetzliche Kranken-, Unfall- und Rentenversicherung, soziale Pflegeversicherung sowie grds. auch die Arbeitslosenversicherung, die im Recht der Arbeitsförderung angesiedelt ist, s. § 1 SGB IV).

▨ Dies entspricht im BGB dem …?

▷ Die Antwort finden Sie in Fußnote[73].

Damit enden allerdings die Parallelen zum BGB. Denn das SGB enthält noch einen weiteren »allgemeinen Teil«, der allerdings nicht als solcher bezeichnet wird: das SGB X. Es normiert das sozialrechtliche Verwaltungsverfahren sowie Regelungen über den Sozialdatenschutz und die Zusammenarbeit der Leistungsträger sowie ihre Beziehungen zu Dritten. Genau wie die Bestimmungen des SGB I gelten auch die des SGB X grds. für alle Sozialleistungsbereiche einheitlich (§ 37 S. 1 SGB I), wegen § 68 SGB I einschließlich der noch nicht in das SGB eingeordneten Sozialgesetze. Darüber hinaus lassen sich die §§ 1–67 SGB IX als »allgemeiner Teil des Rehabilitationsrechts« aller Leistungsbereiche verstehen (vgl. § 7 S. 1 SGB IX);[74] da dabei aber die Verwirklichung des sozialen Rechts der Teilhabe behinderter Menschen (§§ 10, 29 SGB I) im Vordergrund steht, wird das SGB IX hier den Leistungsgesetzen des SGB zugeordnet.[75]

Inhaltsüberblick SGB:

SGB I: Allgemeiner Teil (1976)
SGB II: Grundsicherung für Arbeitsuchende (2005)
SGB III: Arbeitsförderung (1998)
SGB IV: Gemeinsame Vorschriften für die Sozialversicherung (1977)
SGB V: Gesetzliche Krankenversicherung (1989)
SGB VI: Gesetzliche Rentenversicherung (1992)
SGB VII: Gesetzliche Unfallversicherung (1997)
SGB VIII: Kinder- und Jugendhilfe (1991)
SGB IX: Rehabilitation und Teilhabe behinderter Menschen (2001)
SGB X: Sozialverwaltungsverfahren und Sozialdatenschutz (1981/1983)
SGB XI: Soziale Pflegeversicherung (1995)
SGB XII: Sozialhilfe (2005)
Weitere besondere Teile: s. Fiktion des § 68 SGB I

c) Landessozialrecht und untergesetzliche Regelungen

Da der Bundesgesetzgeber von seiner konkurrierenden Gesetzgebungsbefugnis (→ Rn. 24) weitestgehend Gebrauch gemacht hat, ist Sozialrecht im Wesentlichen Bundesrecht. Für die Länder bleiben angesichts dessen kaum Spielräume. Landes-   **28**

---

72 **Im BGB!**
73 **… dem Allgemeinen Schuldrecht des BGB, das für alle Schuldverhältnisse einheitlich gilt.**
74 Vgl. *Kittner/Deinert*, Arbeits- und Sozialrecht kompakt, 9. Aufl. 2013, Kap. 5.8; s. auch *Muckel/Ogorek* SozR § 15 Rn. 52.
75 Zur Entstehung des SGB s. bei Interesse zB *Muckel/Ogorek* SozR § 2 Rn. 1 ff.; *Igl/Welti* SozR § 3 Rn. 9 ff.

rechtliche Regelungen über Sozialleistungen bestehen aber zB in einigen Ländern hinsichtlich eines Landesblindengeldes oder eines Landeserziehungsgeldes. Untergesetzliche Regelungen existieren in Gestalt zahlreicher Rechtsverordnungen (zB Regelbedarfsstufen-Fortschreibungsverordnung,[76] mit der jährlich die Regelbedarfsstufen nach § 28a SGB XII und nach dem Regelbedarfs-Ermittlungsgesetz zum 1. Januar fortgeschrieben, dh idR erhöht werden; Sozialversicherungsentgeltverordnung,[77] in deren § 2 der beitragspflichtige Wert von Sachleistungen wie Unterkunft und freien Mahlzeiten festgelegt ist) sowie als autonome Satzungen der Sozialversicherungsträger, zB in Gestalt der Unfallverhütungsvorschriften der Berufgenossenschaften als Träger der gesetzlichen Unfallversicherung. Aufgrund der hohen gesetzlichen Regelungsdichte ist der Spielraum für Satzungsrecht allerdings sehr begrenzt.

2. Sozialrecht und Verwaltungsrecht

29 Sozialrecht ist öffentliches Recht. Innerhalb des öffentlichen Rechts bildet es ein Teilgebiet des Verwaltungsrechts und ist überwiegend dem Recht der Leistungsverwaltung zuzuordnen. Im sozialrechtlichen Verfahrensrecht nach dem SGB X werden Sie viele »alte Bekannte« treffen, die Sie – oftmals wortgleich – bereits aus den VwVfG des Bundes und der Länder kennen. Zuständig sind für sozialrechtliche Streitigkeiten teilweise die allgemeinen Verwaltungsgerichte (zB für Angelegenheiten der Ausbildungsförderung nach dem BAföG), überwiegend aber die Sozialgerichte als besondere Verwaltungsgerichte (insbes. für Sozialversicherungs- und Grundsicherungsangelegenheiten, s. § 51 SGG). Auch das gerichtliche Verfahren nach dem Sozialgerichtsgesetz (SGG) zeigt vielfältige Parallelen zur VwGO. Man muss also nur das neu lernen, was aufgrund der Besonderheiten des Sozialrechts abweicht. Dies betrifft vor allem »bürgerfreundlichere« Regelungen in formalen Fragen sowie Abweichungen hinsichtlich des Widerrufs und der Rücknahme von Verwaltungsakten, auf die hier besonders hingewiesen wird. Im Übrigen genügt es, sich mit den »neuen Hausnummern« (zB entspricht der Verwaltungsaktsbegriff des § 35 VwVfG hier § 31 SGB X) vertraut zu machen und auf das bereits vorhandene Wissen zurückzugreifen.

3. Sozialrecht und Zivilrecht

30 Wenn Sie – wie nicht wenige Juristinnen und Juristen – mit dem öffentlichen Recht bisher eher auf »Kriegsfuß« standen, könnte das Sozialrecht die »Friedenspfeife« sein. Denn es verfügt über vielfältige Berührungspunkte und Parallelen zum Zivilrecht. Beim Umgang mit den (öffentlich-rechtlichen) Dauerschuldverhältnissen des Sozialversicherungsrechts (Sozialversicherungsverhältnis) orientiert man sich an den zivilrechtlichen Dauerschuldverhältnissen (Miete, Pacht, Arbeitsverhältnis). Mit dem Haftungsausschluss nach den §§ 104, 105 SGB VII bei Arbeitsunfällen greift der Gesetzgeber unmittelbar in das Zivilrecht ein. Sie mussten sich mit diesen Vorschriften

---

76 Verordnung zur Bestimmung des für die Fortschreibung der Regelbedarfsstufen nach § 28a des Zwölften Buches Sozialgesetzbuch maßgeblichen Vomhundertsatzes sowie zur Ergänzung der Anlage zu § 28 des Zwölften Buches Sozialgesetzbuch für das Jahr 2014; abrufbar unter www.gesetze-im-internet.de/rbsfv_2014.

77 Verordnung über die sozialversicherungsrechtliche Beurteilung von Zuwendungen des Arbeitgebers als Arbeitsentgelt (SvEV), Aichberger Nr. 4/10; auch abrufbar unter www.gesetze-im-internet.de/svev/.

vermutlich bereits im Rahmen des Arbeitsrechts[78] beschäftigen. Das besonders bedeutsame Sozialversicherungsrecht knüpft mit dem Beschäftigungsverhältnis an denselben Lebenssachverhalt an wie das Arbeitsrecht, weshalb Sie hier (s. § 7 I SGB IV) auch auf Ihre Kenntnisse zum Arbeitnehmerbegriff zurückgreifen müssen. Zu einer zivilrechtlichen Prüfung von Schadensersatzansprüchen kommt es nach den §§ 116 ff. SGB X. Im Wege einer Legalzession (wissen Sie, was man darunter versteht?[79]) gehen hier Schadensersatzansprüche auf Sozialversicherungs- oder Sozialhilfeträger über, wenn diese aufgrund des Schadensereignisses leistungspflichtig wurden. Diese Situation tritt bei fast jedem Verkehrsunfall ein, wenn die gesetzliche Krankenversicherung danach Leistungen (Krankenbehandlung, Krankenhausaufenthalt) erbringen muss. Ferner kommt es oftmals auf familienrechtliche Beziehungen an, zB für die beitragsfreie Mitversicherung von Familienangehörigen in der gesetzlichen Krankenversicherung gem. § 10 SGB V.

VI. Internationale Bezüge des Sozialrechts   31

Übungsfall 1

Der 18-jährige Xaver (deutscher Staatsangehöriger) wohnt in Oberbayern und arbeitet nach seinem Schulabschluss fünf Monate sozialversicherungspflichtig als Kellner in einer Ausflugsgaststätte in Deutschland, bis es ihm gelingt, mit einer Dauerstellung als Skilehrer und Bike-Instruktor in einem nahegelegenen österreichischen Ferienort Hobby und Beruf zu vereinbaren. Er wohnt weiterhin bei seinen Eltern in Deutschland und fährt täglich zu seiner 30 km entfernten Arbeitsstelle in Österreich, wo er auch Beiträge zur Sozial- und Arbeitslosenversicherung entrichtet. Nachdem ihm unverhofft, aber rechtswirksam nach nur achtmonatiger Beschäftigung betriebsbedingt gekündigt wird, meldet er sich sofort in Deutschland arbeitslos und beantragt Arbeitslosengeld bei der für seinen Wohnsitz zuständigen deutschen Agentur für Arbeit. Wie wird die Agentur für Arbeit entscheiden?

Beginnen Sie mit den üblichen Vorüberlegungen:[80] Wer will hier was von wem?   32
Suchen Sie dann nach einer möglichen Anspruchsgrundlage für einen Anspruch auf Arbeitslosengeld im deutschen Recht.

- ▨ In welchem Gesetz könnte diese zu finden sein? Nehmen Sie das Inhaltsverzeichnis Ihrer Gesetzessammlung zur Hand und überlegen Sie selbst, bevor Sie weiterlesen!
- ▶ Genau, dies müsste im Recht der Arbeitsförderung (SGB III) geregelt sein.
- ▨ Hier ermitteln Sie nun die denkbare(n) Anspruchsgrundlage(n) mit Hilfe des Inhaltsverzeichnisses des SGB III.
- ▶ In Betracht kommt hier ein Anspruch nach §§ …[81].

Jetzt können Sie in die Fallprüfung einsteigen! Wie lautet Ihr Obersatz?

Die Agentur für Arbeit müsste dem Antrag Xavers (X) stattgeben, wenn diesem ein   33
Anspruch auf Arbeitslosengeld nach Maßgabe der §§ 136 I Nr. 1, 137 I SGB III zu-

---

78 S. zB *Wörlen/Kokemoor* ArbR Rn. 183 ff.

79 **Gesetzlicher Forderungsübergang, Forderungsabtretung kraft Gesetzes**; falls nicht mehr gewusst, s. zB *Wörlen/Metzler-Müller* SchuldR AT Rn. 279 ff., 290.

80 Sollten Sie sich hier unsicher fühlen, lesen Sie zB *Wörlen/Metzler-Müller* BGB AT Rn. 180 ff. zur zivilrechtlichen Fallbearbeitung, der die sozialversicherungsrechtliche Anspruchsprüfung weitgehend ähnelt.

81 §§ 136 I Nr. 1, 137 I SGB III.

stünde. X ist arbeitslos iSd §§ 137 I Nr. 1, 138 ff. SGB III. Er hat sich auch bei der für seinen Wohnsitz zuständigen Agentur für Arbeit (s. § 327 I SGB III) gem. §§ 137 I Nr. 2, 141 SGB III arbeitslos gemeldet und Arbeitslosengeld beantragt, s. §§ 323 I 1, 2 SGB III, 19 S. 1 SGB IV. Fraglich erscheint allerdings, ob das deutsche Arbeitsförderungsrecht überhaupt Anwendung findet und ob – sofern sich dies bejahen ließe – die zwölfmonatige Anwartschaftszeit iSd §§ 137 I Nr. 3, 142 f. SGB III nach einer nur fünfmonatigen Beschäftigung in Deutschland erfüllt sein kann.

1. Nationales Kollisionsrecht (»ISR«)

34 Angesichts der sozialversicherungsrechtlichen Beschäftigung des X in Österreich könnte sich die Klärung beider Fragen nach »Internationalem Sozialrecht« richten. Die umfassend klingende Bezeichnung »Internationales Sozialrecht« (ISR) ist allerdings irreführend. Sie steht – entsprechend der im deutschen Privatrecht üblichen Terminologie (Internationales Privatrecht – IPR) – nur für denjenigen Teil des nationalen, deutschen Sozialrechts, der sich mit Kollisionen der nationalen oder internationalen Sozialrechtsordnungen befasst.

> Das Internationale Sozialrecht regelt Sachverhalte mit internationaler Berührung insofern nicht selbst, sondern bestimmt lediglich, welches Recht Anwendung findet.[82]

35 Grundsätzlich folgt das deutsche Sozialrecht dem *Territorialitätsprinzip* (s. § 30 I SGB I) und gilt immer dann, wenn Personen ihren Wohnsitz oder gewöhnlichen Aufenthalt im Bundesgebiet haben (*Wohnsitzprinzip*). Von dieser Bestimmung kann jedoch gem. § 37 SGB I durch die anderen Sozialgesetze des SGB abgewichen werden. Für den Bereich der Sozialversicherung einschließlich der Arbeitslosenversicherung finden sich derartige Regelungen in den §§ 3–5 SGB IV.[83] Nach § 3 Nr. 1 SGB IV kommt es für die Sozialversicherung einschließlich der Leistungsansprüche[84] primär auf den Beschäftigungsort an (*Beschäftigungsortprinzip*). Anspruchsvoraussetzung für das Arbeitslosengeld ist jedoch gerade die Beschäftigungslosigkeit (s. §§ 137 I Nr. 1, 138 I Nr. 1 SGB III), sodass es im Fall des X gem. § 3 II SGB IV auf das Wohnsitzprinzip ankommen könnte. Dagegen spricht jedoch, dass § 142 SGB III für die Anwartschaftszeit auf ein Versicherungspflichtverhältnis abstellt, das gem. §§ 24 I, 25 I SGB III vor allem aufgrund einer Beschäftigung besteht. Der Anspruch auf Arbeitslosengeld resultiert insofern aus einem Beschäftigungsverhältnis, weshalb das Beschäftigungsortsprinzip hier maßgeblich ist.

Betrachtete man daher allein das SGB, müsste sich X hier an die österreichischen Behörden wenden und deutsches Arbeitsförderungsrecht käme nicht zur Anwendung. Allerdings lassen die genannten Rechtsnormen des SGB die Regelungen des über- und zwischenstaatliche Rechts »unberührt« (§ 30 II SGB I; § 6 SGB IV), was bedeutet, dass diese den dargestellten allgemeinen Regeln vorgehen.

---

82 S. zB *Muckel/Ogorek* SozR Rn. 1 vor § 19; *Waltermann* SozR Rn. 70.
83 Weitere Sonderregelungen bestehen insbes. nach den §§ 13 IV, V, 17 f., 140e SGB V, §§ 110 ff. SGB VI, §§ 97 f. SGB VII, §§ 23 f. SGB XII, § 7 BVG, §§ 5 ff. BAföG, s. *Gitter/Schmitt* SozR § 3 Rn. 10 sowie ausf. *Muckel/Ogorek* SozR § 19 Rn. 4 ff.
84 Vgl. *Igl/Welti* SozR § 86 Rn. 3 f.; *Fuchs/Preis* SozVersR § 62 I 2, II 1.

2. Zwischenstaatliches Sozialrecht

Das zwischenstaatliche Recht im Bereich des Sozialrechts prägen insbesondere die   **36**
bilateralen (zweiseitigen) *Sozialversicherungsabkommen*.[85] Darin sichern sich Staaten
gegenseitig zu, für Bürger des Vertragspartners sozialrechtliche Leistungen zu erbringen (zB bei Erkrankungen auf Reisen in das jeweilige Land). Ferner wird das
zwischenstaatliche Recht auch durch sonstige internationale Abkommen, die Übereinkommen, Empfehlungen oder Erklärungen der Internationalen Arbeitsorga-
nisation (IAO), der Vereinten Nationen oder des Europarats gestaltet.[86] Zu nennen
ist hier auch die *UN-Behindertenrechtskonvention* (UN-BRK).[87] Aufgrund von
Art. 59 II GG bedürfen internationale Abkommen der Zustimmung des Bundesge-
setzgebers in der Form eines Bundesgesetzes.[88] Sie haben daher den Rang von einfachen Bundesgesetzen und gehen dem deutschen Sozialrecht nicht vor, sondern sind
diesem gleichrangig.[89] Nur aufgrund der ausdrücklichen gesetzlichen Anordnung in
den §§ 30 II SGB I, § 6 SGB IV kommen sie anstelle der allgemeinen Regeln der
§ 30 I SGB I, §§ 3–5 SGB IV zur Anwendung. In unserem Fall ist zu beachten, dass
Deutschland und Österreich der EU angehören. Für die EU-Mitgliedstaaten haben
die zwischen nahezu allen Mitgliedsstaaten geschlossenen Sozialversicherungsabkommen heute kaum noch praktische Bedeutung, weil die Bestimmungen des
überstaatlichen (supranationalen) europäischen Rechts dem Recht der Einzelstaaten
(einschließlich der Sozialversicherungsabkommen) vorgehen.[90]

3. Europäisches Sozialrecht als überstaatliches Recht (»ESR«)

Überstaatliches (»supranationales«) Recht geht dem nationalen Recht im Rang ohne   **37**
Weiteres vor, weshalb die §§ 30 II SGB I, 6 SGB IV insoweit nur wiederholen, was
ohnehin gilt. Mit den Gründungsverträgen haben die Mitgliedstaaten den Organen
der heutigen EU einen Teil ihrer nationalen Souveränität einschließlich der Befugnis
zur Rechtssetzung in bestimmen Bereichen übertragen. Daher geht das europäische
Recht dem deutschen Recht grds. im Rang vor. Die Gesamtheit der Rechtssätze des
europäischen Gemeinschaftsrechts, die die nationalen Sozialordnungen unmittelbar
beeinflussen, nennt man »Europäisches Sozialrecht« (»ESR«)[91]. Wie in allen Rechtsgebieten wächst auch im Sozialrecht die Bedeutung des europäischen Rechts, auf das
sich der Bürger vor den nationalen Gerichten unmittelbar berufen kann, ständig. Ein

---

85 Sie können auszugsweise abgerufen werden unter www.dvka.de/oeffentlicheSeiten/Rechts-
quellen/BilateraleAbkommen.htm.

86 Mehr dazu zB bei *Muckel/Ogorek* SozR § 20; *Igl/Welti* SozR § 87 Rn. 1 ff.

87 »Übereinkommen der Vereinten Nationen über die Rechte von Menschen mit Behinderungen«
vom 13.12.2006, BGBl. 2008 II 1420. S. dazu zB *Banafsche* SGb 2012, 373 ff., 440 ff.; *Luthe* SGb
2013, 391 ff.

88 S. zur UN-BRK das Gesetz zu dem Übereinkommen der Vereinten Nationen v. 13.12.2006 über
die Rechte von Menschen mit Behinderungen sowie zu dem Fakultativprotokoll v. 13.12.2006
zum Übereinkommen der Vereinten Nationen über die Rechte von Menschen mit Behinderungen, BGBl. 2008 II 1419.

89 Dazu sowie zu den Ausnahmen s. hins. der UN-BRK: BSG Urt. v. 6.3.2012 – B 1 KR 10/11 R,
juris Rn. 20 = BSGE 110, 194 ff.

90 Die Berufung auf günstigere Abkommensregelungen ist allerdings weiter möglich, sofern nicht
allein an Umstände nach Inkrafttreten des Gemeinschaftsrechts angeknüpft wird, s. EuGH Urt.
v. 7.2.1991 – Rs. C-227/89 (Rönfeldt), Slg. 1991 I-323; EuGH Urt. v. 5.2.2002 – Rs. C-277/99
(Kaske) = BeckRS 2004, 75921.

91 *Muckel/Ogorek* SozR § 21 Rn. 3; ähnlich *Eichenhofer* SozR Rn. 86.

harmonisiertes Sozialrecht in Europa ist und war allerdings bislang nicht Ziel der europäischen Rechtsentwicklung.[92]

38 Im primären Gemeinschaftsrecht ist vor allem die Freizügigkeit der Arbeitnehmer (Art. 45 AEUV) von Bedeutung, die jegliche Ungleichbehandlung von Arbeitnehmern aus anderen Mitgliedstaaten in Bezug auf Beschäftigung, Entlohnung und sonstige Arbeitsbedingungen aus Gründen der Staatsangehörigkeit verbietet. Sie wäre wertlos, wenn ein Arbeitnehmer, der sein Recht auf Freizügigkeit in Anspruch nimmt, dadurch den Schutz seines sozialen Sicherungssystems (einschließlich der bereits erworbenen Anwartschaften) verlöre und zugleich in das Sozialsystem an seinem neuen Wohnsitz keinen oder einen nur erschwerten Eingang fände. Deshalb sieht Art. 48 AEUV die Schaffung entsprechender Mindestregelungen vor, welche aus- und einwandernden Arbeitnehmern und ihren Angehörigen derartige Schritte sichern. Weitere sozialrechtlich relevante Regelungen des Primärrechts (insbes. zu den Zielen einer europäischen Sozialpolitik) finden sich in den Art. 151 ff. AEUV.

39 Das auf der Grundlage des primären Gemeinschaftsrechts geschaffene sekundäre Gemeinschaftsrecht ist für die sozialrechtliche Praxis bedeutsamer. Während das materielle Arbeitsrecht vor allem durch europäisches Richtlinienrecht beeinflusst wird, ist das Sozialrecht stärker durch Verordnungsrecht geprägt. EU-Verordnungen gelten unmittelbar und verbindlich in sämtlichen Mitgliedsstaaten, während durch Richtlinien den EU-Staaten nur ein Regelungsziel vorgegeben wird, nicht aber die Art und Weise der konkreten Zielerreichung (s. Art. 288 AEUV). Eine für das Sozialrecht wichtige Richtlinie ist zB die Richtlinie 79/7/EWG zur schrittweisen Verwirklichung des Grundsatzes der Gleichbehandlung von Männern und Frauen im Bereich der sozialen Sicherheit.[93] Herausragende sozialrechtliche Bedeutung hat die Verordnung (EG) 883/2004 »zur Koordinierung der Systeme der sozialen Sicherheit« v. 29.4.2004 iVm der zu ihrer Durchführung ergangenen VO (EG) 987/2009.[94] Sie ersetzte zum 1.5.2010 die Verordnung EWG 1408/71 v. 14.6.1971 »zur Anwendung der Systeme der sozialen Sicherheit auf Arbeitnehmer und deren Familien, die innerhalb der Gemeinschaft zu- und abwandern« nebst der zu ihrer Durchführung ergangenen VO EWG 574/72. Anstelle der sperrigen Originalbezeichnung der VO EWG 1408/71 verwendete man auch die Kurzbezeichnung »Wanderarbeitnehmerverordnung«.[95]

40 Die (neue) VO 883/2004 gilt gem. ihres Art. 3 I sachlich für alle Rechtsvorschriften, die die dort explizit aufgeführten Zweige der sozialen Sicherheit betreffen (Leistungen bei Krankheit, Leistungen bei Mutterschaft sowie gleichgestellte Leistungen bei Vaterschaft, Leistungen bei Invalidität, Leistungen bei Alter, Leistungen an Hinterbliebene, Leistungen bei Arbeitsunfällen und Berufskrankheiten, Sterbegeld, Leistungen bei Arbeitslosigkeit, Vorruhestandsleistungen, Familienleistungen). In den Art. 11–16 enthält die Verordnung Kollisionsnormen. Danach ist nur das Recht eines Mitgliedsstaats anzuwenden, und zwar grds. das Recht des Beschäftigungsstaates (Art. 11 I, III Buchst. a VO (EG) 883/2004). Den Kern der VO 883/2004 machen die inhaltlich-koordinierenden Vorschriften über die einzelnen Leistungsarten aus

---

92 S. dazu *Fuchs/Preis* SozVersR § 63 I; *Muckel/Ogorek* SozR § 21 Rn. 5. Zur Rspr. des EuGH zum Sozialrecht im Jahr 2013 s. bei Interesse *Fuchs* NZS 2014, 121.

93 Zu den Inhalten s. bei Interesse zB *Muckel/Ogorek* SozR § 21 Rn. 60 ff.

94 S. dazu *Fuchs* SGb 2010, 201 ff. VO-Texte abrufbar unter http://europa.eu/documentation/legislation/index_de.htm.

95 Vgl. *Muckel/Ogorek* SozR § 21 Rn. 7.

(Art. 17–75 der VO (EG) 883/2004). Die Koordinierungsvorschriften sollen innerhalb der EU sicherstellen, dass alle Staatsangehörigen der Mitgliedstaaten nach den innerstaatlichen Rechtsvorschriften der einzelnen Mitgliedstaaten gleich behandelt werden und Arbeitnehmer unabhängig von ihrem Arbeits- oder Wohnort in den Genuss der Leistungen der sozialen Sicherheit kommen.[96] Dazu wird insbesondere eine Zusammenrechnung aller Zeiten verlangt, die nach den innerstaatlichen Rechtsvorschriften der einzelnen Mitgliedstaaten für den Erwerb oder die Berechnung zu berücksichtigen sind, also die Bildung einer Art »internationaler Versicherungsverläufe«. Zugleich ist bei Geldleistungen ein »Leistungsexport« vorgesehen, sodass Geldleistungen auch in einem anderen Staat als in dem für die Leistung zuständigen erbracht werden. Dadurch sollen Wanderarbeiter mit dauerhaft in einem Staat ansässigen Arbeitnehmern gleichgestellt werden und ihnen die erworbenen Rechte und Vorteile gesichert werden, wenn sie ihr Recht auf Freizügigkeit in Anspruch nehmen.[97]

Nach diesen Ausführungen ist der Lösungsweg für unseren Fall vorgegeben: Es müssen die einschlägigen (vorrangigen) Vorschriften des Europäischen Rechts geprüft werden. Zu beachten sein könnte hier speziell die VO 883/2004.   **41**

▨ Schauen Sie in den Verordnungstext! Ist die VO 883/2004 anwendbar? (erst nachdenken, dann weiterlesen!)

▷ Gem. Art. 3 I gilt die VO 883/2004 sachlich für die dort enumerativ aufgeführten Zweige der sozialen Sicherheit. Dazu zählt die Vorschrift ausdrücklich nach ihrem Buchstaben h auch Leistungen bei Arbeitslosigkeit. Die VO 883/2004 ist daher anwendbar und geht dem nationalen Recht vor.

In persönlicher Hinsicht gilt die Verordnung gem. ihres Art. 2 I insbesondere für die Staatsangehörigen der Mitgliedstaaten, also auch für den deutschen Staatsangehörigen X.

▨ Überfliegen Sie nun die Kollisionsnormen der Verordnung. Welche grds. Regelung wird dort hinsichtlich des anwendbaren Rechts getroffen?

▷ Nach Art. 11 I VO 883/2004 unterliegen Personen, für die die Verordnung gilt, in ihrem Anwendungsbereich den Rechtsvorschriften nur eines Mitgliedstaats. Bei Beschäftigten ist dies grds. das Recht des Beschäftigungsstaates, während im Übrigen regelmäßig das Recht des Wohnmitgliedsstaates zur Anwendung kommt, Art. 11 III Buchst. a, c, e VO (EG) 883/2004.

Grds. galt demnach für X während seiner Beschäftigung österreichisches Recht. Inzwischen hat er jedoch seine Beschäftigung verloren, weshalb deutsches Recht als Recht des Wohnmitgliedstaates maßgeblich sein könnte. Art. 11 III Buchst. c VO (EG) 883/2004 hilft hier nicht weiter, da die Norm nur Personen betrifft, die bereits Leistungen bei Arbeitslosigkeit erhalten. Da der Anspruch auf Arbeitslosengeld aber

---

96 Ob der **Ausschluss von SGB II-Leistungen für Ausländerinnen und Ausländer**, deren Aufenthaltsrecht sich allein aus dem Zweck der Arbeitsuche ergibt (§ 7 I 2 Nr. 2 SGB II), mit dem EU-Recht vereinbar ist, ist Gegenstand von zwei Vorabentscheidungsverfahren, s. BSG EuGH-Vorlage v. 12.12.2013 – B 4 AS 9/13 R = BeckRS 2014, 66151; SG Leipzig EuGH-Vorlage v. 3.6.2013 – S 17 AS 2198/12 = BeckRS 2014, 65254 mit Schlussanträgen des Generalanwalts v. 20.5.2014 – Rs. C-333/13 (Dano). S. zum Ganzen *Fuchs* ZESAR 2014, 103 ff.
97 Vgl. den kurzen Überblick bei *Waltermann* SozR Rn. 81 ff.; ausf. Darstellungen bei *Behrend* ZESAR 2012, 55 ff.; *Eichenhofer* Sozialrecht der Europäischen Union; *Eichenhofer* SozR Rn. 89 ff.; *Fuchs/Preis* SozVersR § 63 II; *Muckel/Ogorek* SozR § 21 Rn. 7 ff.

an die zuvor ausgeübte Beschäftigung anknüpft, gelten aufgrund derselben Überlegungen wie zum deutschen Recht (→ Rn. 35) auch nach Beendigung des Beschäftigungsverhältnisses grds. die Rechtsvorschriften des Staates, in dem die Beschäftigung zuletzt ausgeübt wurde.[98] Hier wäre also österreichisches Recht anzuwenden und ebenfalls die österreichische Arbeitsverwaltung zuständig, sofern die Verordnung keine Ausnahmen von diesem Grundsatz anordnet.

42   ▪ Wo könnten sich derartige Vorschriften finden lassen? Bitte sehen Sie sich die VO genau an!

  ▸ Richtig, bei den besonderen Bestimmungen über die verschiedenen Arten von Leistungen des Titels III der Verordnung und dort speziell bei den Bestimmungen über Leistungen bei Arbeitslosigkeit (Kapitel 6, Art. 61 ff.).

Art. 61 I VO (EG) 883/2004 gibt zunächst die Antwort auf unsere zweite unter → Rn. 33 gestellte Frage: Kommt es – wie nach deutschem Recht – für den Erwerb (§§ 137 I Nr. 3, 142 f. SGB III) oder die Dauer (§ 147 SGB III) des Leistungsanspruchs auf die Zurücklegung von Versicherungszeiten an, sind Zeiten nach den Rechtsvorschriften eines anderen Mitgliedstaats, soweit erforderlich, so zu berücksichtigen, als ob sie nach inländischem Recht zurückgelegt worden wären. Die Zeiten des X in Österreich wären also mit den deutschen Versicherungszeiten zusammenzurechnen. Auch die zwölfmonatige Anwartschaftszeit als Voraussetzung eines Anspruchs auf Arbeitslosengeld nach dem SGB III hätte X demnach zurückgelegt.

Wenn also deutsches Recht anzuwenden wäre, hätte er Anspruch auf Arbeitslosengeld nach dem SGB III.

43 Zu klären bleibt aber nach wie vor, ob hier deutsches Recht Anwendung findet und ob die deutsche Arbeitsverwaltung zuständig ist.

  ▪ Haben Sie die einschlägige Vorschrift gefunden?

  ▸ Art. 65 regelt die Situation von Arbeitslosen, die in einem anderen als dem zuständigen Mitgliedstaat gewohnt haben!

Art. 65 II 1 VO (EG) 883/2004 bestimmt, dass eine vollarbeitslose Person, die während ihrer letzten Beschäftigung oder selbstständigen Erwerbstätigkeit in einem anderen als dem zuständigen Mitgliedstaat gewohnt hat und weiterhin in diesem Mitgliedstaat wohnt oder in ihn zurückkehrt, sich der Arbeitsverwaltung des Wohnmitgliedstaats zur Verfügung stellen muss. Da X während seiner Beschäftigung in Österreich und danach in Deutschland wohnte, musste er sich bei der zuständigen deutschen Arbeitsagentur arbeitslos melden, was er ja auch getan hat.

  ▪ Ist unsere Frage damit beantwortet?

  ▸ Nein! Denn Art. 65 II VO (EG) 883/2004 besagt nicht, dass die deutsche Arbeitsverwaltung für die *Leistungsgewährung* zuständig und dafür deutsches Recht maßgeblich wäre! Beides regelt jedoch Abs. 5 Buchst. a der Vorschrift. Danach erhält der Arbeitslose von dem Träger des Wohnorts Leistungen nach den Rechtsvorschriften des Wohnmitgliedstaats,[99] als ob diese für ihn während seiner letzten Beschäftigung gegolten hätten.

---

98 EuGH Urt. v. 12.6.1986 – Rs. C-302/84 (Ten-Holder).

99 S. dazu EuGH Urt. v. 11.4.2013 – Rs. C-443/11 (Jeltes und andere); *Eichenhofer* ZESAR 2013, 373; *Geiger* info also 2013, 147 f.

X erhält also Arbeitslosengeld nach deutschem Recht von der deutschen Arbeitsverwaltung. Seine Zeiten in Österreich sind dabei gem. 61 I VO (EG) 883/2004 insoweit zu berücksichtigen, wie dies für den Erwerb (§§ 137 I Nr. 3, 142 f. SGB III) des Leistungsanspruchs erforderlich und für seine Dauer (§ 147 SGB III) erheblich ist. Bei der Bemessung des Arbeitslosengeldes ist nicht nur das zuletzt in Deutschland erzielte Arbeitsentgelt, sondern auch das österreichische Arbeitsentgelt zu berücksichtigen, s. Art. 62 III VO (EG) 883/2004.

Dass X während seiner Tätigkeit in Österreich täglich an seinen deutschen Wohnort zurückkehrte und daher als »Grenzgänger« iSv Art. 1 Buchst. f der VO (EG) 883/2004 anzusehen war,[100] spielt im Kontext der Vorschriften über die Arbeitslosigkeit praktisch keine Rolle mehr.[101]

Übersicht 7: Sozialrecht mit internationalen Bezügen

44

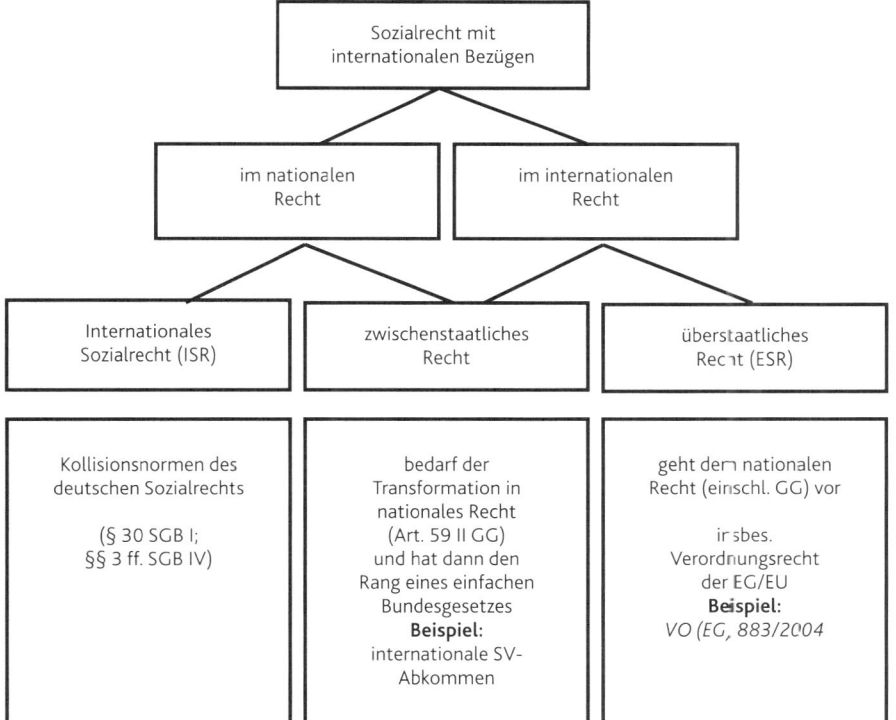

---

100 Eine Definition des »unechten Grenzgängers«, der nach der Rspr. dem »echten Grenzgänger« gleichgestellt wird, findet sich in der Verordnung nicht. Ein Fallbeispiel dazu gibt *Waltermann* SozR Fall 4, vor Rn. 69, Rn. 90; instruktiv ferner BSG Urt. v. 9.2.1994 – 11 RAr 1/93, SozR 3-6050 Art. 71 Nr. 5, ebenfalls zum Fall einer unechten Grenzgängerin.
101 Nach Ersetzung des Begriffs durch das Wort »Arbeitslosen« in Art. 62 III der VO durch die VO (EG) Nr. 988/2009 v. 16.9.2009 (ABl. EU Nr. L 284, 43) findet sich der Begriff hier nur noch in Art. 65 II 3, V Buchst. b sowie Art. 65a der VO (EG) 883/2004.

45 Übersicht 8: Einführung in das Sozialrecht

I. Begriff und Aufgaben des Sozialrechts	II. Geschichtliche Entwicklung
<ul><li>formeller Begriff: das im SGB geregelte Recht *(s. dazu Übersicht 1 bei → Rn. 2)*</li><li>materieller Begriff (= inhaltliche Bestimmung): Recht der Sozialleistungen</li><li>Aufgaben: § 1 SGB I – Gestaltung von Sozialleistungen zur Verwirklichung von sozialer Sicherheit und sozialer Gerechtigkeit</li></ul>	<ul><li>eng verknüpft mit der Geschichte des Arbeitsrechts und der Industrialisierung</li><li>»Kaiserliche Botschaft« von 1881 als Grundlage der Sozialversicherung</li><li>Beginn eines »Umbaus« des Sozialstaats seit den späten 80er Jahren des vergangenen Jahrhunderts</li></ul>
III. Gliederung des Sozialrechts	**IV. Ökonomische Grundlagen**
<ul><li>soziale Vorsorge (insbes. Sozialversicherung)</li><li>soziale Entschädigung (zB Kriegsopferversorgung)</li><li>soziale Hilfe und Förderung (unter anderem Sozialhilfe, Grundsicherung für Arbeitsuchende, Ausbildungsförderung nach dem BAföG usw)</li></ul> *(s. Übersichten 4 und 5 → Rn. 14 und → Rn. 18)*	<ul><li>Sozialbudget = Summe der Sozialleistungen (auch = Bericht der Regierung über Sozialleistungen und ihre Finanzierung)</li><li>Finanzierung durch Beiträge (konstante %-Sätze) und aus Steuermitteln (progressiv ansteigende %-Sätze bei direkten Steuern) *(s. dazu Übersicht 6 → Rn. 21)*</li><li>Sozialrecht als wichtigstes Mittel der staatlichen Sozialpolitik</li><li>Sozialpolitik ≈ Umverteilungspolitik</li></ul>
V. Sozialrecht in der Rechtsordnung	**VI. Internationale Bezüge des Sozialrechts**
<ul><li>Verfassungsrechtliche Vorgaben vor allem durch das Sozialstaatsprinzip (Art. 20 I, 28 I 1 GG) und den allgemeinen Gleichheitssatz (Art. 3 I GG)</li><li>im Wesentlichen Bundesrecht; zentrale Rechtsquelle: SGB *(s. Übersicht → Rn. 27)*</li><li>Sozialrecht = öffentliches Recht (Verwaltungsrecht), dennoch viele Berührungspunkte zum Zivilrecht</li></ul>	*(s. Übersicht 7 → Rn. 44)*

2. Kapitel. Gemeinsame Vorschriften für das gesamte Sozialrecht

I. Allgemeiner Teil des Sozialgesetzbuchs – SGB I

1. Überblick: Sozialleistungen und Leistungsträger

§ 1 SGB I definiert als Programmsatz die Aufgaben des SGB. 46

- Welche dies sind, hatten wir im Zusammenhang mit dem materiellen Begriff des Sozialrechts angesprochen.
- Erinnern Sie sich? Falls nicht…[102]

Das SGB I enthält als allgemeiner Teil des SGB Bestimmungen, die für alle Leistungsbereiche gelten.

- Wie bereits erwähnt, gilt das SGB I für das gesamte SGB. Wissen Sie noch, weshalb es auch auf Bereiche wie zB das im BAföG geregelte Recht der Ausbildungsförderung anzuwenden ist?
- Dies ergibt sich aus § …[103]

§ 37 SGB I lässt allerdings Abweichungen durch die übrigen Bücher zu, jedoch nicht für die praktisch bedeutsamen §§ 1–17 sowie §§ 31–36 SGB I.

Dass die §§ 3–10 SGB I die sozialen Rechte beschreiben, welche der Erfüllung der in 47 § 1 SGB I genannten Aufgaben dienen, dem Bürger aber keine eigenständigen subjektiven Rechtsansprüche gewähren, wissen Sie schon.[104] Rechtsansprüche werden erst durch die Vorschriften der besonderen Teile des SGB bestimmt. Die §§ 3–10 SGB I sind allerdings bei der Auslegung des SGB und bei der Ausübung von Ermessen zu beachten, s. § 2 II SGB I. Einen Überblick über die verschiedenen Leistungsarten geben § 11 SGB I sowie jeweils in ihrem Abs. 1 die §§ 18–29 SGB I. An welche Leistungsträger sich der Bürger wenden muss, um sie zu erlangen, erläutern in allgemeiner Form § 12 SGB I sowie jeweils in ihren Abs. 2 die §§ 18–29 SGB I.

2. Rechte und Pflichten aus dem Sozialrechtsverhältnis

Das Sozialrechtsverhältnis knüpft an das Bestehen eines gegenwärtigen oder künfti- 48 gen Sozialleistungsanspruchs an und begründet ein öffentlich-rechtliches Schuldverhältnis. In dessen Rahmen hat der Gesetzgeber beiden Seiten, dem Sozialleistungsberechtigten und dem Sozialleistungsträger, besondere Verpflichtungen auferlegt, deren Missachtung erhebliche rechtliche Konsequenzen nach sich ziehen kann.[105]

---

102 Gestaltung von Sozialleistungen zur Verwirklichung sozialer Gerechtigkeit und sozialer Sicherheit → Rn. 4.
103 § 68 SGB I! Falls nicht mehr gewusst, → Rn. 1 f.
104 → Rn. 7 sowie § 2 I 2 SGB I.
105 Vgl. *Igl/Welti* SozR § 76 Rn. 7 ff., 12 ff.; *Bley/Kreikebohm/Marschner* SozR Rn. 51 ff.; zum Sozial*versicherungs*verhältnis → Rn. 119.

a) Pflichten der Sozialleistungsträger, sozialrechtlicher Herstellungsanspruch

49 Praktisch bedeutsam sind die Beratungs- und Auskunftsansprüche des Bürgers nach den §§ 14, 15 SGB I sowie die Bestimmungen über die Antragstellung in § 16 SGB I und die Ausführung von Sozialleistungen gem. § 17 SGB I. Sie begründen umfassende Betreuungspflichten der Sozialleistungsträger gegenüber den Sozialleistungsberechtigten.[106] Daneben existieren weitere – auch ungeschriebene – Nebenpflichten, die jedoch idR einen bestehenden Sozialleistungsanspruch voraussetzen.[107] Pflichtverletzungen des Sozialleistungsträgers können einen von der Rechtsprechung entwickelten »sozialrechtlichen Herstellungsanspruch« auslösen. Dieser ähnelt in seiner Struktur der Pflichtverletzung nach § 280 I BGB und ist auf die Herstellung des hypothetischen Zustandes bei pflichtgemäßem Verhalten des Sozialleistungsträgers gerichtet. Seine Voraussetzungen und Wirkungsweise soll der folgende Übungsfall verdeutlichen.

Übungsfall 2[108]

Hausfrau H feierte am 30.11.2008 ihren 65. Geburtstag. Angeregt durch die scherzhafte Bemerkung ihres Mannes, dass sie unmöglich jetzt in Rente gehen könne, weil der gemeinsame Haushalt ja auch weiterhin geführt werden müsse, hatte sie sich bereits am 16.11.2008 von dem für sie zuständigen Rentenversicherungsträger ausführlich beraten lassen. Man wies sie dort darauf hin, dass sie die allgemeine Wartezeit für die Regelaltersrente (§ 35 SGB VI) von 60 Monaten (§§ 35 Nr. 2, 50 I Nr. 1 SGB VI) nicht erfülle, weil sie – was richtig ist – nur über 58 Monate mit Beitragszeiten (§ 51 I SGB VI) aus einer früheren versicherungspflichtigen Beschäftigung verfüge. Auf Anraten ihres Gesprächspartners sah sie von der Stellung eines Antrags auf Altersrente ab.

Erstmals im Mai 2014 erfuhr H zufällig von der Möglichkeit, freiwillige Beiträge zu entrichten, um so doch noch zu einem Rentenanspruch zu kommen. Sie suchte sofort ihren Rentenversicherungsträger auf, wo man ihr mitteilte, dass gem. §§ 7 I, 197 II SGB VI zum gegenwärtigen Zeitpunkt nur noch eine Nachentrichtung von Beiträgen für das Jahr 2014 in Betracht komme und ihr dann eine Rente ab dem 1.6.2014 (§ 99 I 1 SGB VI) gezahlt werden könne.

H meint, dass man sie bei der Beratung im November 2008 auf die Möglichkeit zur freiwilligen Beitragszahlung hätte hinweisen müssen und verlangt Rente rückwirkend auch für die Zeit seit dem 1.12.2008. Zu Recht?

---

50 Versuchen Sie, bevor Sie weiter lesen, den Fall soweit wie möglich selbst zu lösen und eine kurze Lösungsskizze anzufertigen. Der Aufgabentext weist Sie auf die rentenversicherungsrechtlich maßgeblichen Vorschriften hin.

51 Ein Anspruch der H auf Gewährung einer Altersrente für die Zeit ab dem 1.12.2008 könnte sich aus § 35 SGB VI ergeben. H ist Versicherte iS dieser Vorschrift, denn in den 58 Monaten ihrer beruflichen Tätigkeit war sie pflichtversichert gem. § 1 I SGB VI. Der Versicherungsfall des Alters iSd § 35 Nr. 1 iVm § 235 II 1 SGB VI liegt ebenfalls vor, da H das 65. Lebensjahr am 30.11.2008 vollendet hat. Als weitere Voraussetzung für die Leistung einer Regelaltersrente fordert § 35 Nr. 2 SGB VI die Erfüllung der allgemeinen Wartezeit. Diese beträgt fünf Jahre, also 60 Kalendermonate, und wäre angesichts der 58 Monate mit Pflichtbeitragszeiten bei einer freiwilligen Entrichtung von Beiträgen (s. § 7 I SGB VI) für zwei Kalendermonate erfüllt, s. §§ 50 I Nr. 1, 51 I, 54 I Nr. 1 Buchst. a, 55 I 1 SGB VI.

---

106 *Igl/Welti* SozR § 76 ff. Rn. 7.
107 *Kreßel/Wollenschläger* Leitfaden SozVersR § 2 Rn. 8.
108 In Anlehnung an BSGE 91, 1 ff.; BSG Urt. v. 2.8.2000 – B 4 RA 54/99 R = SozR 3-2600 § 99 Nr. 5; s. ferner den Fall bei *Kreßel/Wollenschläger* Leitfaden SozVersR § 3 Rn. 15.

Problematisch erscheinen allerdings der Zeitpunkt, in dem das Stammrecht auf Regelaltersrente erstmals entsteht, sowie der Rentenbeginn (Zahlungsbeginn). § 99 I 1 SGB VI bestimmt, dass eine Rente »aus eigener Versicherung« bei rechtzeitiger Antragstellung von dem Kalendermonat an zu leisten ist, zu dessen Beginn die Anspruchsvoraussetzungen für die Rente erfüllt sind. H wird frühestens im Mai 2014 freiwillige Beiträge zahlen. Eine Nachentrichtung von Beiträgen für vergangene Kalenderjahre kommt gem. § 197 II SGB VI nur bis zum 31. März des Folgejahres in Betracht. Daher wirkt die freiwillige Beitragszahlung hier für das Jahr 2014 und lässt das Stammrecht auf Regelaltersrente ab dem Zahlungszeitpunkt entstehen. Erst dann sind alle Anspruchsvoraussetzungen für die Rente erfüllt und erst dann müsste der zuständige Rentenversicherungsträger Regelaltersrente leisten. **52**

Der genaue Zahlungsbeginn könnte sich nach § 99 I 1 SGB VI (lesen) richten, wenn diese Norm hier anzuwenden wäre. **53**

▨ Geht es der H um eine Rente aus »eigener Versicherung«? Lesen Sie § 33 SGB VI und überlegen Sie!

▷ H begehrt Regelaltersrente gem. § 35 SGB VI aufgrund ihrer eigenen Rentenbeiträge, also als »Versicherte« und damit »aus eigener Versicherung«. Keine Renten aus eigener Versicherung sind die Renten wegen Todes, die aufg und der Versicherung des Verstorbenen geleistet werden (s. zB den insoweit deutlichen Wortlaut des § 46 I 1 SGB VI) und deren Beginn sich nach § 99 II SGB VI richtet.

Hier ist also § 99 I 1 SGB VI maßgeblich.

Das Gesetz kommt dem Bürger bei der Antragstellung sehr weit entgegen: Nach § 16 I 2, II 2 SGB I können Anträge fristwahrend (!) auch bei jedem anderen Leistungsträger sowie den Gemeinden gestellt werden (damit Sie dies nicht übersehen, sollten Sie im Gesetzestext Unterstreichungen vornehmen; ferner sollten Sie § 28 SGB X neben § 16 SGB I notieren, der eine Rückwirkung eines nachgeholten Antrags vorsieht). Diese haben den Antrag an die zuständige Stelle weiterzuleiten (§ 16 II 1 SGB I). Die Vorschrift hilft aber nicht darüber hinweg, dass H den Rentenantrag erst im Mai 2014 stellte. Zahlungsbeginn der Rente wäre daher der 1.6.2014.

Allerdings könnte H wegen eines unterbliebenen Hinweises auf die Möglichkeit der freiwilligen Versicherung im November 2008 ein Recht auf (Wieder-)Herstellung der damaligen Rechtssituation zustehen (sog. sozialrechtlicher Herstellungsanspruch). Der Rentenversicherungsträger müsste sie dann so behandeln, als ob das Recht auf Altersrente bereits zum 1.12.2008 entstanden und rechtzeitig geltend gemacht worden wäre. Das Rechtsinstitut des sozialrechtlichen Herstellungsanspruchs ist erforderlich, weil die allgemeinen öffentlich-rechtlichen Ausgleichsmechanismen in Situationen wie der vorliegenden regelmäßig nicht weiterhelfen. **54**

▨ Überlegen Sie, welche Ihnen bereits bekannten Ansprüche des allgemeinen öffentlichen Rechts in Frage kommen könnten!

▷ Zu nennen wären (erst nachdenken, dann weiterlesen…) einerseits ein Amtshaftungsanspruch (§§ 839 I BGB iVm Art. 34 GG), andererseits ein Folgenbeseitigungsanspruch.

▨ Welche Voraussetzungen dieser Ansprüche könnten hier problematisch werden und welche Rechtsfolgen lösen sie aus? **55**

▷ Der Folgenbeseitigungsanspruch ist nur auf Beseitigung der tatsächlichen Folgen rechtswidrigen Verwaltungshandelns gerichtet. Der Amtshaftungsanspruch zielt zwar auf Schadensersatz, gewährt diesen jedoch grds. in Geld und greift nur bei Verschulden.[109] Ein Sozialleistungsanspruch kann sich aus beiden Anspruchsgrundlagen nicht ergeben.

Daher hat die Rechtsprechung zum nachträglichen Ausgleich von Betreuungsfehlern im Sozialrechtsverhältnis den sozialrechtlichen Herstellungsanspruch entwickelt, der auf Naturalrestitution geht.

▪ Wissen Sie (noch), was man darunter versteht?

▶ Es ist der Zustand herzustellen, der bestünde, wenn die Sozialbehörde den Pflichtverstoß nicht begangen hätte (Herstellung des ursprünglichen bzw. ursprünglich erreichbaren Zustandes).[110]

56 **Übersicht 9: Prüfungsfolge sozialrechtlicher Herstellungsanspruch**[111]

1. **Sozialrechtsverhältnis**
Bestehen eines Sozialrechtsverhältnisses zum Anspruchsgegner

2. **Betreuungsfehler**
zurechenbare behördliche Verletzung einer gerade gegenüber dem Anspruchssteller bestehenden Pflicht
(insbes. Unterlassung der gebotenen Auskunft oder Beratung, §§ 14, 15 SGB I)

3. **Rechtswidrigkeit**
(gegeben, wenn bestehender Beratungsbedarf sich dem sachkundigen Beobachter aufdrängen musste)

4. **Kausalität**
Pflichtverstoß ist – zumindest auch – *wesentliche Bedingung* für den eingetretenen Rechtsnachteil (kann durch überwiegendes Verschulden des Bürgers ausgeschlossen sein!)

5. **Rechtsnachteil**
(Regelfall: Sozialleistung wird nicht, nicht in der richtigen Höhe oder erst ab einem späteren Zeitpunkt gewährt)

6. **Rechtsfolge**
Es muss der Zustand hergestellt werden, der bestünde, wenn die Sozialbehörde den Pflichtverstoß nicht begangen (also idR: richtig und vollständig beraten) hätte

57 Der sozialrechtliche Herstellungsanspruch ist kein »sozialrechtliches Allheilmittel«.[112] Er greift nicht zwischen verschiedenen Sozialleistungsträgern[113] und kommt nur in Betracht, wenn es um die Herstellung einer Rechtsposition geht, die nach dem Gesetz vorgesehen ist, darf also nicht auf eine rechtlich unzulässige Amtshandlung gerichtet sein. Deshalb kommt eine gesetzlich nur ausnahmsweise vorgesehene Bei

---

109 S. *Igl/Welti* SozR § 76 Rn. 10 mwN; *Kreßel/Wollenschläger* Leitfaden SozVersR § 2 Rn. 9 f. mwN.

110 Vgl. § 249 BGB. Falls nicht mehr gewusst, s. zB *Wörlen/Metzler-Müller* SchuldR AT Rn. 185 f., 253.

111 Vgl. BSGE 91, 1 (3 ff.); BSG Urt. v. 18.1.2011 – B 4 AS 29/10 R = NJW 2011, 2907 ff.; s. ferner zB die Darstellung bei *Kreßel/Wollenschläger* Leitfaden SozVersR § 2 Rn. 15.

112 S. *Igl/Welti* SozR § 76 Rn. 11.

113 Vgl. BSGE 86, 78 (85).

tragsrückzahlung auch über den Herstellungsanspruch nicht in weiterem Umfang in Betracht. Auch darf nicht allein aus der Verletzung einer Nebenpflicht vorschnell bereits auf die Entstehung eines Herstellungsrechts geschlossen werden, sondern es muss im Einzelfall immer feststehen, dass sie zumindest gleichwertige Bedingung für die Beeinträchtigung des sozialen Rechts (oder Verfahrensrechts) gewesen ist. Diese »Theorie der wesentlichen Bedingung« prägt die sozialrechtliche Kausalitätslehre auch in anderen Bereichen und spielt insbesondere in der gesetzlichen Unfallversicherung eine große Rolle.[114]

Lesen Sie nun die §§ 13, 14 und 15 SGB I. Im Wortlaut lässt sich ein für den sozialrechtlichen Herstellungsanspruch bedeutsamer Unterschied feststellen, den Sie bei kritischem Lesen sicher bereits entdeckt haben (und den Sie – sofern prüfungsrechtlich zulässig – im Gesetzestext durch Unterstreichung kenntlich machen sollten!).   **58**

▨ An welchem der bei → Rn. 56 genannten Prüfungspunkte dürfte es bei einer der genannten Vorschriften Probleme geben?

▷ Genau! Nur § 14 und § 15 SGB I geben dem Einzelnen einen subjektiven Rechtsanspruch (unterstreichen Sie »jeder hat Anspruch« im Wortlaut des § 14 SGB I sowie in dem des § 15 II SGB I »Auskunftspflicht«). § 13 SGB I betrifft demgegenüber ganz allgemein die Aufklärung »der Bevölkerung« (unterstreichen!) und ist die Ursache für die im Vergleich zu anderen Rechtsgebieten sehr vielfältigen und recht nützlichen Informationsbroschüren und Internet-Angebote vor allem der Sozialversicherungsträger.

Auf einer möglicherweise ungenügenden Aufklärung iSd § 13 SGB I kann daher kein Herstellungsrecht beruhen.

Versuchen Sie, die gewonnenen Erkenntnisse auf unseren Fall anzuwenden. (Erst überlegen, dann weiterlesen!) H hatte sich als Versicherte an ihren Rentenversicherungsträger gewandt, um sich über ihre möglichen Rentenansprüche zu informieren. Ihr stand insoweit im Rahmen eines Sozialleistungsverhältnisses ein individueller Beratungsanspruch aus § 14 SGB I gegenüber dem Rentenversicherungsträger zu. Allerdings wandte sie sich nicht mit dem genau bestimmten Beratungsbegehren an diesen, über die Möglichkeiten einer freiwilligen Versicherung informiert zu werden. Ein konkretes Beratungsbegehren oder zumindest ein konkreter Anlass zur Beratung ist jedoch Voraussetzung für einen Betreuungsfehler nach § 14 SGB I im Hinblick auf eine gerade gegenüber dem Antragsteller bestehende Pflicht, deren Nicht- oder Schlechterfüllung durch eine falsche oder zumindest missverständliche Beratung zu einem Herstellungsanspruch führen kann. Für eine Auskunftspflicht iSd § 15 SGB I ist ebenfalls erforderlich, dass ein entsprechender Informationsbedarf für den zuständigen Sozialleistungsträger oder eine andere auskunftspflichtige Stelle offen zu Tage tritt.[115]   **59**

▨ Können Sie sich vorstellen, wann ausnahmsweise auch ohne Beratungsbegehren eine Beratung oder Auskunft (sog. »Spontanberatung« oder »Spontanauskunft«) zu erteilen ist?   **60**

---

114   → Rn. 272 ff.
115   BSG Urt. v. 30.7.1997 – 5 RJ 64/95, HVBG-Info 1998, 814 ff.; BSG Urt. v. 18.1.2011 – B 4 AS 29/10 R = NJW 2011, 2907 ff. (Tz. 14).

▶ Immer dann, wenn ein konkreter Anlass zur Beratung oder Auskunft gegeben ist oder die Sachbearbeitung der Sozialbehörde auf eine klar zu Tage liegende Dispositionsmöglichkeit des Bürgers aufmerksam wird.

Hier lag die Möglichkeit einer freiwilligen Beitragsnachentrichtung angesichts der festgestellten 58 Beitragsmonate so nahe, dass ein konkreter Anlass zur Beratung bestand. Da jedoch keine Beratung stattfand und auch keine entsprechende Auskunft erteilt wurde, ist ein Betreuungsfehler gegeben. Dieser erfolgte auch pflichtwidrig, da sich der Beratungsbedarf jedem Sachkundigen unmittelbar aufdrängen musste. Eine überwiegende Kausalität ergibt sich daraus, dass H ihr Recht auf freiwillige Beitragsleistung und die Möglichkeit zur Stellung eines Rentenantrags 2008 aus Unwissenheit nicht ausübte. Ein durchschnittlicher Versicherter hätte die Möglichkeit zur freiwilligen Versicherung in dieser Situation sicher genutzt. Es ist auch nicht ersichtlich, dass H seinerzeit bewusst oder »fahrlässig gegen sich selbst« Rechtsnachteile in Kauf genommen hätte, sodass auch kein anspruchshinderndes wesentliches Mitverschulden der H feststellbar ist. Der eingetretene Rechtsnachteil der H ist daher grds. auszugleichen und es ist der Zustand herzustellen, der bestünde, wenn der Rentenversicherungsträger rechtzeitig, richtig und vollständig beraten hätte.

Zwischenergebnis: Ein Stammrecht auf Altersrente und Zahlungsansprüche hieraus stehen der H auch für die Zeit vom 1.12.2008 bis zum 31.5.2014 zu.

Damit ist die Prüfung des Falles jedoch noch nicht abgeschlossen. Bevor wir fortfahren (→ Rn. 64), sollten wir kurz einen Blick auf die Pflichten der Sozialleistungsberechtigten und andere Regelungen des SGB I werfen.

b) Obliegenheiten der Sozialleistungsberechtigten

61 Mitwirkungspflichten (Obliegenheiten) des Leistungsberechtigten regeln die §§ 60 ff. SGB I. Danach muss derjenige, der Sozialleistungen beantragt oder erhält, in den Grenzen des § 65 SGB I (lesen!) zur Sachverhaltsaufklärung beitragen und sich ggf. Untersuchungen und Heilbehandlungen unterziehen. Kommt der Leistungsberechtigte diesen Pflichten nicht nach, kann die Leistung ganz oder teilweise versagt oder entzogen werden, § 66 SGB I. Vorher muss jedoch auf diese Folge schriftlich hingewiesen werden und eine Frist gesetzt werden, was Sie im Wortlaut des § 66 III SGB I unterstreichen sollten. Wird die Mitwirkung nachgeholt, kann der Leistungsträger Sozialleistungen nachträglich ganz oder teilweise erbringen, § 67 SGB I. Eine große Rolle in der Praxis spielt § 60 I 1 Nr. 1 und 2 SGB I, wonach alle für die Leistungsgewährung erheblichen Tatsachen anzugeben sind sowie Änderungen in den Verhältnissen unverzüglich mitgeteilt werden müssen. Bei Nichtbeachtung dessen genießt der Betroffene bei der Rücknahme oder Aufhebung leistungsbewilligender Bescheide keinen Vertrauensschutz, vgl. § 45 II 3 Nr. 2[116] und § 48 I 2 Nr. 2 SGB X. Sie sollten sich zur Erinnerung § 60 I Nr. 1 SGB I neben § 45 II 3 Nr. 2 SGB X und § 60 I Nr. 2 SGB I neben § 48 I 2 Nr. 2 SGB X (und umgekehrt) notieren.[117]

---

116 Der VA muss aber auf den fehlenden oder unrichtigen **Angaben »beruhen«** (unterstreichen!), diese müssen also **kausal für die Leistungsbewilligung** gewesen sein, BSG Urt. v. 28.3.2013 – B 4 AS 59/12 R, juris Rn. 23 = BSGE 113, 184 ff., SozR 4-1300 § 45 Nr. 13.

117 S. zum Ganzen bei Interesse: *Igl/Welti* SozR § 76 Rn. 12 ff.; speziell für den **Anwendungsbereich des SGB II** *Klerks* info also 2012, 150 ff.

Nach der Rspr. des BSG können auch *ungeschriebene Obliegenheiten* aus dem sozialrechtlichen Grundverhältnis entstehen. So muss etwa ein sog. Ein-Euro-Jobber (→ Rn. 412) das Jobcenter auf mögliche rechtswidrige Umstände bei seiner Arbeitsgelegenheit (§ 16d SGB II – diese Vorschrift müssen Sie *jetzt* nicht unbedingt lesen!) hinweisen und eine Möglichkeit zur Abhilfe geben, wenn er später aus dem Grundverhältnis weitere Ansprüche (insbes. einen öffentlich-rechtlichen Erstattungsanspruch auf Wertersatz für die geleistete Arbeit) ableiten will.[118]

3. Weitere Bestimmungen für alle Sozialleistungsbereiche

a) Allgemeine materiell-rechtliche Grundsätze

»Allgemeine Grundsätze« für das gesamte Sozialrecht finden sich in den §§ 30 ff. SGB I. Nach § 31 SGB I gilt für das Sozialrecht der strenge Vorbehalt des Gesetzes, weshalb die Leistungsträger aus eigener Kompetenz nicht von den Vorschriften des SGB abgehen dürfen. Abweichungen von den Vorschriften des SGB zum Nachteil des Sozialleistungsberechtigten in privatrechtlichen Vereinbarungen sind gem. § 32 SGB I nichtig. Arbeitgeber können daher auch bei geringfügigen Beschäftigungsverhältnissen (»Mini-Jobs«)[119] die von ihnen ggf. zu zahlenden Pauschalbeiträge zur gesetzlichen Kranken- und Rentenversicherung nicht vertraglich auf den Arbeitnehmer überwälzen. Das Minderjährigenrecht des SGB unterscheidet sich von den zivilrechtlichen Regeln über die Geschäftsfähigkeit. Nach § 36 I SGB I sind bereits Personen, die das 15. Lebensjahr vollendet haben, befugt, Anträge auf Sozialleistungen zu stellen und zu verfolgen sowie Sozialleistungen entgegenzunehmen.

62

b) Grundsätze des Leistungsrechts

Grundsätze des Leistungsrechts, von denen allerdings gem. § 37 S. 1 SGB I in den übrigen Teilen des SGB abgewichen werden kann, finden sich in den §§ 38 ff. SGB I. Gem. § 38 SGB I besteht auf Sozialleistungen grds. ein Rechtsanspruch (Pflichtleistung). Sieht ein besonderer Teil eine Ermessensleistung vor, gilt für die Ermessensausübung § 39 SGB I. Die §§ 40 ff. SGB I regeln allgemein die Entstehung (§ 40 SGB I), die Fälligkeit (§ 41 SGB I), die Verzinsung von Ansprüchen auf Geldleistungen (§ 44 SGB I) sowie die Verjährung von Sozialleistungsansprüchen (§ 45 SGB I). Sie bestimmen ferner, unter welchen Voraussetzungen Vorschüsse (§ 42 SGB I) und vorläufige Leistungen (§ 43 SGB I) gewährt werden und umfassen die Pflicht, auf Antrag des Berechtigten spätestens nach Ablauf eines Monats Vorschüsse und vorläufige Leistungen zu erbringen (unterstreichen Sie »hat« … »zu zahlen« bzw. »zu erbringen« in § 42 I 2 und § 43 I 2 SGB I!). Auch regeln sie die Möglichkeit eines Verzicht auf Sozialleistungen (§ 46 SGB I), der für die Zukunft jederzeit widerruflich ist (unterstreichen!). Ferner finden sich hier Grundsätze über die Auszahlung, Aufrechnung und Verrechnung von Geldleistungen (s. §§ 47–52 SGB I),[120] die (eingeschränkte) Übertragbarkeit und Pfändbarkeit von Sozialleistungen (§§ 53, 54 SGB I) sowie das Schicksal von Sozialleistungen im Todesfall (§§ 56–59 SGB I).

63

---

118 BSG Urt. v. 22.8.2013 – B 14 AS 75/12 R, juris Rn. 24 ff. = SozR 4-4200 § 16 Nr 13.
119 → **Rn. 128 ff.**
120 Aufbauschemata dazu bei *Hartmann*, Die sozialrechtliche Fallbearbeitung, 4. Aufl. 2009, 205 ff.

64 Vergegenwärtigen Sie sich nun wieder unser Zwischenergebnis zu Übungsfall 2 (→ Rn. 60 aE): H hat einen Renten- und Zahlungsanspruch auch für die Zeit vom 1.12.2008 bis zum 31.5.2014. Wie in der zivilrechtlichen Fallbearbeitung muss auch bei sozialrechtlichen Fällen geprüft werden, ob ein entstandener Anspruch (s. § 40 I SGB I) nicht untergegangen und durchsetzbar ist. Die einzelnen monatlichen Rentenzahlungsansprüche der H sind weder durch Erfüllung erloschen, noch wurden Erfüllungssurrogate (Aufrechnung, Verrechnung) von dem Rentenversicherungsträger geltend gemacht. Zu bedenken ist aber, dass H für insgesamt fünfeinhalb Jahre und damit einen relativ weit zurückliegenden Zeitraum die Nachzahlung einer Rente begehrt.

- Was ist also zu prüfen?
- ▶ Ob der Anspruch ganz oder teilweise verjährt ist! Denn dann stünde es im Ermessen (§ 39 SGB I) des Rentenversicherungsträgers, diese Einrede zu erheben, §§ 45 I, II; 39 SGB I iVm § 214 I BGB.
- Ist § 45 SGB I hier einschlägig? Was setzt die Verjährung voraus?
- ▶ Die Verjährungsfrist beginnt erst mit der Entstehung des Anspruchs (s. § 40 SGB I) und setzt deshalb bei Herstellungsansprüchen regelmäßig erst mit deren bindender Feststellung ein. Ferner wäre die Verjährungseinrede nach den rechtsstaatlichen Grundsätzen von Treu und Glauben auch deshalb ausgeschlossen, weil der Rentenversicherungsträger durch eigene Rechtsverletzungen die frühere Geltendmachung des sozialen Rechts der H vereitelte.[121]

65 Nun könnte der Rentennachzahlung des Anspruchs der H für die Zeit vor dem 1.1.2010 allerdings noch der sog. »Vier-Jahres-Einwand« aus § 44 IV 1 SGB X (lesen!) entgegen gehalten werden. Er gilt unmittelbar nur im Rahmen des § 44 sowie gem. § 48 IV 1 SGB X. Beide Vorschriften finden Anwendung, wenn ein rechtswidriger nicht begünstigender Verwaltungsakt oder ein Verwaltungsakt mit Dauerwirkung *rückwirkend* für mehr als vier Jahre nach § 44 I oder II oder nach § 48 I SGB X aufgehoben wird und werden überwiegend auch auf den sozialrechtlichen Herstellungsanspruch entsprechend angewendet.[122] Hier lag jedoch ein *Erstfeststellungsverfahren* vor,[123] in dem kein Verwaltungsakt aufzuheben war. Damit fehlt es aber an einer Analogievoraussetzung und folglich können diese Vorschriften keine Anwendung finden.[124]

Damit ergibt sich zu Übungsfall 2 das Ergebnis, dass H Anspruch auf Zahlung einer Altersrente auch für die Zeit vom 1.12.2008 bis zum 31.5.2014 hat.

---

121 Vgl. dazu BSGE 91, 1 (18).
122 S. zB BSGE 87, 280 (288 f.) (9. Senat), BSG Urt. v. 27.3.2007 – B 13 R 58/06 R (13. Senat) = BeckRS 2007, 44338; aA insbes. der 4. Senat des BSG Urt. v. 2.8.2000 – B 4 RA 54/99 R = SozR 3-2600 § 99 Nr. 5; BSG Urt. v. 26.6.2007 – B 4 R 19/07 R = SozR 4-1300 § 44 Nr. 12; s. zum Streitstand v. Wulffen/Schütze/*Schütze* SGB X § 44 Rn. 33 mwN.
123 Dass dieses auf einem sozialrechtlichen Herstellungsanspruch beruhte, spielt dabei keine Rolle, s. BSG 4. Senat Urt. v. 2.8.2000 – B 4 RA 54/99 R = SozR 3-2600 § 99 Nr. 5.
124 Zutreffend BSG 4. Senat SozR 3-2600 § 99 Nr. 5 sowie SozR 4-1300 § 44 Nr. 12; ähnlich v. Wulffen/Schütze/*Schütze* SGB X § 44 Rn. 33 mwN; aA BSG Urt v. 24.4.2014 – B 13 R 23/13 R (13. Senat).

II. Sozialverwaltungsverfahren und Sozialdatenschutz – SGB X

1. Überblick

Ebenso wie das SGB I gilt auch das SGB X grds. für alle Sozialleistungsbereiche ein- 66
heitlich,[125] allerdings können sich aus den übrigen Büchern abweichende Regelungen
ergeben (s. § 37 S. 1 SGB I).

Das SGB X enthält drei Regelungsbereiche:

1. Normen über das sozialrechtliche Verwaltungsverfahren (§§ 1–66 SGB X),
2. Bestimmungen über den Sozialdatenschutz (§§ 67–85a SGB X) und
3. Vorschriften über die Zusammenarbeit der Leistungsträger sowie ihre Beziehungen zu Dritten (§§ 86–119 SGB X).

2. Sozialverwaltungsverfahren

Oben (→ Rn. 29) wurde bereits darauf hingewiesen, dass das sozialrechtliche Verfah- 67
ren nach dem SGB X viele Parallelen zum VwVfG und oftmals sogar wortgleiche
Vorschriften aufweist. Wir müssen daher nur auf die Abweichungen eingehen. Zunächst sollten Sie sich daher anhand des Inhaltsverzeichnisses mit den »alten Bekannten« aus dem VwVfG und deren abweichenden »Hausnummern« vertraut machen!

Übungsfall 3

Großväterchen G nimmt die (freie) Rückseite eines alten Briefes, den er durchstreicht, und schreibt
darauf »Ich will jetzt endlich meine Rente! Gez. G, Straße der DSF 2, Wernshausen/Thür.«. Er wirft
den Zettel ohne Umschlag in den Hausbriefkasten der Gemeindeverwaltung ein.
Was hat die Gemeinde hier zu veranlassen und wie müsste sie und ggf. die zuständige Sozia-
leistungsbehörde vorgehen?

▪ Die Beantwortung der Fallfrage richtet sich zunächst danach, wie das Schreiben
  des G auszulegen ist. Um was könnte es sich rechtlich handeln?
▷ Hier könnte ein Antrag des G auf Rente aus der gesetzlichen Rentenversicherung
  vorliegen und deshalb uU ein Verwaltungsverfahren durch die Gemeinde einzuleiten sein.

a) Grundlagen

Die Gemeindeverwaltung ist zwar sachlich nicht selbst für die Bescheidung von Ren- 68
tenanträgen zuständig. Dennoch darf der Zettel nicht einfach an G zurückgeschickt
oder gar weggeworfen werden. Vielmehr muss die Gemeinde kraft Gesetzes selbst
tätig werden (§ 16 SGB I – erinnern Sie sich?[126]). In der Gemeindeverwaltung ist zu
prüfen, ob ein Verwaltungsverfahren iSd § 8 SGB X einzuleiten ist. Die Vorschriften
über das sozialrechtliche Verwaltungsverfahren gelten gem. § 1 I 1, 2 SGB X (lesen!)
für sämtliche Behörden (§ 1 II SGB X) der Sozialverwaltung des Bundes und der
Länder sowie der Gemeinden und Gemeindeverbände,[127] deren Verwaltungstätigkeit

---

125 S. bereits → Rn. 21.
126 Wenn nicht, **lesen Sie nochmals → Rn. 53!**
127 Darunter sind zB die Landkreise sowie die Bezirke in Bayern und die Landschaftsverbände in
     Nordrhein-Westfalen zu verstehen.

aufgrund des SGB ausgeübt wird. Verwaltungsverfahren ist dabei insbesondere die nach außen wirkende Tätigkeit der Behörden, die auf die Prüfung der Voraussetzungen, die Vorbereitung und den Erlass eines Verwaltungsaktes gerichtet ist (§ 8 SGB X). Da ein Rentenantrag grds. Voraussetzung für den Erlass eines Rentenbescheids nach dem Recht der gesetzlichen Rentenversicherung ist (vgl. § 19 SGB IV), ist seine Beurteilung Teil der Prüfung der Voraussetzungen eines Verwaltungsakts iSd § 8 SGB X. Aufgrund ihrer Handlungspflichten nach § 18 Nr. 1 SGB X iVm § 16 SGB I muss die Gemeinde zwingend ein Verwaltungsverfahren iSd § 8 SGB X einleiten, wenn hier ein Rentenantrag im Rechtssinne vorliegt. Dies wäre bereits dann der Fall, wenn bei verständiger Würdigung erkennbar ist, welche Sozialleistungen begehrt werden.[128] G möchte hier erkennbar eine Rente. Die Gemeindeverwaltung muss daher seinen Antrag zumindest mit ihrem Eingangsstempel versehen (wegen § 16 II 2 SGB I, § 20 III SGB X).

69 Eine Rente kann jedoch nach verschiedenen sozialrechtlichen Vorschriften von ganz unterschiedlichen Trägern zu leisten sein. Da Laien unter einer »Rente« in aller Regel eine solche aus der gesetzlichen Rentenversicherung verstehen, wäre der Antrag hier an die vermeintlich zuständige Deutsche Rentenversicherung (DRV) Mitteldeutschland oder einen anderen Rentenversicherungsträger (s. § 23 II SGB I) weiterzuleiten, § 16 I 2, II 1 SGB I. Auch bei verbleibenden letzten Zweifeln am Vorliegen eines Antrags oder an der Zuständigkeit der DRV sollte die Gemeinde – schon im Interesse eines einfachen, zweckmäßigen und zügigen Verwaltungsverfahrens (§ 9 S. 2 SGB X – lesen!) und zur Vermeidung von Rechtsverlusten des G – die endgültige Beurteilung dieser Frage einem damit tagtäglich befassten Rentenversicherungsträger überlassen. In der Praxis sollte diese Entscheidung schon deshalb leicht fallen, weil sie für die Gemeindebediensteten mit weniger Arbeit verbunden ist, als eine intensive eigene Prüfung…

Die DRV Mitteldeutschland hat nun ebenfalls zwingend gem. § 18 Nr. 1 SGB X das Verwaltungsverfahren fortzuführen, da sie auf einen Rentenantrag hin die Voraussetzungen des Erlasses eines Rentenbescheids (= Verwaltungsakt) prüfen muss (§§ 35 ff., 99 SGB VI). Sofern Zweifel verbleiben, ob ein ernstgemeinter Antrag vorliegt, ist dies – genau wie die konkret begehrte Leistung – bei G durch Nachfragen zu ermitteln und G um vollständige Angaben zum Sachverhalt zu bitten, s. §§ 16 III, 60 I 1 Nr. 1 SGB I. Gleiches ergibt sich auch aus dem im sozialrechtlichen Verwaltungsverfahren geltenden Untersuchungsgrundsatz.

> ▦ Was dieser besagt, wird Ihnen aus anderen Rechtsgebieten bekannt sein.
> ▶ Trotzdem sollten Sie dazu sicherheitshalber § 20 I, II SGB X lesen: Danach ermittelt die Behörde den Sachverhalt von Amts wegen, also auch ohne ein entsprechendes Verlangen der Beteiligten. Sie muss alle für den Einzelfall bedeutsamen Umstände berücksichtigen, auch die für die Beteiligten günstigen.

70 Zur Sachverhaltsermittlung wird die DRV Mitteldeutschland G ein Rentenantragsformular zusenden (vgl. § 60 II SGB I). Das sozialrechtliche Verwaltungsverfahren ist aber grds. formfrei (§ 9 SGB X), weshalb Verfahrens- und soziale Rechte nicht von der Benutzung von Formblättern abhängig gemacht werden dürfen. Die DRV kann daher wegen § 9 SGB X die Prüfung des Rentenantrags des G letztlich nicht von der

---

128 Vgl. BSGE 7, 118 (120).

Verwendung des Antragsformulars abhängig machen oder erst das ausgefüllte Formular als Antrag behandeln.

▓ Worauf sich die DRV Mitteldeutschland nach dem SGB I stützen kann, wenn sie auf schriftlichem Wege keine brauchbaren Angaben von G erhält, wissen Sie noch?

▶ Auf die Mitwirkungsobliegenheiten des G im Sozialleistungsverhältnis!

Sofern die DRV auf schriftlichem Wege keine verwertbaren Angaben von G erhält, wird sie ihn um mündliche Erörterung seines Antrags gem. § 61 SGB I bitten müssen.

b) Zuständigkeit und Handlungsformen

Sobald ausreichende Informationen vorliegen, überprüft die DRV ihre Zuständigkeit. **71** Einen Überblick über die zuständigen Behörden geben die Einweisungsvorschriften der §§ 18–29 SGB I jeweils in Abs. 2. Die genaue sachliche Zuständigkeitsabgrenzung zwischen mehreren für ein Sozialleistungsgebiet zuständigen Trägern ergibt sich aus den besonderen Teilen des SGB, hier aus den §§ 125 ff. SGB VI. Auch die örtliche Zuständigkeit richtet sich grds. nach den Normen des jeweiligen besonderen Teils des SGB; hier ergibt sie sich aus § 128 I SGB VI iVm § 30 III SGB I. Für Kollisionsfälle sieht § 2 SGB X weitere Grundsätze vor, zB das Prinzip der Erstbefassung (§ 2 I 1 SGB X) oder das des Tätigwerdens in Eilfällen (§ 2 IV 1 SGB X).

Im Mittelpunkt des Verwaltungshandelns steht der *Verwaltungsakt*. Das Sozialver- **72** waltungsrecht kennt ferner die Möglichkeit des Abschlusses öffentlich-rechtlicher Verträge, §§ 53 ff. SGB X. Diese sind im Hinblick auf Sozialleistungen von geringerer Bedeutung, da sie gem. § 53 II SGB X nur bei Ermessensleistungen geschlossen werden können, die im Sozialrecht eher die Ausnahme bilden, s. § 38 SGB I. Bedeutsamer sind Vergleichsverträge, die bei allen Sozialleistungen durch § 54 II SGB X ermöglicht werden. Ein *Vergleich* liegt vor, wenn eine bei verständiger Würdigung des Sachverhalts oder der Rechtslage *bestehende Ungewissheit durch gegenseitiges Nachgeben beseitigt* wird (§ 54 I SGB X). Das Nachgeben kann schon darin bestehen, dass der Bürger auf weitere rechtliche Schritte verzichtet oder eine Behörde – ohne Zugeständnisse in der Sache selbst – in gewissem Umfang eine Erstattung der Kosten zubilligt. Eine große Rolle spielen öffentlich-rechtliche Verträge ferner im Recht der Leistungserbringung, etwa wenn Krankenkassen oder ihre Verbände mit Leistungserbringern (zB einem Krankenhaus) Verträge über die medizinische Versorgung der Versicherten schließen (dazu mehr bei → Rn. 208 ff.).

Die Definition des Verwaltungsakts in § 31 SGB X entspricht der des § 35 VwVfG. **73** Ein Verwaltungsakt wird gegenüber seinem Adressaten (§ 37 SGB X) mit Bekanntgabe wirksam (§ 39 I SGB X) und dies – sofern er nicht gerade nichtig ist (§§ 39 III, 40 SGB X) – unabhängig von seiner Rechtmäßigkeit (§ 39 II SGB X). Der Bürger muss daher gegen einen belastenden rechtswidrigen Verwaltungsakt grds. Widerspruch und ggf. Anfechtungsklage[129] erheben, wenn er die Aufhebung oder Abänderung des Verwaltungsaktes erreichen will. Einige Verfahrens- und Formfehler können allerdings gem. § 41 SGB X nachträglich geheilt werden oder gem. § 42 SGB X unbeachtlich sein. Für das Sozialverwaltungsverfahren einschließlich des Widerspruchsver-

---

129 Zum Widerspruchsverfahren → Rn. 296 ff.; zum gerichtlichen Verfahren → Rn. 440 f.

fahrens (§§ 62 f. SGB X, §§ 78 ff. SGG) werden weder Gebühren noch Auslagen erhoben (§ 64 SGB X); bei einem erfolgreichen Widerspruch besteht Anspruch auf Aufwendungsersatz (§ 63 SGB X). Ähnlich ausgestaltet ist das (sozial-) gerichtliche Verfahren (→ Rn. 440 ff.).

c) Bestandskraft und Aufhebung von Verwaltungsakten

aa) Überblick

74 Ein begünstigender Verwaltungsakt (zB in Form eines Bewilligungsbescheids) ist Rechtsgrund der Gewährung und für das Behaltendürfen einer Leistung. Auch für die Verwaltung ist der Verwaltungsakt in der Sache bindend (vgl. § 77 SGG). Dieser bleibt mit dem bekanntgegebenen Inhalt wirksam, solange und soweit er nicht zurückgenommen, widerrufen, anderweitig aufgehoben wird oder sich auf andere Weise erledigt (§ 39 I, II SGB X – lesen!). Die Behörde kann also den Widerruf, die Rücknahme oder die Aufhebung eines Verwaltungsakts betreiben, um dessen Bestandskraft zu beseitigen. Dabei hat sie die gesetzlichen Einschränkungen der §§ 44 ff. SGB X zu beachten. Die vom VwVfG teilweise abweichenden Regelungen über Widerruf und Rücknahme von Verwaltungsakten einschließlich der aus dem allgemeinen Verwaltungsrecht nicht bekannten Regelung über die Aufhebung von Dauerverwaltungsakten (§ 48 SGB X) spielen im Sozialrecht als Teil des Leistungsverwaltungsrechts (→ Rn. 29) eine besondere Rolle. Wir wollen uns diese Vorschriften anhand von Übungsfall 4 genauer ansehen.

75

Übungsfall 4[130]

Zum 1.1.2014 meldete sich G ordnungsgemäß arbeitslos, nachdem er zuvor zwei Jahre als Gebäudereiniger gearbeitet hatte. Er verdiente monatlich 1.200 EUR brutto und erhielt daraus einen monatlichen Nettolohn iHv 917,30 EUR.[131] Der zuständige Sachbearbeiter der Agentur für Arbeit ermittelte für die Bemessung des Arbeitslosengeldes zutreffend ein tägliches Bruttoarbeitsentgelt (Bemessungsentgelt) von 39,45 EUR, woraus sich ein kalendertägliches Arbeitslosengeld iHv 18,06 EUR (Leistungsentgelt) und monatlich iHv 541,80 EUR ergeben hätte.[132]
Mit Bescheid vom 21.1.2014 bewilligte die Agentur für Arbeit G allerdings ab dem 1.1.2014 ein kalendertägliches Arbeitslosengeld iHv 35,71 EUR, weil als Berechnungsgrundlage versehentlich ein tägliches Arbeitsentgelt iHv 93,45 EUR zugrunde gelegt war, was im Bescheid auch angegeben wurde. G bezog aufgrund dessen monatlich Arbeitslosengeld iHv 1.071,30 EUR, bis er zum 1.7.2014 wieder eine Stelle fand.
Erst im August bemerkt der zuständige Sachbearbeiter zufällig den »Zahlendreher«. Er bittet G brieflich um Stellungnahme zu der festgestellten Überzahlung iHv 3.177,00 EUR. G teilt daraufhin mit, dass alle seine Angaben richtig und korrekt gewesen seien und die Überzahlung allein durch die Agentur für Arbeit verschuldet worden sei. Als Laie habe er die unrichtige Zahlung nicht erkennen können. Das Geld habe er im Vertrauen auf die Richtigkeit des Bescheids für seinen Lebensunterhalt ausgegeben.
Kann die Agentur für Arbeit den überzahlten Betrag von G zurückverlangen?

---

130 In loser Anlehnung an BSG Urt. v. 27.7.2000 – B 7 AL 88/99 R = SozR 3-1300 § 45 Nr. 42.
131 Die **Lohnabzüge** bei einem Wohnsitz in NRW (KiSt-Satz 9%) setzen sich wie folgt zusammen: 34,50 EUR **Lohnsteuer** (Steuerklasse I/0); 3,10 EUR **Kirchensteuer**; 245,10 EUR **Arbeitnehmeranteil zur Sozialversicherung** (hier: 1/2 * 38,55% + 0,9% + 0,25% = 20,425% des Bruttolohns; zu den Einzelheiten → Rn. 143 ff.).
132 Ein Selbstberechnungsprogramm zur Ermittlung der Höhe des Arbeitslosengeldes findet sich auf den Seiten der BA unter www.pub.arbeitsagentur.de/alt.html.

bb) Erstattung zu Unrecht erbrachter Leistungen

Welche Vorschrift könnte der Agentur für Arbeit in unserem Fall eine Erstattung der 76
überzahlten Beträge ermöglichen?

▪ Wenn Sie in den den meisten Juristen geläufigeren zivilrechtlichen Kategorien
  denken, hat die Ausgangssituation einer »Überzahlung« Ähnlichkeit mit derjenigen bei der...
▶ Die Antwort finden Sie in Fußnote[133].

Hier befinden wir uns jedoch im sozialrechtlichen Kontext, also im öffentlichen
Recht. Dort ist die wichtigste Handlungsform die des Verwaltungsaktes, mit der sich
die Verwaltung selbst einen vollstreckbaren Titel schaffen kann. Allerdings bedarf sie
dazu einer gesetzlichen Ermächtigungsgrundlage.

▪ Suchen Sie in den §§ 39 ff. SGB X nach einer derartigen Norm.
▶ Einschlägig ist § 50 III 1 SGB X!

Diese Vorschrift setzt einen Erstattungsanspruch voraus, der sich aus § 50 I und II 77
SGB X ergeben kann.

▪ Welcher Absatz wird hier voraussichtlich zum Tragen kommen? Überlegen Sie!
  Der Sachverhalt spricht von einem »Bescheid«. Mit diesem Begriff werden
  schriftliche Behördenentscheidungen umschrieben, die...
▶ Verwaltungsaktcharakter haben! Da der Bewilligungsbescheid über das Arbeitslosengeld alle Merkmale des § 31 SGB X erfüllt, wird hier grds. § 50 I SGB X Anwendung finden können.[134]

Danach sind bereits erbrachte Leistungen zu erstatten, soweit ein Verwaltungsakt
»aufgehoben« worden ist. Die Erstattung setzt also voraus, dass der Leistung durch
Aufhebung des zugrunde liegenden Bewilligungsbescheids der Rechtsgrund für das
Behaltendürfen entzogen wurde. Die Aufhebung stellt selbst einen Verwaltungsakt
iSd § 31 SGB X dar und soll aus Zweckmäßigkeitsgründen mit dem Erstattungsbe-
scheid (= ebenfalls VA) verbunden werden, s. § 50 III 2 SGB X. Da dadurch in die
Rechte des Betroffenen eingegriffen wird, ist sowohl für die Aufhebungs- als auch für
die Erstattungsentscheidung eine Anhörung gem. § 24 I SGB X (lesen!) erforderlich.

Jetzt ist nur noch zu klären, was das Gesetz unter »aufgehoben« versteht. Da in § 50 I 78
und II SGB X nur zwischen Leistungen aufgrund eines Verwaltungsakts und solchen,
die ohne Verwaltungsakt erbracht wurden, unterschieden wird, umfasst der Begriff
offenbar mehr als allein die Fälle des § 48 SGB X.

▪ Sie haben eben schon eine weitere Vorschrift kennen gelernt, die ebenfalls ausdrücklich erwähnt, dass ein Verwaltungsakt »aufgehoben« wird. Wissen Sie noch,
  welche? Anderenfalls blättern Sie bitte nochmals zurück.
▶ Aus der Formulierung in § 39 II SGB X ergibt sich, dass »Aufhebung« der Ober-
  begriff für die Rücknahme (§§ 44 f. SGB X), den Widerruf (§§ 46 f. SGB X) sowie
  anderweitige Aufhebungen, insbesondere auch nach § 48 SGB X, ist!

---

133 Ungerechtfertigten Bereicherung gem. §§ 812 ff. BGB.
134 Im Fall des § 50 II SGB X gelten die Vorschriften der §§ 45, 48 SGB X allerdings entsprechend,
s. § 50 II 2 SGB X. Dies betrifft in der Praxis insbes. Krankenversicherungsleistungen, die oftmals ohne Verwaltungsakt »schlicht hoheitlich« erbracht werden.

Ferner gilt § 50 I–IV SGB X entsprechend auch bei Berichtigungen eines Verwaltungsaktes nach § 38 SGB X (§ 50 V SGB X).

cc) Berichtigung offensichtlicher Unrichtigkeiten

79 Da die §§ 44 ff. SGB X relativ hohe Anforderungen an eine Aufhebung stellen, sollte zunächst geprüft werden, ob die Agentur für Arbeit als Ausgangsbehörde den Bescheid ggf. nach § 38 SGB X (lesen!) berichtigen kann. Der Tatbestand dieser Norm setzt eine offenbare Unrichtigkeit voraus und führt dafür Schreibfehler und Rechenfehler beispielhaft an.

▓ Liegt hier eine derart offensichtliche Unrichtigkeit vor?

▶ Der »Zahlendreher« beim täglichen Arbeitsentgelt kann als offensichtliche Unrichtigkeit durch Verschreiben aufgefasst werden.

▓ Inwieweit dürfte die Behörde den Bescheid aufgrund dessen berichtigen?

▶ Nur im Hinblick auf *diesen* Schreibfehler!

Die bloße Richtigstellung des täglichen Arbeitsentgelts hat jedoch keine Auswirkungen auf die Höhe des festgesetzten Arbeitslosengeldes, da die Berichtigung von Folgefehlern nicht automatisch von § 38 SGB X gedeckt ist. Die fehlerhafte Berechnung wäre für H nur dann offensichtlich gewesen, wenn sie ihm und jedem anderen hätte »ins Auge springen« müssen. Da dies hier nicht der Fall war, kann eine Berichtigung nach § 38 SGB X hinsichtlich der Höhe des Arbeitslosengeldes nicht erfolgen.

Merke: Die Berichtigung gem. § 38 SGB X ändert nicht den Inhalt eines Verwaltungsaktes, sondern nur seine Verlautbarung.[135]

dd) Rücknahme und Widerruf

80 In unserem Fall kommt also nur eine Aufhebung nach den §§ 44–48 SGB X durch die zuständige Behörde in Betracht, dh durch die örtlich zuständige Agentur für Arbeit (s. § 44 III iVm §§ 45 V, 46 II, 47 III, 48 IV SGB X iVm § 327 I SGB III – lesen Sie davon zumindest § 44 III SGB X!). Die Anwendung der Vorschriften der §§ 44 ff. SGB X richtet sich – wie im allgemeinen Verwaltungsrecht – einerseits danach, ob es sich um einen rechtmäßigen oder einen rechtswidrigen Verwaltungsakt handelt, andererseits danach, ob dieser begünstigende Wirkung entfaltet oder nicht. Hinzu kommen Sonderregeln für Verwaltungsakte mit Dauerwirkung, die das allgemeine Verwaltungsrecht nicht kennt. Den höchsten Bestandsschutz genießen *rechtmäßige begünstigende* Verwaltungsakte. Ihre Aufhebung ist gem. § 47 I SGB X (lesen!) nur möglich, wenn eine besondere Rechtsvorschrift dies vorsieht oder der Verwaltungsakt einen Widerrufsvorbehalt oder eine vom Begünstigten nicht oder nicht fristgerecht erfüllte Auflage enthält. Auch ein *rechtswidriger begünstigender* Verwaltungsakt kann gem. § 45 II 1 SGB X nur zurückgenommen werden, wenn das öffentliche Interesse an der Rechtmäßigkeit der Verwaltung den Vertrauensschutz des Einzelnen überwiegt. § 45 II 2 SGB X nennt Fälle, in denen das Vertrauen des Betroffenen grds. schutzwürdig ist. Dieser kann sich indessen nicht darauf berufen, sofern er die Rechtswidrigkeit vorwerfbar verursacht hat oder sie kannte bzw. kennen musste (§ 45 II 3 SGB X).

81 Der Widerruf rechtmäßiger belastender oder begünstigender Verwaltungsakte gem. §§ 46 f. SGB X entspricht – ebenso wie die Regelungen über die Erstattung zu Un-

---

135   v. Wulffen/Schütze/*Engelmann* SGB X § 38 Rn. 3.

recht erbrachter Leistungen (§ 50 f. SGB X) und die verjährungsrechtliche Wirkung von Verwaltungsakten (§ 52 SGB X) – im Wesentlichen den Regelungen der §§ 49 ff. VwVfG. Auf die Rücknahme rechtswidriger nicht begünstigender Verwaltungsakte mit Wirkung für die Vergangenheit (»ex tunc«), mit denen die Gewährung bestimmter Leistungen abgelehnt oder zu Unrecht Beiträge eingefordert wurden, besteht allerdings ein Rechtsanspruch, während in § 48 I VwVfG insoweit nur eine Ermessensentscheidung vorgesehen ist. Leistungen sind in einem solchen Fall gem. § 44 IV SGB X für bis zu 4 Jahre nachträglich zu erbringen und Beiträge gem. § 26 II SGB IV (neben § 44 IV 1 SGB X notieren!) zu erstatten. Bei rechtswidrigen begünstigenden Verwaltungsakten kommt gem. § 45 II 3 Nr. 2 SGB X (und im Unterschied zu § 48 II Nr. 2 VwVfG) nicht bereits aufgrund von unrichtigen Angaben eine Rücknahme in Betracht, sondern nur, wenn der Betroffene dabei zumindest grob fahrlässig gehandelt hat.

Übersicht 10: Aufhebung von Verwaltungsakten gem. §§ 44 ff. SGB X   82

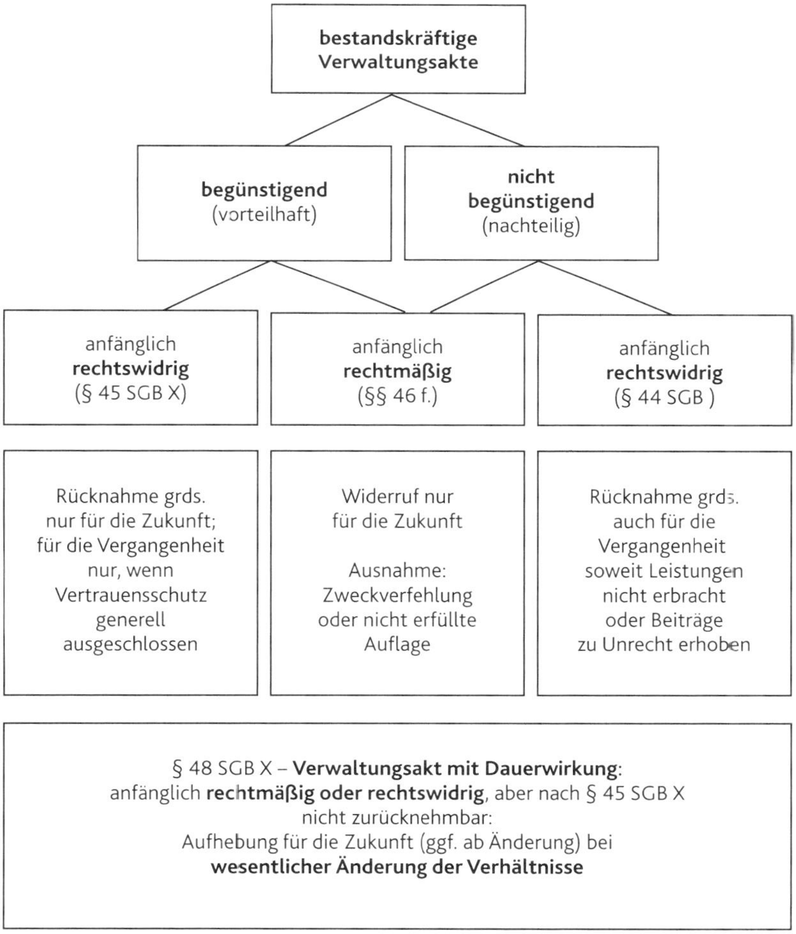

```
                        ┌─────────────────────┐
                        │   bestandskräftige   │
                        │    Verwaltungsakte   │
                        └─────────────────────┘
                   ┌──────────────┴──────────────┐
          ┌────────────────┐            ┌────────────────┐
          │   begünstigend  │            │     nicht      │
          │   (vorteilhaft) │            │  begünstigend  │
          │                 │            │  (nachteilig)  │
          └────────────────┘            └────────────────┘
          ┌─────────┴─────────────────┬─────────────┴────────┐
```

anfänglich **rechtswidrig** (§ 45 SGB X)	anfänglich **rechtmäßig** (§§ 46 f.)	anfänglich **rechtswidrig** (§ 44 SGB)
Rücknahme grds. nur für die Zukunft; für die Vergangenheit nur, wenn Vertrauensschutz generell ausgeschlossen	Widerruf nur für die Zukunft Ausnahme: Zweckverfehlung oder nicht erfüllte Auflage	Rücknahme grds. auch für die Vergangenheit soweit Leistungen nicht erbracht oder Beiträge zu Unrecht erhoben

§ 48 SGB X – **Verwaltungsakt mit Dauerwirkung**:
anfänglich **rechtmäßig oder rechtswidrig**, aber nach § 45 SGB X
nicht zurücknehmbar:
Aufhebung für die Zukunft (ggf. ab Änderung) bei
wesentlicher Änderung der Verhältnisse

83 Um herauszufinden, nach welcher Norm hier eine Aufhebung in Betracht kommen könnte, ist also der Verwaltungsakt zunächst zu qualifizieren. Begünstigend ist nach der Legaldefinition des § 45 I SGB X ein Verwaltungsakt, der ein Recht oder einen rechtlich erheblichen Vorteil begründet oder bestätigt.

▪ Handelt es sich um einen begünstigenden Verwaltungsakt?

▶ Ja, denn er gewährt eine Geldleistung und ist daher für G rechtlich vorteilhaft.

▪ Ist dieser rechtmäßig? Erging er in Übereinstimmung mit dem anzuwendenden Recht (vgl. § 44 I 1 SGB X)? Überlegen Sie erst, bevor Sie weiterlesen!

▶ Nein, denn es wurde ein höheres Bemessungs- und Leistungsentgelt berücksichtigt, als gesetzlich vorgesehen (s. §§ 149, 151, 153 SGB III).

Damit ist also zu prüfen, ob eine Rücknahme gem. § 45 SGB X in Betracht kommt.

84 Die Rücknahme eines rechtswidrigen, aber begünstigenden Verwaltungsaktes ist gem. § 45 I SGB X nur unter den einschränkenden Voraussetzungen der Abs. 2–4 möglich, »soweit« der Bescheid rechtswidrig ist.

▪ Unterstreichen Sie im Gesetzestext »soweit« und überlegen Sie dann, ob hier der Bescheid vollständig oder nur teilweise rechtswidrig ist.

▶ Hier stand G in jedem Fall Arbeitslosengeld zu, allerdings in geringerer Höhe. Der Bescheid ist daher nur teilweise rechtswidrig.

Bei richtiger Berechnung hätte ein tägliches Arbeitsentgelt iHv 39,45 EUR und nicht von 93,45 EUR zugrunde gelegt werden müssen. Daraus hätte sich ein kalendertägliches Arbeitslosengeld iHv 18,06 EUR ergeben. Nur soweit das irrtümlich iHv 35,71 EUR bewilligte kalendertägliche Arbeitslosengeld diesen Betrag übersteigt (35,71 EUR – 18,06 EUR = 17,65 EUR), ist der Bescheid rechtswidrig und uU nach § 45 SGB X zurücknehmbar. Daraus ergibt sich bei einer Bezugsdauer von 180 Tagen (s. § 154 S. 2 SGB III) der von der Agentur für Arbeit festgestellte Überzahlungsbetrag von 3.177,00 EUR.

85 Nach § 45 II 1 SGB X kommt eine Rücknahme nicht in Betracht, soweit der Begünstigte auf den Bestand des Verwaltungsakts vertraut hat und sein Vertrauen schutzwürdig ist. Dies ist gem. § 45 II 2 SGB X regelmäßig anzunehmen, wenn der Begünstigte bereits schwer rückgängig zu machende Vermögensdispositionen getroffen oder – wie G – die Leistungen verbraucht hat. In bestimmten Fällen wird ihm jedoch gem. § 45 II 3 SGB X die Berufung auf sein an sich schutzwürdiges Vertrauen versagt. Die Fallgruppen nach § 45 II 3 Nr. 1 und 2 SGB X (unredliches Erwirken, mindestens grob fahrlässig unrichtige oder unvollständige Angaben) scheiden hier von vornherein aus, da G sich bei der Antragstellung in jeder Hinsicht richtig verhalten hat.

86 G könnte aber die Berufung auf den Vertrauensschutz gem. § 45 II 3 Nr. 3 SGB X versagt sein, soweit er die Rechtswidrigkeit des Verwaltungsaktes kannte oder aber infolge grober Fahrlässigkeit nicht kannte. Dafür, dass G positive Kenntnis von der Rechtswidrigkeit gehabt haben könnte, finden sich im Sachverhalt keine Anhaltspunkte. Grobe Fahrlässigkeit läge vor, wenn der Begünstigte die erforderliche Sorgfalt in besonders schwerem Maße verletzt hat (§ 45 II 3 Nr. 3 aE SGB X). Sie wäre dann zu bejahen, wenn schon einfachste und naheliegende Überlegungen nicht angestellt worden wären, wenn also nicht beachtet wurde, was im gegebenen Fall jedem einleuchten musste. Dabei ist auf die *persönliche* Urteils- und Kritikfähigkeit, das

Einsichtsvermögen und Verhalten des Betroffenen sowie die besonderen Umstände des Falles abzustellen (*subjektiver Fahrlässigkeitsbegriff*).[136]

Was bedeutet das für unseren Fall? Die Argumente, die im Wesentlichen gegen eine **87** grobe Fahrlässigkeit des G sprechen, lassen sich seiner Mitteilung auf die briefliche Aufforderung zur Stellungnahme entnehmen.

- ▨ Wissen Sie zufällig aus dem allgemeinen Verwaltungsrecht, wie die briefliche Aufforderung der Behörde zur Stellungnahme rechtlich zu bewerten ist?
- ▷ Dies war die gem. § 24 I SGB X erforderliche »Anhörung« zur Vorbereitung einer belastenden Aufhebungsentscheidung, da G damit Gelegenheit gegeben wurde, sich zu den entscheidungserheblichen Tatsachen zu äußern. Lesen Sie zu den Konsequenzen einer unterbliebenen Anhörung § 41 I Nr. 3, II und § 42 S. 2 SGB X! Diese Vorschriften notieren Sie – sofern zulässig – am besten auch gleich neben § 24 SGB X.

Aufgrund seiner korrekten Angaben konnte G prinzipiell von der Richtigkeit einer **88** darauf basierenden behördlichen Entscheidung ausgehen. Ein Verschulden der Agentur für Arbeit ist irrelevant für die Beantwortung der Frage, ob allein der Bescheid und die gewährten Leistungen G hätten stutzen lassen müssen. Als Laie konnte er wohl die Berechnung des Arbeitslosengeldes im Einzelnen nicht nachvollziehen. Eine laienhafte Bewertung des Bescheids kann man ihm jedoch ohne Weiteres abverlangen. Er muss insofern die Rechtswidrigkeit der erfolgten Überzahlung nicht auf »Heller und Pfennig« gekannt bzw. grob fahrlässig nicht gekannt haben. Es reicht aus, wenn eine »Bösgläubigkeit« in diesem Sinne zumindest im Hinblick auf einen Teil des Verwaltungsaktes bestanden hätte.

- ▨ Überlegen Sie, welche Argumente daher für das Vorliegen grob fahrlässiger Unkenntnis sprechen könnten.
- ▷ Für grobe Fahrlässigkeit spricht, dass das monatlich bezogene Arbeitslosengeld höher war als der vorherige Nettoverdienst!

Hier hätte G stutzig werden und es hätte ihm einleuchten müssen, dass das bewilligte **89** Arbeitslosengeld zu hoch bemessen war. Im Hinblick auf welchen Betrag er aber als bösgläubig zu behandeln ist, ist eine Frage der Würdigung der konkreten Umstände des Einzelfalles und der persönlichen Fähigkeiten des G, über die wir nicht allzu viel wissen. Wäre ihm – wie den meisten Antragstellern – bekannt gewesen, dass das Arbeitslosengeld nur rd. 60% des Nettolohns ausgleicht, oder hätte er verstehen müssen, dass das Bemessungsentgelt dem bisherigen Bruttoeinkommen entspricht, wäre die grobe Fahrlässigkeit hinsichtlich des ganzen oder eines relativ großen Teilbetrages der Zuvielbewilligung zu bejahen. Verneint man dies, hätte ihn hier zumindest verwundern müssen, dass er nun trotz Arbeitslosigkeit monatlich mehr Geld auf dem Konto hatte als zuvor! Zumindest insoweit, wie das Arbeitslosengeld sein früheres Nettoentgelt überstieg, liegt also Bösgläubigkeit vor.

Mit der Fallprüfung sind wir damit jedoch noch nicht am Ende. Ob und inwieweit **90** der Bescheid tatsächlich zurückgenommen wird, liegt nämlich grds. im Ermessen der Behörde.

- ▨ Woran ist dies im Gesetzeswortlaut festzumachen?
- ▷ Am Wörtchen »darf« (das Sie deshalb unterstreichen sollten!).

---

136 Vgl. BSGE 62, 103 (107).

Die Behörde hat nach der Schutzwürdigkeitsprüfung des § 45 II SGB X also zusätzlich noch abzuwägen zwischen den (auch finanziellen) Interessen des Staates bzw. der Versichertengemeinschaft an einer rechtmäßigen Leistungserbringung bzw. Beitragserhebung einerseits und andererseits den Interessen des Betroffenen am Bestand des Verwaltungsaktes, soweit diese schützenswert sind. Grundsätzlich ist die Rücknahme allein für die Zukunft möglich, für die Vergangenheit kann »nur« (unterstreichen!) in den Fällen des § 45 IV 1 SGB X zurückgenommen werden; diese Vorschrift notieren Sie am besten über »Vergangenheit« in § 45 I SGB X.

▨ Geht es um eine Rücknahme für die Vergangenheit?

▶ Da G wieder Arbeit gefunden hat und der Leistungsbezug aufgrund des Bescheids bereits abgeschlossen ist, geht es allein um eine Aufhebung für die Vergangenheit, die aber gem. § 45 IV 1 SGB X grds. möglich ist.

91 An sich wären noch die für die Ermessensentscheidung wesentlichen Umstände des Einzelfalls zu ermitteln und mit- sowie gegeneinander abzuwägen.[137] Es gibt allerdings Rechtsnormen in den besonderen Teilen des SGB, die Abweichungen von den §§ 44 ff. SGB X vorsehen. Dass dies rechtlich möglich ist, regelt § 37 S. 1 SGB I, den Sie bereits kennen. Die wichtigsten dieser abweichenden Vorschriften sollten Sie in Ihrer Gesetzessammlung neben der jeweils betroffenen Norm notieren. Es sind dies § 330 SGB III im Bereich der Arbeitsförderung (lex specialis zu §§ 44–48 SGB X), auf den § 40 II Nr. 2, 3 SGB II auch für die Grundsicherung für Arbeitsuchende verweist, die §§ 160 II und III SGB VII (lex specialis zu §§ 44–48 SGB X), § 168 II SGB VII (lex specialis zu § 45 SGB X) für die gesetzliche Unfallversicherung, § 8 II 3 SGB V und § 22 II 3 SGB XI (jeweils Ausschluss des Widerrufs) im Recht der gesetzlichen Krankenversicherung und in dem der sozialen Pflegeversicherung sowie §§ 40 I 2 SGB II, 116a[138] SGB XII für das Grundsicherungs- und Sozialhilferecht (die Vorschriften haben Sie hoffentlich gelesen?).

▨ Welche Vorschrift ist hier anzuwenden?

▶ § 330 II SGB III!

92 Nach § 330 II SGB III »ist« (unterstreichen!) ein rechtswidriger begünstigender Verwaltungsakt zwingend auch mit Wirkung für die Vergangenheit zurückzunehmen, wenn die in § 45 II 3 SGB X genannten Voraussetzungen vorliegen. Da nach dem oben Gesagten § 45 II 3 Nr. 3 SGB X auf den Fall des G anzuwenden ist, greift hier auch § 330 II SGB III.

Die Rücknahme für die Vergangenheit ist nur binnen Jahresfrist möglich, § 45 IV 2 SGB X. Maßgebend für den Fristbeginn ist die *positive Kenntnis* der Behörde von den Tatsachen, die die Rücknahme für die Vergangenheit rechtfertigen. Es handelt sich insofern nicht um eine Ermittlungsfrist, innerhalb derer mögliche Fehler aufgedeckt werden müssten, sondern um eine *Entscheidungsfrist*. Sie beginnt erst zu laufen, wenn die Behörde auch die Tatsachen erkannt hat, die eine Rücknahme für die Vergangenheit rechtfertigen.

---

137 »Normale« **Fehler der Verwaltung**, die keinen Vertrauensschutz auslösen, müssen allerdings **nicht** berücksichtigt werden, s. BSG Urt. v. 30.10.2013 – B 12 R 14/11 R = SozR 4-1300 § 45 Nr. 15.

138 **§ 116a SGB XII gilt für das AsylbLG analog**, BSG Urt. v. 26.6.2013 – B 7 AY 6/12 R = SozR 4-3520 § 9 Nr. 4.

ee) Aufhebung von Verwaltungsakten mit Dauerwirkung

Bei Verwaltungsakten mit Dauerwirkung sollen die Begünstigten nicht noch nach   **93**
Jahren mit einer Rücknahme rechnen müssen. Die Rücknahme eines solchen Verwaltungsaktes ist daher grds. nur bis zum Ablauf von zwei Jahren nach seiner Bekanntgabe möglich (§ 45 III 1 SGB X). Dieses eingeschränkte Aufhebungsrecht gilt aber
nur, wenn das Vertrauen des Begünstigten schutzwürdig ist. Anderenfalls kommt es
gem. § 45 III 2–4 SGB X zu einer Ausweitung der Rücknahmefrist.

▦ Wodurch wird sich ein Verwaltungsakt mit Dauerwirkung wohl von einem
    »normalen« Verwaltungsakt unterscheiden?
▷ Durch seine *dauerhafte Rechtswirkung.*

Verwaltungsakte mit Dauerwirkung sind Verwaltungsakte, deren Rechtswirkung sich   **94**
nicht in einer einmaligen Gestaltung der Rechtslage oder einem einmaligen Ge- oder
Verbot erschöpft, sondern ein auf Dauer berechnetes oder in seinem Bestand von dem
Verwaltungsakt abhängiges Rechtsverhältnis begründen oder inhaltlich verändern.
Kürzer kann man auch sagen, dass diese Verwaltungsakte über den Zeitpunkt ihrer
Bekanntgabe hinaus Wirkungen in die Zukunft entfalten.[139]

Typische Verwaltungsakte mit Dauerwirkung liegen in der Bewilligung von dauernden oder für eine bestimmte Bezugzeit regelmäßig wiederkehrenden Sozialleistungen, zB in der Bewilligung von Krankengeld, Rente oder Arbeitslosengeld
wegen Arbeitslosigkeit. Ferner haben feststellende Verwaltungsakte zumeist Dauerwirkung. Bei der Bewilligung von Hilfe zum Lebensunterhalt nach dem SGB XII
liegt eine Dauerwirkung nur hinsichtlich des jeweiligen Bewilligungsmonats vor, da
Sozialhilfeleistungen nicht auf Dauer, sondern nur mit Blick auf den aktuellen Bedarf gewährt werden (vgl. § 15 SGB XII).[140] Die Ablehnung von Sozialleistungen
entfaltet keine Dauerwirkung. Deshalb kann dieselbe Sozialleistung sofort wieder
neu oder wegen des gleichen Lebenssachverhalts nun eine andere Sozialleistung
beantragt werden (im letzteren Fall wirkt der Antrag uU sogar gem. § 28 SGB X
– lesen! – bis zu einem Jahr zurück).

In unserem Fall liegt mit der Bewilligung von Arbeitslosengeld ein Verwaltungsakt   **95**
mit Dauerwirkung vor. Sowohl die Jahresfrist als auch die Zweijahresfrist sind nach
dem Sachverhalt jedoch gewahrt.

▦ Was bedeutet dies für unser Ergebnis im Übungsfall 4?
▷ Die Agentur für Arbeit kann (muss!) den überzahlten Betrag, zumindest soweit
    dieser das frühere Nettoentgelt des G überstieg, für die Vergangenheit von G zu-
    rückverlangen.

Nachdem wir Übungsfall 4 gelöst haben, müssen wir uns abschließend zum Thema   **96**
Bestandskraft und Aufhebung von Verwaltungsakten noch mit § 48 SGB X befassen.
Ergänzend zu der regelmäßig nur innerhalb von zwei bzw. zehn Jahren zulässigen
Rücknahme von Verwaltungsakten mit Dauerwirkung hat der Gesetzgeber eine

---

139 Vgl. v. Wulffen/Schütze/*Schütze* SGB X § 45 Rn. 63 mwN.
140 Vgl. BSG Urt. v. 2.2.2012 – B 8 SO 5/10 R = NJW 2012, 2540 (Tz. 13) sowie zB *Muckel/Ogorek*
     SozR § 14 Rn. 43. Die Leistungen der Grundsicherung im Alter und bei Erwerbsminderung
     werden in der Regel für zwölf Kalendermonate gewährt, § 44 I 1 SGB XII (dazu → Rn. 294
     und 405 ff.).

Möglichkeit zur Aufhebung von Dauerverwaltungsakten bei Änderung der Verhältnisse geschaffen (§ 48 SGB X). Eine solche ist wesentlich und berechtigt zur Aufhebung eines Verwaltungsaktes nach § 48 I, II SGB X (lesen!), wenn der Verwaltungsakt nach den nunmehr vorliegenden Verhältnissen nicht erneut erlassen werden könnte.[141] Die Änderung kann tatsächliche oder rechtliche Umstände einschließlich einer Änderung der Rspr. der obersten Bundesgerichte (insbes. des BSG und des BVerwG) betreffen und rechtfertigt grds. nur eine Aufhebung mit Wirkung für die Zukunft (ex nunc). Unter Umständen kommt auch eine Aufhebung mit Wirkung vom Zeitpunkt der Änderung der Verhältnisse, also für die Vergangenheit, in Betracht (§ 48 I 2 SGB X – nochmals lesen!).[142]

3. Sozialdatenschutz

97   Lesen Sie zunächst die Legaldefinition für Sozialdaten in § 67 I 1 SGB X!

Sozialdaten sind besonders sensible Daten. Dies gilt insbesondere für solche über den Gesundheitszustand, bestimmte rentenrechtliche Zeiten oder zu den Einkommens- und Vermögensverhältnissen. Dennoch müssen diese Daten im Bereich der Sozialverwaltung in großer Fülle erhoben, gespeichert und verarbeitet werden, da anders soziale Rechte praktisch nicht gewährleistet werden könnten. Insofern ist der Schutz der Sozialdaten für das Sozialrecht von besonderer Bedeutung. Die Erhebung, Verarbeitung oder Nutzung von Sozialdaten greift in den Schutzbereich des Rechts auf informationelle Selbstbestimmung ein und bedarf daher einer gesetzlichen Grundlage.

- Wissen Sie, aus welchen Bestimmungen des Grundgesetzes das BVerfG dies hergeleitet hat?
- Aus Art. 1 I iVm Art. 2 I GG[143]!
- Welche gesetzlichen Grundlagen den zulässigen Umfang der Beschränkung des Rechts auf informationelle Selbstbestimmung hier festlegen, können Sie sich bereits denken … ?
- Dies ist in den §§ 67 ff. SGB X sowie in § 35 I und II SGB I geregelt.

98   Der bereichsspezifische Sozialdatenschutz gem. §§ 67 ff. SGB X (jetzt *nicht* lesen!) geht den allgemeinen datenschutzrechtlichen Bestimmungen vor (vgl. § 1 III 1 BDSG) und wird durch besondere Regelungen zu den einzelnen Sozialleistungsbereichen ergänzt (s. insbes. §§ 50 ff. SGB II, §§ 294 ff. SGB V, §§ 147 ff. SGB VI, §§ 61 ff. SGB XIII – auch diese Vorschriften brauchen Sie jetzt *nicht* zu lesen).

Nach § 37 S. 3 SGB I geht das Zweite Kapitel des SGB X über den Sozialdatenschutz dem Ersten Kapitel des SGB X über das Verwaltungsverfahren grds. vor. Aus § 35 II iVm § 37 S. 2 SGB I ergibt sich ferner, dass die Vorschriften der §§ 67 ff. SGB X für alle Sozialleistungsbereiche grds. ohne Abweichungen (ggf. aber mit Ergänzungen) gelten. Die Datenschutzrechte des Betroffenen sind nicht

---

141   v. Wulffen/Schütze/*Schütze* SGB X § 48 Rn. 12 mwN.
142   Ausf. zum Ganzen: *Dörr*, Bescheidkorrekturen, Rückforderung, Herstellung – Arbeitshandbuch zum Sozialverwaltungsrecht, 5. Aufl. 2013; *Dörr/Francke*, Sozialverwaltungsrecht, 3. Aufl. 2012, Kap. 7 und 8.
143   S. BVerfGE 65, 1 (43 f.) – Volkszählungsurteil.

dispositiv und können daher rechtsgeschäftlich weder ausgeschlossen noch beschränkt werden (§ 84a I SGB X).

§ 35 I SGB I gewährleistet das *Sozialgeheimnis*, nach dem jeder Anspruch darauf   **99**
hat, dass die ihn betreffenden Sozialdaten von den Leistungsträgern nicht unbefugt
erhoben, verarbeitet oder genutzt werden. Es umfasst auch *Betriebs- und Geschäftsgeheimnisse* (§ 35 IV SGB I), die in § 67 I 2 SGB X legaldefiniert werden
(notieren Sie deshalb § 67 I 2 SGB X neben § 35 IV SGB I!). Gem. § 35 II SGB I ist
die Erhebung (§ 67 V SGB X), Verarbeitung (§ 67 VI SGB X) und Nutzung
(§ 67 VII SGB X) nur unter den Voraussetzungen der §§ 67 ff. SGB X zulässig.
Konkret richtet sie sich nach den §§ 67a, 67b und 67c SGB X (lesen Sie jeweils zumindest Abs. 1 der genannten Vorschriften!). Die Zulässigkeit der Datenübermittlung regeln die §§ 67d–78 SGB X (zumindest § 67d I müssen Sie lesen!). Zu diesem
Normenkreis hat das BSG etwa entschieden, dass in einer Offenbarung des SGB II-
Leistungsbezugs gegenüber dem Vermieter ohne Einwilligung des Betroffenen eine
Verletzung des Sozialgeheimnisses liegen kann.[144] Die Datenschutzaufsicht obliegt
dem Bundesbeauftragten bzw. den Landesbeauftragten für den Datenschutz
(§ 81 II SGB X iVm §§ 24 ff. BDSG). Rechte des Betroffenen regeln die §§ 81 ff.
SGB X, wonach dieser sich insbesondere an die Datenschutzbeauftragten wenden
(§ 81 I SGB X) sowie ggf. Schadensersatz (§ 82 SGB X) und Auskunft (§ 83 I
SGB X) verlangen kann.[145]

4. Zusammenarbeit der Leistungsträger und ihre Beziehungen zu Dritten

a) Zusammenarbeit der Leistungsträger untereinander und mit Dritten

Die Ausführung der Sozialleistungen ist verschiedenen Leistungsträgern überant-   **100**
wortet, was die Regelung der Zuständigkeiten und der Zusammenarbeit notwendig
macht. Allgemeine Vorschriften über die Zusammenarbeit der Leistungsträger untereinander finden sich in den §§ 87–96 SGB X. Generell verpflichtet § 86 SGB X
die Leistungsträger und ihre Verbände zu einer engen Zusammenarbeit. Ferner
fordert § 96 I 1 SGB X zur Vermeidung von Mehrfachuntersuchungen prinzipiell
die Mehrfachverwendung ärztlicher und psychologischer Untersuchungsergebnisse. Die Zusammenarbeit mit Dritten regeln die §§ 97–101a SGB X. Genannt werden sollen hier nur die Auskunftspflichten der Arbeitgeber (§ 98 I SGB X)[146],
Unterhaltspflichtiger (§ 99 SGB X) und der Angehörigen der Heilberufe (§ 100 I
SGB X).

b) Erstattungsansprüche der Leistungsträger untereinander

Steht einem Sozialleistungsempfänger eine Leistung zu, wurde sie jedoch von einem   **101**
unzuständigen Träger erbracht, hat er erhalten, was ihm zusteht. Sein Anspruch gegen den verpflichteten Leistungsträger gilt daher als erfüllt (= Erfüllungsfiktion)
und er darf das Geleistete behalten, obwohl ein Erstattungsanspruch des leistenden

---

144 BSG Urt. v. 25.1.2012 – B 14 AS 65/11 R = BSGE 110, 75 ff.
145 Ausf. zum Ganzen zB *Krahmer* (Hrsg.), Sozialdatenschutz nach SGB I und SGB X, 3. Aufl.
      2011.
146 → **Rn. 140 ff.**

Trägers gegen einen anderen Leistungsträger besteht, § 1C7 I SGB X (lesen!). Dieser kann sich aus den §§ 102–105 SGB X ergeben und ist innerhalb einer Ausschlussfrist von zwölf Monaten geltend zu machen (§ 111 SGB X); für den Rechtsweg gilt § 114 SGB X.

Das Gesetz regelt folgende Konstellationen mit zT unterschiedlichen Rechtsfolgen (vgl. insbes. den Umfang des Anspruchs nach § 102 II einerseits und nach §§ 103 II, 104 III, 105 II SGB X andererseits):[147]

- *§ 102 SGB X – vorläufige Leistungserbringung*
  (Beispiel: Krankenkasse leistet nach Verkehrsunfall gem. § 43 SGB I, obwohl noch unsicher ist, ob ein Wegeunfall gem. § 8 II SGB VII vorliegt; nachdem dies fest steht, kann sie gem. § 102 SGB X Erstattung vom zuständigen Unfallversicherungträger verlangen),

- *§ 103 SGB X – nachträglicher Wegfall der Leistungsverpflichtung*[148]
  (Beispiel: Krankengeld wird gezahlt und später rückwirkend Rente wegen voller Erwerbsminderung gem. § 43 II SGB VI bewilligt: § 50 I Nr. 1 SGB V),

- *§ 104 SGB X – Nachrangigkeit der Leistungsverpflichtung*
  (Beispiel: der mittellose und nach einem Verkehrsunfall dauerhaft erwerbsunfähige A beantragt Rente wegen voller Erwerbsminderung gem. § 43 II SGB VI, bis zur – rückwirkenden – Bewilligung nach drei Monaten wird Sozialhilfe geleistet: § 2 I SGB XII),

- *§ 105 SGB X – Unzuständigkeit des leistenden Trägers*
  (Beispiel: Der 22-jährige A beginnt nach Berufstätigkeit ein Studium; seine bisherige Krankenkasse leistet irrtümlich, obwohl er jetzt wieder bei der Krankenkasse seines Vaters familienversichert ist, § 10 I Nr. 2, II Nr. 3 SGB V).

c) Erstattungs- und Ersatzansprüche der Leistungsträger gegenüber Dritten

102 Sozialleistungsträger haben oftmals Leistungen zu erbringen, obwohl dem Leistungsempfänger andere (vor allem zivilrechtliche) Ansprüche zustehen, zB gegen einen schädigenden Dritten, den Arbeitgeber oder einen Unterhaltsverpflichteten. Dies soll weder zugunsten des an sich Verpflichteten wirken noch soll der Geschädigte einen doppelten Ausgleich erhalten. Das Sozialrecht sieht daher insbesondere[149] in § 116 SGB X einen gesetzlichen Forderungsübergang auf den Sozialleistungsträger vor, der idR bereits im Zeitpunkt des Schadensereignisses erfolgt.[150] Diese Zusammenhänge wollen wir anhand des folgenden Übungsfalls 5 näher untersuchen.

---

147 S. *Gitter/Schmitt* SozR § 51 Rn. 35 ff.; *Erlenkämper/Fichte* SozR Kap. 28 Rn. 177; *Igl/Welti* SozR § 79 Rn. 4; *Eichenhofer* SozR Rn. 234 ff.; zur Prüfungsfolge s. zB *Becker/Seewald*, Fälle zum Sozialrecht, 2004, Rn. 57 sowie Fälle 5 und 9; *Bley/Kreikebohm/Marschner* SozR Rn. 1221. Zum allgemeinen **öffentlich-rechtlichen Erstattungsanspruch** im Sozialrecht s. *J. Neumann* SaR 2012, 1 ff. **sowie → Rn. 61.**

148 Ggf. auch iVm **§ 44a III SGB II** (neben § 103 SGB X notieren!). S. ferner den neuen **§ 40a SGB II**, eingefügt durch das Achte Gesetz zur Änderung des Zweiten Buches Sozialgesetzbuch v. 28.7.2014, BGBl. I 1306.

149 **S. ferner zB §§ 7 UhVG, 33 SGB II, 93 SGB XII, 332 SGB III.**

150 Vgl. *Waltermann* SozR Rn. 596 mwN.

103

Übungsfall 5
Arbeitnehmer A ist bei G beschäftigt. Er erleidet in seiner Freizeit einen Verkehrsunfall mit seinem uralten Pkw des Typs »Trabant«. Dabei wird er leicht am Kopf verletzt und muss nach gründlicher Untersuchung zwei Tage zur Überwachung im Krankenhaus bleiben. Den Unfall hatte allein S verschuldet, der A fahrlässig die Vorfahrt nahm. Arbeitgeber G weigert sich, A den Lohn für die Zeit des Krankenhausaufenthalts gem. § 3 I EFZG zu zahlen. Er meint, dass sich A wegen des Unfalls an S halten müsse und ohne Weiteres hätte weiterarbeiten können, wenn er statt seiner »Rennpappe« ein »vernünftiges« modernes Auto mit Airbag fahren würde. Stehen der Krankenkasse (KK) des A Ansprüche gegen G und S zu, nachdem sie für die Heilbehandlung und den Krankenhausaufenthalt des A aufgekommen ist und an A während seines Krankenhausaufenthalts Krankengeld leistete?

Ansprüche der KK gegen G könnten sich aus § 115 I SGB X ergeben, wenn G den **104** Anspruch des A auf Arbeitsentgelt nicht erfüllt hätte und die KK deshalb Sozialleistungen tatsächlich erbringen musste (unterstreichen Sie »erbracht hat« im Gesetzeswortlaut!). Hier könnte A einen Anspruch gegen G auf Entgeltfortzahlung im Krankheitsfall gem. § 3 I EFZG gehabt haben, weil er eine Kopfverletzung erlitt und deswegen im Krankenhaus beobachtet werden musste und insofern infolge Krankheit arbeitsunfähig war.

▨ G meint, dass A letztlich an seiner Arbeitsunfähigkeit selbst schuld ist. Denken Sie, dass dieser Einwand im Rahmen des EFZG beachtlich ist?

▶ § 3 I EFZG betrifft nur ein grobes Verschulden des Arbeitnehmers *gegen sich selbst*, legt also nicht den allgemeinen zivilrechtlichen Verschuldensbegriff des § 276 BGB zugrunde. Da A offenbar ein zugelassenes und verkehrssicheres Fahrzeug fuhr, ist nicht erkennbar, dass er nicht beachtet haben könnte, was in seiner Situation jedem hätte einleuchten müssen.

G wäre daher A zur Entgeltfortzahlung im Krankheitsfall verpflichtet gewesen.

Da G seiner Verpflichtung nicht nachkam, musste die KK Krankengeld gem. § 44 I 1 **105** SGB V an A zahlen. Da G *tatsächlich* keine Entgeltfortzahlung leistete, ruhte der Anspruch des A nicht gem. § 49 I Nr. 1 SGB V (unterstreichen Sie als Merkposten »erhalten« im Wortlaut der Norm!). Der Anspruch des A gegen G auf Entgeltfortzahlung ist folglich gem. § 115 I SGB X *mit der Leistung* des Krankengeldes durch die KK an A in entsprechender Höhe kraft Gesetzes übergegangen.[151]

▨ Ist Ihnen der juristische Fachausdruck für einen solchen Vorgang bekannt?
▶ Man spricht von einer Legalzession (cessio legis).

Der Forderungsübergang hat zur Folge, dass dem Leistungsberechtigten der zivilrechtliche Anspruch insoweit nicht mehr zusteht und der zivilrechtlich Leistungsverpflichtete, hier also G, die Kosten der »Entgeltfortzahlung« durch die KK auch weiterhin wirtschaftlich zu tragen hat.

Zu prüfen bleibt, welche Ansprüche der KK gegen S zustehen.[152] Als Anspruchs- **106** grundlage kommt § 116 I SGB X in Betracht, wenn die KK aufgrund des Schadensereignisses Sozialleistungen an A zu erbringen hat, die der Behebung eines Schadens

---

151 S. dazu bei Interesse: *Waltermann* SozR Rn. 598 mit weiteren Beispielen zu § 115 SGB X.
152 Hätte G ordnungsgemäß Entgeltfortzahlung im Krankheitsfall geleistet, wäre es zu einem Forderungsübergang auf G gem. § 6 I EFZG gekommen.

der gleichen Art dienen und die sich auf denselben Zeitraum wie ein von S an A zu leistender Schadensersatzanspruch beziehen. Anders als § 115 greift § 116 SGB X *unabhängig* von der tatsächlichen Leistungserbringung, sobald ein *Anspruch* auf Sozialleistungen entsteht (unterstreichen Sie »zu erbringen« im Gesetzeswortlaut des § 116 I 1 SGB X!). Keine Anwendung findet § 116 SGB X, wenn im Zusammenhang mit einem Arbeitsunfall eine Haftungsbeschränkung greift (s. §§ 104 I 2, 105 I 3 SGB VII – neben § 116 SGB X notieren!); bei Vorsatz oder grober Fahrlässigkeit kann der Unfallversicherungsträger jedoch gem. § 110 SGB VII Regress nehmen (→ Rn. 246). Hier hat A den Unfall in seiner Freizeit erlitten; ein Arbeitsunfall iSd § 8 I SGB VII und ein Haftungsausschluss gem. den §§ 104 f. SGB VII kommen nicht in Betracht. A stehen gegen S Schadensersatzansprüche aus § 823 I sowie II BGB iVm § 8 StVO iVm §§ 249 ff., 253 II BGB hinsichtlich der Behandlungskosten, des Verdienstausfalls, der Schäden an seinem Auto sowie wegen eines angemessenen Schmerzensgelds zu. Nach § 116 I SGB X gehen jedoch nur solche Ansprüche über, bei denen eine zeitliche und sachliche Kongruenz (= Deckungsgleichheit) zwischen Schadensersatzanspruch und Sozialleistung besteht.

▨ Auf welche der genannten Ansprüche trifft dies hier zu? Überlegen Sie!
▶ Nur auf die Kosten der Wiederherstellung der Gesundheit und den Ersatz des Verdienstausfalls!

Der Schmerzensgeldanspruch sowie der Schadensersatzanspruch hinsichtlich der Sachschäden an seinem Auto verbleiben also in jedem Fall bei A. Hinsichtlich des Krankengelds kann sich die KK sowohl an S als auch an G halten.

107 Das Gesetz klärt auch die Frage, wie zu verfahren ist, wenn der Schadensersatzanspruch aus rechtlichen (§ 116 II SGB X) oder tatsächlichen (§ 116 IV SGB X) Gründen zur Deckung des Gesamtschadens nicht ausreicht, zB bei Zahlungsunfähigkeit des Schuldners oder bei einer Haftungsbegrenzung auf bestimmte Höchstsummen nach dem Straßenverkehrsgesetz (vgl. § 12 StVG): Hier darf zunächst der Geschädigte seine Schadensersatzansprüche befriedigen und es geht lediglich der verbleibende Restanspruch auf den Sozialleistungsträger über (**Quotenvorrecht** des Geschädigten) bzw. die Ansprüche des Sozialleistungsträgers treten gegenüber denjenigen des Geschädigten zurück (**Befriedigungsvorrecht** des Geschädigten). Ist der Schadensersatzanspruch gegen den Schädiger wegen eines Mitverschuldens des Geschädigten gemindert, kommt es zu einer quotalen Teilung des Schadensersatzanspruchs und es findet nach § 116 III 1 SGB X lediglich ein anteiliger Forderungsübergang entsprechend der Haftungsquote des Schädigers statt. Die Restquote verbleibt dem Geschädigten.[153]

Die Wirkungsweise des § 116 SGB X veranschaulicht Übersicht 11. Die nachfolgende Übersicht 12 enthält eine Zusammenfassung des 2. Kapitels.

---

153 S. zum Ganzen zB *Igl/Welti* SozR § 79 Rn. 5; Prüfungsschema bei *Bley/Kreikebohm/Marschner* SozR Rn. 1221.

Übersicht 11: § 116 SGB X

Geschädigter

SozVers.-Träger

Sozialleistungen
(Krankenbehandlung,
Entgeltersatzleistungen, Renten und andere)

zeitliche und sachliche
Kongruenz (+)

Geschädigter

Schädiger

Schadensersatzanspruch
(Heilungskosten, Verdienstausfall,   Schmerzensgeld, Sachschaden)

§ 116 I SGB X

SozVers.-Träger

Schädiger

**übergegangener
Anspruch**

Geschädigter

Schädiger

Restanspruch
(vor allem Schmerzensgeld,
Sachschaden)

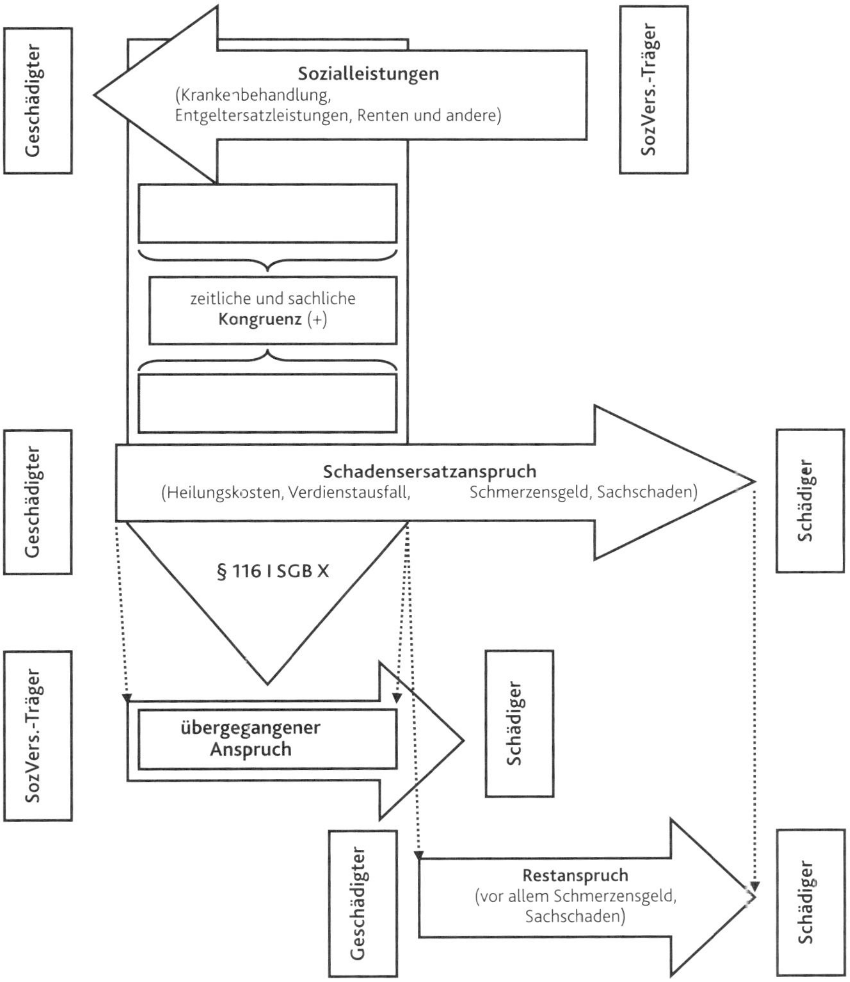

Privilege des Geschädigten:

§ 116 II: **Quotenvorrang** des Geschädigten bei **Haftungssummenbegrenzung**
(Restanspruch grds. ungeschmälert, ungedeckter Betrag reduziert den übergehenden
Anspruch)

§ 116 IV: Anspruchsübergang nach § 116 I, aber **Befriedigungsvorrecht** des Geschädigten,
soweit Durchsetzung tatsächlich gehindert (zB wg. Zahlungsunfähigkeit)

§ 116 III: nur quotaler Übergang bei **Mitverschulden** des Geschädigten (Anspruch nach § 116 I
geht nur anteilig über entsprechend der Haftungsquote des Schädigers)

109 Übersicht 12: SGB I, SGB X

Gemeinsame Vorschriften für das gesamte Sozialrecht	
SGB I (Allgemeiner Teil des Sozialgesetzbuchs)	**SGB X** (Verwaltungsverfahren, Sozialdatenschutz, Zusammenarbeit der Leistungsträger und ihre Beziehungen zu Dritten)
I. Geltungsbereich • alle besonderen Teile des SGB (§ 37 S. 1 SGB I) • Abweichungen in den bes. Teilen möglich Ausnahme: §§ 1–17, 31–36 (s. § 37 S. 2 SGB I)	**I. Geltungsbereich** • alle besonderen Teile des SGB (§ 37 S. 1 SGB I) • Abweichungen in den bes. Teilen möglich (§ 37 S. 1 SGB I) • Ausnahme: beim Sozialdatenschutz nur Ergänzungen möglich (§ 35 II iVm § 37 S. 2 SGB I)
II. Rechte und Pflichten aus dem Sozialrechtsverhältnis 1. **Pflichten der Sozialleistungsträger** • §§ 14–17 SGB I, ungeschriebene Nebenpflichten • bei Pflichtverstößen uU sozialrechtlicher Herstellungsanspruch (s. dazu Übersicht 9 → Rn. 56) 2. **Obliegenheiten der Leistungsberechtigten** insbesondere Mitwirkungsobliegenheiten gem. §§ 60 ff. SGB I; bei Obliegenheitsverletzungen: • uU (Teil-)Versagung oder Entziehung der Leistung (§ 66 I, III SGB I) • erleichterte Aufhebung leistungsbewilligender Bescheide (§§ 44 II 3 Nr. 2, 48 I 2 Nr. 2 SGB X)	**II. Sozialverwaltungsverfahren** • geregelt in den §§ 1–66 SGB X • viele Parallelen zum VwVfG • Verwaltungsakt (VA) ist Rechtsgrund für das Behaltendürfen einer Leistung • rechtswidriger Verwaltungsakt (VA) bleibt grds. wirksam, bis er aufgehoben wird (§ 39 II SGB X) • Verfahren einschl. Widerspruchsverfahren ist kostenfrei (§ 64 SGB X) • Besonderheiten gegenüber dem VwVfG hinsichtlich der Bestandskraft und Aufhebung von VAen (s. Übersicht 10 bei → Rn. 82)
III. Weitere Bestimmungen für alle Sozialleistungsbereiche 1. **Allgemeine materiell-rechtliche Grundsätze** • strenger Vorbehalt des Gesetzes (§ 31 SGB I) • Unabdingbarkeit (§ 32 SGB I) 2. **Grundsätze des Leistungsrechts** • idR Pflichtleistungen (§ 38 SGB I) • Ausnahme: Ermessen (Ausübung gem. § 39 SGB I) • Vorschüsse, vorläufige Leistungen, Entstehung, Fälligkeit, Verzinsung, Verjährung, Auszahlung, Aufrechnung, Pfändbarkeit usw (§§ 40 ff. SGB I)	**III. Sozialdatenschutz** • geregelt in § 35 SGB I und den §§ 67–85a SGB X • geht den allgemeinen Regeln des BSDG vor (§ 1 III 1 BDSG) • geht den Vorschriften über das Sozialverwaltungsverfahren vor (§ 37 S. 3 SGB I) • ist unabdingbar (§ 84a I SGB I) • Sozialgeheimnis schützt Sozialdaten und Betriebs- und Geschäftsgeheimnisse (§ 35 I, IV SGB I)
	IV. Zusammenarbeit der Leistungsträger und ihre Beziehungen zu Dritten §§ 86–119 SGB X regeln • Zusammenarbeit der Leistungsträger untereinander und mit Dritten (§§ 86–101a SGB X) • Erstattungsansprüche der Leistungsträger untereinander (§§ 102–114 SGB X) • Erstattungs- und Ersatzansprüche der Leistungsträger gegenüber Dritten (§§ 115–119) (s. auch Übersicht 11 zu § 116 SGB X, → Rn. 108)

3. Kapitel. Sozialversicherung und Arbeitsförderung

I. Gemeinsame Grundlagen und Vorschriften – SGB IV

1. Sachlicher Geltungsbereich des SGB IV

Das SGB IV enthält die gemeinsamen Vorschriften für die Sozialversicherung. In diesem »Allgemeinen Teil« des Sozialversicherungsrechts sind unter anderem Bestimmungen zu den wichtigen Begriffen **Beschäftigung** und **geringfügige Beschäftigung** (die für die Versicherungspflicht Bedeutung haben, §§ 7 ff. SGB IV), **Arbeitsentgelt** (§ 14 SGB IV) und **Arbeitseinkommen** (§ 15 SGB IV) sowie Regelungen zum Verfahren der Beitragserhebung und den insbesondere für Arbeitgeber bestehenden Meldepflichten angesiedelt.

110

Gem. § 1 I 1 SGB IV gilt das SGB IV für die gesetzliche Kranken-, Unfall-, Renten- und Pflegeversicherung sowie grds. gem. § 1 I 2 SGB IV auch für das Recht der Arbeitsförderung.[154] Über den Bereich der Sozialversicherung hinaus gelten (nur) die Vorschriften über den Sozialversicherungsausweis auch für die Sozialhilfe (SGB XII) und die Grundsicherung für Arbeitsuchende (SGB II), für die auch die Regelungen zur Versicherungsnummer und das Benachteiligungsverbot des § 19a SGB IV Anwendung finden.

111

Das Verhältnis der besonderen Teile des SGB zum SGB IV regelt § 1 III SGB IV.

112

▨ Was besagt diese Vorschrift? Schauen Sie sich den Wortlaut ganz genau an, bevor Sie weiter lesen!

▷ Diese Vorschriften »bleiben unberührt«. Dies bedeutet hier, dass speziellere Regelungen in den besonderen Teilen des SGB, die von den Vorschriften des SGB IV abweichen, Vorrang vor allgemeineren Normen des SGB IV haben!

2. Begriff und Charakteristika der Sozialversicherung

Das SGB IV gilt also für »die Sozialversicherung«. Die einzelnen Zweige der Sozialversicherung haben Sie bereits als die fünf Säulen der sozialen Sicherheit kennen gelernt.

113

▨ Wissen Sie noch, was man konkret darunter versteht?

▷ Die Antwort gibt Ihnen Fußnote[155].

Das Gesetz scheint den Begriff Sozialversicherung jedoch etwas anders zu verstehen. Vergleichen Sie dazu den Wortlaut des § 4 II SGB I mit dem des § 1 I SGB IV!

▨ Was fällt auf? Überlegen Sie!

---

154 Die Einschränkungen betreffen einige Regelungen über die Träger der Sozialversicherung (Verfassung, Zusammensetzung und Wahl der Selbstverwaltungsorgane sowie die Regelungen über die Versicherungsbehörden).

155 **Gesetzliche Unfall-, Kranken- und Rentenversicherung** sowie **soziale Pflegeversicherung** und aus dem Recht der Arbeitsförderung die **Arbeitslosenversicherung**. Falls nicht mehr gewusst → Rn. 6.

▶ Die Arbeitslosenversicherung ordnet der Gesetzgeber dem Recht der Arbeitsförderung und nicht unmittelbar der Sozialversicherung zu (s. auch §§ 3 II, 19 SGB I)!

114 Insofern lässt sich sagen, dass § 4 SGB I ein »enger« Begriff der Sozialversicherung zugrunde liegt. Unter anderem § 1 SGB IV kann man jedoch entnehmen, dass der Gesetzgeber auch die Arbeitslosenversicherung als Teil der Sozialversicherung ansieht und insofern materiell einen »weiten« Begriff der Sozialversicherung verwendet: Für die Arbeitslosenversicherung gilt danach – wie wir bereits festgestellt haben – grds. das SGB IV. Zudem ist die Versicherungspflicht in der Arbeitslosenversicherung nach denselben Prinzipien strukturiert, wie in den anderen Zweigen der Sozialversicherung. Der Gesetzgeber spricht ferner in § 28d SGB IV auch hinsichtlich des Beitrags nach dem Recht der Arbeitsförderung vom »Gesamtsozialversicherungsbeitrag«.[156]

115 Bei allen fünf Zweigen der gesetzlichen Sozialversicherung handelt es sich um einen Zusammenschluss gleichartig Gefährdeter zu einer Gefahrengemeinschaft. Diese haben regelmäßig Beiträge zu entrichten und bei Eintritt des Versicherungsfalls Anspruch auf bestimmte Leistungen. Insoweit folgt die Sozial*versicherung* gleichen Grundprinzipien wie eine private Versicherung, zB eine Pkw-Kasko-Versicherung.

▧ Wonach richtet sich aber grds. der Umfang der Leistungen, wie kommt eine solche Versicherung zustande und wer hat die Beiträge bei einer Privatversicherung zu tragen?

▶ Im Unterschied zu einer Privatversicherung haben auch *Arbeitgeber* einen Teil der Beiträge ihrer Arbeitnehmer zu tragen. Anders als die zu zahlenden Prämien einer Privatversicherung entsprechen die Beiträge zur Sozialversicherung nicht dem individuellen versicherten Risiko, sondern sie richten sich nach dem *Einkommen* der Versicherten. Trotz unterschiedlich hoher Beiträge können diese weitestgehend die *gleichen Leistungen* in Anspruch nehmen. Ferner wird das Sozialversicherungsverhältnis idR nicht freiwillig, sondern *zwangsweise kraft Gesetzes* begründet.

116 Charakteristikum der Sozialversicherung ist, dass diese in besonderem Maße dem Gedanken des *sozialen Ausgleichs* und der Solidarität verpflichtet ist. Neben den bereits genannten Punkten zeigt sich dies darin, dass auch sog. »schlechte Risiken«, also Personen, bei denen absehbar ist, dass sie voraussichtlich mehr Leistungen in Anspruch nehmen werden, als sie Beiträge leisten können (zB chronisch Kranke, Arbeitslose und Beitragszahler, deren Angehörige in der Kranken- und Pflegeversicherung beitragsfrei mitversichert werden), Zugang zur Sozialversicherung haben. Eine private Versicherung würde in solchen Fällen die Versicherung ablehnen, einschränken oder erheblich höhere Beiträge verlangen!

117 Die Besonderheiten der Sozialversicherung fasst eine verbreitete, auf den früheren Präsidenten des Bundessozialgerichts *Georg Wannagat* zurückgehende Definition wie folgt zusammen:[157] Die Sozialversicherung ist »eine staatlich organisierte, nach den Grundsätzen der Selbstverwaltung aufgebaute öffentlich-rechtliche, vorwiegend auf Zwang beruhende Versicherung großer Teile der arbeitenden Bevölkerung für den

---

156 *Muckel/Ogorek* SozR § 7 Rn. 2.
157 *Wannagat* SozVersR 25.

Fall der Beeinträchtigung der Erwerbsfähigkeit und des Todes sowie des Eintritts der Arbeitslosigkeit.«[158]

Schauen Sie sich dazu nun Übersicht 13 an:

Übersicht 13: Merkmale der Sozialversicherung im Vergleich zur Privatversicherung

Merkmale	Privatversicherung	Sozialversicherung
Rechtsgrundlage	Vertrag (idR freiwillig)	Gesetz/Satzung (idR Zwang)
Risikoabsicherung	zT selbstbestimmt zT individuelle Risiken	Umfang durch Gesetz/Satzung vorgegeben
Mitgliedschaft	idR freiwillig, ausnahmsweise Zwang (Kfz-Haftpflicht)	idR Zwang, ausnahmsweise freiwillig (zB freiwillige Versicherung in der gesetzlichen Krankenversicherung)
Finanzierung	Beiträge der Versicherten	Beiträge der Versicherten *und* ihrer Arbeitgeber, staatliche Zuschüsse
Leistungen	beitragsorientiert	bedarfs- und/oder beitragsorientiert
Organisation	privatrechtlich; idR frei wählbar	öffentlich-rechtlich; idR nicht frei wählbar
Rechtsweg	Ordentliche Gerichte	Sozialgerichte

3. Mitgliedschaft und Sozialversicherungsverhältnis

Die Mitgliedschaft in den einzelnen Zweigen der gesetzlichen Sozialversicherung ist nicht im SGB IV geregelt, sondern ergibt sich aus den Bestimmungen der jeweiligen besonderen Teile des SGB. Ausdrücklich verwendet wird der Begriff nur in der gesetzlichen Kranken- und der Pflegeversicherung (s. §§ 186 ff. SGB V, § 49 SGB XI).

118

- ▨ Kennen Sie die im öffentlichen Recht gebräuchliche Faustformel zur Unterscheidung von Anstalten (zB Rundfunkanstalten) und Körperschaften (zB Gemeinden) des öffentlichen Rechts?
- ▷ Nach ihr haben Anstalten Benutzer und Körperschaften Mitglieder!
- ▨ Der Begriff der Mitgliedschaft in der Sozialversicherung wird darauf beruhen, dass es sich bei ihren Trägern um welche dieser beiden Formen handelt?
- ▷ Genau, um Körperschaften des öffentlichen Rechts (s. § 29 I SGB IV)!

Dies gilt für alle Zweige der Sozialversicherung (ieS). Auch die Bundesagentur für Arbeit, die bis Ende 2003 die Bezeichnung »Bundes*anstalt* für Arbeit« trug und die nicht über Mitglieder verfügt, bezeichnet das Gesetz als Körperschaft (§ 367 SGB III). Tatsächlich ist sie jedoch wie eine Anstalt organisiert.[159]

---

158 S. zum Ganzen zB *Gitter/Schmitt* SozR § 4 Rn. 1 ff.; *Kokemoor/Oberrath*, Ausgewählte Grundfragen des Sozialversicherungsrechts, JA 2004, 839 ff.; *Muckel/Ogorek* SozR § 7 Rn. 1 ff.; *Waltermann* SozR Rn. 96 ff.

159 Vgl. *Eichenhofer* SozR Rn. 287 mwN; *Muckel/Ogorek* SozR § 12 Rn. 15 mwN.

Die Mitgliedschaft berechtigt zur Teilnahme an den Sozialversicherungswahlen zu den Selbstverwaltungsorganen des jeweiligen Sozialversicherungsträgers, die in den §§ 43 ff., 45 ff. SGB IV geregelt ist (jetzt nicht lesen!). In der gesetzlichen Pflegeversicherung ergibt sich die Besonderheit, dass die Organe der Krankenkassen, bei denen sie errichtet wurden, zugleich die Organe der Pflegekassen sind (s. § 46 II 2 SGB XI), also nicht gesondert gewählt werden. Die Bundesagentur für Arbeit wird ebenfalls selbstverwaltet, doch werden die Mitglieder der Selbstverwaltungsorgane dort bestellt und nicht gewählt.[160]

119 Zu unterscheiden von der Mitgliedschaft in einem Zweig der gesetzlichen Sozialversicherung ist das *Sozialversicherungsverhältnis*. Es stellt eine besondere Ausprägung des Sozialrechtsverhältnisses dar, das wir im Zusammenhang mit dem sozialrechtlichen Herstellungsanspruch bereits kennen gelernt haben.[161] Inhaltlich versteht man darunter die Gesamtheit der öffentlich-schuldrechtlichen Rechtsbeziehungen zwischen Sozialversicherungsträger und Versichertem sowie gegebenenfalls weiteren Personen (insbes. leistungsberechtigten Angehörigen).[162] Mitgliedschaft und Sozialversicherungsverhältnis sind begrifflich nicht deckungsgleich, können aber miteinander verbunden sein. Arbeitnehmer sind regelmäßig Mitglieder einer gesetzlichen Krankenkasse (s. §§ 5 I Nr. 1, 186 I SGB V) und stehen zu ihr in einem Versicherungsverhältnis, weil sie Versicherungsschutz genießen. Dieser erstreckt sich auch auf ihre mitversicherten Familienangehörigen (s. § 10 SGB V – lesen Sie Abs. 1 S. 1 der Vorschrift). Mitversicherte Ehegatten und Kinder stehen daher ebenfalls in einem Sozialversicherungsverhältnis, ohne jedoch selbst Mitglied der jeweiligen Krankenkasse zu sein.

120 Nach unseren bisherigen Überlegungen wird Ihnen bereits klar geworden sein, welcher der beiden Begriffe für den Versicherungsschutz, aus dem die Leistungsansprüche resultieren, der bedeutsamere ist.

▨ Für den Versicherungsschutz kommt es darauf an, dass ... (überlegen Sie und schauen Sie ggf. nochmals auf die Ausführungen zu → Rn. 119!)

▶ ... der Betroffene in dem jeweiligen Versicherungszweig versichert ist, also in einem Sozialversicherungsverhältnis steht.

Der Versicherungsschutz beginnt grds., sobald auch das Versicherungsverhältnis beginnt. Dafür kommt es bei Versicherungspflichtverhältnissen nicht auf Willens- (= Beitritts-)erklärungen oder einen Vertragsabschluss an, sondern allein darauf, ob der Betreffende kraft Gesetzes zum versicherten Personenkreis in diesem Zweig der Sozialversicherung gehört. In der gesetzlichen Renten-, Pflege- und Arbeitslosenversicherung müssen als zusätzliche Leistungsvoraussetzung bestimmte Vorversicherungszeiten erfüllt sein, also idR Beiträge entrichtet worden sein.[163]

121 Zum versicherten Personenkreis in der Sozialversicherung gehören neben den Pflichtversicherten auch »*Versicherungsberechtigte*« (§ 2 I SGB IV – lesen!). Darunter sind Personen zu verstehen, die ein Versicherungsverhältnis freiwillig fortsetzen oder

---

160 Bei Interesse: §§ 390 ff. SGB III.
161 → Rn. 48 ff.
162 *Muckel/Ogorek* SozR § 7 Rn. 17.
163 Vgl. *Muckel/Ogorek* SozR § 7 Rn. 19, die allerdings die Bedeutung der Mitgliedschaft stärker betonen.

freiwillig neu begründen.[164] Andere Personen sind in allen (insbes. Beamte) oder zumindest einigen (so zB Studierende) Versicherungszweigen »versicherungsfrei«, dh nicht versicherungspflichtig.[165] Wichtigster Anknüpfungspunkt für die Versicherungspflicht in allen fünf Zweigen der Sozialversicherung ist das *Beschäftigungsverhältnis* (§ 2 II Nr. 1 SGB IV – lesen!; s. ferner § 25 I SGB III; § 5 I Nr. 1 SGB V; § 1 Nr. 1 SGB VI; § 2 I Nr. 1 SGB VII; § 20 I Nr. 1 SGB XI, die Sie jetzt nicht unbedingt lesen müssen), mit dem wir uns daher genauer auseinander setzen werden!

4. Sozialversicherungsrechtliches Beschäftigungsverhältnis

a) Beschäftigung und selbstständige Tätigkeit

Beschäftigung ist die nichtselbstständige Arbeit, insbesondere in einem Arbeitsverhältnis (§ 7 I 1 SGB IV – lesen!). Anhaltspunkte für eine sozialversicherungsrechtliche Beschäftigung sind die *Weisungsgebundenheit* des Beschäftigten bezüglich seiner Tätigkeit sowie die *Eingliederung* in die Organisation des Weisungsgebers (§ 7 I 2 SGB IV – lesen!). Der sozialrechtliche Beschäftigungsbegriff und der privatrechtliche Arbeitnehmerbegriff decken sich damit im Wesentlichen, sind aber nicht identisch.   **122**

- Welcher Begriff der weitergehende ist, lässt sich dem Wortlaut des § 7 I 1 SGB IV (nochmals lesen!) ohne Weiteres entnehmen!
- Aus der Formulierung »insbesondere« ist ersichtlich, dass das sozialversicherungsrechtliche Beschäftigungsverhältnis weiter reicht als das privatrechtliche Arbeitsverhältnis.

Ein sozialrechtliches Beschäftigungsverhältnis kann sowohl bei arbeitsvertraglicher Beziehung zum Arbeitgeber ohne tatsächliche Beschäftigung (bezahlte Freistellung nach Kündigung oder um Fortbildung zu ermöglichen) als auch bei tatsächlicher Verrichtung abhängiger Arbeit ohne vertragliche Beziehung (fehlerhaftes Arbeitsverhältnis; Weiterbeschäftigung während eines Kündigungsschutzprozesses) bestehen.   **123**

b) Scheinselbstständigkeit und arbeitnehmerähnliche Selbstständige

Die Abgrenzung der abhängigen, grds. versicherungspflichtigen Beschäftigung von der regelmäßig versicherungsfreien selbstständigen Tätigkeit folgt prinzipiell denselben Regeln, die Sie vom Arbeitsrecht her kennen.[166] Ist der Betroffene nach der vertraglichen Regelung selbstständig, faktisch aber wie ein Arbeitnehmer *persönlich* abhängig oder wird der Vertrag wie ein Arbeitsverhältnis »gelebt«, liegt rechtlich ein Arbeits- und damit auch ein Beschäftigungsverhältnis vor (sog. *Scheinselbstständigkeit*). Jüngst bejaht wurde eine sozialversicherungspflichtige Beschäftigung etwa bei einer Krankenschwester sowie einem Operationspfleger im Hinblick auf deren Weisungsgebundenheit bzw. Eingliederung in die Krankenhausorganisation, obwohl sie   **124**

---

164 Nur bei Interesse: § 28a SGB III – unter anderem Existenzgründer; § 9 SGB V – vor allem Besserverdienende; § 7 SGB VI – grds. jedermann; § 6 SGB VII – vor allem Unternehmer; § 26 SGB XI – Weiterversicherung.

165 Bei Interesse: § 27 SGB III; §§ 6 und 7 SGB V, § 6 SGB VI, § 4 SGB VII, §§ 1, 20 SGB XI.

166 S. dazu zB mit Fallbeispielen: *Wörlen/Kokemoor* ArbR Rn. 46 ff.; *Kokemoor/Kreissl*, Arbeitsbücher Wirtschaftsrecht: Arbeitsrecht, 4. Aufl. 2010, B I 2 und Fall 1.

nach ihren Verträgen als Selbstständige tätig werden sollten.[167] Schwieriger zu beurteilen ist die Beschäftigung von sog. *Honorarärzten* in Kliniken.[168]

125 Problematisch ist die Abgrenzung insbesondere bei Personen, die eine selbstständige Tätigkeit in wirtschaftlicher Abhängigkeit leisten (wie zB freie Mitarbeiter), bei organschaftlichen Tätigkeiten bei bestehenden gesellschaftsrechtlichen Verflechtungen (zB angestellter GmbH-Gesellschafter-Geschäftsführer) oder im Rahmen familiärer Verpflichtungen. Die Frage wird praktisch zB bei der (uU auch nachträglichen) Beitragserhebung, wenn zB Arbeitgeber versuchen, die auch als »*Lohnnebenkosten*« oder »*Lohnzusatzkosten*« bezeichneten Sozialversicherungsbeiträge »einzusparen«. Es kommt auf die Abgrenzung ferner an, wenn zB mitarbeitende Familienangehörige oder angestellte GmbH-Geschäftsführer nach beendeter Tätigkeit Arbeitslosengeld oder andere Sozialversicherungsleistungen begehren.

126 Mit dem *Anfrageverfahren* nach § 7a SGB IV (lesen Sie Abs. 1 der Vorschrift) können die Beteiligten (va Hauptauftraggeber und sein anscheinend selbstständiger Auftragnehmer) eine verbindliche Entscheidung der DRV Bund darüber herbeiführen, ob eine Beschäftigung vorliegt (sog. »*Statusklärung*«). Bei Antragstellung innerhalb eines Monats nach Aufnahme der Tätigkeit tritt die Versicherungspflicht regelmäßig erst mit der Bekanntgabe der Entscheidung (= »ex nunc«) ein, auch wenn festgestellt wird, dass von Anfang an eine Beschäftigungsverhältnis vorlag. Sozialversicherungsbeiträge können damit für die Vergangenheit nicht nachgefordert werden. Sie werden zudem frühestens zu dem Zeitpunkt fällig, zu dem die Entscheidung über das Vorliegen einer Beschäftigung unanfechtbar geworden ist (lesen Sie § 7a VI SGB IV).

127 Aus dem Arbeitsrecht wissen wir, dass es Selbstständige gibt, die der Gesetzgeber aufgrund ihrer sozialen Schutzbedürftigkeit Arbeitnehmern in einzelnen Bereichen kraft Gesetzes gleichstellt, zB hinsichtlich der Zuständigkeit der Arbeitsgerichte oder des Urlaubsanspruchs.

▪ Wissen Sie, wie man diese Selbstständigen, die zwar nicht persönlich, wohl aber wirtschaftlich von ihrem Hauptauftraggeber abhängig sind, nennt? (Erst nachdenken, dann weiterlesen!)

▶ Man bezeichnet Sie als *arbeitnehmerähnliche Personen*![169]

Als Selbstständige unterliegen arbeitnehmerähnliche Personen grds. nicht der Sozialversicherungspflicht. Dennoch kennt auch das Sozialversicherungsrecht eine ähnliche Konstruktion wie das Arbeitsrecht: Sog. »*arbeitnehmerähnliche Selbstständige*« hat der Gesetzgeber – ebenso wie andere für schutzbedürftig erachtete Selbstständige ausgewählter Berufsfelder – gem. § 2 SGB VI einer Versicherungspflicht in der gesetzlichen Rentenversicherung unterworfen (lesen Sie § 2 S. 1 Nr. 9 und überfliegen Sie die Nr. 1–8 der Vorschrift!).

---

167 LSG Sachsen-Anhalt Urt. v. 25.4.2013 – L 1 R 132/12 = BeckRS 2013, 73278; LSG Bayern Urt. v. 28.5.2013 – L 5 R 863/12 = BeckRS 2013, 72048.

168 Ein Beschäftigungsverhältnis bejahte das LSG Baden-Württemberg Urt. v. 17.4.2013 – L 5 R 3755/11 = BeckRS 2013, 68563. S. zu dieser Problematik zB *Schnapp* NZS 2014, 41 ff.; *Powietzka/Bölz* KV 2012, 137 ff.

169 Falls nicht mehr gewusst, s. zB *Wörlen/Kokemoor* ArbR Rn. 55.

c) Geringfügige Beschäftigung (»Mini-Jobs«)

Übungsfall 6   128

Hausmann H ist seit dem 1. Januar für regelmäßig 450 EUR monatlich als Verkäufer für die Abendstunden bei T angestellt, der eine Tankstelle betreibt. Über weitere Einkünfte verfügt H nicht. Seine Ehefrau ist berufstätig und in der gesetzlichen Krankenversicherung pflichtversichert. Wie ist die Tätigkeit des H sozialversicherungsrechtlich zu behandeln?

H könnte gem. § 2 II Nr. 1 SGB IV, § 25 I SGB III, § 5 I Nr. 1 SGB V, § 1 Nr. 1 SGB VI, § 2 I Nr. 1 SGB VII, § 20 I 2 Nr. 1 SGB XI, jeweils iVm § 7 I SGB IV als Beschäftigter gegen Entgelt in allen Zweigen der gesetzlichen Sozialversicherung pflichtversichert sein. Nach dem Sachverhalt ist H Angestellter des T, also Arbeitnehmer des T. Damit ist er gem. § 7 I 1 SGB IV zugleich auch als Beschäftigter im sozialversicherungsrechtlichen Sinne anzusehen. Allerdings könnte die Beschäftigung sozialrechtlichen Sonderregeln unterliegen, wenn sie als geringfügige Beschäftigung iSv § 8 I SGB IV anzusehen wäre.

▨ Wie derartige »Minijobs« arbeitsrechtlich behandelt werden, wissen Sie?
▷ Gem. § 2 II TzBfG handelt es sich um Teilzeitarbeitsverhältnisse, auf die grds. alle Arbeitnehmerschutzvorschriften über Urlaub, Entgeltfortzahlung im Krankheitsfall usw anzuwenden sind.

Liegt eine geringfügige Beschäftigung vor, besteht keine Versicherungspflicht in der   129
gesetzlichen Arbeitslosen-, Kranken- und Pflegeversicherung, § 27 II 1 SGB III; § 7 I SGB V; § 20 I 1 SGB XI. Nur in der Rentenversicherung ergibt sich bei sog. Entgeltgeringfügigkeit gem. § 8 I Nr. 1 SGB IV (→ Rn. 131) grds. Versicherungspflicht gem. § 1 S. 1 Nr. 1 SGB VI, von der die Betroffenen aber gem. § 6 Ib SGB VI auf schriftlichen Antrag (gegenüber dem Arbeitgeber) ohne Weiteres befreit werden können. In diesem Fall hat der »Mini-Jobber« *selbst gar keine Sozialversicherungsbeiträge* zu tragen, kann aber im Gegenzug die Leistungen der gesetzlichen Sozialversicherung aus *eigener Versicherung* regelmäßig nicht in Anspruch nehmen.[170] Hintergrund dessen ist, dass dieser Personenkreis typischerweise anderweitig wirtschaftlich abgesichert ist, insbesondere durch Unterhaltsansprüche gegen einen voll erwerbstätigen Ehegatten. Auch in unserem Fall liegt es so, da dort offenbar die Ehefrau des H den Familienunterhalt bestreitet. H ist zudem aufgrund der Mitgliedschaft seiner Ehefrau in einer gesetzlichen Krankenkasse familienversichert in der gesetzlichen Kranken- und Pflegeversicherung (s. § 10 I SGB V, § 25 I iVm § 20 I 1 SGB XI – zur Erinnerung: alle Vorschriften lesen!). Stellt der Mini-Jobber – wie hier der H – keinen Befreiungsantrag, ist er in den Schutz der gesetzlichen Rentenversicherung vollständig einbezogen; er hat dann allerdings auch gewisse Mindestbeiträge zur gesetzlichen Rentenversicherung selbst zu tragen (→ Rn. 133).

Wegen der Rechtslage in der gesetzlichen Unfallversicherung werfen Sie nun bitte ei-   130
nen Blick auf § 2 I Nr. 1 SGB VII und vergleichen Sie die Regelung mit § 2 II Nr. 1 SGB IV!

---

170 Wenn der Arbeitgeber lediglich Pauschbeiträge zur gesetzlichen Rentenversicherung entrichtet, ergeben sich nach § 76b SGB VI Zuschläge an Entgeltpunkten, die aber nur eine geringe rentenerhöhende Wirkung auslösen.

▨ Haben Sie den kleinen, aber durchaus beachtlichen Unterschied zwischen den beiden Vorschriften festgestellt?

▶ Nach § 2 I Nr. 1 SGB VII kommt es nicht darauf an, dass die Beschäftigung *gegen Entgelt* ausgeübt wird!

▨ Was hat dies für Konsequenzen?

▶ Anders als in den übrigen Zweigen der Sozialversicherung sind in der gesetzlichen Unfallversicherung alle Beschäftigten einschließlich der geringfügig Beschäftigten stets pflichtversichert!

Hintergrund dessen ist, dass Beschäftigte unabhängig vom Entgelt am Arbeitsplatz denselben Unfallgefahren unterliegen, diese aber auf anderer Basis regelmäßig nicht ausreichend abgesichert werden (können). Da der Arbeitgeber die Beiträge zur gesetzlichen Unfallversicherung allein zu tragen hat, bleibt es bei unserer Feststellung, dass geringfügige Beschäftigte grds. keine Beiträge zur Sozialversicherung zahlen müssen.

131 Zur Kasse gebeten wird der Arbeitgeber darüber hinaus möglicherweise auch in der Kranken- und Rentenversicherung. Dies hängt davon ab, ob eine pauschalbeitragspflichtige sog. »**geringfügig entlohnte**«, idR kontinuierliche Beschäftigung (§ 8 I Nr. 1 SGB IV) oder aber eine pauschalbeitragsfreie »**kurzfristige**« Beschäftigung (§ 8 I Nr. 2 SGB IV) vorliegt. Schauen Sie sich die Vorschriften genau an!

▨ Beide Ziffern kennen eine Entgeltgrenze von 450 EUR. Haben Sie erkannt, inwieweit sie sich dennoch hinsichtlich der Entgeltgrenze unterscheiden? (Erst überlegen, dann weiterlesen!)

▶ Nach Nr. 1 ist der Grenzwert von 450 EUR *stets* beachtlich, nach Nr. 2 kommt es nur dann darauf an, wenn die Beschäftigung *berufsmäßig* ausgeübt wird!

Von einer berufsmäßigen Ausübung geht man aus, wenn die in Betracht kommende Person aus der kurzfristigen Beschäftigung ihren Lebensunterhalt zu einem nicht unerheblichen Teil bestreitet und die Beschäftigung nicht nur gelegentlich, sondern mit einer gewissen Regelmäßigkeit ausgeübt wird.[171] Liegt keine berufsmäßige Ausübung vor, kann das erzielte Entgelt beliebig hoch sein – ein Umstand, den gerade Studierende bei Ferienjobs oftmals auszunutzen verstehen. Weitere Voraussetzung des § 8 I Nr. 2 SGB IV ist allerdings, dass die Tätigkeit innerhalb eines Kalenderjahres, also in der Zeit vom 1. Januar bis zum 31. Dezember, auf längstens zwei Monate oder 50 Arbeitstage (bzw. drei Monate oder 70 Arbeitstage, s. § 115 SGB IV[172] – *neben § 8 I Nr. 2 notieren!*) nach ihrer Eigenart begrenzt zu sein pflegt oder im voraus vertraglich begrenzt ist.

132 Zurück zu unserem Fall:

▨ Übt H eine geringfügige Beschäftigung iSd § 8 I SGB IV aus?

▶ Da H unbefristet für T arbeitet, scheidet eine kurzfristige Beschäftigung iSd § 8 I Nr. 2 SGB IV aus. Da aber sein Arbeitsentgelt aus der Beschäftigung bei T regelmäßig 450 EUR im Monat nicht übersteigt, liegt eine geringfügig entlohnte Beschäftigung iSd § 8 I Nr. 1 SGB IV vor.

---

171 Vgl. KassKom/*Seewald* SGB VI § 8 Rn. 18 ff. mwN.
172 Eingefügt durch Art. 9 Tarifautonomiestärkungsgesetz v. 11.8.2014, BGBl. I 1348.

Geringfügig entlohnte Beschäftigungen sind, anders als kurzfristige Beschäftigungen, grds. pauschalbeitragspflichtig.[173] Für geringfügig Beschäftigte iSd § 8 I Nr. 1 SGB IV, die bereits in der gesetzlichen Krankenversicherung versichert sind[174] – also auch für den familienversicherten H in unserem Fall – hat der Arbeitgeber einen pauschalen Beitrag iHv 13% (im Beispielsfall 58,50 EUR) zur gesetzlichen Krankenversicherung (§ 249b S. 1 SGB V) zu entrichten. Hat sich der geringfügig Beschäftigte von der Versicherungspflicht in der gesetzlichen Rentenversicherung befreien lassen (→ Rn. 129), muss der Arbeitgeber Pauschbeiträge iHv 15% (für H also 67,50 EUR) zur gesetzlichen Rentenversicherung zahlen (§ 172 III SGB VI).

Lässt sich H *nicht* von der Rentenversicherungspflicht befreien, ist er rentenversicherungspflichtig beschäftigt und damit auch beitragspflichtig. Er hat den sich zwischen dem regulären Beitragssatz und dem Pauschalbeitrag des Arbeitgebers (zZt 18,9% ./. 15% = 3,9%) ergebenden Unterschiedsbetrag (im Beispielsfall 17,55 EUR) auszugleichen (§§ 168 I Nr. 1b, 163 VIII SGB VI). Er erwirbt dadurch den vollständigen Versicherungsschutz der gesetzlichen Rentenversicherung. Interessant ist dies für ihn vor allem dann, wenn er den aufgrund einer früheren Beschäftigung bestehenden Versicherungsschutz im Hinblick auf eine Verminderung der Erwerbsfähigkeit (→ Rn. 313 ff.) aufrechterhalten möchte. **133**

Dem Arbeitgeber ist es möglich, die Einkünfte aus geringfügigen Tätigkeiten nach § 8 I Nr. 1 SGB IV ohne einen Abruf elektronischer Lohnsteuermerkmale mit dem extrem günstigen Satz von 2% pauschal zu versteuern (§ 40a II EStG).[175] Er kann die pauschale Steuer bei Bestehen einer entsprechenden Vereinbarung auch auf den Arbeitnehmer überwälzen (vgl. § 40a V iVm § 40 III 2 Hs. 2 EStG). **134**

▨ Was meinen Sie, kommt eine derartige Überwälzung auch hinsichtlich der Pauschbeiträge zur Sozialversicherung in Betracht? Die Antwort lässt sich einer Vorschrift des SGB I entnehmen, die Sie bereits kennen!

▷ Die Antwort gibt Fußnote[176]!

Was ist aber, wenn – wie in der Praxis häufig – mehrere geringfügige Beschäftigungsverhältnisse ausgeübt werden? Dies regelt primär der sprachlich aus sich heraus kaum noch verständliche Absatz 2 des § 8 SGB IV (*jetzt* noch *nicht* lesen!), den wir uns anhand des folgenden Übungsfalls ansehen wollen. **135**

---

173 Sonderregeln gelten für Beschäftigte in **Privathaushalten** gem. § 8a SGB IV § 249b S. 2 SGB V, § 172 IIIa SGB VI, sowie für Beamte und Studenten (s. zu den Einzelheiten insbes. die **Geringfügigkeitsrichtlinien** des GKV-Spitzenverbands, der DRV Bund sowie der DRV Knappschaft-Bahn-See und der Bundesagentur für Arbeit vom 20.12.2012, Aichberger Nr. 4/21; auch abrufbar unter www.minijob-zentrale.de, Rubrik: Minijobs im gewerblichen Bereich, Aktuelles).

174 Der Pauschalbeitrag zur Krankenversicherung fällt nur an, wenn der geringfügig Beschäftigte in der gesetzlichen Krankenversicherung versichert ist (unterstreichen Sie »Versicherte« im Wortlaut des § 249b S. 1 SGB V!), gilt also nicht bei privat krankenversicherten geringfügig Beschäftigten!

175 Nur bei Interesse: Sofern für **Beamte oder Studierende** keine (Pausch-)Beiträge zur Rentenversicherung zu entrichten sind, beträgt der Pauschalsteuersatz 20%, § 40a IIa EStG. Für **kurzfristige Beschäftigungen** kommt allenfalls eine Pauschalversteuerung mit 25% in Betracht, s. § 40a I EStG.

176 **Nach § 32 SGB I sind vom SGB abweichende privatrechtliche Vereinbarungen zum Nachteil eines Sozialleistungsberechtigten nichtig!**

Übungsfall 7

T (s. Übungsfall 6 → Rn. 128) stellt den Nachtbetrieb seiner Tankstelle aus wirtschaftlichen Gründen ein und öffnet ab dem 1. März täglich nur noch bis 22.00 Uhr. Hausmann H kann deshalb nur noch für sechs Stunden wöchentlich eingesetzt werden und sein moratlicher Verdienst bei T reduziert sich auf 250 EUR. Seit dem 1. April hilft er deshalb wöchentlich auch drei Stunden in der Getränkehandlung des G aus und bekommt dort 100 EUR monatlich als Lohn. Als ihm Zahnarzt Z anbietet, drei Stunden wöchentlich dessen zahlreiche Sportwagen für stolze 180 EUR im Monat zu putzen, sagt H sofort zu. Seine weiteren Nebenjobs teilt er T, G und Z umgehend mit. Alle drei Verträge sind unbefristet.
Ist H weiterhin als geringfügig Beschäftigter iSd § 8 I SGB IV anzusehen?

---

136   Da die drei Tätigkeiten des H für sich genommen geringfügige Beschäftigungen iSd § 8 I Nr. 1 SGB IV darstellen, kommt es darauf an, ob sie nach § 8 II SGB IV zusammengerechnet werden müssen.

▨ Sehen Sie sich § 8 II 1 SGB IV genau an! Welche Beschäftigungen sind nach dem schwer verständlichen Wortlaut grds. zusammenzurechnen?

▶ Zusammenzurechnen sind mehrere geringfügige Beschäftigungen nach Abs. 1 Nr. 1 *oder* (unterstreichen!) Nr. 2, also nur solche nach Nr. 1 mit weiteren nach Nr. 1 oder aber nach Nr. 2 mit solchen nach Nr. 2. Eine Zusammenrechnung von Beschäftigungen nach Abs. 1 Nr. 1 mit solchen nach Nr. 2 findet nicht statt.

137   Diese Frage spielt für unseren Fall keine Rolle, da H nur Beschäftigungen nach § 8 I Nr. 1 SGB IV ausübt. Aber § 8 II 1 SGB IV enthält noch eine weitere Ausnahme.

▨ Welche geringfügigen Beschäftigungen nach Abs. 1 Nr. 1 können bei der Zusammenrechnung außer Betracht bleiben? (Schauen Sie sich den missglückten Wortlaut ganz genau an, bevor Sie weiterlesen!)

▶ Nicht geringfügige Beschäftigungen müssen (nur) mit geringfügigen Beschäftigungen nach Nr. 1 zusammen gerechnet werden. Dabei wird eine Ausnahme hinsichtlich *einer* (unterstreichen!) – der zuerst aufgenommenen[177] – Beschäftigung nach Nr. 1 gemacht. Werden allerdings mehrere Beschäftigungen bei ein- und demselben Arbeitgeber ausgeübt, handelt es sich sozialversicherungsrechtlich um ein einheitliches Beschäftigungsverhältnis,[178] sodass die Ausnahme ebenfalls nicht greift.

Nach dem Wortlaut des § 8 II SGB IV betrifft die Zusammenrechnung jede Hauptbeschäftigung und grds. alle Versicherungszweige. Die Vorschrift wird jedoch für die einzelnen Versicherungszweige modifiziert: Im Recht der Arbeitsförderung wird generell von einer Zusammenrechnung von geringfügigen Beschäftigungen mit Hauptbeschäftigungen abgesehen (§ 27 II 1 Hs. 2 SGB III). In den anderen Versicherungszweigen erfolgt eine Zusammenrechnung nur mit *versicherungspflichtigen* Hauptbeschäftigungen (§ 7 I 2 SGB V, § 5 II 1 Hs. 2 SGB VI, §§ 1 II 1; 20 SGB XI), dort greift die Zusammenrechnung also insbesondere nicht bei Nebentätigkeiten von Beamten.

▨ Was bedeutet dies für die Lösung von Übungsfall 7?

▶ Da H keine nicht geringfügige Beschäftigung ausübt, sondern mehrere Beschäftigungen, die für sich genommen jeweils § 8 I Nr. 1 SGB IV unterfallen, sind alle drei Beschäftigungen gem. § 8 II SGB IV zusammenzurechnen!

---

177 So zumindest die Auffassung der Sozialversicherungsträger, s. Ziff. 2.2.2.2 der in Fußnote 173 zu Rn. 132 erwähnten Geringfügigkeitsrichtlinien.
178 S. BSGE 55, 1 (2).

Übersicht 14: Geringfügige Beschäftigung   138

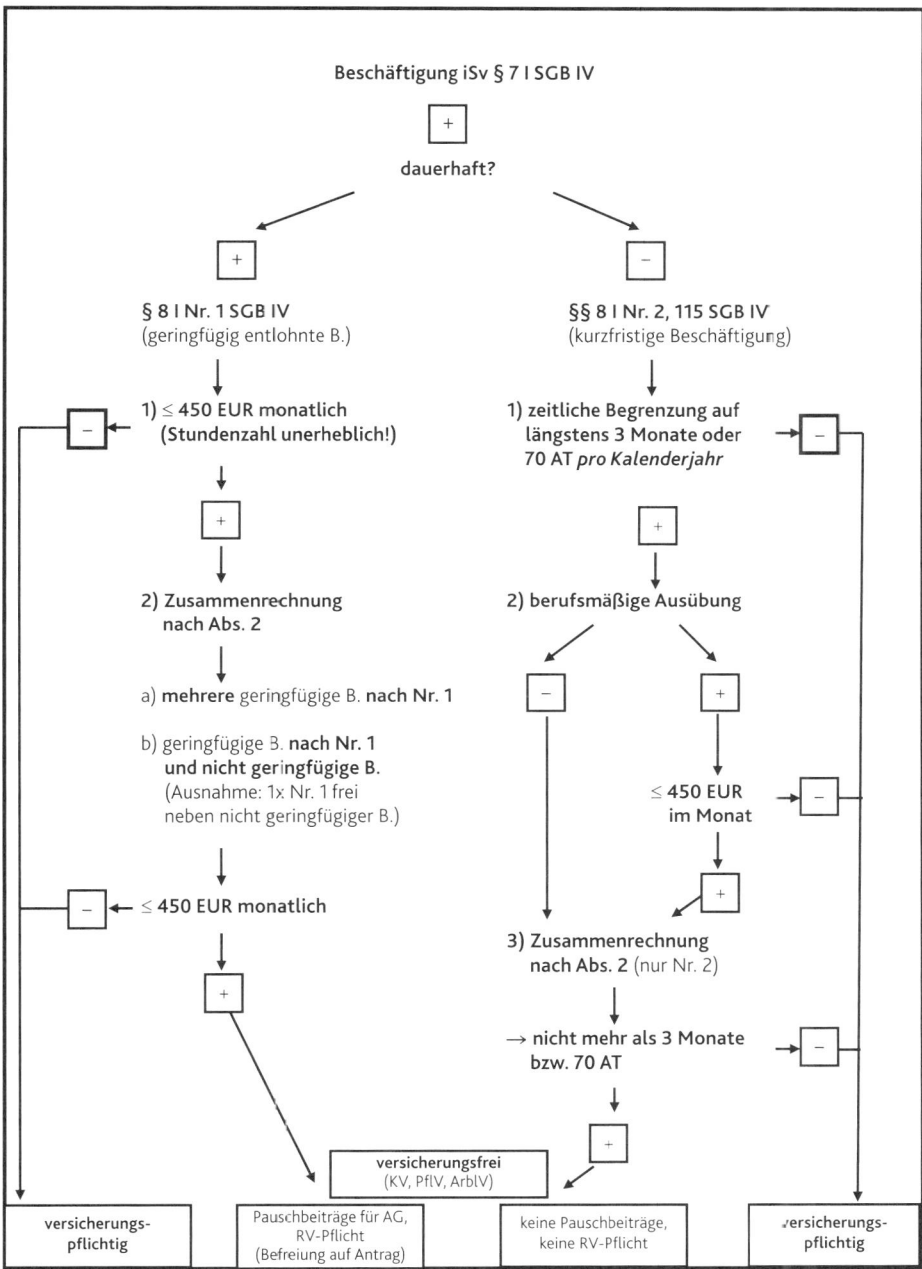

d) Beschäftigung in der Gleitzone (»Midi-Jobs«)

139   H verdient somit 530 EUR monatlich (250 + 100 + 180), sodass nach der Zusammenrechnung keine geringfügige Beschäftigung mehr vorliegt.

- ▦ Wie sind die drei Arbeitsverhältnisse zu behandeln? Überlegen Sie, bevor Sie weiterlesen!
- ▶ *Jede* der drei Beschäftigungen wird durch die Zusammenrechnung vollständig sozialversicherungspflichtig!

Zum Schutz der Arbeitgeber, die nicht immer voneinander wissen, gilt dies jedoch gem. § 8 II 3 SGB IV erst ab Feststellung durch die Sozialversicherungsbehörden. Anders ist dies nur, wenn es ein Arbeitgeber vorsätzlich oder grob fahrlässig versäumt, den Sachverhalt für die versicherungsrechtliche Beurteilung der Beschäftigung aufzuklären (§ 8 II 4 SGB IV), also insbesondere den Beschäftigten nicht nach weiteren Beschäftigungsverhältnissen fragt. Ab der Feststellung hat *jeder* der drei Arbeitgeber – wie bei regulären Beschäftigungsverhältnissen auch – Sozialversicherungsbeiträge zu entrichten! Aber auch H muss in diesem Fall Sozialversicherungsbeiträge (zur gesetzlichen Renten-, Kranken- und Pflegeversicherung sowie nach dem Recht der Arbeitsförderung) tragen. Die *Arbeitnehmer*anteile nähern sich in der sog. *»Gleitzone«* zwischen 450,01 und 850 EUR Monatsverdienst (s. § 20 II SGB IV) allerdings erst mit wachsender Höhe des Verdienstes nach und nach den normalen Beiträgen an.[179]

5. Sozialversicherungsausweis, Meldepflichten des Arbeitgebers

140   Damit den Sozialversicherungsbehörden derartige Mehrfachbeschäftigungen bekannt werden und sie die abzuführenden Beiträge überprüfen können, bestehen bei Beschäftigungsverhältnissen bestimmte Meldepflichten des Arbeitgebers. Der Arbeitgeber hat gem. § 28a I, IX SGB IV der Einzugsstelle (= idR Krankenkasse des Beschäftigten, §§ 28h I 1, 28i SGB IV) für jeden in der Kranken-, Pflege-, Renten- oder Arbeitslosenversicherung kraft Gesetzes Versicherten und für geringfügig Beschäftigte insbesondere bei Beginn und Ende der Beschäftigung sowie einmal jährlich eine Meldung zu erstatten.[180] Deren Inhalt bestimmt sich nach § 28a III SGB IV und muss dem Beschäftigten in Textform (§ 126b BGB) mitgeteilt werden (§ 28a V SGB IV). Die Meldung umfasst unter anderem den Namen sowie die Versicherungsnummer des Beschäftigten (§ 147 SGB VI – lesen!), unter welcher der Rentenversicherungsträger das Versicherungskonto des Beschäftigten (§ 149 SGB VI – lesen Sie zumindest Abs. 1!) führt und in dem sämtliche Versicherungszeiten und Arbeitsentgelte verzeichnet werden. Weitere Einzelheiten dazu regelt die Datenerfassungs- und Über-

---

179 **S. bei Interesse:** §§ 344 IV, 346 Ia SGB III; §§ 226 IV, 249 IV SGB V; §§ 163 X, 168 I Nr. 1d SGB VI; §§ 57 I, 58 V 2 SGB XI. Ein **Gleitzonenrechner** findet sich bei www.vdek.com, Rubrik: Service, Arbeitgeber, Gleitzonenrechner; s. auch zu den weiteren Einzelheiten das dort hinterlegte gemeinsame Rundschreiben des GKV-Spitzenverbands, der DRV Bund sowie der Bundesagentur für Arbeit vom 19.12.2012 zur versicherungs-, beitrags- und melderechtlichen Behandlung von Beschäftigungsverhältnissen in der Gleitzone.

180 In der **gesetzlichen Unfallversicherung** gelten aufgrund ihrer besonderen Gegebenheiten weitere Mitteilungs- und Auskunftspflichten des Unternehmers, s. § 192 SGB VII.

mittlungsverordnung (DEÜV),[181] die Sie nicht kennen müssen, aber von der Sie zumindest gehört haben sollten.

▨ Was meinen Sie: Gilt die Meldepflicht auch bei geringfügigen Beschäftigungen in Privathaushalten, zB bei Beschäftigung einer Reinigungskraft für nur eine Stunde im Monat? (Erst überlegen, dann weiterlesen!)

▶ Da die Zusammenrechnung nach § 8 II auch diese Beschäftigungen umfasst (s. § 8a S. 1 SGB IV), gilt auch hier grds. eine Meldepflicht für den Arbeitgeber. Allerdings kann die Meldung in einem vereinfachten Verfahren mit dem »Haushaltsscheck«[182] (s. § 28a VII und VIII SGB IV) erstattet werden.

Zur Mitteilung der für das Meldeverfahren erforderlichen Angaben ist der Beschäftigte dem Arbeitgeber gem. § 28o I SGB IV verpflichtet. Die Sozialversicherungsnummer kann der Arbeitgeber auch dem Sozialversicherungsausweis entnehmen, der ihm nach § 18h III SGB IV (lesen!) bei Beginn einer Beschäftigung vorzulegen ist. Den Sozialversicherungsausweis stellt gem. § 18h I SGB IV die Datenstelle der Träger der Rentenversicherung aus. Er enthält neben dem Namen insbesondere die amtliche Dokumentation der Versicherungsnummer (s. § 18h II SGB IV).   **141**

Der Sozialversicherungsausweis wurde eingeführt, um unter anderem die Schwarzarbeit effektiver zu bekämpfen. Darum war er bis zum 31.12.2008 bei bestimmten, erfahrungsgemäß besonders schwarzarbeitsanfälligen Beschäftigungen mitzuführen und bei Kontrollen vorzulegen. Seit dem 1.1.2009 sind Arbeitgeber dieser Branchen zu einer elektronischen Sofortmeldung spätestens bei Aufnahme der Beschäftigung verpflichtet (§ 28a IV SGB IV) und ihre Beschäftigten zur Mitführung des Personalausweises (§ 2a SchwarzarbeitsbekämpfungsG), sodass die Daten bei Kontrollen besser abgeglichen werden können.

Abbildung 1: Sozialversicherungsausweis[183]   **142**

Neben den Meldungen nach § 28a SGB IV/DEÜV hatten Arbeitgeber von 2010 bis 2011 monatlich eine weitere Meldung für jeden Beschäftigten gleichzeitig mit der Entgeltabrechnung zu erstatten: Durch den »**elektronischen Entgeltnachweis**« (ELENA) sollten zum 1.1.2012 verschiedene bislang vom Arbeitgeber auf Papier zu

---

181 Aichberger Nr. 10/10; auch abrufbar unter http://www.gesetze-im-internet.de/de_v/index.html.

182 Informationen und Formulare dazu stellen die Rentenversicherungsträger unter www.haushaltsscheck.de im Internet zum Abruf bereit.

183 Quelle: DRV, summa summarum, Sozialversicherungsprüfung im Unternehmen, Auf den Punkt gebracht: Meldungen 2013, 16. S. ferner BAnz 2011, 205 ff.

erteilende Bescheinigungen zum Arbeitslosen-, Wohn- und Elterngeld (§§ 312, 313, 315 III SGB III; § 23 II WoGG; § 2 VII 4 und § 9 BEEG – nur bei Interesse lesen) ersetzt werden. Wegen der geringen Verbreitung und der hohen Kosten der danach zur Beantragung der genannten Sozialleistungen vorgesehenen »qualifizierte Signaturkarte« sowie datenschutzrechtlicher Bedenken[184] musste das in den §§ 95 ff. SGB IV aF geregelte und an das Verfahren nach § 28a SGB IV anknüpfende ELENA-Verfahren Ende 2011 wieder aufgegeben werden.[185]

Das BMAS arbeitet mit dem Projekt »Optimiertes Meldeverfahren in der sozialen Sicherung« (Projekt »OMS«) seit 2012 an einem Nachfolgeverfahren.[186] Zum 1.1.2014 umgesetzt wurde bereits das Verfahren »BEA« (»Bescheinigungen Elektronisch Annehmen«) der Bundesagentur für Arbeit.[187] Danach können die Daten einer Arbeits- oder Nebeneinkommensbescheinigung (§§ 312, 313 SGB III) vom Arbeitgeber nun auch auf elektronischem Weg übermittelt werden (s. § 313a SGB III, § 23c SGB IV).[188]

6. Finanzierung der Sozialversicherung, Gesamtsozialversicherungsbeitrag

a) Überblick

143 Die Mittel der Sozialversicherung einschließlich der Arbeitsförderung werden in erster Linie durch Beiträge der Versicherten und ihrer Arbeitgeber aufgebracht, vgl. § 20 I SGB IV. In seinen Grundzügen ist das Beitragsrecht in den §§ 20, 28d ff. SGB IV normiert, weitere Einzelheiten sind in den besonderen Vorschriften für die einzelnen Versicherungszweige geregelt.[189] Für Beschäftigte sind die Sozialversicherungsbeiträge grds. je zur Hälfte vom Arbeitnehmer und von seinem Arbeitgeber zu tragen.[190] Anders ist dies in der gesetzlichen Unfallversicherung, wo die Beiträge allein durch den Arbeitgeber aufzubringen sind.[191]

▪ Der Grund für diese Sonderregelung in der gesetzlichen Unfallversicherung steht in engem Zusammenhang zur Haftung des Arbeitgebers gegenüber dem Arbeitnehmer bei Arbeitsunfällen, deren Grundregeln Sie möglicherweise aus dem Arbeitsrecht kennen?

---

184 Vor allem mit Blick auf die Entscheidung des BVerfG zur Verfassungswidrigkeit der Vorratsdatenspeicherung, BVerfG Urt. v. 2.3.2010 – 1 BvR 256/08 und andere = BVerfGE 125, 260 ff.

185 Durch das Gesetz zur Änderung des Beherbergungsstatistikgesetzes und des Handelsstatistikgesetzes sowie zur Aufhebung von Vorschriften zum Verfahren des elektronischen Entgeltnachweises v. 23.11.2011, BGBl. I 2298. S. dazu *Schlegel*, Aufhebung des ELENA-Verfahrens ab 3.12.2011, jurisPR-SozR 1/2012 Anm. 1.

186 Das Projekt wurde im Jahr 2014 um ein Jahr verlängert. Der Abschlussbericht von 2013 einschließlich einer Machbarkeitsstudie ist einsehbar unter www.projekt-oms.de.

187 Eingeführt durch Art. 3 und Art. 11 des Gesetzes zur Neuorganisation der bundesunmittelbaren Unfallkassen, zur Änderung des Sozialgerichtsgesetzes und zur Änderung anderer Gesetze (BUK-Neuorganisationsgesetz – BUK-NOG) v. 19.10.2013, BGBl. I 3836.

188 Nähere Informationen dazu unter www.arbeitsagentur.de/web/content/DE/Unternehmen/Sozialversicherung/BEAMeldeverfahren/index.htm. S. ferner bei Interesse *Düwell*, Neues Recht für Arbeitsbescheinigung, jurisPR-ArbR 46/2013 Anm. 1.

189 **S. bei Interesse:** §§ 340 ff. SGB III; 220 ff. SGB V; 275a ff. SGB VI; 150 ff. SGB VII; 54 ff. SGB XI.

190 S. §§ 346 I 1 SGB III; 249 I 1 SGB V; 168 I Nr. 1 SGB VI; 58 I 1 SGB XI.

191 S. § 150 I SGB VII.

▶ Die privatrechtliche Haftung des Arbeitgebers für Körperschäden wird gem. § 104 SGB VII ausgeschlossen.[192] Sie wird ersetzt durch den sozialrechtlichen Versicherungsschutz. Ihr steht eine alleinige Beitragspflicht des Arbeitgebers in der gesetzlichen Unfallversicherung gegenüber.[193]

b) Gesamtsozialversicherungsbeitrag

Die Beiträge zur Arbeitslosen-, Kranken-, Renten- und Pflegeversicherung für Pflichtversicherte werden regelmäßig als *Gesamtsozialversicherungsbeitrag* gezahlt (§ 28d S. 1 und 2 SGB IV – lesen!). Der Arbeitgeber hat ihn zu ermitteln und ist zu seiner Zahlung *allein* verpflichtet (§ 28e I 1 SGB IV), obwohl er den Gesamtsozialversicherungsbeitrag nur zu knapp der Hälfte selbst zu tragen hat! Zur Mitteilung der zur Beitragsberechnung und -zahlung erforderlichen Angaben ist der Beschäftigte dem Arbeitgeber gem. § 28o I SGB IV verpflichtet. Der Arbeitgeber hat gegen den Beschäftigten einen Anspruch auf den von ihm zu tragenden Anteil des Gesamtsozialversicherungsbeitrags. Diesen kann er aber nur durch Abzug vom Arbeitsentgelt im sog. *Lohnabzugsverfahren* geltend machen, wobei unterbliebene Abzüge grds. nicht nachgeholt werden können (§ 28g SGB IV – ganz lesen und »nur« in Satz 2 unterstreichen!). Dass der vom Beschäftigten zu tragende und vom Arbeitgeber einzubehaltende Anteil am Gesamtsozialversicherungsbeitrag dem Vermögen des Beschäftigten zugehörig ist, stellt das Gesetz nun ausdrücklich klar (§ 28e I 2 SGB IV).[194]

144

Der Arbeitgeber hat also die Arbeitnehmeranteile des Gesamtsozialversicherungsbeitrags einzubehalten und zusammen mit seinem Anteil an die *Einzugsstelle* zu zahlen (§ 28h I 1 SGB IV). Zuständige Einzugsstelle für den Gesamtsozialversicherungsbeitrag ist die Krankenkasse, bei der der betreffende Arbeitnehmer versichert ist (s. § 28i S. 1 SGB IV). Bei geringfügigen Beschäftigungen ist die Minijobzentrale bei der Deutschen Rentenversicherung Knappschaft-Bahn-See (in der die frühere Bundesknappschaft aufging) die zuständige Einzugsstelle,[195] s. § 28i S. 5 SGB IV. Die Einzugsstelle leitet die zur Pflegeversicherung, Rentenversicherung und Bundesagentur für Arbeit gezahlten Beiträge an die jeweils zuständigen Träger sowie Krankenversicherungsbeiträge an den Gesundheitsfonds (→ Rn. 218) weiter (§ 28k I 1 SGB IV). Die Fälligkeit der Beiträge regelt § 23 SGB IV. Da sich der Gesamtsozialversicherungsbeitrag nach dem Arbeitsentgelt bemisst, wird er spätestens am drittletzten Bankarbeitstag des jeweiligen Monats der Arbeitsleistung fällig (§ 23 I 2 Hs. 1 SGB IV – nur zur Erinnerung: alle Vorschriften lesen!). Diese verschärfte Fälligkeitsregelung gilt seit dem 1.1.2006[196] und soll – durch Zinsgewinne – zu Mehreinnahmen der Sozialversicherung führen.

145

---

192 S. zB *Wörlen/Kokemoor* ArbR Rn. 183 ff.

193 **→ Rn. 245.**

194 Dies hat zur Folge, dass der Arbeitnehmeranteil der **Insolvenzanfechtung** (§§ 129 ff. InsO) regelmäßig nicht mehr zugänglich ist.

195 Die Minijobzentrale bei der Deutsche Rentenversicherung Knappschaft-Bahn-See ist auch für die **Erhebung der Pauschsteuer** bei geringfügig Beschäftigten (→ Rn. 134) zuständig, die sie zusammen mit den Sozialversicherungsbeiträgen beim Arbeitgeber einziehen kann (s. § 40a VI 1, 6 EStG).

196 S. Gesetz zur Änderung des Vierten und Sechsten Buches Sozialgesetzbuch v. 3.8.2005, BGBl. I 2269.

146 Übersicht 15: Beitragserhebung[197]

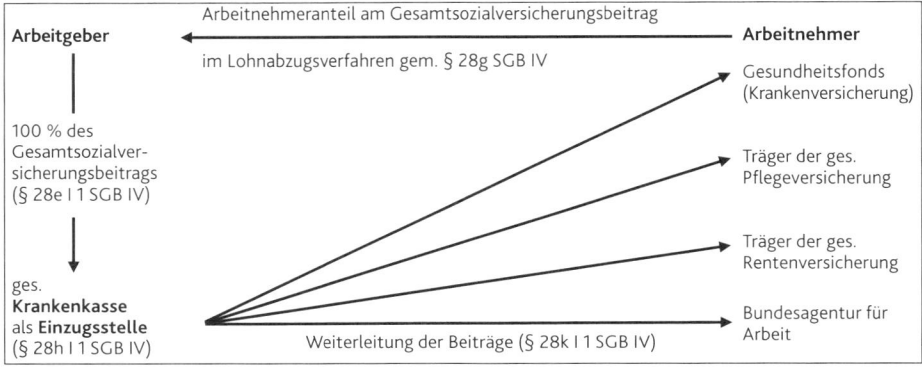

c) **Beitragssätze, Beitragsbemessungs- und Jahresarbeitsentgeltgrenze**

147 Grds. besteht in der Sozialversicherung bei Versicherungspflicht auch Beitragspflicht. Der Beitrag wird – außer in der gesetzlichen Unfallversicherung, dazu sogleich – jeweils in Höhe eines bestimmten Prozentsatzes (*Beitragssatz*) von der Beitragsbemessungsgrundlage erhoben. *Beitragsbemessungsgrundlage* sind die beitragspflichtigen Einnahmen des Versicherten, die bis zur *Beitragsbemessungsgrenze* berücksichtigt werden (s. § 341 I, III 1 SGB III; § 223 II 1 und III SGB V; § 157 SGB VI; § 54 II SGB XI – es genügt, wenn Sie *eine* dieser Vorschriften lesen!). Auf Einnahmen, die die Beitragsbemessungsgrenze übersteigen, sind daher grds. keine Beiträge zu entrichten. Neben der Beitragsbemessungsgrenze als Obergrenze, bis zu der Einnahmen bei der Beitragsberechnung zu berücksichtigen sind, kennen (nur) die gesetzliche Krankenversicherung sowie die daran anknüpfende Pflegeversicherung eine Jahresarbeitsentgeltgrenze (= *Versicherungspflichtgrenze*), ab der keine Versicherungspflicht mehr besteht (vgl. § 6 I Nr. 1 iVm Abs. VI, VII SGB V). In diesen Fällen kann also frei entschieden werden, ob eine Absicherung des Krankheits- und des Pflegefallrisikos durch freiwillige Weiterversicherung in der gesetzlichen Kranken- und Pflegeversicherung oder durch entsprechende Privatversicherungen erfolgen soll.

148 Den Beitragssatz zur Krankenversicherung legte früher jede Krankenkasse in ihrer Satzung eigenständig fest. Seit dem 1.1.2009 ist ein einheitlicher Beitragssatz für alle Kassen verbindlich (15,5% seit 1.1.2011; s. § 241 SGB V).[198] Die Beitragssätze zur gesetzlichen Kranken-, Pflege-, Renten- und Arbeitslosenversicherung gelten damit grds. bundeseinheitlich.[199] Der Beitragssatz zur Arbeitsförderung (3,0% seit 1.1.2011)

197 In Anlehnung an *Steckler*, Kompendium Arbeitsrecht und Sozialversicherung, 2. Aufl. 1992, 273.

198 Er wird zum **1.1.2015** auf **14,6%** sinken, wobei die sich ergebende Finanzierungslücke durch **kassenindividuelle einkommensabhängige Zusatzbeiträge** geschlossen werden muss, s. §§ 241, 242 SGB V idF des GKV-Finanzstruktur- und Qualitäts-Weiterentwicklungsgesetzes (GKV-FQWG) v. 21.7.2014, BGBl. I 1133.

199 Zum **abweichenden** Pflegeversicherungsbeitrag in **Sachsen** → Rn. 241.

und in der gesetzlichen Pflegeversicherung (2,05% seit 1.1.2013)[200] ist gesetzlich geregelt (s. § 341 II SGB III; § 55 I SGB XI), der Beitragssatz in der gesetzlichen Rentenversicherung (18,9% seit 1.1.2013) wird durch Rechtsverordnung festgelegt (§ 160 Nr. 1 SGB VI). Die Beiträge werden von den Beschäftigten und ihren Arbeitgebern regelmäßig je zur Hälfte getragen.

Der in der gesetzlichen Krankenversicherung von den Mitgliedern allein zu tragende Beitragsanteil iHv 0,9% (§ 249 I 1 SGB V) wird zum 1.1.2015 entfallen.[201] Einen von der gewählten Krankenkasse eventuell erhobenen Zusatzbeitrag (s. § 242 SGB V) sowie den Beitragszuschlag iHv 0,25% für Kinderlose in der Pflegeversicherung (§§ 55 III 1; 58 I 3 SGB XI) müssen die Mitglieder auch weiterhin ohne Arbeitgeberbeteiligung allein tragen.

Die Beitragsbemessungsgrenzen sind in der Kranken- und Pflegeversicherung einerseits und in der Renten- und Arbeitslosenversicherung andererseits unterschiedlich hoch. Die Beitragsbemessungsgrenzen der gesetzlichen Renten- und Krankenversicherung werden jährlich durch Rechtsverordnung[202] bestimmt (§§ 159, 160 Nr. 2 SGB VI; § 223 III iVm § 6 VII iVm VI 4 SGB V – diese Vorschriften müssen Sie *nicht* unbedingt lesen). Kraft gesetzlicher Verweisung gilt die Beitragsbemessungsgrenze der gesetzlichen Rentenversicherung auch für die Arbeitslosenversicherung (§ 341 IV SGB III) und die der Krankenversicherung auch für die Pflegeversicherung (§ 55 II SGB XI). 149

Übersicht 16: Beitragssätze, Beitragsbemessungsgrenzen und Versicherungspflichtgrenze 2014 150

	Beitragssatz	Beitragsbemessungsgrenze			
		alte Bundesländer		Abweichungen neue Bundesländer:	
		pro Monat	pro Jahr	pro Monat	pro Jahr
RV	18,9%	5.950 EUR	71.400 EUR	5.000 EUR	60.000 EUR
ArblV	3%	5.950 EUR	71.400 EUR	5.000 EUR	60.000 EUR
KV	15,5% (0,9% davon tragen AN allein)	4.050 EUR	48.600 EUR	(wie alte Bundesländer)	
PflV	2,05% (+ 0,25% Zuschlag für Kinderlose)	4.050 EUR	48.600 EUR		

Jahresarbeitsentgeltgrenze (= Versicherungspflichtgrenze) in der Krankenversicherung

KV/PflV		4.462,50 EUR	53.550 EUR	(wie alte Bundesländer)	

---

200 Geplant ist, den Beitragssatz zum **1.1.2015** um **0,3%** und in einer weiteren Stufe wohl zum 1.1.2017 um **weitere 0,2% zu erhöhen**, s. § 55 I SGB XI-E im Entwurf der Bundesregierung für ein Fünftes SGB XI-Änderungsgesetz (5. SGB XI-ÄndG), BT-Drs. 18/1793.

201 S. § 249 SGB V idF des GKV-FQWG v. 21.7.2014, BGBl. I 1133.

202 S. Verordnung über maßgebende Rechengrößen der Sozialversicherung für 2014, Aichberger 6/60a ff.; auch abzurufen unter www.gesetze-im-internet.de/Teilliste_S.html.

d) Beitragsbemessungsgrundlage

151 Beitragsbemessungsgrundlage sind die jeweils beitragspflichtigen Einnahmen, bei versicherungspflichtig Beschäftigten insbesondere das Arbeitsentgelt (s. § 342 SGB III; § 226 I Nr. 1 SGB V; § 162 Nr. 1 SGB VI; § 57 I SGB XI – lesen Sie zumindest eine der genannten Vorschriften!). Nähere Bestimmungen zum Arbeitsentgelt enthält § 14 SGB IV. Danach sind alle laufenden oder einmaligen Einnahmen aus einer Beschäftigung Arbeitsentgelt, gleichgültig, ob ein Rechtsanspruch auf die Einnahmen besteht, unter welcher Bezeichnung oder in welcher Form sie geleistet werden und ob sie unmittelbar aus der Beschäftigung oder im Zusammenhang mit ihr erzielt werden. Freiwillige, auch nur einmal gewährte Zulagen gehören damit ebenso zum Arbeitsentgelt wie Sachbezüge. Der Wert von Sachbezügen (freie oder verbilligte Verpflegung, Unterkunft usw) bestimmt sich nach den §§ 2, 3 der Sozialversicherungsentgeltverordnung (SvEV).[203]

152 Grundsätzlich entspricht das Arbeitsentgelt iSd § 14 SGB IV dem zu versteuernden Einkommen aus nichtselbstständiger Tätigkeit nach dem EStG. Steuerfreie Aufwandsentschädigungen (zB Erstattung von Spesen anlässlich einer Dienstreise durch den Arbeitgeber) und die in § 3 Nr. 26, 26a EStG genannten steuerfreien Einnahmen (insbes. die sog. Übungsleiterpauschale für Einnahmen aus nebenberuflichen Tätigkeiten als Übungsleiter, Ausbilder, Erzieher, Betreuer usw bis zu einer Höhe von insgesamt 2.400 EUR im Jahr sowie die sog. Ehrenamtspauschale von 720 EUR)[204] gelten nicht als Arbeitsentgelt, s. § 14 I 3 SGB IV. Auf der »elektronischen Lohnsteuerkarte«[205] eingetragene Freibeträge mindern das sozialversicherungsrechtliche Arbeitsentgelt nicht. Weitere Einzelheiten regelt § 1 SvEV.

153 Der wichtigste Unterschied zum Steuerrecht ergibt sich aus den §§ 22 I, 23 I SGB IV (*jetzt* noch *nicht* lesen!).

▨ Vielleicht haben Sie sich schon mit dem Einkommensteuerrecht befasst. Dann könnten Sie wissen, ab welchem Zeitpunkt Einkünfte im steuerrechtlichen Sinne als bezogen anzusehen sind und damit steuerpflichtig werden?

▶ Im Steuerrecht gilt das **Zuflussprinzip**, wonach Einnahmen als bezogen angesehen werden, wenn sie dem Steuerpflichtigen zugeflossen sind. Sie unterliegen ab diesem Zeitpunkt der Steuerpflicht, vgl. § 11 I 1 EStG.

▨ Schauen Sie sich nun § 22 I 1 und § 23 I 2 SGB IV an! Welcher Zeitpunkt ist danach für den Beitragsanspruch entscheidend?

▶ Der Zeitpunkt des Entstehens eines Lohnanspruchs (sog. **Entstehungsprinzip**)! Nur bei einmalig gezahltem Arbeitsentgelt (= Weihnachtsgeld, Urlaubsgeld, s. § 23a I SGB IV) kommt es ausnahmsweise auf die Auszahlung an (§ 22 I 2 SGB IV).

---

203 Verordnung über die sozialversicherungsrechtliche Beurteilung von Zuwendungen des Arbeitgebers als Arbeitsentgelt (SvEV), Aichberger Nr. 4/10; auch abrufbar unter http://www.gesetze-im-internet.de/svev/.

204 Rückwirkend zum 1.1.2013 angehoben durch das Gesetz zur Stärkung des Ehrenamtes v. 21.3.2013, BGBl. I 556.

205 Die frühere Lohnsteuerkarte wurde mit dem Jahresbeginn 2013 durch ein elektronisches Verfahren ersetzt. Die Angaben zu Steuerklasse, Kindern, Freibeträgen und Kirchensteuerabzug werden seitdem als »**Elektronische LohnSteuerAbzugsMerkmale**« (ELStAM) in einer Datenbank bei der Finanzverwaltung **zum elektronischen Abruf für die Arbeitgeber** bereitgestellt.

Abschließend sollen die mit dem Gesamtsozialversicherungsbeitrag und der Beitragsberechnung und -erhebung in »Normalfällen« zusammenhängenden Fragen anhand eines Beispielsfalles durchgerechnet werden. Es geht um die Berechnung der Sozialversicherungsbeiträge für den Monat April 2014 bei einem (recht gut verdienenden!) 33-jährigen verheirateten, kinderlosen, evangelischen Arbeitnehmer, der in Thüringen wohnt und arbeitet. Sein Bruttolohn beträgt 4.100 EUR monatlich. Decken Sie die rechten beiden Spalten in der folgenden Übersicht ab und versuchen Sie, die einschlägigen Werte zusammenzutragen (mithilfe der Übersicht 16 bei → Rn. 150) und sodann den Gesamtsozialversicherungsbeitrag und den vom Arbeitnehmer zu tragenden Anteil konkret zu berechnen! **154**

Übersicht 17: Beispielrechnung Lohnabrechnung (Thüringen, 2014)

Abrechnungszeitraum		April 2014
Arbeitsentgelt		4.100 EUR brutto
Beiträge zur...		
Renten- und Arbeitslosenversicherung	**18,9% RV** **3% ArblV** BBG: 5.000 EUR (alte L.: 5.950 EUR)	**21,90% x 4.100 EUR** **= 897,90 EUR**
Kranken- und Pflegeversicherung	**14,6% KV** (15,5% ./. 0,9%) **2,05% PflV** BBG: 4.050 EUR	**16,65% x 4.050 EUR** **= 674,33 EUR**
Vom AN allein zu tragender Beitragsanteil (Krankenversicherung)	0,9%	**0,9% x 4.050 EUR** **= 36,45 EUR**
Beitragszuschlag für Kinderlose (Pflegevers.)	0,25%	**0,25% x 4.050 EUR** **= 10,13 EUR**
Gesamtsozialversicherungsbeitrag	**897,90 + 674,33 + 36,45 + 10,13 EUR**	(**1.618,81 EUR**)
Arbeitnehmeranteil	**– ½ x (897,90 + 674,33) EUR** **– 1 x 36,45 EUR** **– 1 x 10,13 EUR**	– 786,12 EUR – 36,45 EUR – 10,13 EUR – 832,70 EUR
Steuer (III/0 – Lohnsteuerklasse III, kein Kinderfreibetrag): **LSt/KiSt/Soli**	**463,83 + 41,74 + 25,51 EUR**	– 531,08 EUR
Nettoarbeitsentgelt		2.736,22 EUR

e) Besonderheiten der gesetzlichen Unfallversicherung

Die Beiträge zur gesetzlichen Unfallversicherung sind nicht Teil des Gesamtsozialversicherungsbeitrags. Aufgrund von zwei Besonderheiten im Vergleich zu den anderen Zweigen der Sozialversicherung erscheint eine isolierte Erhebung angebracht. **155**

▓ Eine dieser Besonderheiten hatten wir bereits angesprochen. Erinnern Sie sich?
▷ Falls nicht: S. Fußnote[206]!

---

206 Infolge der Ersetzung der privatrechtlichen Unternehmerhaftung durch den Versicherungsschutz werden die **Beiträge allein** (dh ohne Arbeitnehmerbeteiligung) **durch die Unternehmer aufgebracht**, die Versicherte beschäftigen und/oder selbst versichert sind.

Ein zweiter bedeutsamer Unterschied zu den anderen Zweigen der Sozialversicherung ergibt sich dadurch, dass die Beitragsbemessung in der gesetzlichen Unfallversicherung deutlicher am versicherten Risiko ausgerichtet ist, da sie auch von der *Unfallgefahr* im versicherten Betrieb beeinflusst wird.

156 Gem. § 153 I SGB VII sind neben dem Finanzbedarf der jeweiligen Berufsgenossenschaft (= Träger der gesetzlichen Unfallversicherung) und den Arbeitsentgelten der Versicherten sog. *Gefahrklassen* Berechnungsgrundlagen für die Beiträge. Die Arbeitsentgelte (§ 14 SGB IV) sind nur bis zum Höchstjahresarbeitsverdienst zu berücksichtigen, ein Mindestjahresarbeitsverdienst kann durch Satzung festgelegt werden (§ 153 II und III SGB VII). Der Höchstjahresarbeitsverdienst beträgt gem. § 85 II 1 SGB VII das Zweifache der maßgeblichen Bezugsgröße gem. § 18 I SGB IV; die meisten Berufsgenossenschaften machen jedoch von der Möglichkeit gem. § 85 II 2 SGB VII Gebrauch und sehen in ihren Satzungen einen höheren Wert vor. Dennoch sollten wir uns bei dieser Gelegenheit zumindest kurz mit der **Bezugsgröße** gem. § 18 I SGB IV beschäftigen, auf die auch bei anderen sozialrechtlichen Regelungen zurückgegriffen wird: Sie bemisst sich nach dem Durchschnittsentgelt der Versicherten in der gesetzlichen Rentenversicherung im vorvergangenen Kalenderjahr und beträgt 33.180 EUR für das Jahr 2014 (dies entspricht 2.765 EUR pro Monat) in den alten Bundesländern und 28.140 EUR pro Jahr (2.345 EUR pro Monat) in den neuen Bundesländern.[207]

157 Die Gefahrklassen werden im sog. **Gefahrtarif** als autonomes Satzungsrecht der jeweiligen Berufsgenossenschaft festgesetzt und dienen der gerechten Abstufung der Beiträge nach dem *Grad der Unfallgefahr* (vgl. § 157 I SGB VII). Dabei werden idR Gewerbezweige mit ähnlichem Risiko zu Gefahrgemeinschaften zusammengefasst (Gewerbezweigprinzip)[208], die gemeinsam eine Tarifstelle (§ 157 II SGB VII) mit je einer einheitlichen Gefahrklasse bilden. Die Gefahrklasse gibt den Grad der Unfallgefahr im jeweiligen Gewerbezweig an (§ 157 III SGB VII) und geht als Multiplikator in die Beitragsberechnung ein. Der individuelle Beitrag eines Unternehmens ergibt sich gem. § 167 I SGB VII durch Multiplikation der zu berücksichtigenden Arbeitsentgelte mit der jeweiligen Gefahrklasse sowie dem sog. Beitragsfuß, einer Rechengröße, die aus den umzulegenden Aufwendungen der jeweiligen Berufsgenossenschaft resultiert (vgl. § 167 II SGB VII).[209]

---

207 S. § 2 der Verordnung über maßgebende Rechengrößen der Sozialversicherung für 2014, Aichberger 6/60a ff.; auch abzurufen unter www.gesetze-im-internet.de/Teilliste_S.html.

208 Eine Ausnahme wird häufig insbes. hinsichtlich der Bürotätigkeiten gemacht, denen vielfach eine eigene Gefahrklasse unabhängig vom Gewerbezweig zugeordnet wird (Tätigkeitsprinzip), s. *Ost/Mohr/Estelmann* SozR 169.

209 Allgemein zum Gefahrtarif und den Beiträgen in der ges. UV *P. Becker* BG 2004, 528 ff.; speziell zur Tarifstellenbildung *Heldmann* BG 2007, 36 ff. Zum Gestaltungsspielraum einer BG bei der Tarifstellenbildung s. BSG Urt. v. 11.4.2013 – B 2 U 4/12 R = BeckRS 2013, 70751 und B 2 U 8/12 R = BeckRS 2013, 70582.

Abbildung 2: Auszug aus einem Gefahrtarif (Gefahrklassenzuordnung)   158

24. Gefahrtarif der BG Verkehr

für den Zuständigkeitsbereich der ehemaligen BG für Fahrzeughaltungen
gültig für die Berechnung der Beiträge ab 1.1.2011

Gefahrtarifstelle	Gewerbszweige	Gefahrklasse
550	**Güterverkehr** (Transport von Gütern aller Art mit Kfz und Anhängern) **Kraftwagenspedition** (Versendung von Gütern für Rechnung eines anderen im eigenen Namen) **Abschleppdienst** (Bergung und Abschleppen von Kfz aller Art mit Spezialfahrzeugen) **Autokranunternehmen** (Transporte und Arbeiten aller Art mit Auto- und Mobilkranen und Hubsteigern) **Kfz-Überführung** (Überführung von Kfz aller Art auf eigener Achse einschl. Transfermanagement)	10,29
515	**Postdienste, Transportlogistik** (Mobile und stationäre Post- und Briefdienste, Fahrradkuriere; Transportlogistik oder Fahrtätigkeit)	1,64
570	**Möbelspedition einschl. Logistik** (Versendung von Umzügen, Handelsmöbeln, medizintechn. Geräten, EDV-Anlagen, Kunstgegenständen, Messe-/Ausstellungsgut in Spezialfahrzeugen einschl. Lagerung und für die funktionsfähige Übergabe erforderliche Dienstleistungen)	5,51
551	**Entsorgungswirtschaft** (Einsammlung und Transport von Abfällen mit Umleerbehältern, Wechselbehältern und anderen Transportbehältnissen sowie von flüssigen und/oder gefährlichen Abfällen mit Spezialfahrzeugen oder Spezialbehältern, Kanalreinigung und -dienstleistung, Straßenreinigung einschl. Winterdienst, Abfallbehandlung/-vermarktung, Industriereinigung, Abwasserreinigung)	5,98
520	**Omnibusunternehmen** (Personenbeförderung aller Art mit Omnibussen mit mehr als 9 Sitzplätzen, Kleinwegebahnen) **Schüler-/Behindertenbeförderung** (von den Vorschriften des Personenbeförderungsgesetzes befreite Beförderung von Schülern und Behinderten mit Pkw und Kleinbussen bis 9 Sitzplätze und Behindertentransportkraftwagen) **Krankentransport / Rettungsdienst** (Krankentransport nach den Vorschriften des jeweiligen Rettungsdienstgesetzes mit Krankenkraftwagen, Rettungsdienst, Spenderorgan-Transporte) **Geld- und Werttransport** (Beförderung von Geld und Wertgegenständen mit gepanzerten Geldtransportpostfahrzeugen) **Fahrschule** (praktische und theoretische Ausbildung und Nachschulung von Kraftfahrern, Fahrsicherheitstraining, Verkehrsübungsplätze u.ä. Einrichtungen) **Autovermietung** (Vermietung von Kfz aller Art an Selbstfahrer) **Autohof** (Station des Straßengüterverkehrs mit Serviceeinrichtungen für Fahrer und Fahrzeuge) **Autowäsche/-pflege** (Autowaschanlagen, Waschen und Pflegen von Kfz aller Art) **Garage, Parkhaus** (gewerbsmäßige Unterbringung von Kfz in Garagen und Parkhäusern und auf Parkplätzen) **Bootshaus, Bootsvermietung** (gewerbsmäßige Unterbringung von Booten in Bootshäusern, Vermietung unbemannter Ruder-, Paddel-, Segel-, Tret- und Motorboote) **Bestattungsunternehmen** (Ausführung von Bestattungen und Überführungen) **Private Kfz-Haltung** (Halten von Kfz für ausschl. private Zwecke)	3,30
530	**Taxenunternehmen** (Personenbeförderung mit Pkw im Rahmen der erteilten Taxi-Genehmigung) **Mietwagenunternehmen** (Personenbeförderung mit Pkw im Rahmen der erteilten Mietwagen-Genehmigung, Liegemietwagen, genehmigungsfreie Personenbeförderung, Schwertransportbegleitung, Autolotse, Chauffeur- und Limousinendienst)	6,60
700	**Reittier-, Gespann-, Stallhaltung** (Verleih von Reittieren, Reitschule, Kutschfahrten, gewerbsmäßige Unterbringung von Reittieren einschl. Fütterung und Pflege) **Private Reittierhaltung** (Halten von Reittieren für ausschl. private Zwecke)	24,26
740	**Luftfahrtunternehmen** (Luftfahrtunternehmen aller Art, Linien-, Charter- und Bedarfsluftverkehr, Schädlingsbekämpfung, Landvermessung, Luftbildflüge, Vermietung von Luftfahrzeugen, private Luftfahrzeughaltung) **Fliegerschule** (praktische und theoretische Ausbildung von Flugschülern in Fliegerschulen, Segel- und Drachenfliegerschulen usw.) **Flughafen, Flugplatz** (Betrieb und Unterhaltung von Flughäfen und Flugplätzen) **Bodendienste für Luftfahrtunternehmen** (Bodendienste einschl. Versorgung und Reinigung, Wartung und Reparatur - Werften -, Abfertigungsdienst und Kundenbetreuung auf dem Flughafen und in Stadtbüros usw)	1,11
800	**Fähren** (Beförderung von Personen und Fahrzeugen im Pendel- und Linienverkehr auf festgelegten Routen) **Bordwirtschaften, Wassersportschulen** (Bewirtung von Gästen an Bord von Fähren und Personenschiffen, praktische und theoretische Ausbildung von Wassersportschülern)	5,32
820	**Personenschifffahrt** (Beförderung von Personen an Bord von Fahrgastschiffen, Kabinenschiffen, Hotelschiffen und sonstigen Wasserfahrzeugen, die zur Personenbeförderung zugelassen sind, soweit es sich nicht um Fähren handelt, Überführung von Personenschiffen) **Schiffsbefestigung** (Schiffsbefestigung durch Festmacherbetriebe)	11,56
830	**Güterschifffahrt** (Betrieb und Unterhaltung von Güterschiffen, Tankschiffen, Motor- und Dampfschleppern, Schubverbänden, Last- und Schleppbarkassen, Proviantbooten sowie Ewerführerei, Abfallentsorgung mit Binnenschiffen, Überführung von Güterschiffen, Baggerei mit Saug-, Eimerketter- und Greifbaggern und Spülern zur Erhaltung der Schiffbarkeit der Schifffahrtswege) **Taucher- und Bergungsunternehmen, Schiffsleichterungen, Flusskabelverlegung, Schiffs- und Schiffstankreinigung** (Tauch- und Bergungsarbeiten, Verlegung von Flusskabeln, Reinigungsarbeiten an Schiffen und in Schiffstankräumen)	21,92

159 Schauen Sie sich jetzt den bei → Rn. 158 in Auszügen abgedruckten Gefahrtarif der Berufsgenossenschaft für Transport und Verkehrswirtschaft (BG Verkehr)[210] an!

▦ Angenommen, Sie wollten ein Unternehmen gründen: Wonach richtet sich die Einordnung in den abgedruckten Gefahrtarif?

▶ Da der Tarif nach Gewerbezweigen gegliedert ist, bestimmt sich die Zuordnung zu einer Tarifstelle und der ihr zugeordneten Gefahrklasse innerhalb des Gefahrtarifs danach, welchem Gewerbezweig das Unternehmen zuzuordnen ist.

▦ Würden Sie also einen Pkw-Express-Kurierdienst für Güter aller Art betreiben, wäre dieser zu welcher Gefahrklasse zu veranlagen (s. § 159 I 1 SGB VII)?

▶ Richtig, der Veranlagungsbescheid wird eine Zuordnung zu Gefahrklasse 10,29 (Tarifstelle 550 – Güterverkehr) anordnen. Wegen der unterschiedlichen Risikolage nehmen viele Gefahrtarife dabei aber Personen aus, die ausschließlich kaufmännische und verwaltende Arbeiten zu erledigen haben und erfassen diese gesondert. Der hier vorliegende Gefahrtarif sieht eine solche Möglichkeit nicht (mehr) vor, weil es zu Zuordnungsschwierigkeiten der Entgelte innerhalb der Unternehmen gekommen war.

▦ Und zu welcher Gefahrklasse wäre ein Spezialkurierdienst für Spenderorgan-Transporte zu veranlagen?

▶ Derartige Unternehmen sind hier unter der Bezeichnung »Krankentransport/ Rettungsdienst« in Tarifstelle 520 erfasst und werden zu Gefahrklasse 3,30 herangezogen.

160 Dem Veranlagungsbescheid (= Verwaltungsakt iSv § 31 SGB X), der die Zuordnung zu einer Gefahrtarifstelle vornimmt, hat idR ein Beitragsbescheid (= Verwaltungsakt iSv § 31 SGB X) nachzufolgen (s. § 168 I SGB VII). Er kann endgültig erst ergehen, wenn alle Daten eines abgelaufenen Jahres vorliegen. Im Vorhinein wird dem Unternehmer daher bereits ein Vorauszahlungsbescheid (s. § 164 I SGB VII – lesen!) zugehen und er aufgrund dessen schon nach Aufnahme des Betriebs Vorauszahlungen zu leisten haben. Sofern Sie sich schon einmal mit dem Steuerrecht befasst haben, wird Ihnen diese Fülle von Bescheiden vertraut sein: Auch dort gibt es Vorauszahlungsbescheide sowie eine gesonderte Feststellung von Besteuerungsgrundlagen (s. §§ 179 f. AO), die dem Steuerfestsetzungsbescheid (s. § 155 AO) vorhergehen.

▦ Welche Aussage lässt sich zum Verhältnis der Höhe der Unfallversicherungsbeiträge eines Pkw-Express-Kurierdienstes für Güter aller Art und eines Spezialkurierdienstes für Spenderorgan-Transporte (→ Rn. 159) bei gleicher Lohnsumme allein anhand der Angaben zu → Rn. 159 treffen? (Lesen Sie ggf. nochmals → Rn. 156 f.!)

▶ Da die Gefahrklasse als Multiplikator in die Beitragsberechnung einfließt, werden die Unfallversicherungsbeiträge (und Vorauszahlungen) bei einem Kurierdienst für Güter aller Art regelmäßig mehr als dreimal höher ausfallen als bei einem Spezialkurierdienst für Spenderorgan-Transporte!

Da die Gefahrklassen aus dem Verhältnis der gezahlten Leistungen zu den Arbeitsentgelten berechnet werden (§ 157 III SGB VII – nochmal lesen!), fallen bei gleicher

---

210 Die Berufsgenossenschaft für Transport und Verkehrswirtschaft und die Unfallkasse Post und Telekom werden zum 1.1.2016 in die neu errichtete Berufsgenossenschaft Verkehrswirtschaft Post-Logistik Telekommunikation eingegliedert, s. Art. 2 §§ 1, 2 BUK-Neuorganisationsgesetz (BUK-NOG) v. 19.10.2013, BGBl. I 3836 (3838).

Lohnsumme in Gefahrtarifstelle 700 (insbes. Reittier-, Gespann-, Stallhaltung) mehr als zwanzigmal höhere Aufwendungen für Unfallversicherungsleistungen an als in Gefahrtarifstelle 740 (Luftfahrtunternehmen usw)! Dieser unterschiedlichen Unfallgefahr (gemessen an den dafür aufzuwendenden Leistungen) trägt der Gefahrtarif durch entsprechend höhere Beiträge Rechnung.

f) Auskunftspflicht der Unternehmer, Beitragsüberwachung und Prüfungen

Im Hinblick auf die Beitragsentrichtung hat der Arbeitgeber auf Verlangen über alle **161** Tatsachen Auskunft zu erteilen, die für die Erhebung der Beiträge notwendig sind und auf Verlangen die Geschäftsbücher, Listen oder andere Unterlagen, aus denen die Angaben über die Beschäftigung hervorgehen, vorzulegen (§ 98 I 2 ff. SGB X). Die Träger der Rentenversicherung prüfen mindestens alle vier Jahre bei den Arbeitgebern, ob diese ihre Meldepflichten und ihre sonstigen Pflichten im Zusammenhang mit dem Gesamtsozialversicherungsbeitrag ordnungsgemäß erfüllen (§ 28p I 1 SGB IV). Die **Betriebsprüfung** erstreckt sich auch auf Lohnunterlagen der Beschäftigten, für die Beiträge nicht gezahlt wurden (§ 28p I 4 SGB IV). Die Vorschriften gelten für die Auskunftspflicht der Unternehmer und die Beitragsüberwachung in der gesetzlichen Unfallversicherung entsprechend mit der Maßgabe, dass sich die Auskunfts- und Vorlagepflicht der Unternehmer und die Prüfungs- und Überwachungsbefugnis der Unfallversicherungsträger auch auf Angaben und Unterlagen über die betrieblichen Verhältnisse erstreckt, die für die Veranlagung der Unternehmen und für die Zuordnung der Entgelte der Versicherten zu den Gefahrklassen erforderlich sind (§ 166 I SGB VII – alle genannten Vorschriften lesen!). Seit dem 1.1.2010 umfasst die Betriebsprüfung durch die Träger der Rentenversicherung nach § 28p SGB IV auch die unfallversicherungsrechtliche Prüfung nach § 166 I SGB VII, s. § 166 II 1 SGB VII.

7. Träger und Organisation der Sozialversicherung

Dass die Träger der Sozialversicherung (Versicherungsträger) rechtsfähige Körper- **162** schaften des öffentlichen Rechts mit Selbstverwaltung sind (s. § 29 I SGB IV), hatten wir bereits festgestellt (→ Rn. 118). Ebenfalls mehrfach erwähnt wurden die verschiedenen Zweige der Sozialversicherung (s. insbes. → Rn. 113). Daher wird Ihnen bewusst sein, dass die Sozialversicherung weder rechtlich noch organisatorisch eine Einheit darstellt, sondern dass sie sich in fünf Versicherungszweige gliedert, innerhalb derer verschiedene Versicherungsträger mit unterschiedlichen sachlichen oder örtlichen Zuständigkeiten tätig werden. Anders ist dies nur in der Arbeitslosenversicherung, für die allein die Bundesagentur für Arbeit zuständig ist (s. §§ 367 ff. SGB III). Nach zahlreichen Fusionen in den letzten Jahren, insbesondere unter den Krankenkassen und den Berufsgenossenschaften, existierten zum Jahresbeginn 2014 noch 186 Sozialversicherungsträger,[211] davon 132 gesetzliche Krankenkassen.[212]

---

211 *Leopold* WzS 2014, 14.
212 S. www.gkv-spitzenverband.de/krankenversicherung/krankenversicherung_grundprinzipien/ alle_gesetzlichen_krankenkassen/alle_gesetzlichen_krankenkassen.jsp.

8. Fallbearbeitung im Sozialversicherungsrecht

163 Sozialversicherungsrechtliche Anspruchsklausuren bilden häufig einen Schwerpunkt der sozialrechtlichen Examensklausuren. Dies gilt gleichermaßen für die juristischen Schwerpunktprüfungen wie auch für die Abschlussprüfungen der wirtschafts- oder sozialrechtlichen Studiengänge. Die Fragestellung geht zumeist dahin, dass ganz allgemein die sozialversicherungsrechtlichen Ansprüche einer Person zu klären sind; die Fallfrage könnte dann etwa lauten:»Hat X Anspruch auf Leistungen aus der gesetzlichen Sozialversicherung?«. Zum Teil wird aber auch nur nach Ansprüchen aus einem oder mehreren Sozialversicherungszweigen gefragt (zB:»Welche Leistungen der gesetzlichen Krankenversicherung kann Y beanspruchen?«).[213]

164 Da das Sozialversicherungsrecht zum öffentlichen Recht gehört, können Sie die Fallprüfung (fast) genau so aufbauen, wie Sie es möglicherweise aus dem öffentlichen Recht gewohnt sind. Sie müssen dann die einschlägigen Rechts- bzw. hier Anspruchsgrundlagen suchen und nacheinander folgendermaßen prüfen:[214]

Übersicht 18: Allgemeiner öffentlich-rechtlicher Prüfungsaufbau (Leistungsansprüche)

I. Rechts-/Anspruchsgrundlage
II. Formelle Voraussetzungen der Leistungsgewährung (insbes. Antrag)
II. Materielle Voraussetzungen der Leistungsgewährung

Gegen wen der Anspruch zu richten ist (richtiger Anspruchsgegner), muss sodann in einem vierten Schritt ermittelt werden (dieser Prüfungspunkt kann auch vorgezogen werden). Die materiellen Voraussetzungen der meisten Sozialversicherungsleistungen lassen sich wiederum für alle Sozialversicherungszweige nach einem einheitlichen Schema abhandeln:

Übersicht 19: Materielle Voraussetzungen der Sozialversicherungsansprüche

1. Gehört der Anspruchsteller zum versicherten Personenkreis dieses Versicherungszweigs?
2. Liegt ein Versicherungsfall vor?
3. Liegen die ggf. geforderten weiteren Leistungsvoraussetzungen vor, sind insbesondere erforderliche Mindestversicherungszeiten erfüllt?

165 Da zumeist mehrere Sozialversicherungsleistungen in Betracht kommen, bietet es sich zur Vermeidung von Wiederholungen an, die Prüfung zum versicherten Personenkreis sowie zum Versicherungsfall vor die Klammer zu ziehen und zuerst abzuhandeln. Da die einzelnen Leistungen zudem gesonderte Anträge erfordern können, ist es ratsam, das formelle Kriterium der Antragstellung im Zusammenhang mit der jeweiligen Leistung zu erörtern; andere formelle Anforderungen sind verhältnismäßig selten zu prüfen und dann idR ebenfalls hier einzuflechten. Insgesamt ergibt sich dadurch ein relativ leicht zu merkendes Prüfungsschema, mit sich die sozialversicherungsrechtlichen Anspruchsklausuren in allen Versicherungszweigen lösen lassen:[215]

---

213 S. *Gitter/Schmitt* SozR § 6 Rn. 2 f.; *Schnapp/Schmitt* Übungen SozR Teil 1 III.
214 Vgl. *Muckel/Ogorek* SozR 6. Teil Rn. 5.
215 Vgl. *Gitter/Schmitt* SozR § 6 Rn. 3; *Schnapp/Schmitt* Übungen SozR Teil 1 III.

Übersicht 20: Sozialversicherungsrechtliches Anspruchsschema

---

1. **Versicherter Personenkreis**

   Gehört der Anspruchssteller zum versicherten Personenkreis des jeweiligen Versicherungszweigs?

2. **Versicherungsfall**

   Liegt ein Versicherungsfall iSd jeweiligen Versicherungszweigs vor?

3. **Leistungen und besondere Leistungsvoraussetzungen**

   a) Welche Sozialversicherungsleistungen können möglicherweise in Anspruch genommen werden? (= Rechts-/Anspruchsgrundlagen)

   b) Ist die Leistungsgewährung ggf. von weiteren Voraussetzungen abhängig, insbesondere von bestimmten Mindestversicherungszeiten?

   c) Antragserfordernis

4. **Zuständiger Leistungsträger**

Das vorstehende Aufbauschema wird bei der Darstellung der einzelnen Versiche- **166**
rungszweige in diesem Buch zugrunde gelegt. Für welchen Aufbau Sie sich entscheiden, bleibt Ihnen freigestellt. Vergessen Sie aber in keinem Fall, klar zu verstehen
zu geben, was Sie prüfen! Stets muss der Prüfung ein *Obersatz* vorangestellt werden,
der (im Konjunktiv) die Bedingungen benennt, unter denen die Fallfrage positiv zu
beantworten ist.[216] Dieser muss also zumindest etwa folgendermaßen lauten: »X
könnte Anspruch auf Leistungen aus der gesetzlichen Unfallversicherung haben,
wenn er zum versicherten Personenkreis der gesetzlichen Unfallversicherung gehörte, einen Versicherungsfall iSd § 7 I SGB VII erlitten hätte und die übrigen Voraussetzungen für Leistungen aus der gesetzlichen Unfallversicherung erfüllt wären.« Wenn
die Prüfung relativ klar nur auf eine bestimmte Leistung gerichtet ist, muss der Obersatz die Voraussetzungen für genau diese Leistung sowie die Anspruchsgrundlage natürlich konkret benennen.

Wenn mehrere Personen Ansprüche geltend machen, empfiehlt es sich bei beiden An- **167**
sätzen in der Regel, das Prüfungsschema jeweils nach Personen getrennt und für jede
Person gesondert zu durchlaufen.[217] Dass Ansprüche aus unterschiedlichen Versicherungszweigen wegen der regelmäßig unterschiedlichen Voraussetzungen ebenfalls eine gesonderte Prüfung erfordern, ergibt sich von selbst. Denken Sie bitte stets daran,
dass *Aufbaufragen* in den meisten Punkten *nicht zwingend* sind und dass ein Aufbauschema in allen unproblematischen Punkten nicht immer schriftlich abgearbeitet
werden muss! Auch sollten Sie sich nicht sklavisch an ein solches Schema binden,
sondern gelegentlich durchaus den Mut haben, davon abzuweichen: Denn Aufbaufragen sind zu einem erheblichen Teil stets Fragen der *sinnvollen Darstellung* im Einzelfall.[218]

---

216 Auf die besondere Bedeutung, die der Formulierung der Fallfrage und des Obersatzes zu-
   kommt, weisen deshalb insbes. *Eichenhofer/Janda*, Klausurenkurs im Sozialrecht, 8. Aufl. 2014,
   Rn. 5 nachdrücklich hin.
217 *Gitter/Schmitt* SozR § 6 Rn. 3 in Fn. 2.
218 S. *Muckel/Ogorek* SozR 6. Teil Rn. 4.

II. Gesetzliche Krankenversicherung – SGB V

1. Einführung

168 Krankheit ist eines der typischen Lebensrisiken, die erhebliche finanzielle Aufwendungen und Einbußen verursachen können, welche die Leistungsfähigkeit des Einzelnen schnell übersteigen. Nahezu alle Bürger sind deshalb in irgendeiner Form dagegen abgesichert. Der ganz überwiegende Teil der Bevölkerung der Bundesrepublik, nämlich knapp 90% oder fast 71 Millionen,[219] ist in der gesetzlichen Krankenversicherung versichert. Seit dem GKV-Wettbewerbsstärkungsgesetz vom 26.3.2007[220] sind hier auch grds. alle Personen versicherungspflichtig, die keinen anderweitigen Anspruch auf Absicherung im Krankheitsfall haben (§ 5 I Nr. 13 SGB V). Die Kosten der Vorsorge gegen das Risiko Krankheit sind enorm und wachsen seit Jahrzehnten schneller als die Löhne und Gehälter, aus denen sie vornehmlich finanziert werden. Dies führte einerseits zu einem relativ steten Anstieg der Beitragssätze und andererseits dazu, dass sich das Krankenversicherungsrecht beständig in der Reform befindet.

169

> **Übungsfall 8**
>
> V ist 30 Jahre alt und seit zehn Jahren für einen Monatslohn von zuletzt 1.900 EUR als Verkäuferin angestellt. Als sie beim Frühjahrsputz waghalsig von einem Stuhl aus das Küchenfenster ihrer Wohnung putzen will, entsteht Durchzug und V verliert das Gleichgewicht. Im Sturz reißt sie unglücklicherweise einen Topf mit kochendem Wasser vom Herd und erleidet dadurch schwere Verbrennungen sowie Prellungen. Um eine Infektion der offenen Wunden zu vermeiden, hält es der herbeigerufene Hausarzt für medizinisch zwingend notwendig, V mit dem Krankenwagen in das städtische Krankenhaus bringen zu lassen, das die Entscheidung bestätigt. V kann das Krankenhaus nach einer Woche wieder verlassen. Bis zur vollständigen Wundheilung muss sie jegliche Anstrengung vermeiden und weitere zwei Wochen täglich zum Wechseln des Verbands ihren Hausarzt aufsuchen, der ihr auch ein Schmerzmittel verschreibt. Nach drei Wochen kann sie wieder arbeiten.
> V rechnet mit erheblichen Kosten, weil sie den Unfall leichtsinnig selbst herbeigeführt hat. Sie möchte wissen, ob und in welchem Umfang die Techniker-Krankenkasse (TK) als ihre gesetzliche Krankenkasse für die durch den Sturz ausgelösten Maßnahmen aufkommen muss.

170 Da die Fallfrage nur auf Ansprüche gegen eine bestimmte gesetzliche Krankenkasse gerichtet ist, können wir die anderen Versicherungszweige völlig ausblenden (obwohl V einen »Unfall« erlitten hat, kommen Leistungen der gesetzlichen Unfallversicherung nicht in Betracht, da weder ein *Arbeits*unfall noch eine *Berufs*krankheit iSd §§ 7 I, 8, 9 SGB VII vorliegt).

▓ Welchen Obersatz könnten Sie Ihrer Falllösung voranstellen? Überlegen Sie!

▶ Die TK müsste die erbrachten Leistungen tragen, wenn V darauf Anspruch hätte. Dies wäre der Fall, wenn V in der gesetzlichen Krankenversicherung versichert ist, einen Versicherungsfall iSd Krankenversicherungsrechts erlitten hat, die erbrachten Leistungen zum Leistungskatalog der gesetzlichen Krankenversicherung gehören, ggf. darüber hinaus geforderte weitere Leistungsvoraussetzungen erfüllt sind und die TK für die Leistungserbringung zuständig ist.

171 In welchem Gesetzbuch das Recht der gesetzlichen Krankenversicherung vornehmlich geregelt ist, hatten wir bereits mehrfach erwähnt.

---

219 Vgl. BMG, Bundesgesundheitsministerium, Daten des Gesundheitswesens 2013, Tabelle 8.1.
220 BGBl. I 378.

▨ Wissen Sie noch, um welches es sich handelt?

▷ Die Antwort gibt Fußnote[221].

Daneben bestehen besondere Vorschriften über die Krankenversicherung der Landwirte[222] und der Künstler und Publizisten[223], auf die hier nicht weiter eingegangen wird.

2. Versicherter Personenkreis

a) Pflichtversicherte

Die gesetzliche Krankenversicherung folgt – ebenso wie die anderen Sozialversicherungszweige – dem Prinzip der Versicherungspflicht. Das heißt, es ergibt sich auch ohne Antrag oder Vertragsschluss grds. unmittelbar aus dem Gesetz (§ 5 SGB V), wer in diesem Versicherungszweig versichert ist. Die Mitgliedschaft in der gesetzlichen Krankenversicherung – und damit auch der Versicherungsschutz – beginnt grds., sobald die tatbestandlichen Voraussetzungen des Versicherungspflichttatbestandes vorliegen und endet, wenn diese wieder entfallen (s. im Einzelnen §§ 186, 190 SGB V mit Ausnahmen in den §§ 192 f. SGB V – lesen Sie zumindest die §§ 186 I, 190 II, 192 SGB V). Nach dem Ende der Mitgliedschaft besteht Anspruch auf Leistungen für längstens einen Monat (§ 19 II, III SGB V).[224]   **172**

In Übungsfall 8 wäre V in der gesetzlichen Krankenversicherung insbesondere dann versichert, wenn sie zum versicherungspflichtigen Personenkreis dieses Versicherungszweigs gehörte.   **173**

▨ Überfliegen Sie nochmals kurz die gesamten Regelungen des § 5 I SGB V! Nach welcher Nummer könnte V hier versicherungspflichtig sein?

▷ Die Antwort wird Ihnen nicht schwer fallen, zur Kontrolle finden Sie sie auch in Fußnote[225].

Wichtigster Anknüpfungspunkt ist also auch hier eine abhängige, entgeltliche Beschäftigung oder Ausbildung (§ 5 I Nr. 1 SGB V).

▨ Wo das Gesetz den Begriff der Beschäftigung genauer definiert, haben Sie bereits erfahren.

▷ Dies ist geregelt in § …[226].

Darüber hinaus besteht gem. § 5 I SGB V Versicherungspflicht unter anderem für die Bezieher von Arbeitslosengeld, Landwirte, Künstler, Studierende an staatlichen oder staatlich anerkannten Hochschulen, Praktikanten sowie behinderte Menschen in bestimmten Werkstätten oder Einrichtungen.

b) Versicherungsfreiheit

Besser verdienende Arbeitnehmer, deren regelmäßiges Jahresarbeitsentgelt die Jahresarbeitsentgeltgrenze nach § 6 VI oder VII SGB V übersteigt, sind gem. § 6 I Nr. 1   **174**

---

221 **Um das SGB V!**
222 Geregelt im Zweiten Gesetz über die Krankenversicherung der Landwirte (KVLG 1989).
223 Geregelt im Künstlersozialversicherungsgesetz (KSVG). Das KSVG wurde jüngst reformiert durch das Gesetz zur Stabilisierung des Künstlersozialabgabesatzes v. 30.7.2014, BGBl. I 1311.
224 Instruktiv dazu BSG Urt. v. 10.5.2012 – B 1 KR 19/11 R = BSGE 111, 9 ff.
225 **Als Angestellte gegen Entgelt ist V versicherungspflichtig gem. § 5 I Nr. 1 SGB V.**
226 **§ 7 I SGB IV.**

SGB V kraft Gesetzes versicherungsfrei. Für das Jahr 2014 liegt diese Versicherungspflichtgrenze bei 53.550 EUR, was einem Monatseinkommen von 4.462,50 EUR entspricht – wir hatten dies oben (→ Rn. 147, → Rn. 150) bereits angesprochen. Für diesen Personenkreis – zu dem V mit einem Monatslohn von 1.900 EUR nicht gehört – endet die Versicherungspflicht gem. § 6 IV SGB V mit Ablauf des Kalenderjahres, in dem die Entgeltgrenze überschritten wird. Der Gesetzgeber geht davon aus, dass Besserverdienende aufgrund ihres Einkommens in der Lage sind, selbst für den Krankheitsfall vorzusorgen. Sie müssen allerdings innerhalb von zwei Wochen nach Hinweis der Krankenkasse über die Austrittsmöglichkeiten ihren *Austritt* erklären,[227] ansonsten setzt sich die Versicherung als *freiwillige Mitgliedschaft* (→ Rn. 177) fort, § 188 IV SGB V (lesen und § 188 IV neben § 6 IV SGB V notieren!).

175 Bestimmte Personengruppen, die bereits auf andere Weise ausreichend gegen das Risiko einer Erkrankung geschützt sind (insbes. Beamte, Richter und Soldaten), werden kraft Gesetzes und unabhängig von ihrem Einkommen von der Versicherungspflicht in der gesetzlichen Krankenversicherung ausgenommen (§ 6 I Nr. 2 und Nrn. 4–8 SGB V). Versicherungsfreiheit kraft Gesetzes besteht ferner für geringfügig Beschäftigte (s. § 7 SGB V) und Werkstudenten (§ 6 I Nr. 3 SGB V). Werkstudenten sind vom Erscheinungsbild her keine typischen Arbeitnehmer, sondern in erster Linie Studierende. Bei einer Beschäftigung während des Semesters von regelmäßig nicht mehr als 20 Stunden wöchentlich geht die Rechtsprechung davon aus, dass diese Tätigkeit dem Studium untergeordnet ist, weil Zeit und Arbeitskraft überwiegend durch das Studium in Anspruch genommen werden.[228]

176 Personen, die in der Vergangenheit nicht versicherungspflichtig waren, nun aber versicherungspflichtig werden, können auf Antrag durch Verwaltungsakt von der Versicherungspflicht befreit werden (§ 8 I SGB V). Der Antrag ist innerhalb von drei Monaten nach Beginn der Versicherungspflicht bei der Krankenkasse zu stellen (§ 8 II 1 SGB V). Er ist rechtlich als einseitige empfangsbedürftige öffentlich-rechtliche Willenserklärung aufzufassen, auf die die Vorschriften des BGB über Willenserklärungen (insbes. § 130 BGB) entsprechend angewendet werden können.[229] Die Befreiung wirkt grds. zurück auf den Zeitpunkt des Eintritts der Versicherungspflicht und ist unwiderruflich (§ 8 II 2 und 3 SGB V – alle Vorschriften lesen!).

c) Freiwillige Versicherung

177 (Nur) die in § 9 I SGB V genannten Personen können der gesetzlichen Krankenversicherung freiwillig beitreten. Auch die Beitrittserklärung ist eine einseitige empfangsbedürftige öffentlich-rechtliche Willenserklärung. Sie muss innerhalb von drei Monaten (§ 9 II SGB V) schriftlich (§ 188 III SGB V) erklärt werden (notieren Sie in Ihrer Textsammlung § 188 III neben § 9 II SGB V!). Bei zuvor pflicht- oder familienversicherten Personen, deren Versicherung endet (→ Rn. 174), setzt sich die Versicherung allerdings automatisch als freiwillige Mitgliedschaft fort, sofern diese

---

227 Geändert zum 1.8.2013 durch das Gesetz zur Beseitigung sozialer Überforderung bei Beitragsschulden in der Krankenversicherung v. 15.7.2013, BGBl. I 2423.
228 Vgl. BSGE 71, 144 (145) mwN.
229 Vgl. *Gitter/Schmitt* SozR § 8 Rn. 34.

nicht innerhalb von zwei Wochen ihren *Austritt* erklären, § 188 IV SGB V (ebenfalls neben § 9 II SGB V vermerken!).[230]

Die Möglichkeit einer freiwilligen Versicherung begünstigt vor allem Personen, die zuvor in der gesetzlichen Krankenversicherung versichert waren. Insbesondere Personen, die wegen bestehender Erkrankungen nicht oder nur zu sehr ungünstigen Bedingungen bei einer privaten Krankenversicherung Schutz finden würden, machen von dieser Option Gebrauch. Auch für Familien ist die gesetzliche Krankenversicherung (finanziell) oft attraktiver als eine private Krankenversicherung.

d) Familienversicherung

Die gesetzliche Krankenversicherung ist für Familien zumeist attraktiver, weil über **178** sie als Element des sozialen Ausgleichs speziell der Ehegatte und die Kinder von Mitgliedern unter gewissen Voraussetzungen beitragsfrei mitversichert werden (§ 10 SGB V – lesen Sie Abs. 1 S. 1 sowie Abs. 2 der Vorschrift!). Aus der Mitgliedschaft des Stammversicherten folgen – an deren Beginn und Ende gekoppelte – selbstständige Versicherungsverhältnisse der Familienmitglieder, die eigenständige Leistungsansprüche begründen.

- Lesen Sie nochmals § 10 I 1 SGB V! Erstreckt sich die Familienversicherung auch auf Partner einer nichtehelichen Lebensgemeinschaft? Überlegen Sie!
- Nein! Mit »Lebenspartner« sind nur gleichgeschlechtliche Partner einer eingetragenen Partnerschaft nach dem Lebenspartnerschaftsgesetz (LPartG) gemeint, deren Lebenspartnerschaft in einem der Eheschließung ähnlichen Verfahren (§ 1 LPartG) geschlossen wurde (§ 33b SGB I – neben § 10 notieren!).

3. Versicherungsfälle

a) Überblick

Um Leistungen aus der gesetzlichen Krankenversicherung beanspruchen zu können, **179** müsste V weiterhin einen Versicherungsfall iSd Krankenversicherungsrechts erlitten haben. Nur Leistungen zur Verhütung und Früherkennung von Krankheiten (→ Rn. 187 ff.) erhalten Versicherte auch dann, wenn noch kein Versicherungsfall vorliegt: Dies leuchtet ein, denn diese Leistungen sollen vorbeugen helfen, damit es nicht zu dem Versicherungsfall Krankheit kommt!

b) Krankheit

Der bedeutendste Versicherungsfall der gesetzlichen Krankenversicherung, die Krank- **180** heit, ist gesetzlich nicht definiert. Rechtsprechung und Lehre verstehen unter einer Krankheit iSd Krankenversicherungsrechts einen regelwidrigen Körper- oder Geisteszustand, der Behandlungsbedürftigkeit und/oder Arbeitsunfähigkeit zur Folge hat.[231] Bei der Beantwortung der Frage, ob eine Regelwidrigkeit vorliegt, orientiert man sich

---

230 Geändert zum 1.8.2013 durch das Gesetz zur Beseitigung sozialer Überforderung bei Beitragsschulden in der Krankenversicherung v. 15.7.2013, BGBl. I 2423.
231 S. zB BSGE 13, 134 (136); 28, 114 (115); 35, 10 (12).

am »Leitbild eines gesunden Menschen«.[232] Es geht also darum, ob die in dem jeweiligen Lebensalter »normalen« Körper- und Geistesfunktionen mehr als nur unerheblich beeinträchtigt sind.

▨ Was meinen Sie, kommen eine Schwangerschaft oder typische Altersbeschwerden wie zB zunehmende Vergesslichkeit als Krankheit in diesem Sinne in Betracht? Überlegen Sie, bevor Sie weiterlesen!

▶ Soweit die Beschwerden das übliche und für den Betroffenen erträgliche Maß nicht übersteigen, handelt es sich in beiden Fällen um »Normalzustände« und nicht um eine Krankheit.[233]

Als »regelwidrig« wurden von der Rechtsprechung zB angesehen:[234]

- Suchterkrankungen (insbes. Alkohol- oder Drogensucht),
- psychische Krankheiten (unter anderem Depressionen, Neurosen),
- Kiefer- und Zahnstellungsanomalien,
- Legasthenie (= Schreib-Leseschwäche).

181 Der regelwidrige Zustand muss weiterhin zu Behandlungsbedürftigkeit oder zu Arbeitsunfähigkeit oder zu beidem führen. Damit orientiert sich der Krankheitsbegriff an den Leistungen der gesetzlichen Krankenversicherung bei Krankheit, da diese nur für die Behandlung der Krankheit (s. §§ 27 ff. SGB V) und als Ausgleich für den dadurch eingetretenen Einkommensverlust (Krankengeld gem. §§ 44 ff. SGB V) erbracht werden. **Behandlungsbedürftigkeit** ist gegeben, wenn zur Wiederherstellung der körperlichen oder geistigen Funktionen ärztliche Hilfe notwendig ist und wenn der regelwidrige Zustand vor dem Hintergrund des in § 27 I 1 SGB V normierten Behandlungsziels (Erkennung, Heilung, Linderung, Verhinderung der Verschlimmerung der Krankheitsbeschwerden) *behandlungsfähig* ist.[235] Unheilbare Krankheiten sind daher zumindest im Hinblick auf eine Schmerzlinderung auch bei bereits im Sterben befindlichen Menschen noch behandlungsfähig und -bedürftig, ein leichter »Kater« oder eine einfache Erkältung hingegen nicht, weil sich diese Körperzustände auch ohne ärztliche Hilfe in kurzer Zeit wieder normalisieren.[236]

In unserem Fall sind die Prellungen und schweren Verbrennungen der V regelwidrige Körperzustände, da der Körper eines gesunden Menschen insoweit unversehrt ist. Sie sind auch behandlungsbedürftig und behandlungsfähig, weil zur Heilung und Schmerzlinderung sowie zur Verhinderung der Verschlimmerung der Krankheitsbeschwerden ärztliche Hilfe erforderlich ist.

182 **Arbeitsunfähigkeit** liegt vor, wenn der Betroffene seiner bisher ausgeübten Erwerbstätigkeit nicht oder nur unter der Gefahr der Verschlimmerung seines Zustandes nachgehen kann. Bei der bisher ausgeübten Tätigkeit ist auf die zuletzt konkret ausgeübte Tätigkeit abzustellen. Kann der Versicherte diese Tätigkeit zwar nicht mehr, wohl aber eine ähnliche oder gleichartige Tätigkeit ausüben, ist er nicht arbeitsunfähig. Im Rahmen eines bestehenden Arbeitsverhältnisses muss ihm in diesem Fall allerdings – vom Direktionsrecht des Arbeitgebers gedeckt – vorübergehend ein ent-

---

232 S. zB BSGE 26, 240 (242); 59, 119 (121).
233 Vgl. zB *Gitter/Schmitt* SozR § 9 Rn. 33 mwN; *Waltermann* SozR Rn. 173.
234 Vgl. die Darstellung der Rspr. bei *Muckel/Ogorek* SozR § 8 Rn. 89; *Eichenhofer* SozR Rn. 365.
235 Vgl. *Waltermann* SozR Rn. 174 ff.; *Gitter/Schmitt* SozR § 9 Rn. 35 ff.
236 *Muckel/Ogorek* SozR § 8 Rn. 92.

sprechender Arbeitsplatz zugewiesen werden (Beispiel: Sekretärin mit Sehnenscheidenentzündung kann vorübergehend als Empfangsdame eingesetzt werden).[237]

Hier konnte V ihrer Tätigkeit als Verkäuferin während ihres Krankenhausaufenthalts eine Woche gar nicht und die zwei Wochen danach allenfalls unter der Gefahr der Verschlimmerung ihres Zustandes nachgehen. Ihr regelwidriger Körperzustand führte daher sowohl zu Behandlungsbedürftigkeit als auch zu Arbeitsunfähigkeit. Der Versicherungsfall der Krankheit lag damit in den gesamten hier zu untersuchenden drei Wochen vor.

Übersicht 21: Krankheitsbegriff in der gesetzlichen Krankenversicherung   183

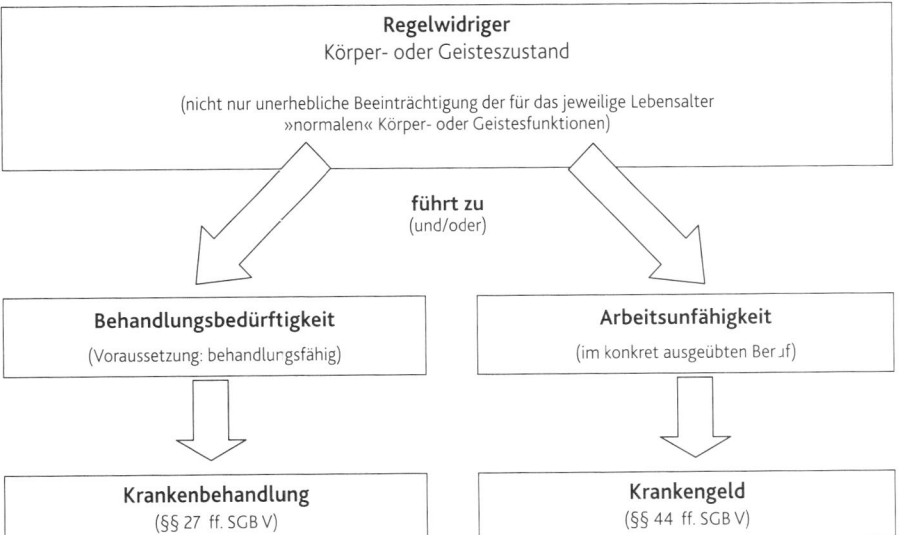

c) Schwangerschaft und Mutterschaft

Schwangerschaft und Mutterschaft sind nach dem bisher Gesagten grds. keine   184
Krankheiten im sozialrechtlichen Sinn. Sie erfordern aber auch bei komplikationslosem Verlauf ähnliche Maßnahmen wie sie bei Krankheiten zu erbringen sind, zB ärztliche Beobachtung, Untersuchung und gegebenenfalls Behandlung, und führen zudem ebenfalls zeitweise zu Verdiensteinbußen. Daher stellen sie eigenständige Versicherungsfälle dar (vgl. § 21 I Nr. 3 SGB I; §§ 11 I Nr. 1, 24c ff. SGB V).[238]

4. Leistungen und besondere Leistungsvoraussetzungen

a) Überblick

Einen Überblick über die Leistungen der gesetzlichen Krankenversicherung geben   185
§ 21 I SGB I und § 11 I–IV SGB V; beide Vorschriften sind keine Anspruchsgrund-

---

237 S. *Gitter/Schmitt* SozR § 9 Rn. 39; *Muckel/Ogorek* SozR § 8 Rn. 93 f.
238 *Waltermann* SozR Rn. 188; *Gitter/Schmitt* SozR § 9 Rn. 70.

lagen. Insbesondere gehören zu den Leistungen der gesetzlichen Krankenversicherung solche zur Verhütung und zur Früherkennung von Krankheiten sowie bei Krankheit. Die eigentlichen Anspruchsgrundlagen finden sich in den §§ 20 ff. SGB V. Sind Leistungen als Folge eines *Arbeitsunfalls* oder einer *Berufskrankheit* im Sinne der gesetzlichen Unfallversicherung zu erbringen, besteht auf sie kein Anspruch nach Krankenversicherungsrecht (§ 11 V SGB V). Die Ursache einer Krankheit ist für das Krankenversicherungsrecht sonst unerheblich. Nur wenn sich Versicherte eine Krankheit *vorsätzlich* oder bei von ihnen selbst begangenen *Verbrechen* oder *vorsätzlichen Vergehen* zuziehen, steht es im Ermessen der Krankenkasse, sie an den Kosten der Leistungen zu beteiligen und das Krankengeld ganz oder teilweise zu versagen oder zurückzufordern (§ 52 I SGB V); ist die Krankheit Folge einer Schönheitsoperation oder wurde sie durch eine Tätowierung oder durch Piercing ausgelöst, *muss* die Kasse sogar eine entsprechende Entscheidung treffen (§ 52 II SGB V).

Dass V hier ihren Unfall *fahrlässig* selbst verschuldet hat, bleibt damit ohne Folgen in der gesetzlichen Krankenversicherung.

186 Den allgemeinen Teil des Leistungsrechts bilden die §§ 12–19 SGB V, die zugleich die zentralen *Grundsätze des Leistungsrechts* festlegen. Der bedeutendste Grundsatz für die Leistungen der gesetzlichen Krankenversicherung ist das **Wirtschaftlichkeitsgebot** (§§ 2 IV; 12 I SGB V), nach dem die Leistungen ausreichend, zweckmäßig und wirtschaftlich sein müssen und das Maß des Notwendigen nicht überschreiten dürfen. Anders als in der privaten Krankenversicherung, die nach dem Kostenerstattungsprinzip arbeitet, gilt in der gesetzlichen Krankenversicherung der sog. **Sachleistungsgrundsatz** (§ 11 SGB I; §§ 2 II 1; 13 I SGB V). Die Krankenkassen haben danach die erforderlichen[239] medizinischen Leistungen prinzipiell als Sach- oder Dienstleistungen zur Verfügung zu stellen. Dazu bedienen sie sich verschiedener Leistungserbringer (zB Krankenhäuser, Ärzte), mit denen Verträge geschlossen werden (§§ 2 II 3; 69 ff. SGB V). Seit dem 1.1.2004 können alle Versicherten anstelle der Erbringung von Sachleistungen ein Kostenerstattungsverfahren wählen, wodurch sich allerdings grds. keine Erweiterung des Leistungsspektrums ergibt (§ 13 II 1, 8 und 10 SGB V – zur Erinnerung: alle Vorschriften lesen!).

b) Leistungen zur Verhütung und Früherkennung von Krankheiten

187 Leistungen zur Verhütung und Früherkennung von Krankheiten werden erbracht, bevor bzw. ohne dass der Versicherungsfall »Krankheit« eingetreten ist. Führt eine Untersuchung in diesem Rahmen zu dem Ergebnis, dass bereits eine Krankheit vorliegt, schließen sich fast immer Krankenbehandlungsleistungen an.

188 Leistungen zur **Verhütung von Krankheiten** und zur **Vorsorge** sind in den §§ 20–24 SGB V geregelt. Insbesondere vor dem Hintergrund der Zunahme der chroni-

---

239 Bei lebensbedrohlichen Erkrankungen kann sich bei **grundrechtsorientierter Auslegung** auch ein Anspruch auf **neue** und von der »Schulmedizin« nicht anerkannte **Untersuchungs- und Behandlungsmethoden** oder – speziell bei Krebserkrankungen oder Kindern – auf Verordnung an sich nicht zugelassener Medikamente (sog. »off-label use«) ergeben, s. **§ 2 Ia SGB V** sowie dazu BVerfG Beschl. v. 26.2.2013 – 1 BvR 2045/12 = BeckRS 2013, 48282; grundlegend BVerfG Beschl. v. 6.12.2005 – 1 BvR 347/98 = BVerfGE 115, 25 ff. (»**Nikolausbeschluss**«). S. dazu *Nimis*, Leistungspflicht der gesetzlichen Krankenkassen für neue Behandlungsmethoden – 8 Jahre Nikolausentscheidung des BVerfG KrV 2013, 229 ff.

schen und zumeist zivilisationstypischen Krankheiten (Herz- und Kreislauferkran-
kungen, rheumatische Erkrankungen, Krebs uÄ) kommt der Vermeidung und dem
frühzeitigen Erkennen von Krankheiten heute große Bedeutung zu. Dafür sollen
die Krankenkassen in ihren Satzungen, also durch das im Rahmen der Selbstverwaltung selbst zu setzende Recht, Regelungen vorsehen (s. § 20 I 1 SGB V). Neu sind
die Verpflichtung zur betrieblichen Gesundheitsförderung, zur Prävention arbeits-
bedingter Gesundheitsgefahren und zur Förderung der Selbsthilfe sowie der Anspruch auf präventive Schutzimpfungen (§§ 20a–20d SGB V), die durch das GKV-
Wettbewerbsstärkungsgesetz v. 26.3.2007[240] eingeführt wurden. Ferner können Leistungen prophylaktisch (= vorbeugend) zur Verhütung von Zahnerkrankungen
nach den §§ 21 f. SGB V in Anspruch genommen werden. Weitere medizinische
Vorsorgeleistungen (insbes. Vorsorgekuren) kommen nach den §§ 23, 24 SGB V bei
Vorliegen einer medizinischen Indikation (dh, wenn dies im Einzelfall für den Hei-
lungsprozess angezeigt erscheint) in Betracht (unterstreichen Sie als Merkposten
»notwendig« sowie »erforderlich« im Text der §§ 23 I und II; 24 I SGB V!).

Die Gewährung von Leistungen zur **Empfängnisverhütung**, in Bezug auf eine **Ste-** **189**
rilisation und bei **Schwangerschaftsabbruch** regeln die §§ 24a, 24b SGB V. Einen
Anspruch auf regelmäßige Gesundheitsuntersuchungen zur **Früherkennung** von
Krankheiten (»Routine-Checks« zur Früherkennung insbes. von Herz-Kreislauf-
und Nierenerkrankungen, der Zuckerkrankheit und von Krebserkrankungen sowie
spezielle Kinderuntersuchungen) begründen die §§ 25 und 26 SGB V.

c) Leistungen bei Krankheit

Unter den »Leistungen bei Krankheit« versteht das Gesetz Leistungen zur Kranken- **190**
behandlung und das Krankengeld. Im Gegensatz zu den Leistungen zur Verhütung
und Früherkennung von Krankheiten werden sie nur erbracht, wenn der Versicherungsfall »Krankheit« eingetreten ist.

aa) Krankenbehandlung

Einen Überblick über die Leistungen der Krankenbehandlung gibt § 27 I 2 SGB V. **191**
Die Krankenbehandlung umfasst danach

1. Ärztliche Behandlung einschließlich Psychotherapie,
2. zahnärztliche Behandlung,
2a. Versorgung mit Zahnersatz,
3. Versorgung mit Arznei-, Verband-, Heil- und Hilfsmitteln,
4. häusliche Krankenpflege und Haushaltshilfe,
5. Krankenhausbehandlung,
6. Leistungen zur medizinischen Rehabilitation.

Ferner gehören dazu gem. § 27 I 4 SGB V auch
7. Leistungen zur Herstellung der Zeugungs- oder Empfängnisfähigkeit
   sowie gem. § 27a SGB V
8. medizinische Maßnahmen zur Herbeiführung einer Schwangerschaft (künstliche
   Befruchtung).

---

240 BGBl. I 378.

192 Die **ärztliche** und **zahnärztliche Behandlung** (§ 28 SGB V) darf nach § 15 I 1 SGB V nur von (approbierten, dh zur Berufsausübung staatlich zugelassenen) Ärzten oder Zahnärzten sowie Psychotherapeuten gem. § 28 III erbracht werden. Erforderliche Hilfeleistungen anderer Personen (zB von Mitarbeitern des Arztes, aber auch von selbstständigen Krankengymnasten oder Logopäden) dürfen nur erbracht werden, wenn sie vom Arzt (Zahnarzt) angeordnet und von ihm verantwortet werden (§ 15 I 2 SGB V); sie gehören in diesem Fall zur ärztlichen Behandlung (s. § 28 I 2 SGB V). Unter den zur vertragsärztlichen Versorgung zugelassenen[241] Ärzten (früher: »Kassenärzten«), Einrichtungen und medizinischen Versorgungszentren können die Versicherten prinzipiell frei wählen (**Grundsatz der freien Arztwahl** – § 76 I SGB V). Die ärztliche und zahnärztliche Behandlung umfasst alle ärztlichen Tätigkeiten, die zur Verhütung, Früherkennung und Behandlung von Krankheiten ausreichend und zweckmäßig sind (§ 28 I 1, II 1 SGB V). Einzelheiten dazu bestimmt der Gemeinsame Bundesausschuss (§ 91 SGB V) in Richtlinien (§ 92 SGB V). Die zu erbringenden Leistungen haben dem Stand der medizinischen Erkenntnisse zu entsprechen und müssen den medizinischen Fortschritt berücksichtigen (§ 2 I 3 SGB V). Neue Behandlungsmethoden sind nur Leistungen in diesem Sinne, wenn ihre Anerkennung durch den Gemeinsamen Bundesausschuss empfohlen wurde (vgl. § 135 I SGB V).

In Übungsfall 8 wurde V durch ihren Hausarzt behandelt, worauf sie gem. § 28 SGB V unproblematisch Anspruch hatte.

193 Die Versorgung mit **Arznei-, Verband-, Heil-** und **Hilfsmitteln** regeln die §§ 31–36 SGB V. *Arzneimittel* (§ 31 SGB V) sind Substanzen, die dazu bestimmt sind, Krankheitszustände zu heilen oder zu bessern und die im Wesentlichen von innen (durch Einnehmen, Einspritzen, Einreiben, Einatmen) auf den Organismus einwirken. *Heilmittel* (§ 32 SGB V) unterscheiden sich von Arzneimitteln dadurch, dass sie überwiegend von außen auf den Körper einwirken.[242] Zu den Heilmitteln zählen vor allem physikalisch-therapeutische Dienstleistungen, wie zB Krankengymnastik, Sprach-, Sprech- und Stimmtherapie.[243] Da man dies nach dem allgemeinen Sprachgebrauch nicht vermutet, sollten Sie im Wortlaut des § 32 II 2 SGB V »Massagen, Bäder und Krankengymnastik« unterstreichen. Anders als Arznei- und Heilmittel dienen *Hilfsmittel* (§ 33 SGB V) nicht unmittelbar der Krankheitsbekämpfung, sondern dem Ausgleich von Funktionsdefiziten nach Abschluss der Behandlung. Beispiele für Hilfsmittel sind Hörgeräte, Unterarmgehhilfen (»Krücken«), Rollstühle und Prothesen.

Auch die V in Übungsfall 8 ärztlich verordneten Verband- und Schmerzmittel waren demnach von ihrer Krankenkasse als Versicherungsleistungen zu erbringen.

194 Zu den Leistungen bei Krankheit zählt auch **häusliche Krankenpflege**, die anstelle oder zur Vermeidung oder Verkürzung eines Krankenhausaufenthalts (*Krankenhausersatzpflege* – § 37 I SGB V) oder zur Sicherung ärztlicher Behandlungsziele gewährt wird (*Sicherungspflege* – § 37 II SGB V). Eine **Soziotherapie** zur Koordinierung der ärztlich verordneten Leistungen sowie zur Anleitung und Motivation des Versicherten zu deren Inanspruchnahme ist bei schweren psychischen Erkrankungen anstelle

---

241 → Rn. 208 ff.
242 Vgl. BSGE 28, 158 (159); *Gitter/Schmitt* SozR § 9 Rn. 46; *Waltermann* SozR Rn. 180.
243 *BMAS* SozR Kap. 5 Tz. 508.

oder zur Vermeidung oder Verkürzung eines Krankenhausaufenthalts zu erbringen (§ 37a I SGB V). Anspruch auf **Haushaltshilfe** besteht, wenn Versicherten wegen einer Krankenhausbehandlung, einer ambulanten oder stationären Kur oder einer Elternkur eine Weiterführung des Haushalts nicht möglich ist, im Haushalt ein Kind unter zwölf Jahren lebt und kein anderes Haushaltsmitglied den Haushalt weiterführen kann (§ 38 I, III SGB V).

Die **Krankenhausbehandlung** umfasst im Rahmen des Versorgungsauftrags des **195** Krankenhauses gem. § 39 I 3 SGB V alle Leistungen, die im Einzelfall nach Art und Schwere der Krankheit für die medizinische Versorgung der Versicherten im Krankenhaus notwendig sind. Krankenhausbehandlung wird teilstationär, vor- und nachstationär (§ 115a SGB V) oder ambulant (§ 115b SGB V) sowie als letztes Mittel auch vollstationär erbracht (§ 39 I 1 und 2 SGB V), und zwar prinzipiell in dem in der ärztlichen Einweisung genannten Krankenhaus (§§ 39 II, 108 SGB V). Unheilbar kranke Versicherte, die keiner Krankenhausbehandlung bedürfen, haben ferner einen Anspruch auf einen Zuschuss zu stationärer oder teilstationärer Versorgung in Hospizen (= Einrichtungen zur Pflege und Betreuung Sterbender), in denen palliativmedizinische (= schmerzlindernde) Behandlung erbracht wird, wenn eine ambulante Versorgung im Haushalt oder in der Familie des Versicherten nicht möglich ist (§ 39a I 1 SGB V). Eine spezialisierte ambulante Palliativversorgung, die auch in Pflegeheimen zu erbringen ist, kann nach § 37b I, II SGB V verordnet werden.

Weitere Maßnahmen der Krankenbehandlung kommen nach den §§ 40–43a SGB V in Betracht (Leistungen zur medizinischen Rehabilitation, Belastungserprobung, Arbeitstherapie und sozialpädiatrische Leistungen).

In Übungsfall 8 wurde V ärztlich in das städtische Krankenhaus eingewiesen und dort vollstationär behandelt, weil andere Maßnahmen nach krankenhausärztlicher Einschätzung nicht ausreichend gewesen wären; auch insoweit hatte sie demnach Anspruch auf Leistungen der gesetzlichen Krankenversicherung.

bb) Krankengeld

Versicherte haben gem. § 44 I SGB V (lesen!) Anspruch auf Krankengeld, wenn sie **196** aufgrund einer Krankheit arbeitsunfähig sind oder auf Kosten der Krankenkasse stationär behandelt werden. Ein Krankengeldanspruch für hauptberuflich Selbstständige sowie andere Personengruppen ist gem. § 44 II Nr. 2, 3 SGB V grds. ausgeschlossen, doch müssen die Krankenkassen besondere Wahltarife anbieten, die einen Krankengeldanspruch vorsehen (§ 53 VI SGB V – notieren Sie die Vorschrift neben § 44 II Nr. 2 SGB V!).

    ▪ Bei Arbeitsunfähigkeit aufgrund unverschuldeter Krankheit hat ein Arbeitnehmer auch Ansprüche gegen seinen Arbeitgeber – wissen Sie, welche dies sind?

    ▶ Gem. § 3 I EntgeltfortzahlungsG hat der Arbeitnehmer in einem solchen Fall Anspruch auf Entgeltfortzahlung im Krankheitsfall bis zur Dauer von sechs Wochen.

Die arbeitsrechtliche Einkommenssicherung wird durch das Krankenversicherungsrecht (§§ 44 ff. SGB V) ergänzt. Das Krankengeld ist eine Entgeltersatzleistung und im Verhältnis zum arbeitsrechtlichen Anspruch auf Entgeltfortzahlung im Krankheitsfall subsidiär (vgl. §§ 49 I Nr. 1, 48 III SGB V).

Leistet der Arbeitgeber gesetzeswidrig keine Entgeltfortzahlung im Krankheitsfall, **197** ruht der Anspruch nicht und die Krankenkasse hat Krankengeld zu zahlen. In diesem

Fall geht der Entgeltfortzahlungsanspruch des Arbeitnehmers gem. § 115 I SGB X kraft Gesetzes (Legalzession) auf die Krankenkasse über (→ Rn. 104 f.). Aufgrund des entgeltersetzenden Charakters dieser Leistung ist ein Krankengeldanspruch unter anderem für mitversicherte Familienangehörige (§ 10 SGB V) und Studierende (§ 5 I Nr. 9 SGB V) ausgeschlossen (§ 44 II Nr. 1 SGB V). Ein Anspruch auf *Krankengeld wegen der Erkrankung eines Kindes* kommt gem. § 45 I und II SGB V grds. für einen Zeitraum von zehn (Alleinerziehende: 20) Arbeitstagen pro Kind und Kalenderjahr in Betracht. Der Krankengeldanspruch beginnt gem. § 46 I Nr. 2 SGB V am Tag nach Feststellung der Arbeitsunfähigkeit oder gem. Nr. 1 mit Beginn der Krankenhausbehandlung oder stationären Vorsorge- oder Rehabilitationsmaßnahme. Er ist in seiner Dauer grds. unbegrenzt, besteht bei Arbeitsunfähigkeit wegen derselben Krankheit allerdings längstens für 78 Wochen innerhalb von drei Jahren (§ 48 SGB V), da bei einer darüber hinaus andauernden Krankheit die Vermutung nahe liegt, dass der Versicherte chronisch krank und damit auf unabsehbare Zeit arbeitsunfähig ist. Das Risiko der dauernden Erwerbsunfähigkeit trägt jedoch nicht die Krankenversicherung, sondern die Renten- oder Unfallversicherung.[244]

198 Die Höhe und die Berechnung des Krankengeldes richten sich nach § 47 SGB V. Danach beträgt es 70% des sog. Regelentgelts (= beitragspflichtiges Durchschnittseinkommen des Versicherten). Hier führen höhere Beiträge zur gesetzlichen Krankenversicherung ausnahmsweise auch zu höheren Leistungsansprüchen des Versicherten.

Da V im Übungsfall 8 eine Woche stationär behandelt wurde und danach noch weitere zwei Wochen arbeitsunfähig war, stünde ihr für diesen Zeitraum grds. Krankengeld zu. Nach dem Sachverhalt ist jedoch nicht ersichtlich, dass ihr Arbeitgeber gesetzeswidrig die Entgeltfortzahlung verweigerte. Deshalb ruht dieser Anspruch gem. § 49 I Nr. 1 SGB V, dh V ist insoweit kein Krankengeld zu zahlen.

cc) Kieferorthopädische Versorgung und Versorgung mit Zahnersatz

199 Anspruch auf **kieferorthopädische Versorgung** besteht für Erwachsene nur in Ausnahmefällen (Kiefer- oder Zahnfehlstellung, die das Kauen, Beißen, Sprechen oder Atmen erheblich beeinträchtigt oder zu beeinträchtigen droht, s. § 29 I SGB V). Auch die **Versorgung mit Zahnersatz** einschließlich Zahnkronen und implantatgestütztem Zahnersatz (»Suprakonstruktionen«) gem. den §§ 55 f. SGB V (jetzt noch nicht lesen!) zählt das Gesetz in § 27 I 2 Nr. 2a SGB V zu den Leistungen bei Krankheit. Im Unterschied zur zahnärztlichen Behandlung und der kieferorthopädischen Versorgung werden hier nur *befundbezogene Festzuschüsse* gewährt (s. § 55 I 1 SGB V). Diese stellen nicht auf die medizinisch notwendige Versorgung im Einzelfall, sondern auf die prothetische Regelversorgung bei bestimmten Befunden ab.

d) Sonstige Leistungen

200 Auch Fahrtkosten, insbesondere für Fahrten mit einem Rettungsfahrzeug (Notarztwagen, aber auch Rettungshubschrauber), oder mit einem Krankenwagen (vgl. § 60 III Nr. 3 SGB V) gehören zum Leistungsumfang der gesetzlichen Krankenversicherung. Voraussetzung ist allerdings, dass die Fahrten im Zusammenhang mit bestimmten anderen Leistungen (unter anderem Fahrten zur stationären Behandlung im

---

244 Vgl. *Eichenhofer* SozR Rn. 378.

und Rettungsfahrten zum Krankenhaus, s. § 60 II SGB V) *zwingend medizinisch notwendig* sind (§ 60 I SGB V).

In Übungsfall 8 war nach den Feststellungen des Hausarztes die Fahrt mit dem Krankenwagen zur stationären Behandlung im Krankenhaus zwingend medizinisch erforderlich; für die Kosten muss daher grds. die TK aufkommen.

e) Leistungen bei Schwangerschaft und Mutterschaft

Die Leistungsansprüche bei Schwangerschaft und Mutterschaft regeln die § 21 I Nr. 3   **201**
SGB I, §§ 11 I Nr. 1, 24c ff. SGB V. Zu den in § 24c Nr. 1–6 SGB V aufgezählten Leistungen gehören unter anderem ärztliche Betreuung und Hebammenhilfe, eine stationäre Entbindung, die Versorgung mit Arznei-, Verband- und Heilmitteln sowie Mutterschaftsgeld. Alle Leistungen setzen neben einem Versicherungsfall voraus, dass die Betroffene zum Zeitpunkt der Leistungserbringung noch zum versicherten Personenkreis gehört.[245]

f) Zuzahlungen, Härtefall- und Bonusregelungen

Bei praktisch allen Leistungen der gesetzlichen Krankenversicherung sind die Versi-   **202**
cherten zu **Zuzahlungen** verpflichtet. Für die erste Inanspruchnahme eines Arztes mussten Versicherte bis zum 31.12.2012 je Kalendervierteljahr die sog. »Praxisgebühr« als Zuzahlung entrichten, die jeweils an den im Quartal zuerst aufgesuchten Arzt, Zahnarzt und Psychotherapeuten zu zahlen war. Die betreffenden Regelungen (§§ 28 IV, 43b II SGB V aF) wurden zum 1.1.2013 aufgehoben.[246] Zu den Kosten für Arznei-, Verband-, Heil- und Hilfsmittel haben die Versicherten aber in aller Regel weiterhin ebenso Zuzahlungen zu leisten (s. §§ 31 II und III, 32 II, 33 VIII SGB V) wie zu den Fahrtkosten nach § 60 II 1 SGB V. Für viele Arznei-, Verband- und Hilfsmittel wurden Festbeträge (s. §§ 35, 35a IV, 36 SGB VI – nicht lesen), dh. maximale Erstattungsbeträge, festgeschrieben. Liegt der tatsächliche Preis über dem Festbetrag, hat der Patient den Differenzbetrag zusätzlich zur gesetzlichen Zuzahlung zu entrichten. Für Festbetragsarzneimittel, die besonders preisgünstig sind, kann der Patient durch Beschluss des Spitzenverbandes Bund der Krankenkassen[247] von der geltenden Zuzahlung befreit werden und auch die Krankenkassen können in bestimmten Fällen die Zuzahlung ermäßigen (nur bei Interesse: § 31 III 4, 5 SGB V). Bei stationären Maßnahmen wie zB der Krankenhausbehandlung wird für jeden Tag des Klinikaufenthalts, maximal aber für 28 Tage, ebenfalls ein Zuschuss gefordert (vgl. § 39 IV SGB V). Kinder bis zum vollendeten 18. Lebensjahr sind – mit Ausnahme der Fahrkosten – nach den jeweiligen Regelungen nicht zuzahlungspflichtig. Die jährliche Eigenbeteiligung der Versicherten darf zwei Prozent (bei chronisch Kranken: ein Prozent) der Bruttoeinnahmen nicht überschreiten (*Belastungsgrenze*, wobei für Familien Freibeträge gelten (zu den Einzelheiten s. § 62 SGB V – lesen Sie nur I 1 und 2!).

---

245   Vgl. BSGE 49, 240 (242).
246   Durch das Gesetz zur Regelung des Assistenzpflegebedarfs in stationären Vorsorge- oder Rehabilitationseinrichtungen v. 20.12.2012, BGBl. I 2789.
247   Zur **Rechtsetzung durch den Spitzenverband** s. *Axer* SGb 2012, 501 ff.

203 V muss daher in unserem Beispielsfall für die Verband- und Schmerzmittel sowie die Fahrt mit dem Krankenwagen Zuzahlungen leisten. Auch hat sie für jeden Tag ihres Krankenhausaufenthalts zuzuzahlen. Die **Höhe der Zuzahlungen** ergibt sich aus § 61 SGB V, auf den die genannten Vorschriften verweisen. Grds. werden nach Satz 1 der Vorschrift 10% der Kosten als Zuzahlung erhoben, höchstens 10 EUR, mindestens 5 EUR, jedoch nicht mehr als der tatsächliche Preis. Bei stationären Maßnahmen sind je Kalendertag 10 EUR zu entrichten (Satz 2), bei Heilmitteln und häuslicher Krankenpflege 10% der Kosten zuzüglich 10 EUR je Verordnung (Satz 3).

V hat daher für die sieben Kalendertage ihres Klinkaufenthalts 7 x 10 EUR, 10 EUR für die Fahrt mit dem Krankenwagen sowie weitere Zuzahlungen zwischen jeweils 5 und 10 EUR für Verband- und Schmerzmittel selbst zu tragen.

204 Die Kosten für nicht verschreibungspflichtige Arzneimittel, unwirtschaftliche Arzneimittel, verschreibungspflichtige sog. Bagatellarzneimittel sowie Arzneimittel, bei denen eine Erhöhung der Lebensqualität im Vordergrund steht (zB Potenzmittel, »Viagra«, Appetithemmer, Haarwuchsmittel), tragen die Versicherten grds. vollständig selbst, § 34 I 1, 6–8, III SGB V. Entsprechendes gilt für Hilfsmittel in diesen Anwendungsgebieten (§ 34 IV SGB V) sowie grds. für Brillen und Kontaktlinsen (§ 33 II 4, III SGB V). Eine sehr weitgehende Kostenbelastung der Versicherten ergibt sich ferner durch das System der befundbezogenen Festzuschüsse beim Zahnersatz gem. §§ 55 f. SGB V (→ Rn. 199).

Haben sich Versicherte Krankheiten durch medizinisch nicht indizierte Maßnahmen (Schönheitsoperationen, Tätowierungen, Piercing usw) zugezogen, sind sie seit dem GKV-Wettbewerbsstärkungsgesetz (GKV-WSG)[248] gem. § 52 II SGB V in angemessener Höhe an den Kosten zu beteiligen (→ Rn. 185).

Nach § 65a SGB V können die Krankenkassen in ihren Satzungen Anreize für gesundheits- und kostenbewusstes Verhalten schaffen und ihren Versicherten **Bonusregelungen** für gesundheitsbewusstes Verhalten (regelmäßige Teilnahme an Präventionsmaßnahmen, s. § 65a I SGB V) anbieten. Mit der Möglichkeit, Arbeitgebern und Versicherten bei Maßnahmen der betrieblichen Gesundheitsförderung einen Bonus anzubieten (§ 65a II SGB V), soll insbesondere auch für die Arbeitgeber ein Anreiz geschaffen werden, sich in der betrieblichen Gesundheitsförderung zu engagieren. Weitere Bonusregelungen sind im Rahmen der Wahltarife möglich bzw. vorgeschrieben.[249]

g) Antragserfordernis, Versichertenkarte

205 Mit dem generellen Antragserfordernis in der Sozialversicherung hatten wir uns bereits beschäftigt.

▦ Wissen Sie noch, ob die Leistungen der gesetzlichen Krankenversicherung grds. nur auf Antrag oder von Amts wegen gewährt werden?

▶ Die Antwort finden Sie in Fußnote[250].

---

248 Vom 26.3.2007, BGBl. I 378.

249 → Rn. 217.

250 Leistungen der gesetzlichen Kranken- und Rentenversicherung, nach dem Recht der Arbeitsförderung sowie der sozialen Pflegeversicherung werden prinzipiell nur auf Antrag, Leistungen der gesetzlichen Unfallversicherung grds. von Amts wegen erbracht, § 19 SGB IV.

Ein Antrag ist in der gesetzlichen Krankenversicherung jedenfalls insoweit erforderlich, wie Leistungen nicht unmittelbar in Anspruch genommen werden.[251] insbesondere für die Gewährung von Krankengeld (vgl. § 49 I Nr. 5 SGB V), für eine Verordnung an sich nicht zugelassener Medikamente (s. § 2 Ia SGB V; → Rn. 186) oder vor dem Beginn von Rehabilitationsmaßnahmen[252] bedarf es daher eines Antrags. Über einen solchen hat die Krankenkasse grds. spätestens bis zum Ablauf von drei Wochen zu entscheiden; tut sie dies nicht, können sich die Versicherten die Leistung selbst beschaffen und erhalten die entstandenen Kosten erstattet (§ 13 IIIa SGB V).[253]

▨ Vorausgesetzt, Sie gehören zu den 90% der Bevölkerung, die in der gesetzlichen Krankenversicherung versichert sind: Können Sie sich erinnern, vor einem Arztbesuch jemals einen Antrag – zumindest konkludent, also durch schlüssiges Verhalten – gestellt zu haben?

▶ Dies könnte allenfalls mit der Vorlage der Versichertenkarte erfolgt sein!

Ob es sich dabei wirklich um eine Antragsstellung im Rechtssinn über den Arzt an die Krankenkasse handelt, müssen wir nicht abschließend klären. Denn das Antragserfordernis gilt nach § 19 SGB IV nur, soweit sich aus den Vorschriften für die einzelnen Versicherungszweige nichts Abweichendes ergibt. Insofern ist die Krankenversicherungskarte (§ 291 SGB V) die »Eintrittskarte« bei der Inanspruchnahme von ärztlichen oder zahnärztlichen Leistungen (s. § 15 II SGB V),[254] die die Leistungsberechtigung nachweist und allen Versicherten sowie ihren mitversicherten Ehegatten und Kindern von ihrer Krankenkasse unaufgefordert zugesandt wird. Für die Inanspruchnahme anderer als ärztlicher oder zahnärztlicher Leistungen wird die Krankenkasse idR Berechtigungsscheine ausstellen (vgl. § 15 III SGB V). In dringenden Fällen kann die Krankenversichertenkarte oder der Berechtigungsschein nachgereicht werden (§ 15 V SGB V).

Die Krankenversicherungskarte wurde schrittweise durch die »elektronische Gesundheitskarte« (§ 291a SGB V) abgelöst, auf der neben Abrechnungsdaten »elektronische Rezepte« (§ 291a II 1 Nr. 1 SGB V) gespeichert werden. Sie ermöglicht ferner bei einem Aufenthalt in einem anderen Mitgliedstaat der EU dort die Inanspruchnahme von Leistungen (s. § 291a II 1 Nr. 2 SGB V) und die Speicherung von Daten für die medizinische Notfallversorgung, von elektronischen Arztbriefen, Arzneimitteldokumentationen sowie einer »elektronischen Patientenakte« (s. § 291a III SGB V). Die elektronische Gesundheitskarte wurde seit dem Jahresbeginn 2006 getestet und seit 2009 in der Startregion Nordrhein ausgegeben. Zum 1.1 2014 hat sie die Krankenversichertenkarte abgelöst, die Ärzte nur vorübergehend noch akzeptieren können, ohne dazu jedoch verpflichtet zu sein.[255]

206

207

---

251 LPK-SGB V/*Hänlein* Anhang Rn. 12.

252 LPK-SGB V/*Adelt* § 41 Rn. 45.

253 Neu eingefügt durch das Gesetz zur Verbesserung der Rechte von Patientinnen und Patienten v. 20.2.2013, BGBl. I 277. Krit. dazu sowie zu den Folgeproblemen: *Wenner* SGb 2013, 162 ff. (164 f.).

254 Vgl. *BMAS* SozR Kap. 5 Tz. 242.

255 S. dazu die Vereinbarung zum Inhalt und zur Anwendung der elektronischen Gesundheitskarte zwischen dem GKV-Spitzenverband und der Kassenärztlichen Bundesvereinigung vom 11.9.2013, Deutsches Ärzteblatt 2013, A 2040 ff., auch abrufbar unter www.aerzteblatt.de/pdf.asp?id=148440.

5. Leistungserbringungsrecht

208 Die Versicherten erhalten die Leistungen der gesetzlichen Krankenversicherung idR als Sach- und Dienstleistungen (§ 2 II 1 SGB V). Diese erbringen die Krankenkassen jedoch nicht selbst, sondern sie bedienen sich dazu der sog. Leistungserbringer (Ärzte und Zahnärzte, Krankenhäuser, Apotheken usw), mit denen sie Verträge über die Erbringung der Sach- und Dienstleistungen an die Versicherten schließen (§ 2 II 3, §§ 69 ff. SGB V). Dadurch ergibt sich eine Dreiecksbeziehung, die graphisch wie folgt dargestellt werden kann:

Übersicht 22: Leistungserbringung

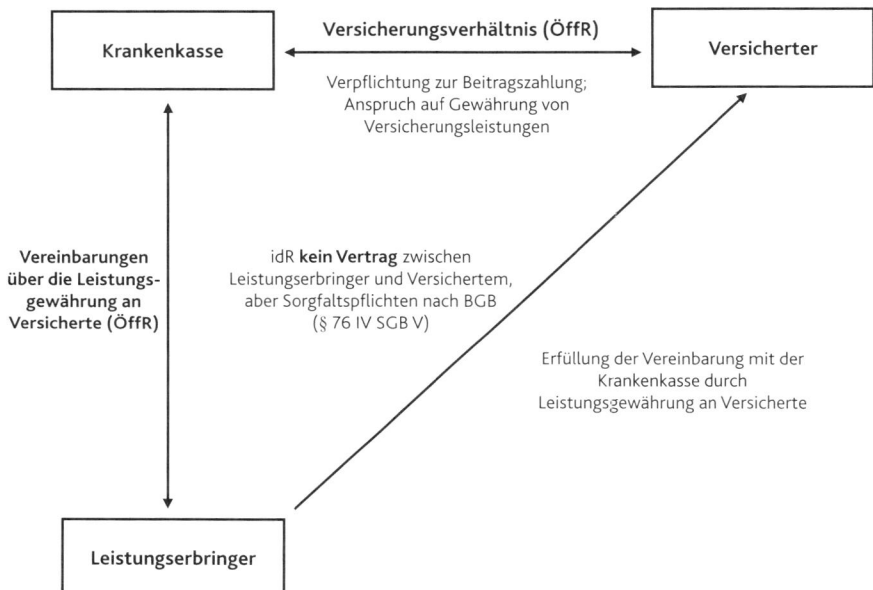

Die Übersicht ist für jede Gruppe von Leistungserbringern zu modifizieren. Im Hinblick auf eine ärztliche Behandlung wird aus dem Dreieck gewöhnlich ein Viereck, weil die gem. den §§ 95 ff. SGB V zur Leistungserbringung zugelassenen Ärzte und Zahnärzte (= Vertragsärzte, früher: »Kassenärzte«) Zwangsmitglieder der kassenärztlichen Vereinigungen (§ 77 SGB V) sind, die idR die Verträge mit den Krankenkassen schließen (Gesamtverträge, Bundesmantelverträge, s. § 82 I und II, §§ 83, 87 SGB V) und diesen gegenüber für die Sicherstellung der ärztlichen Versorgung einstehen (§ 75 I und II SGB V).[256] Kommt ein solcher Vertrag nicht zustande, wird der Vertragsinhalt von einem durch die Beteiligten sowie einen unparteiischen Vorsitzenden zu bildenden Schiedsamt festgesetzt (§ 89 SGB V – lesen Sie zumindest Abs. 1 und 2 der Vorschrift!). Da auch der kollektive Verzicht auf die Zulassung als Vertragsarzt

---

256 Detailliertere – auch graphische – Darstellungen der Rechtsbeziehungen finden sich bei *Gitter/ Schmitt* SozR § 10 Rn. 1 ff. sowie bei *Waltermann* SozR Rn. 191 f.; s. ferner *Fuchs/Preis* SozVersR § 21.

gem. § 95b I SGB V untersagt ist, können somit vertragslose Zustände verhindert und streikähnliche Auseinandersetzungen unterbunden werden.

Sämtliche Rechtsbeziehungen sind – auch soweit sie Vertragsschlüsse betreffen – dem öffentlichen Recht zuzuordnen.[257] Problematisch ist lediglich die Einordnung der rechtlichen Beziehung zwischen Arzt und Patient. Sie wird vom BGH[258] dem Zivilrecht, vom BSG[259] aber dem Sozialrecht zugeordnet. Zu bedenken ist zunächst, dass in diesem Verhältnis jedenfalls unmittelbar kein (Behandlungs-) Vertrag geschlossen wird: Der Versicherte möchte schließlich nur die Leistungen seiner gesetzlichen Krankenversicherung erlangen, die sich überwiegend unmittelbar aus dem Gesetz ergeben. Eine weitergehende Erklärung ist für die Leistungsinanspruchnahme nicht erforderlich. Auch der Arzt will mit der Behandlung primär seine aus der Teilnahme an der vertragsärztlichen Versorgung resultierenden Pflichten (s. § 95 III SGB V) erfüllen. Da die Übernahme der Behandlung den Arzt jedenfalls dem Versicherten gegenüber zur Sorgfalt nach den Vorschriften des bürgerlichen Vertragsrechts verpflichtet (s. § 76 IV SGB V), erscheint es zutreffend, hier ein privatrechtliches gesetzliches Schuldverhältnis anzunehmen.[260] Die Neuregelung des Behandlungsvertrags in den §§ 630a ff. BGB scheint mit der Einordnung bei den vertraglichen Schuldverhältnissen vordergründig zwar das privatrechtliche Vertragsmodell des BGH zu bestätigen.[261] Doch schließt § 630a I BGB ein privatrechtliches gesetzliches Schuldverhältnis nicht aus. Dieses wird den sozialrechtlichen Besonderheiten besser gerecht, weil Versicherte mit dem Arzt keine Vergütung vereinbaren[262] und für minderjährige GKV-Versicherte § 36 SGB I gilt und nicht die §§ 106 ff. BGB Anwendung finden.[263]

Bei der Verfolgung von Schadensersatzansprüchen gegenüber Leistungserbringern aus Behandlungsfehlern sollen (wissen Sie noch, was die juristische Formulierung »soll« bedeutet[264]?) die Krankenkassen ihre Versicherten unterstützen (§ 66 SGB V).[265]

Im Bereich des Leistungserbringungsrechts ist nach dem »GKV-Modernisierungsgesetz – GMG« vom 14.11.2003[266] einiges im Fluss. Seitdem sind auch direkte Verträge zwischen Ärzten, insbesondere Hausärzten, und den Krankenkassen möglich (nur bei Interesse: §§ 73b IV, 73c III, 140b SGB V). Ferner wurden die Krankenhäuser in bestimmten Fällen vor allem im Rahmen von sog. *strukturierten Behandlungsprogrammen* (gleichbedeutend: *Disease-Management-Programme* – DMP) zur ambulanten Versorgung geöffnet (§§ 116a f. SGB V – nur bei Interesse lesen) und ein Wettbewerb zwischen verschiedenen medizinischen Versorgungsformen ermöglicht. Das Vergütungssystem im ambulanten Bereich wurde ebenfalls umgestaltet, wobei die

209

210

---

257 Vgl. zu den Einzelheiten: *Muckel/Ogorek* SozR § 8 Rn. 146.

258 S. zB BGHZ 76, 259 (261); 100, 363 (367).

259 BSGE 33, 158 (160 f.); 59, 172 (177).

260 *Waltermann* SozR Rn. 198; *Muckel/Ogorek* SozR § 8 Rn. 147 ff., 149.

261 Neu eingefügt durch das Gesetz zur Verbesserung der Rechte von Patientinnen und Patienten v. 20.2.2013, BGBl. I 277. Die RegBegr. (BT-Drs. 17/10488, 18 f.) geht insoweit von einem privatrechtlichen Behandlungsvertrag aus. Die Literatur folgt überwiegend dieser Einschätzung, s. zB Jauernig/*Mansel*, Bürgerliches Gesetzbuch, 15. Aufl. 2014, Vorb. §§ 630a ff. Rn. 5 mwN.

262 *Wenner* SGb 2013, 162 ff. (163 in Fn. 6).

263 *Hauck* SGb 2014, 8 ff. (12); krit. auch *Preis/Schneider* NZS 2013, 281 ff. (282).

264 »Soll« bedeutet für den Regelfall »muss«, nur in atypischen Fällen gestattet eine Soll-Vorschrift Abweichungen, vgl. zB *Creifelds*, Stichwort: Soll-Vorschrift.

265 S. dazu *Wenner* SGb 2013, 162 ff. (165 f.).

266 BGBl. I 2190.

Änderungen durch das GMG (§§ 85a ff. SGB V aF) durch die Neuerungen des GKV-Wettbewerbsstärkungsgesetzes von 2007 überholt und zum 1.1.2009 zugunsten von regionalen Gebührenordnungen mit Euro-Preisen, morbiditätsbezogener Gesamtvergütung und arzt- und praxisbezogenen Regelleistungsvolumina umgestaltet wurden (nur bei Interesse: §§ 87a ff. SGB V). Weitere Änderungen auch für Ärzte und Patienten brachte das zum 1.5.2006 in Kraft getretene »Gesetz zur Verbesserung der Wirtschaftlichkeit in der Arzneimittelversorgung«.[267] Das GKV-Wettbewerbsstärkungsgesetz verlangte eine Kosten-Nutzen-Bewertung von Arzneimitteln (s. § 35b SGB V). Der von den Arzneimittelherstellern seit 2003 zur Eindämmung der steigenden Ausgaben für Arzneimittel gesetzlich eingeforderte Preisabschlag wurde ab August 2010 von 6% auf 16% angehoben und darüber hinaus die Arzneimittelpreise bis Ende 2013 auf dem Stand vom 1.8.2009 eingefroren.[268] Das Preismoratorium wurde durch das 14. SGB V-Änderungsgesetz bis Ende 2017 verlängert und der Herstellerabschlag ab dem 1.4.2014 auf 7% angehoben.[269] Durch das Gesetz zur Weiterentwicklung der Organisationsstrukturen in der gesetzlichen Krankenversicherung (GKV-OrgWG)[270] gilt seit Ende 2008 das Vergaberecht des Gesetzes gegen Wettbewerbsbeschränkungen (GWB) auch im Bereich der gesetzlichen Krankenversicherung. Durch das Gesetz zur Neuordnung des Arzneimittelmarktes in der gesetzlichen Krankenversicherung (AMNOG)[271] sind inzwischen auch fast alle kartellrechtlichen Vorschriften des GWB im Verhältnis zu den Leistungserbringern anwendbar (s. § 69 II 1 SGB V).[272]

Auf die Einzelheiten dazu sowie des Leistungserbringungsrechts kann in einem Grundriss wie diesem nicht eingegangen werden.[273]

6. Organisation und Finanzierung

a) Träger der gesetzlichen Krankenversicherung

211 Als Träger der gesetzlichen Krankenversicherung sind in erster Linie die Krankenkassen zuständiger Anspruchsgegner der Versicherten (s. § 21 II SGB I). Der Anspruch auf Leistungen aus der gesetzlichen Krankenversicherung richtet sich gegen denjenigen Träger, bei dem eine Mitgliedschaft besteht. In unserem Fall muss V sich daher an ihre Krankenkasse, die TK, halten.

212 Die Krankenkassen sind Körperschaften des öffentlichen Rechts mit Selbstverwaltung (§ 4 I SGB V).[274] Ihr Organisationsrecht regeln die §§ 143–206 SGB V. Die inne-

---

267 V. 26.4.2006, BGBl. I 984.
268 S. § 130a SGB V idF des Gesetzes zur Änderung krankenversicherungsrechtlicher und anderer Vorschriften v. 24.7.2010, BGBl. I 983.
269 S. § 130a I 1, IIIa SGB V idF des 14. SGB V-Änderungsgesetzes v. 27.3.2014, BGBl. I 261.
270 V. 15.12.2008, BGBl. I 2426.
271 V. 22.12.2010, BGBl. I 2262.
272 Mehr dazu zB bei *Becker/Kingreen*, Der Krankenkassenwettbewerb zwischen Sozial- und Wettbewerbsrecht – Zur geplanten Ausdehnung der Anwendung des GWB auf das Handeln der Krankenkassen, NZS 2010, 417 ff.; *Byok/Csaki*, Sozialvergaberecht: Ein Update, KrV 2012, 145 ff.
273 Gute Darstellungen des Leistungserbringungsrechts finden sich zB bei *Fuchs/Preis* SozVersR §§ 20 IV, 21; *Gitter/Schmitt* SozR § 10; *Muckel/Ogorek* SozR § 8 Rn. 134 ff.; *Igl/Welti* SozR § 18 Rn. 1 ff.; *Waltermann* SozR Rn. 190 ff.
274 Dazu bereits → **Rn. 118, 162**.

re Verfassung richtet sich nach den allgemeinen Vorschriften der §§ 29 ff. SGB IV und den bestehenden krankenversicherungsrechtlichen Sonderegeln.

Auf die freiwillige Vereinigung von Krankenkassen finden gem. § 172a SGB V[275] (nur bei Interesse lesen!) die kartellrechtlichen Vorschriften des GWB über die Zusammenschlusskontrolle (Fusionskontrolle) Anwendung.[276] Nach der Rspr. des EuGH sind die deutschen Krankenkassen als Unternehmen iSd Lauterkeitsrechts der EU anzusehen.[277] Das EU-Verbraucherschutzrecht gilt daher auch im Wettbewerb der Krankenkassen untereinander. Insbesondere deren Werbung unterliegt folglich dem Gesetz über den unlauteren Wettbewerb (UWG), soweit dieses EU-Richtlinien umsetzt und dem Verbraucherschutz dient.[278]

Die Krankenversicherung ist in folgende Kassenarten gegliedert (§ 4 II SGB V – lesen!):

– die *Ortskrankenkassen* (§§ 143 ff. SGB V), die zumeist die frühere Bezeichnung »AOK« (für »Allgemeine Ortskrankenkasse«) als Namensbestandteil führen, heute aber nicht mehr für einzelne Orte, sondern für Regionen (in der Regel das jeweilige Bundesland) errichtet sind;

– die *Betriebs- und Innungskrankenkassen* (§§ 147 ff., 157 ff. SGB V), die von Arbeitgebern für einen oder mehrere Betriebe oder von Handwerksinnungen für die Handwerksbetriebe ihrer Mitglieder errichtet werden können;

– die Sozialversicherung für Landwirtschaft, Forsten und Gartenbau[279] unter der Bezeichnung *landwirtschaftliche Krankenkasse* (§ 166 SGB V) und die DRV Knappschaft-Bahn-See (§ 167 SGB V), die die Krankenversicherung der Landwirte und Berg- sowie Seeleute durchführen;

– die *Ersatzkassen* (§§ 168 ff. SGB V), die ursprünglich für die Angehörigen bestimmter Berufsgruppen errichtet waren und nur ausnahmsweise (»ersatzweise«) gewählt werden konnten, heute aber allen Versicherten offen stehen.

b) Zuständigkeit und Wahlrecht der Versicherten

Grundsätzlich können Versicherungsberechtigte und -verpflichtete gem. § 173 SGB V zwischen allen Krankenkassen frei wählen. **213**

---

275 Eingefügt durch das Achte Gesetz zur Änderung des Gesetzes gegen Wettbewerbsbeschränkungen v. 26.6.2013, BGBl. I 1738.

276 S. dazu *Kaeding/Kluckert*, Das Achte Gesetz zur Änderung des GWB – Auswirkungen auf die gesetzliche Krankenversicherung, WzS 2013, 231 ff.; *Mareck*, Kartellrecht auf Krankenkassenfusionen anwendbar – Folgen für Fusionen von Krankenhäusern, KH 2013, 1032 ff.

277 EuGH Urt. v. 3.10.2013 – Rs. C-59/12 (BKK Mobil Oil) = BeckRS 2013, 81912; zum Vorlagebeschl. des BGH v. 18.1.2012 – I ZR 170/10 = BeckRS 2012, 03229 s. *Eichenhofer* ZESAR 2013, 31 ff.

278 S. dazu *Forst*, Die Krankenkassen als Unternehmen im Wirtschaftsrecht der Europäischen Union, ZESAR 2014, 163 ff.

279 Zum 1.1.2013 neu errichtet durch das Gesetz zur Neuordnung der Organisation der landwirtschaftlichen Sozialversicherung (LSV-Neuordnungsgesetz – LSV-NOG) v. 12.4.2012, BGBl. I 579.

Übersicht 23: Krankenkassenwahlrecht

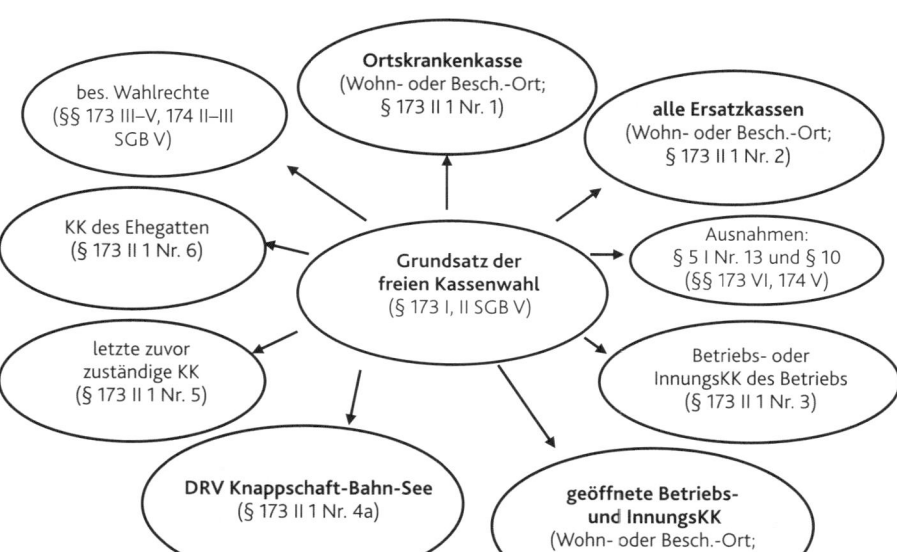

214 Die Ausübung und Durchführung des Krankenkassenwahlrechts regelt § 175 SGB V. Die Ausübung des Wahlrechts ist gegenüber der gewählten Krankenkasse zu erklären, die die Mitgliedschaft nicht ablehnen darf (§ 175 I 1 und 2 SGB V). Die Wahlrechtsausübung bindet grds. 18 Monate, sofern die Krankenkasse nicht vorher einen Zusatzbeitrag erhebt oder erhöht oder aber ihre Prämienzahlung verringert (§ 175 IV 1 und 5 SGB V).

In diesem Fall kann die Mitgliedschaft bis zur erstmaligen Fälligkeit des neuen Beitrages[280] – wie bei einer Kündigung nach 18 Monaten auch – mit einer Frist von zwei Monaten zum Monatsende gekündigt werden (§ 175 IV 2 SGB V). Die Kündigung – und damit auch der Krankenkassenwechsel – wird wirksam, wenn der Versicherte innerhalb der Kündigungsfrist eine Mitgliedschaft bei einer anderen Krankenkasse nachweist (§ 175 IV 4 SGB V).[281]

---

280 Nach § 175 SGB V idF des GKV-FQWG v. 21.7.2014, BGBl. I 1133 kann die Kündigung ab dem 1.1.2015 bis zum Ablauf des Monats erklärt werden, für den der (erhöhte) Zusatzbeitrag erstmals erhoben wird. Auf das Sonderkündigungsrecht muss mit einem gesonderten Schreiben hingewiesen werden.

281 Zu weiteren Einzelheiten des Krankenkassenwahlrechts vgl. bei Interesse: *Kokemoor* SGb 2003, 433 ff.

Übersicht 24: Ausübung des Krankenkassenwahlrechts

215

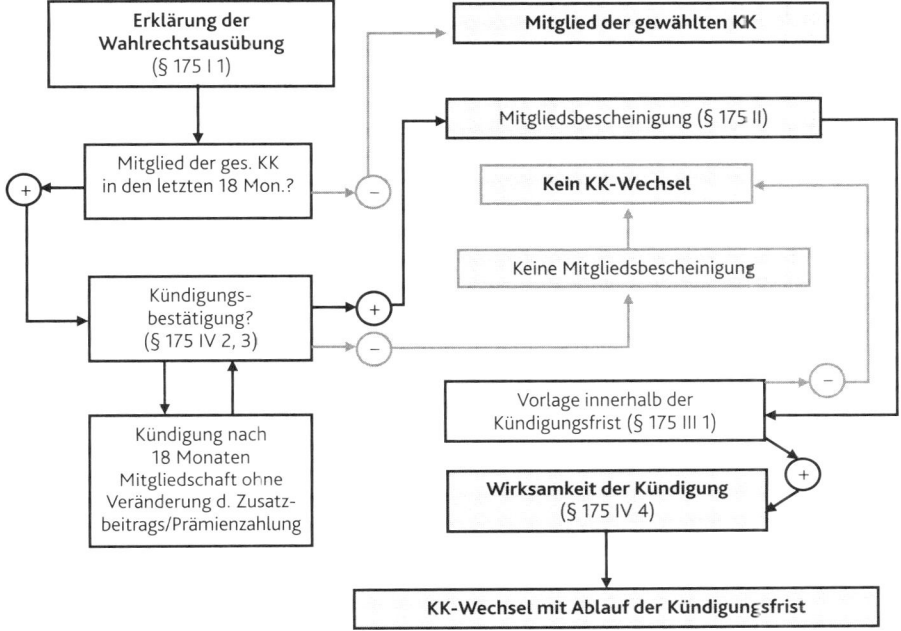

c) Finanzierung

Die Mittel für die Krankenversicherung werden überwiegend durch Beiträge und 216
– zu einem deutlich geringeren Teil – durch sonstige Einnahmen aufgebracht (vgl.
§ 220 I SGB V). Zu den sonstigen Einnahmen ist insbesondere die pauschale Abgeltung von versicherungsfremden Leistungen gem. § 221 I SGB V durch den Bund zu
zählen; *versicherungsfremde Leistungen* sind Leistungen, die zwar durch Sozialversicherungsträger zu erbringen sind, der Sache nach aber nicht von der Versichertengemeinschaft und den Arbeitgebern, sondern von allen Steuerpflichtigen zu tragen
sind (zB Mutterschaftsgeld oder Krankengeld bei Betreuung eines Kindes). Die Beiträge werden von den versicherungspflichtig Beschäftigten und ihren Arbeitgebern
grds. je zur Hälfte getragen (§ 249 I SGB V) und vom Arbeitgeber als Teil des Gesamtsozialversicherungsbeitrags abgeführt (§ 253 SGB V, §§ 28d ff. SGB IV).[282] Freiwillig Versicherte zahlen ihre Beiträge allein (§§ 250 II, 252 SGB V). Freiwillig versicherte Beschäftigte, die wegen Überschreitung der Jahresarbeitsentgeltgrenze
versicherungsfrei sind, erhalten von ihrem Arbeitgeber als Beitragszuschuss die Hälfte des Beitrags, der für einen versicherungspflichtig Beschäftigten bei der Krankenkasse, bei der die Mitgliedschaft besteht, vom Arbeitgeber zu tragen wäre (§ 257 I
SGB V – wie stets: alle Vorschriften lesen!).

Die gesetzliche Krankenversicherung weicht von dem Grundsatz der hälftigen Tra- 217
gung der Beiträge durch die versicherungspflichtig Beschäftigten und ihre Arbeitge-

---

282 → **Rn. 144 ff.**

ber inzwischen teilweise ab. Seit dem 1.7. 2005 haben die Beschäftigten einen Beitragsanteil iHv 0,9% ohne Beteiligung ihrer Arbeitgeber zu tragen (§ 249 I 1 SGB V); diese Regelung entfällt zum 1.1.2015 wieder.[283] Ein eventueller Zusatzbeitrag (→ Rn. 218) wird aber weiterhin allein von den Versicherten erhoben (§ 242 I SGB V).

Die Krankenkassen können in ihren Satzungen **Wahltarife** vorsehen. Möglich sind zB Prämienzahlungen an Mitglieder, wenn diese einen Teil der von der Krankenkasse zu tragenden Kosten selbst übernehmen (*Selbstbehalt* – s. § 53 I SGB V). Ferner können die Krankenkassen ihren Versicherten eine Prämienzahlung anbieten, wenn sie Leistungen der gesetzlichen Krankenversicherung nicht in Anspruch genommen haben (§ 53 II 1 SGB V – lesen!). Besondere Tarife mit Prämiengewährung oder Zuzahlungsermäßigungen *müssen* für die Teilnahme an besonderen Versorgungsformen gewährt werden (§ 53 III SGB V); dies betrifft etwa die *hausarztzentrierte Versorgung* (§ 73b SGB V; auch: »Hausarztmodell«, Stichwort: »der Hausarzt als Lotse«) oder die besondere ambulante Versorgung gem. § 73c SGB V zB für Diabetes- oder Herzinfarktpatienten sowie die Teilnahme an einer integrierten Versorgung nach § 140a SGB V. Daneben haben die einzelnen Krankenkassen die Möglichkeit, ihren Versicherten *Bonusprogramme* gem. § 65a SGB V (lesen!) anzubieten. Unter anderem für Versicherte, die regelmäßige an Vorsorgeuntersuchungen oder Präventionsprogrammen teilnehmen, können danach Vergünstigungen zB durch Beitragsermäßigungen oder geringere Zuzahlungen gewährt werden.[284]

218 Im Grundsatz richtet sich die **Höhe der Beiträge** nach den beitragspflichtigen Einnahmen der Mitglieder (§§ 223 II 1, 226 ff. SGB V). Die Höhe des Beitragssatzes (§§ 241 ff. SGB V) setzte früher jede Krankenkasse in ihrer Satzung selbst fest. Zum 1.1.2009 wurde die Finanzierung der gesetzlichen Krankenversicherung neu strukturiert. Es gilt seitdem ein einheitlicher allgemeiner Beitragssatz für alle Kassen, der 15,5% beträgt (§ 241 SGB V). Alle Beiträge und Einnahmen der gesamten Krankenversicherung werden zugleich in einem zentralen **Gesundheitsfonds** (§ 271 SGB V) zusammengeführt, aus dem die einzelnen Kassen Zuweisungen erhalten, wobei über alters-, geschlechts- und risikojustierte Zu- und Abschläge zu einer Grundpauschale ein *Risikostrukturausgleich* durchgeführt wird (§ 266 I SGB V – lesen!). Der Gesundheitsfonds wird vom Bundesversicherungsamt als Sondervermögen verwaltet (§ 271 I SGB V).

Soweit der Finanzbedarf einer Krankenkasse durch die Zuweisungen aus dem Gesundheitsfonds nicht gedeckt ist, muss sie einen (bislang: einkommensunabhängigen) **Zusatzbeitrag** erheben (§ 242 I SGB V). Übersteigt der durchschnittliche Zusatzbeitrag die Belastungsgrenze von 2% der beitragspflichtigen Einnahmen des Mitglieds, hat dieses Anspruch auf einen (im Wesentlichen steuerfinanzierten) *Sozialausgleich* (§ 242b I 1 SGB V). Sind die Zuweisungen aus dem Gesundheitsfonds höher als der Finanzbedarf der Krankenkasse, kann sie Prämien an ihre Mitglieder auszahlen (§ 242 II SGB V).

Durch das GKV-Finanzstruktur- und Qualitäts-Weiterentwicklungsgesetz (GKV-FQWG) wurde der für alle Kassen verbindliche allgemeine Beitragssatz zum 1.1.2015

---

283 S. § 249 SGB V idF des GKV-Finanzstruktur- und Qualitäts-Weiterentwicklungsgesetzes (GKV-FQWG) v. 21.7.2014, BGBl. I 1133. Dazu bereits → **Rn. 148**.
284 S. bereits → **Rn. 204**.

von 15,5% auf 14,6% abgesenkt; die sich ergebende Finanzierungslücke soll durch *einkommensabhängige* kassenindividuelle Zusatzbeiträge geschlossen werden.[285] Den Zusatzbeitrag der einzelnen Krankenkasse hat diese als Prozentsatz der beitragspflichtigen Einnahmen jedes Mitglieds in ihrer Satzung festzulegen (§ 242 I SGB V-E). Er ist von den Versicherten ohne Beteiligung ihrer Arbeitgeber allein zu tragen (→ Rn. 217), sodass es bei der seit 2011 bestehenden[286] Entkopplung des Arbeitgeberanteils zur gesetzlichen Krankenversicherung als Teil der sog. *Lohnzusatzkosten* von steigenden Gesundheitsausgaben bleibt. Mit der Umstellung auf einkommensabhängige Zusatzbeiträge kann der gesonderte Sozialausgleich entfallen und durch die Senkung des allgemeinen Beitragssatzes kommt auch keine Prämiengewährung wegen zu hoher Zuweisungen aus dem Gesundheitsfonds mehr in Betracht. Dass Krankenkassen mit unterdurchschnittlich verdienenden Mitgliedern einen höheren einkommensabhängigen Zusatzbeitrag erheben müssen als Krankenkassen mit überdurchschnittlich verdienenden Mitgliedern, soll ein ergänzendes Verfahren zum *Einkommensausgleich* verhindern (§ 270a SGB V-E).

Können einzelne Kassen ihren Finanzbedarf mit den gesetzlichen Möglichkeiten nicht decken, werden sie von der zuständigen Aufsichtsbehörde geschlossen, s. §§ 146a, 153, 163, 170 SGB V (es genügt, wenn Sie *eine* dieser Vorschriften lesen).[287] Alternativ können sie aber auch wie privatwirtschaftliche Unternehmer durch *Insolvenz* aus dem Wettbewerb ausscheiden. Die rechtliche Möglichkeit dazu (Insolvenzfähigkeit, s. §§ 171b ff. SGB V) wurde zum 1.1.2010 durch das Gesetz zur Weiterentwicklung der Organisationsstrukturen in der gesetzlichen Krankenversicherung (GKV-OrgWG)[288] geschaffen.

III. Soziale Pflegeversicherung – SGB XI

1. Einführung

Pflegebedürftigkeit als soziales Problem rückte aufgrund gestiegener Lebenserwartungen bei sich gleichzeitig ändernden Familienstrukturen erst seit den 70er Jahren des letzten Jahrhunderts stärker in das Bewusstsein der Öffentlichkeit. Da die Renten aus der gesetzlichen Rentenversicherung nicht ausreichen, um die Kosten einer stationären Pflege zu decken, führte Pflegebedürftigkeit zu ganz erheblichen materiellen Einbußen der Betroffenen und ihrer Familien sowie regelmäßig zu Sozialhilfebedürftigkeit. Als »fünfte Säule der Sozialversicherung«[289] wurde daher 1994 die soziale Pflegeversicherung geschaffen. Ihre rechtliche Grundlage bildet das SGB XI, das überwiegend zum 1.1.1995 in Kraft trat. Zur Finanzierung der sozialen Pflegeversicherung praktizierte man erstmals einen »Umbau des Sozialstaats«: Um weitere Lohnzusatzkosten für die Arbeitgeber durch Sozialversicherungsbeiträge zu kom-

219

---

285 S. §§ 241, 242 SGB V idF des GKV-FQWG v. 21.7.2014, BGBl. I 1133.
286 Eingeführt durch das GKV-Finanzierungsgesetz v. 22.12.2010, BGBl. I 2309.
287 Die betroffenen Arbeitnehmer können rechtlich nicht gegen die Schließung selbst, sondern nur gegen die Schließungsfolgen (Beendigung des Arbeitsverhältnisses) vorgehen, s. BSG Urt. v. 12.3.2013 – B 1 A 1/12 R = BSGE 113, 107 ff.
288 V. 15.12.2008, BGBl. I 2426.
289 → Rn. 6, Rn. 13.

pensieren, wurde der Buß- und Bettag als gesetzlicher Feiertag abgeschafft (vgl. § 58 II SGB XI).[290]

Von den 2,4 Millionen Pflegebedürftigen leiden etwa 0,9 Millionen an Demenz.[291] Speziell auf die Situation Demenzkranker zugeschnittene Leistungsangebote waren in der Pflegeversicherung jedoch ursprünglich nicht vorgesehen. Eine Überarbeitung des Pflegebedürftigkeitsbegriffs erscheint insbesondere in dieser Hinsicht geboten. Vorschläge dazu unterbreitete der vom BMG einberufene Beirat zur Überprüfung des Pflegebedürftigkeitsbegriffes in seinem Bericht v. 26.1.2009,[292] zu deren Umsetzung man sich allerdings bislang nicht vollständig durchringen konnte. Erste Verbesserungen brachte das Pflege-Weiterentwicklungsgesetz[293] v. 28.5.2008, unter anderem durch Einführung der sog. »*Pflegestufe 0*« (→ Rn. 226), weitere das Pflege-Neuausrichtungs-Gesetz (PNG) v. 23.10.2012.[294] Versicherte mit erheblich eingeschränkter Alltagskompetenz haben danach »bis zum Inkrafttreten eines Gesetzes, das die Leistungsgewährung aufgrund eines neuen Pflegebedürftigkeitsbegriffs und eines entsprechenden Begutachtungsverfahrens regelt, Anspruch auf verbesserte Pflegeleistungen« (s. § 28 Ib 2 SGB XI).[295] Durch ein erstes Pflegestärkungsgesetz sollen zum 1.1.2015 die Leistungen für Pflegebedürftige und ihre Angehörigen ausgeweitet werden. Zudem ist geplant, einen *Pflegevorsorgefonds* (§§ 131 ff. SGB XI-E) einzurichten.[296] Die Einführung eines neuen, dann fünfstufigen Pflegebedürftigkeitsbegriffs sowie eines neuen Begutachtungsverfahrens zur Feststellung von Pflegebedürftigkeit soll mit einem zweiten Pflegestärkungsgesetz bis spätestens Herbst 2017 erfolgen. Für die *fünf Pflegegrade* des neuen Pflegebedürftigkeitsbegriffs wird es vor allem auf den Grad der Beeinträchtigung der Selbstständigkeit ankommen, dh darauf, was noch allein erledigt werden kann und wo Unterstützung nötig ist.[297]

220 Die Einzelheiten des Pflegeversicherungsrechts wollen wir uns anhand des folgenden Übungsfalls 9 ansehen:

---

290   Anders ist dies nur im Freistaat Sachsen → Rn. 241. Zur geschichtlichen Entwicklung der sozialen Pflegeversicherung s. insbes. *Gitter* SozR 126 ff.; *BMAS* SozR Kap. 11 Tz. 1 ff.

291   S. RegBegr. PNG, BT-Drs. 17/9369, 18.

292   Abzurufen unter www.bundesgesundheitsministerium.de/uploads/publications/Neuer-Pflegebeduertigkeitsbegr.pdf.

293   Gesetz zur strukturellen Weiterentwicklung der Pflegeversicherung v. 28.5.2008, BGBl. I 874.

294   Gesetz zur Neuausrichtung der Pflegeversicherung v. 23.10.2012, BGBl. I 2246.

295   S. zum Ganzen *Schlegel*, Das Gesetz zur Neuausrichtung der Pflegeversicherung, jurisPR-SozR 3/2013, Anm. 1, sowie krit. *Rothgang*, Nach der Mini-Pflegereform – Wesentliche Probleme bleiben ungelöst, SozSich 2012, 245.

296   S. den Entwurf der Bundesregierung für ein Fünftes SGB XI-Änderungsgesetz (5. SGB XI-ÄndG), BT-Drs. 18/1798.

297   Für das zweite Pflegestärkungsgesetz wurde noch kein Entwurf veröffentlicht. S. zum Ganzen auch www.bmg.bund.de/pflege/pflegestaerkungsgesetze/.

Übungsfall 9

Der alleinstehende 39-jährige B war Hobbybergsteiger und seit 20 Jahren als Versicherungskaufmann bei einer großen privaten Versicherungsgesellschaft angestellt. Er ist seit einigen Jahren bei der Betriebskrankenkasse 24 (BKK 24) krankenversichert, zuletzt als freiwilliges Mitglied. Bei einer privaten Bergtour rutschte er aus und fiel sehr unglücklich in eine Felsspalte. Er konnte geborgen werden, ist jedoch seitdem querschnittsgelähmt und bedarf rund um die Uhr einer Betreuung, die seine 58-jährige Mutter M übernommen hat.

B möchte gern in seiner häuslichen Umgebung bleiben. Er hatte zwei Wochen nach dem Unfall noch aus dem Krankenhaus telefonisch bei der Gemeindeverwaltung (Sozialamt) seines Wohnorts einen Antrag auf alle in Betracht kommenden Leistungen der Pflegeversicherung gestellt. Daraufhin wurde er durch den Medizinischen Dienst der Krankenversicherung (MDK) in seiner häuslichen Umgebung untersucht. Es wurde festgestellt, dass sein Pflegebedarf bei Körperpflege, Ernährung und Mobilität (Grundpflegebedarf) seit dem Unfall drei Stunden und 55 Minuten und bei der hauswirtschaftlichen Versorgung zwei Stunden täglich im Wochendurchschnitt betrage. Diese Zeiten würde eine gut ausgebildete, professionell und rationell arbeitende Pflegekraft benötigen. Seine Mutter, die seit Beginn der Pflege ein minutengenaues Pflegetagebuch sorgfältig führt, benötigt nach ihren Aufzeichnungen für alle berücksichtigten Tätigkeiten exakt die doppelte Zeit. Darüber hinaus wendet sie täglich durchschnittlich 15 Minuten auf, um – wie vom Arzt im Hinblick auf den noch immer nicht vollständig stabilen Gesundheitszustand angeordnet – zweimal täglich Blutdruck und Puls bei B zu messen; diese Tätigkeiten wurden vom MDK außer Betracht gelassen.

B möchte wissen, ob und ggf. auf welche Leistungen der Pflegeversicherung er Anspruch hat. Er macht sich jedoch keine allzu großen Hoffnungen, weil er weiß, dass er keinen Pflegeversicherungsvertrag abgeschlossen hat und der gesetzlichen Pflegeversicherung auch nicht freiwillig beigetreten ist.

Lesen Sie den Aufgabentext nochmals durch, um ihn genau zu verinnerlichen! Auch ohne Vorkenntnisse im Pflegeversicherungsrecht sollten Sie einen allgemeinen Obersatz formulieren können. **221**

▨ Wie lautet Ihr Obersatz? Sofern Sie bereits über Vorkenntnisse verfügen oder den Fall nach intensivem Gesetzesstudium klausurmäßig lösen wollen, sollten Sie den Obersatz natürlich präziser fassen (s. dazu sogleich die Klammerangaben).

▷ Nach dem allgemeinen sozialversicherungsrechtlichen Anspruchsschema[298] hätte B Anspruch auf Leistungen der sozialen Pflegeversicherung,[299] wenn er dort versichert wäre, einen Versicherungsfall iS dieses Versicherungszweigs (Pflegebedürftigkeit iSd § 15 SGB XI) erlitten hätte und die sonstigen Leistungsvoraussetzungen (hier vor allem die Vorversicherungszeit gem. § 33 II SGB XI) für die Leistungen der Pflegeversicherung erfüllte!

2. Versicherter Personenkreis

Auffälligste Besonderheit gegenüber den anderen Sozialversicherungszweigen ist, dass in den Schutz der sozialen Pflegeversicherung nicht nur alle pflichtweise oder freiwillig in der gesetzlichen Krankenversicherung Versicherten einbezogen sind, sondern darüber hinaus auch privat Krankenversicherte zum Abschluss einer (privaten) Pflegeversicherung verpflichtet wurden (s. § 1 II SGB XI – lesen!). **222**

---

298 Oben Übersicht 20 → **Rn. 165.**
299 Ferner wird hier ein Anspruch auf **Rente wegen voller Erwerbsminderung** gem. § 43 II SGB VI bestehen (→ Rn. 313 ff.), nach dem aber ebenso wenig gefragt ist, wie nach Ansprüchen aus der gesetzlichen Krankenversicherung wegen der **Heilbehandlung.**

Hinweis: Es gilt der Grundsatz: »Die Pflegeversicherung folgt der Krankenversicherung«.

Wer (freiwillig oder pflichtweise) *gesetzlich* krankenversichert ist, ist *Pflicht*versicherter in der sozialen Pflegeversicherung (§ 20 I 1, III SGB XI – unterstreichen Sie im Wortlaut des Abs. 3 »versicherungspflichtig«!). Wer privat krankenversichert ist, muss sich bei einem privaten Krankenversicherungsunternehmen gegen Pflegebedürftigkeit versichern (§ 23 I 1, II, III SGB XI). Diese Personen sind zwar nicht kraft Gesetzes pflegeversichert, aber gesetzlich verpflichtet, eine private Pflegeversicherung abzuschließen (§ 1 II 2 SGB XI). Dadurch betrifft die soziale Pflegeversicherung praktisch die gesamte Bevölkerung.

223 Damit Privatversicherte der Verpflichtung zum Abschluss einer privaten Pflegeversicherung nachkommen können, mussten die privaten Krankenversicherungsunternehmen zum Abschluss derartiger Pflegeversicherungsverträge verpflichtet werden.

▓ Wissen Sie, wie man einen solchen Zwang zum Vertragsabschluss nennt?
▶ Die Antwort gibt Ihnen § 110 I Nr. 1 SGB XI (dort unterstreichen!) sowie Fußnote[300].

§ 110 SGB XI enthält daneben auch zwingende Vorschriften zur Ausgestaltung der privaten Pflegeversicherungsverträge. So soll sichergestellt werden, dass die der privaten Pflegeversicherung zugewiesenen Personen Versicherungsschutz zu sozialverträglichen Bedingungen erhalten.[301]

Freiwillig Krankenversicherte können auf Antrag von ihrer Versicherungspflicht befreit werden, wenn sie nachweisen, dass sie bei einer privaten Versicherung gegen Pflegebedürftigkeit versichert sind (§ 22 I SGB XI). Der Versicherungsschutz muss dabei auch die Familienangehörigen des Versicherten erfassen, da die soziale Pflegeversicherung – ebenso wie die gesetzliche Krankenversicherung – eine (beitragsfreie) **Familienversicherung** umfasst (s. § 25 SGB XI).

224 Auch in der gesetzlichen Pflegeversicherung ist kein Vertragsschluss erforderlich. Der Versicherungsschutz beginnt kraft Gesetzes (automatisch) mit dem Eintritt von Versicherungspflicht. Für die Mitgliedschaft folgt die Pflegeversicherung der Konzeption des Krankenversicherungsrechts (s. § 49 SGB XI). Um eine missbräuchliche Ausnutzung der sozialen Pflegeversicherung zu verhindern, stellt § 20 IV SGB XI Mindestanforderungen an das Vorliegen eines pflegeversicherungspflichtigen Arbeitsverhältnisses bei Personen, die mindestens zehn Jahre nicht in der sozialen Pflegeversicherung oder der gesetzlichen Krankenversicherung versicherungspflichtig waren. Insbesondere bei einer Beschäftigung bei Familienangehörigen von untergeordneter wirtschaftlicher Bedeutung vermutet das Gesetz widerleglich, dass eine versicherungspflichtige Tätigkeit nach § 20 I 2 Nr. 1, 3 oder 4 SGB XI nur scheinbar, nicht aber tatsächlich ausgeübt wird. Personen, die aus der Versicherungspflicht ausscheiden oder deren Familienversicherung erlischt, können sich auf Antrag in der sozialen Pflegeversicherung freiwillig weiterversichern (§ 26 SGB XI – alle Vorschriften lesen!).

Für Übungsfall 9 ergibt sich Folgendes: Da B freiwillig in der gesetzlichen Krankenversicherung versichert ist, ist er in der sozialen Pflegeversicherung pflichtversichert,

---

300 **Kontrahierungszwang!**
301 S. dazu *BMAS* SozR Kap. 11 Tz. 89.

§ 1 II 1, § 20 III SGB XI. Ein Vertragsschluss, ein freiwilliger Beitritt oder ein Antrag auf freiwillige Weiterversicherung war nicht erforderlich.

3. Versicherungsfall Pflegebedürftigkeit

Ein Versicherungsfall iSd Pflegeversicherungsrechts liegt vor, wenn Pflegebedürftig- **225** keit iSd § 14 SGB X gegeben ist. Pflegebedürftig sind Personen, die wegen einer körperlichen, geistigen oder seelischen Krankheit oder Behinderung für die gewöhnlichen und regelmäßig wiederkehrenden Verrichtungen des täglichen Lebens auf Dauer in erheblichem oder höherem Maße der Hilfe bedürfen (§ 14 I SGB XI – lesen!). Was Krankheiten und Behinderungen iSd Norm sind, bestimmt § 14 II SGB XI. Die Dauerhaftigkeit des Hilfebedarfs ist nach dem Gesetz zu bejahen, wenn dieser voraussichtlich für mindestens sechs Monate besteht (Prognoseentscheidung). Der Hilfebegriff ergibt sich aus § 14 III SGB XI. Die relevanten Verrichtungen des täglichen Lebens werden in § 14 IV SGB XI aufgeführt. Sie betreffen nur bestimmte Verrichtungen aus den Bereichen Körperpflege, Ernährung, Mobilität und hauswirtschaftliche Versorgung.

Für das erhebliche oder höhere Maß der Hilfsbedürftigkeit verweist die Definition **226** auf § 15 SGB XI. Nach § 15 I Nr. 1–3 SGB XI werden die pflegebedürftigen Personen den Pflegestufen I–III (erheblich Pflegebedürftige, Schwerpflegebedürftige und Schwerstpflegebedürftige) zugeordnet. Die Einteilung richtet sich neben der Häufigkeit des Hilfebedarfs (§ 15 I SGB XI) auch nach der dafür erforderlichen Zeit (§ 15 III SGB XI). Erreicht der Hilfebedarf nicht wenigstens den der Pflegestufe I, besteht kein Leistungsanspruch. Anders ist dies nur bei den *zusätzlichen Betreuungsleistungen* (§ 45b SGB XI), die insbesondere Demenzkranken zugute kommen sollen:[302] Sie können auch von Menschen mit erheblichen Einschränkungen der Alltagskompetenz beansprucht werden, die einen das Ausmaß der Pflegestufe I noch nicht erreichenden Hilfebedarf im Bereich der Grundpflege und der hauswirtschaftlichen Versorgung haben (§ 45a I 2 Nr. 2 SGB XI – sog. »*Pflegestufe 0*«).

Ob die Voraussetzungen der Pflegebedürftigkeit erfüllt sind und welche Stufe der Pflegebedürftigkeit vorliegt, muss die Pflegekasse durch den Medizinischen Dienst der Krankenversicherung (MDK)[303] oder andere unabhängige Gutachter prüfen lassen (§ 18 I 1 SGB XI). Soll ein unabhängiger Gutachter mit der Prüfung beauftragt werden oder ist innerhalb von vier Wochen ab Antragstellung noch keine Begutachtung erfolgt, ist die Pflegekasse verpflichtet, dem Antragsteller mindestens drei unabhängige Gutachter zur Auswahl zu benennen (§ 18 IIIa SGB XI[304]).

Das Ergebnis der Begutachtung wird der Pflegekasse unverzüglich mitgeteilt (§ 18 VI SGB XI), die eine verbindliche Verwaltungsentscheidung trifft. Dem Antragsteller ist die Entscheidung spätestens fünf Wochen nach Antragseingang schriftlich mitzuteilen; für zu vertretende Fristüberschreitungen sind ihm pro Woche 70 EUR[305] zu zahlen (§ 18 III 2, IIIb 1 SGB XI; zu den Einzelheiten lesen Sie Abs. 2, 3, 3b und 4 der Vorschrift).

---

302 Geändert zum 1.7.2008 durch das Gesetz zur strukturellen Weiterentwicklung der Pflegeversicherung v. 28.5.2008, BGBl. I 874.

303 Nur bei Interesse: **§§ 275 ff. SGB V**.

304 Eingefügt zum 1.6.2013 durch das Pflege-Neuausrichtungs-Gesetz v. 23.10.2012, BGBl. I 2246.

305 Neu eingeführt durch das Pflege-Neuausrichtungs-Gesetz v. 23.10.2012, BGBl. I 2246.

227   Im Übungsfall 9 bedarf B rund um die Uhr einer Betreuung, sodass er als Pflegebedürftiger der Pflegestufe III (Schwerstpflegebedürftiger) anzusehen sein könnte.

- ▓ Prüfen Sie zunächst anhand des vom MDK festgestellten Zeitaufwands, welcher Pflegestufe B zuzuordnen ist!
- ▶ Die vom MDK festgestellten Zeiten erreichen nicht ganz das Ausmaß des § 15 III Nr. 3 SGB XI, da zwar bei der hauswirtschaftlichen Versorgung ein Hilfebedarf von zwei Stunden täglich im Wochendurchschnitt vorliegt, jedoch sein Grundpflegebedarf mit drei Stunden 55 Minuten täglich im Wochendurchschnitt den Schwellenwert von vier Stunden nicht erreicht, sodass danach lediglich Pflegestufe II vorliegen würde.

Zu einem anderen Ergebnis käme man, wenn man täglich weitere 15 Minuten berücksichtigte, die zum Messen von Blutdruck und Puls aufzuwenden sind.

- ▓ Was meinen Sie: müssen diese weiteren 15 Minuten angesetzt werden oder nicht? Lesen Sie dazu nochmals § 14 SGB XI und überlegen Sie, bevor Sie weiterlesen!
- ▶ Krankheitsspezifische Hilfeleistungen (sog. »Behandlungspflege«) sind grds. nicht als Pflegebedarf anzuerkennen, weil sie nicht »verrichtungsbezogen« sind, dh mit einer der in § 14 IV SGB XI genannten, nach der Grundentscheidung des Gesetzgebers allein »pflegebedarfsrelevanten« Verrichtungen zeitlich und inhaltlich zwingend verbunden sind.[306]

228   Allerdings ist dem MDK in Übungsfall 9 bei einem anderen Punkt ein Fehler unterlaufen.

- ▓ Haben Sie ihn schon entdeckt? Falls nicht, schauen Sie sich § 15 SGB XI genau an!
- ▶ Veranschlagt wurden die Zeiten einer ausgebildeten Pflegekraft. Nach § 15 III SGB XI ist jedoch auf den Zeitaufwand abzustellen, den ein nicht als Pflegeperson ausgebildeter Helfer benötigt.

Damit ist hier von den im Pflegetagebuch verzeichneten Werten auszugehen, sodass B als schwerstpflegebedürftig anzusehen ist.

Sollte die Pflegekasse, die ja erst die rechtlich verbindliche Entscheidung (= VA) trifft, den Fehler nicht bemerken, könnte B gegen einen ungünstigen Bescheid der Pflegekasse Widerspruch und ggf. Klage vor dem Sozialgericht erheben und sich dabei zur Begründung insbesondere auf das von seiner Mutter geführte Pflegetagebuch beziehen. Sofern im behördlichen oder gerichtlichen Verfahren nicht bereits dem Tagebuch Glauben geschenkt wird, ist aufgrund dessen idR zumindest ein neues Gutachten durch den MDK oder einen unabhängigen Sachverständigen einzuholen.

> **Tipp:** Insbesondere ältere Menschen nehmen sich häufig bei der Begutachtung durch Pflegekräfte und Ärzte des MDK aus Scham oder Aufgeregtheit derart zusammen, dass keine repräsentativen Werte festgestellt werden können. Ein genau geführtes Pflegetagebuch kann hier weiterhelfen.

---

306   Vgl. dazu BSG Urt. v. 28.5.2003 – B 3 P 6/02 R = SozR 4-3300 § 15 Nr. 1, m. zahlr. wN.

4. Leistungen und besondere Leistungsvoraussetzungen

a) Grundsätze des Leistungsrechts

Die Pflegeversicherung hat die Aufgabe, Pflegebedürftigen Hilfe zu leisten, die we- **229** gen der Schwere der Pflegebedürftigkeit auf solidarische Unterstützung angewiesen sind (§ 1 IV SGB XI). Die beste Hilfe ist dabei diejenige, durch die es gar nicht erst zu Pflegebedürftigkeit kommt oder durch die diese wieder beseitigt werden kann. Deshalb betont das Gesetz besonders den Vorrang von Prävention und Rehabilitation (s. §§ 5, 31 f. SGB XI). Im Übrigen soll die Pflegeversicherung mit ihren Leistungen vorrangig die häusliche Pflege und die Pflegebereitschaft der Angehörigen und Nachbarn unterstützen (§§ 3, 4 II 1 SGB XI). Dazu erbringt sie Leistungen an Pflegebedürftige sowie an die sie in ihrer häuslichen Umgebung nicht gewerbsmäßig Pflegenden (Pflegepersonen, s. § 19 SGB XI). Ihre Leistungen sollen den Pflegebedürftigen helfen, ein möglichst selbstständiges und selbstbestimmtes Leben zu führen, das der Würde des Menschen entspricht (§ 2 I 1 SGB XI). Zwischen Einrichtungen und Leistungen verschiedener Träger können die Betroffenen wählen (§ 2 II 1 SGB XI).

Eine Übersicht über die Leistungen der Pflegeversicherung geben § 21a I SGB I und **230** § 28 SGB XI; die Anspruchgrundlagen finden sich in den §§ 36 ff., 123 f. SGB XI. Die gesetzlichen Pflegeversicherung gewährleistet lediglich eine Grundsicherung (s. die Betragsbegrenzungen in § 36 III und IV sowie § 37 I SGB XI). Der Leistungsumfang ist abhängig von der jeweiligen Stufe der Pflegebedürftigkeit des Versicherten. Geht der notwendige Bedarf des Versicherten über die Leistungen der Pflegeversicherung hinaus, muss er aus privaten Mitteln oder (nachrangig) durch die Sozialhilfe gedeckt werden; für bestimmte Fälle bestehen Härtefallregelungen (s. §§ 36 IV, 43 III SGB XI).

Die Ansprüche der privat gegen Pflegebedürftigkeit Versicherten entsprechen grds. denen der gesetzlich Versicherten, jedoch tritt an die Stelle der Sachleistungen eine der Höhe nach entsprechende Kostenerstattung (vgl. § 23 I 3 SGB XI – haben Sie alle genannten Vorschriften gelesen …?).

b) Leistungen bei Pflegebedürftigkeit

aa) Leistungen bei häuslicher Pflege

Die Leistungen bei häuslicher Pflege regeln die §§ 36–40 SGB XI. Die Versicherten **231** können danach zwischen der Inanspruchnahme von Pflegesachleistungen (§ 36 SGB XI), Pflegegeld für selbst beschaffte Pflegehilfen (§ 37 SGB XI) oder einer Kombination aus beidem (§ 38 SGB XI) wählen. Pflegehilfsmittel (zB Einmalhandschuhe, Urinflasche), technische Hilfen (zB Pflegebett, Bettgalgen) und ggf. Zuschüsse zu Umbaumaßnahmen uÄ (zB zum Bau einer Rollstuhlrampe) werden daneben nach Maßgabe des § 40 SGB XI gewährt.[307]

Pflegebedürftige haben bei häuslicher Pflege im eigenen oder in einem anderen **232** Haushalt Anspruch auf Grundpflege und hauswirtschaftliche Versorgung als **Sachleistung** (häusliche Pflegehilfe), welche durch geeignete professionelle Pflegekräfte erbracht wird (§ 36 I SGB XI). Der Umfang des Anspruchs ist abhängig von der jeweiligen Pflegestufe und durch Pauschalbeträge begrenzt (§ 36 III und IV SGB XI).

---

307 Ausf. dazu *Gitter/Schmitt* SozR § 14 Rn. 37 ff.

Ist eine Pflegeperson (§ 19 S. 1 SGB XI, → Rn. 237) nach mindestens sechsmonatiger Pflege aus Gründen wie Urlaub oder Krankheit verhindert oder benötigt sie eine kurze Auszeit, übernimmt die Pflegekasse die Kosten einer notwendigen *Ersatz-* oder *Verhinderungspflege* für längstens vier[308] Wochen je Kalenderjahr (§ 39 SGB XI). Nehmen Pflegebedürftige die ihnen zustehenden Sachleistungen nur teilweise in Anspruch, erhalten sie daneben anteilig Pflegegeld gem. § 37 SGB XI (**Kombination** gem. § 38 SGB XI). Anstelle von bis zu 50% der Pflegesachleistungen sollen künftig auch »*niedrigschwellige Betreuungs- und Entlastungsangebote*« (§ 45c IIIa SGB XI-E) in Anspruch genommen werden können, § 45b III SGB XI-E.[309]

233 Pflegebedürftige können die erforderliche Grundpflege und hauswirtschaftliche Versorgung in geeigneter Weise auch selbst organisieren. Um es dem Pflegebedürftigen zu ermöglichen, einer selbst beschafften Pflegekraft zumindest ein Taschengeld als Anerkennung zu gewähren, kann unter den Voraussetzungen des § 37 I 1 und 2 SGB XI **Pflegegeld** beantragt werden.[310] Auch hier richtet sich die Höhe der Leistung nach der Pflegestufe (§ 37 I 3 SGB XI). Die Bewilligung erfolgt als laufende Geldleistung durch Verwaltungsakt mit Dauerwirkung, sodass insbesondere § 48 SGB X Anwendung finden kann.[311] Die Hälfte des bisher bezogenen Pflegegeldes wird auch während einer *Verhinderungspflege* nach § 39 SGB XI (→ Rn. 232) und einer *Kurzzeitpflege* nach § 42 SGB XI (→ Rn. 234) jeweils für bis zu vier Wochen je Kalenderjahr fortgewährt (§ 37 II 2 SGB XI).[312]

Bezieher von Leistungen nach den §§ 36–38 SGB XI in ambulanten Wohngruppen haben seit 2013 Anspruch auf einen pauschalen Zuschlag zum Pflegegeld (§ 38a SGB XI – lesen!) sowie auf eine einmalige Anschubfinanzierung zur Gründung von ambulanten Wohngruppen (§ 45e SGB XI).[313]

Um die Qualität der Pflege sicherzustellen, müssen die Bezieher von Pflegegeld in bestimmten zeitlichen Abständen eine Beratung »in der eigenen Häuslichkeit« abrufen; geschieht dies nicht, ist das Pflegegeld zu kürzen bzw. zu entziehen (§ 37 III und VI SGB XI – zur Erinnerung: alle Vorschriften lesen!).

bb) Teilstationäre Pflege und Kurzzeitpflege, vollstationäre Pflege und Pflege in vollstationären Einrichtungen der Hilfe für behinderte Menschen

234 Ist die häusliche Pflege (zB wegen Aufnahme einer Teilzeittätigkeit der Pflegeperson) nicht in ausreichendem Umfang sichergestellt, haben Pflegebedürftige Anspruch auf teilstationäre Pflege in Einrichtungen der *Tages- oder Nachtpflege* (§ 41 SGB XI). Kann die häusliche Pflege zeitweise nicht, noch nicht oder nicht in dem erforderlichen Umfang erbracht werden und reicht auch teilstationäre Pflege nicht aus, besteht Anspruch auf Kurzzeitpflege in einer vollstationären Einrichtung (§ 42 SGB XI).

---

308 Die Dauer soll zum 1.1.2015 auf bis zu sechs Wochen verlängert werden, s. § 39 I 1 SGB XI-E im Entwurf der Bundesregierung für ein Fünftes SGB XI-Änderungsgesetz (5. SGB XI-ÄndG), BT-Drs. 18/1798.

309 S. Entwurf der Bundesregierung für ein Fünftes SGB XI-Änderungsgesetz (5. SGB XI-ÄndG), BT-Drs. 18/1798.

310 Dass bei gleicher Pflegestufe das **Pflegegeld deutlich geringer** ausfällt als der Wert der entsprechenden Sachleistung, **verstößt nicht gegen Art. 3 I, 6 I GG**, BVerfG, Nichtannahmebeschl. v. 26.3. 2014 – 1 BvR 1133/12.

311 S. *Muckel/Ogorek* SozR § 9 Rn. 33.

312 Zum 1.1.2013 neu eingefügt durch das Pflege-Neuausrichtungs-Gesetz v. 23.10.2012, BGBl. I 2246.

313 S. dazu *Schlegel* jurisPR-SozR 3/2013, Anm. 1.

Dies kann etwa während eines pflegegerechten Umbaus der Wohnung oder bei einem vorübergehend erhöhten Pflegeaufwand nach einem Krankenhausaufenthalt in Betracht kommen. Ist häusliche oder teilstationäre Pflege nicht möglich oder kommt sie wegen der Besonderheit des Einzelfalls nicht in Betracht (zB ungünstige Wohnsituation, Fehlen einer geeigneten Pflegekraft, hohe Pflegebedürftigkeit), hat der Pflegebedürftige gem. § 43 I SGB XI Anspruch auf vollstationäre Pflege. Die mit einer stationären Pflege verbundenen Leistungen der Pflegeversicherung beschränken sich auf die pflegebedingten Aufwendungen und die Aufwendungen der sozialen Betreuung; Aufwendungen für Unterkunft und Verpflegung sind nicht erfasst (§ 4 II 2 SGB XI – lesen!).[314]

In vollstationären Einrichtungen der Hilfe für behinderte Menschen ist (nur) die notwendige Hilfe einschließlich der Pflegeleistungen zu gewähren (s. § 13 III 3 Hs. 2 iVm § 71 IV SGB XI). § 43a SGB XI sieht jedoch eine pauschale Abgeltung eines Teils des Heimentgelts vor.

cc) Zusätzliche Betreuungs- und Entlastungsleistungen

Gem. § 45b können Pflegebedürftige iSd § 45a (Pflegebedürftige in häuslicher Pflege **235** mit demenzbedingten Fähigkeitsstörungen, mit geistigen Behinderungen oder psychischen Erkrankungen, bei erheblicher Einschränkung der Alltagskompetenz mit erheblichem Bedarf an allgemeiner Beaufsichtigung und Betreuung) *zusätzliche Betreuungsleistungen* in Anspruch nehmen (§ 45b I SGB XI). Die zusätzlichen Betreuungsleistungen können seit 2008[315] auch von Menschen mit *erheblichen Einschränkungen der Alltagskompetenz* beansprucht werden, die einen das Ausmaß der Pflegestufe I noch nicht erreichenden Hilfebedarf im Bereich der Grundpflege und der hauswirtschaftlichen Versorgung haben (§ 45a I 2 Nr. 2 SGB XI – sog. *»Pflegestufe 0«*, → Rn. 226). Künftig sollen sie von allen Pflegebedürftigen (§ 45b Ia SGB XI-E – also auch von »nur« körperlich Beeinträchtigten) in Anspruch genommen werden können und daneben auch »Entlastungsleistungen« zur Wahl stehen, § 45b SGB XI-E.[316]

Seit 2013[317] erhalten Personen der sog. Pflegestufe 0 neben den Leistungen des § 45b SGB XI in geringem Umfang auch Pflegegeld oder Pflegesachleistungen sowie häusliche Betreuung (im Rahmen der Pflegesachleistungen). Häusliche Betreuung steht auch Pflegebedürftigen der Pflegestufen I–III mit erheblich eingeschränkter Alltagskompetenz zu, für die sich zudem das Pflegegeld und der Umfang der Pflegesachleistungen erhöht (§§ 123 f. SGB XI – lesen und §§ 123 f. neben § 45b SGB XI notieren!).

Zurück zu Übungsfall 9! **236**

▨ Welche Leistungen erstrebt B und sind die Voraussetzungen dafür gegeben? Überlegen Sie!

---

314 Ausf. zum Ganzen: *Gitter/Schmitt* SozR § 14 Rn. 41 ff.
315 Geändert zum 1.7.2008 durch das Gesetz zur strukturellen Weiterentwicklung der Pflegeversicherung v. 28.5.2008, BGBl. I 874.
316 S. Entwurf der Bundesregierung für ein Fünftes SGB XI-Änderungsgesetz (5. SGB XI-ÄndG), BT-Drs. 18/1798.
317 Neu eingeführt durch das Pflege-Neuausrichtungs-Gesetz v. 23.10.2012, BGBl. I 2246. S. dazu *Schlegel* jurisPR-SozR 3/2013, Anm. 1; *Rothgang* SozSich 2012, 245.

▶ B möchte zu Hause durch seine Mutter gepflegt werden. Folglich geht es in seinem Fall um die Gewährung von Pflegegeld nach § 37 I 1 und 3 Nr. 3 Buchst. c SGB XI iHv monatlich 700 EUR.[318]

> Gedankensprung (= *Exkurs*): Was wäre, wenn B seiner Mutter eine Teilzeittätigkeit weiterhin ermöglichen würde und er sich an drei Tagen pro Woche von einem ambulanten Pflegedienst (monatlicher Wert dieser Sachleistungen im Jahr 2014: 775 EUR) betreuen ließe?
>
> ▪ Lesen Sie § 38 SGB XI und überlegen Sie, wie die Vorschrift – unabhängig von den übrigen Voraussetzungen – in dieser Konstellation angewendet werden muss!
> ▶ B würde in diesem Fall die ihm nach § 36 III Nr. 3 SGB XI zustehenden Pflegesachleistungen nur zur Hälfte in Anspruch nehmen. Er kann daher daneben Pflegegeld gem. § 37 I 2 Nr. 3 SGB XI weiterhin zur Hälfte, also iHv 350 EUR beanspruchen.
>
> An die Entscheidung, Geld- und Sachleistungen in einem bestimmten Verhältnis kombiniert in Anspruch zu nehmen, wäre B nach § 38 S. 3 SGB XI für sechs Monate gebunden.

c) Leistungen an Pflegepersonen und zusätzliche Leistungen bei Pflegezeit

237 Leistungen zur sozialen Absicherung einer Pflegeperson, die einen Pflegebedürftigen oder mehrere Pflegebedürftige nicht erwerbsmäßig in ihrer häuslichen Umgebung mehr als 14 Stunden wöchentlich pflegt (§ 19 SGB XI), sind nach § 44 SGB XI vorgesehen. Ähnlich konzipiert sind die »zusätzlichen Leistungen« des § 44a SGB XI, die Arbeitnehmer beantragen können, die **Pflegezeit** nach dem PflegeZG in Anspruch nehmen; gemeint ist damit der seit 2008 bestehende (arbeitsrechtliche) Anspruch auf unbezahlte[319] Freistellung von der Arbeit bei häuslicher Pflege eines nahen Angehörigen für bis zu sechs Monate (§§ 3 I, 4 I PflegeZG, jetzt *nicht* lesen!).

Leistungen nach den §§ 44, 44a SGB XI werden also nicht unmittelbar an Versicherte, sondern an Dritte erbracht. Sie begünstigen aber zumindest mittelbar auch die Versicherten, da sie die Bereitschaft zu nicht erwerbsmäßiger Pflege erhöhen, die vielfach als persönlicher und angenehmer empfunden wird. Die Regelungen berücksichtigen, dass insbesondere Familienangehörige im Pflegefall häufig von einer beruflichen Tätigkeit absehen oder diese teilweise aufgeben müssen. § 44 hilft Lücken in der Rentenbiographie der Pflegepersonen zu vermeiden, gewährt ihnen Unfallversicherungsschutz und ermöglicht es bei einer Rückkehr in das Berufsleben nach der Pflegetätigkeit, bestimmte Leistungen der Arbeitsförderung in Anspruch zu nehmen (s. im Einzelnen § 44 I SGB XI). Nach § 26 IIb SGB III (neben § 44a II SGB XI no-

---

318 Zum 1.1.2015 soll eine Erhöhung auf 728 EUR erfolgen, s. § 37 I 3 Nr. 3 Buchst. d SGB XI-E im Entwurf der Bundesregierung für ein Fünftes SGB XI-Änderungsgesetz (5. SGB XI-ÄndG), BT-Drs. 18/1798.
319 Die Bundesregierung beabsichtigt, zum 1.1.2015 eine Lohnersatzleistung (vergleichbar dem Kinderkrankengeld gem. § 45 SGB V) für bis zu zehn Tage einzuführen, s. www.bmg.bund.de/pflege/pflegestaerkungsgesetze/hintergrund.html.

tieren!) besteht während der Pflegezeit Versicherungspflicht in der Arbeitslosenversicherung. Ferner werden gem. § 44a I SGB XI auf Antrag Zuschüsse zu Kranken- und Pflegeversicherungsbeiträgen gewährt.

Unentgeltliche Pflegekurse für Angehörige sowie für sonstige an einer ehrenamtlichen Tätigkeit Interessierte sollen nach § 45 I SGB XI angeboten werden. Der Auf- und Ausbau von Gruppen ehrenamtlich tätiger Personen sowie von Selbsthilfegruppen wird nach § 45d SGB XI gefördert.[320]

d) Besondere Leistungsvoraussetzungen

Die Leistungen der Pflegeversicherung an Versicherte werden nur **auf Antrag** **238** (§ 19 S. 1 SGB IV, § 33 I 1 SGB XI) und bei Erfüllung einer **Vorversicherungszeit** (§ 33 II 1 Nr. 6 SGB XI: zwei Jahre Mitgliedschaft oder Familienversicherung innerhalb der letzten zehn Jahre vor Antragstellung) gewährt. Sie setzen grds.[321] den Eintritt des Versicherungsfalls der Pflegebedürftigkeit voraus.

▪ Liegen diese besonderen Leistungsvoraussetzungen bei B (Übungsfall 9) vor? Ist die Vorversicherungszeit erfüllt? (Überlegen Sie!)

▶ Ja. Nach dem Sachverhalt ist B seit 20 Jahren ununterbrochen als Arbeitnehmer tätig. Er war in dieser Zeit stets pflichtweise oder freiwillig Mitglied der gesetzlichen Krankenversicherung gem. § 9 I oder § 5 I Nr. 1 SGB V und damit Pflichtmitglied der sozialen Pflegeversicherung gem. § 20 I 1, III SGB XI.

▪ Wie sieht es hinsichtlich der Antragsstellung aus? Lesen Sie § 33 I SGB XI, denken Sie aber auch an die allgemeinen Grundsätze der Antragsstellung!

▶ B hat zwei Wochen nach seinem Unfall, durch den der Versicherungsfall eintrat, den Leistungsantrag gestellt und damit Leistungsansprüche für die Zeit seit dem Unfall, § 33 I 2 SGB XI. Da das Gesetz keine besondere Form vorschreibt, war die telefonische Antragstellung[322] ausreichend und gem. § 16 II 2 SGB I auch hinsichtlich des Zeitpunktes maßgeblich.

Der Versicherte kann Leistungsanträge nach dem SGB XI bzw. SGB V auch gegenüber dem *Pflegeberater* (→ Rn. 240) stellen, der diese unverzüglich an die zuständige Pflege- oder Krankenkasse weiterzuleiten hat (§ 7a II 2 SGB XI – lesen und neben § 19 SGB IV, § 16 SGB I notieren!).

5. Leistungserbringungsrecht

Die Ansprüche der Versicherten richten sich gegen die Pflegekassen als Träger der **239** Pflegeversicherung. Diese erbringen Sachleistungen grds. nicht selbst, sondern durch Leistungserbringer (s. § 69 S. 2 SGB XI). Dies sind insbesondere die ambulanten (= Pflegedienste) und stationären (= Pflegeheime) Pflegeeinrichtungen (s. § 71 I und II SGB XI), Einzelpersonen als Pflegekräfte (s. § 77 I und II SGB XI) sowie Hilfsmittelerbringer (§ 78 SGB XI). Die Rechtsbeziehungen zwischen den Beteiligten entsprechen dabei grds. der Leistungserbringung im Krankenversicherungsrecht (→ Rn. 208 ff.

---

320 Ausf. zum Ganzen: *Gitter/Schmitt* SozR § 14 Rn. 54 ff.; s. ferner zB *Igl/Welti* SozR § 18 Rn. 1 ff.; *Muckel/Ogorek* SozR § 9 Rn. 46 ff.
321 **Ausnahmen** bilden hier die §§ 32, 45, 45a SGB XI.
322 S. *Mrozynski*, Sozialgesetzbuch – Allgemeiner Teil (SGB I), Kommentar, 4. Aufl. 2010, § 16 SGB I Rn. 3 mwN.

mit Übersicht 22). Die Pflegekassen haben im Rahmen des Sicherstellungsauftrags gem. § 69 S. 1 SGB XI die pflegerische Versorgung der Versicherten zu gewährleisten. Dazu schließen sie mit den Leistungserbringern Versorgungsverträge sowie Vergütungsvereinbarungen (§ 69 S. 2 SGB XI).[323]

Mit der Reform der Pflegeversicherung 2008[324] wurde eine Reihe von Maßnahmen auf den Weg gebracht, um die Qualität und Transparenz in der Pflege zu steigern. Das wohl wichtigste und bekannteste Element sind die Prüfungen von stationären Pflegeeinrichtungen und ambulanten Pflegeanbietern durch den MDK gem. §§ 114 ff. SGB XI (sog. *»Pflege-TÜV«*), deren mit Schulnoten vergleichbaren Ergebnisse gem. § 115 Ia SGB XI auch im Internet veröffentlicht werden.[325]

6. Organisation und Finanzierung

240 Die soziale Pflegeversicherung ist zwar ein rechtlich eigenständiger Sozialversicherungszweig, knüpft jedoch an die bestehende Organisation der gesetzlichen Krankenversicherung an (s. § 1 I und III SGB XI). Träger der Pflegeversicherung sind die Pflegekassen, die bei allen Krankenkassen errichtet wurden (s. § 21a II SGB I; §§ 1 III, 46 I 2 SGB XI – lesen!). Da B freiwilliges Krankenkassenmitglied der BKK 24 ist, ist für die Durchführung seiner Pflegeversicherung die bei der BKK 24 errichtete Pflegekasse zuständig (vgl. § 48 I 1 SGB XI).

Pflegekassen sind rechtsfähige Körperschaften des öffentlichen Rechts mit Selbstverwaltung (§ 46 II 1 SGB XI). Ihre Organe sind die der Krankenkassen, bei denen sie errichtet sind (§ 46 II 2 SGB XI). Für die Aufwendungen, die den jeweiligen Krankenkassen dadurch entstehen, erhalten sie eine pauschale Erstattung (§ 46 III SGB XI).

Zur Unterstützung Pflegebedürftiger und ihrer Angehörigen bei der ambulanten Versorgung können die Länder seit 2008 wohnortnahe *»Pflegestützpunkte«* einrichten lassen (§ 92c I 1 SGB XI). Sie sollen die vorhandenen Versorgungsangebote auf der wohnortnahen Ebene so vernetzen, dass eine abgestimmte Versorgung und Betreuung Pflegebedürftiger im Rahmen eines Gesamtkonzepts ermöglicht wird und dabei die starren Grenzen zwischen sozialer und privater Pflegeversicherung, der öffentlichen örtlichen Altenhilfe, der Hilfe zur Pflege sowie der gesetzlichen und privaten Krankenversicherung überwinden.

Eng damit verknüpft ist die Aufgabe des *Pflegeberaters* (§ 7a SGB XI), den der Gesetzgeber zum 1.1.2009 einführte. Er ist an den jeweiligen Pflegestützpunkt angegliedert und soll Pflegebedürftigen individuelle Beratung und Hilfestellung bei der Auswahl und Inanspruchnahme von bundes- oder landesrechtlichen Sozialleistungen geben. Der Versicherte hat einen individuellen Anspruch auf Beratung und Hilfestellung durch ihn und kann ihm gegenüber auch Leistungsanträge nach SGB XI und SGB V stellen (§ 7a I 1, II 2 SGB XI – lesen!). Seit 2013 hat die Pflegekasse dem An-

---

323 Die Rechte und Pflichten der Pflegeeinrichtungen bestimmen sich nach der allgemeinen Vorschrift des § 11 SGB XI, s. *Waltermann* SozR Rn. 234.
324 S. Gesetz zur strukturellen Weiterentwicklung der Pflegeversicherung v. 28.5.2008, BGBl. I 874.
325 S. allgemein dazu die Übersicht des GKV-Spitzenverbands unter www.pflegenoten.de mit Links auf die konkreten Ergebnisseiten.

tragsteller eine Beratung innerhalb von zwei Wochen nach Eingang des erstmaligen Antrags auf Pflegeleistungen zu ermöglichen (vgl. § 7b SGB XI).

Die Ausgaben der Pflegeversicherung werden vor allem durch Beiträge der Mitglieder sowie ihrer Arbeitgeber finanziert (§ 1 VI 1; § 54 I SGB XI). Sie sind bei einem Beitragssatz von 2,05% von den versicherungspflichtigen Beschäftigten und ihren Arbeitgebern grds. hälftig zu tragen (§§ 55 I, 58 I 1 SGB XI). Allerdings wurde der von den Arbeitgebern zu leistende Beitrag – außer in Sachsen – durch Streichung eines gesetzlichen Feiertags kompensiert (§ 58 II SGB XI).[326] Im Freistaat Sachsen tragen die Beschäftigten daher einen Beitragsanteil von 1% allein und nur die verbleibende Differenz zum geltenden Beitragssatz von 2,05% (also 1,05%) ist vom Arbeitgeber hälftig mitzutragen (§ 58 III 1, 3 SGB XI).[327] Derzeit ist im Zuge der Pflegestärkungsgesetze geplant, den Beitragssatz zum 1.1.2015 um 0,3% und in einer weiteren Stufe wohl zum 1.1.2017 um weitere 0,2% zu erhöhen.[328] **241**

Bundesweit gilt ein Beitragszuschlag iHv 0,25% für Kinderlose, den über 23 Jahre alte kinderlose Mitglieder ohne Arbeitgeberbeteiligung allein zu tragen haben (§§ 55 III 1, 58 I 3 SGB XI). Die Beitragshöhe in der gesetzlichen Pflegeversicherung richtet sich bis zur Beitragsbemessungsgrenze (§ 55 II SGB XI) nach den beitragspflichtigen Einnahmen des Mitglieds (§ 1 VI 2; § 54 II 1 SGB XI). Wie in der gesetzlichen Krankenversicherung sind für mitversicherte Familienangehörige und Lebenspartner (§ 25 SGB XI) keine Beiträge zu zahlen (§§ 1 VI 3, 56 I SGB XI)

Zur langfristigen Stabilisierung der Beitragsentwicklung (s. § 132 SGB XI-E) soll mit dem ersten Pflegestärkungsgesetz[329] ein *Pflegevorsorgefonds* (§§ 131 ff. SGB XI-E) eingerichtet und diesem jährlich ein gewisser Anteil der Beitragseinnahmen zugewiesen werden (§ 135 SGB XI-E). Der Fonds dient der Abfederung übermäßiger Beitragssatzsteigerungen ab dem Jahr 2035 (§ 136 SGB XI-E), wenn die geburtenstarken Jahrgänge altersbedingt von Pflegebedürftigkeit verstärkt bedroht sind.

IV. Gesetzliche Unfallversicherung – SGB VII

1. Einführung

Das Recht der gesetzlichen Unfallversicherung findet sich vor allem im SGB VII. Dieser Sozialversicherungszweig verfügt im Vergleich zu den anderen – und insbesondere im Vergleich zur gesetzlichen Krankenversicherung – im Allgemeinen über günstigere Leistungen und sieht grds. keine Selbstbeteiligung der Versicherten vor. Auch werden die Beiträge hier allein durch die Arbeitgeber aufgebracht, während Beschäftigte keine Beiträge zu entrichten haben. **242**

---

326 → **Rn. 219.**

327 Es entfallen in **Sachsen** also 1,525% auf den Arbeitnehmer und 0,525% auf den Arbeitgeber.

328 S. § 55 I SGB XI-E im Entwurf der Bundesregierung für ein Fünftes SGB XI-Änderungsgesetz (5. SGB XI-ÄndG), BT-Drs. 18/1798.

329 Entwurf der Bundesregierung für ein Fünftes SGB XI-Änderungsgesetz (5. SGB XI-ÄndG), BT-Drs. 18/1798.

a) Echte und unechte Unfallversicherung

243 Die gesetzliche Unfallversicherung sichert in erster Linie Berufstätige ab. Für sie besteht das Risiko, dass ihre Arbeitskraft durch einen Arbeitsunfall oder eine Berufskrankheit beeinträchtigt wird. Die Chance, selbst für eine materielle Lebensgrundlage zu sorgen, kann dadurch gefährdet oder vernichtet werden. Wenn auch der Arbeitnehmerschutz als Leitgedanke der gesetzlichen Unfallversicherung bezeichnet werden kann, geht sie heute über diesen Bereich der sog. **echten** Unfallversicherung weit hinaus. Kraft Gesetzes sind inzwischen nicht nur abhängig Beschäftigte versichert, sondern auch zB Schüler und Studierende während des Schul- oder Hochschulbesuchs (§ 2 I Nr. 8 Buchst. b, c SGB VII), Blut- und Organspender (§ 2 I Nr. 13 Buchst. b SGB VII) ebenso wie Personen, die bei Unglücksfällen Hilfe leisten (§ 2 I Nr. 13 Buchst. a SGB VII) oder sich in bestimmten Bereichen ehrenamtlich engagieren (§ 2 I Nr. 9, 10, 12 SGB VII). Rechtssystematisch sind die zuletzt genannten Fälle weitestgehend dem Recht der sozialen Entschädigung zuzurechnen, weshalb man insoweit auch von **unechter** Unfallversicherung spricht.[330]

b) Haftungsersetzung durch Versicherungsschutz

244 Ein Arbeitsunfall kann eine privatrechtliche Haftung des Arbeitgebers auslösen.

> ▨ Welche Anspruchsgrundlagen kommen in Betracht?
> ▶ § 280 I BGB iVm § 241 II BGB in Bezug auf den Arbeitsvertrag sowie § 823 I und II BGB![331]

Die Haftungsbeziehungen von Betriebsangehörigen[332] untereinander sowie im Verhältnis zum Arbeitgeber werden durch die §§ 104 f. SGB VII, im Verhältnis zu anderen Personen in ähnlichen Konstellationen (sowie dieser untereinander) durch die §§ 106 f. SGB VII unterbrochen. Eine Ausnahme sieht das Gesetz nur bei vorsätzlichen Schädigungen oder Wegeunfällen vor, zB bei einem zufälligen Zusammenstoß von Arbeitgeber und Arbeitnehmer auf dem Weg zur Arbeit, oder wenn ein Arbeitnehmer einen Kollegen aus Rache absichtlich schädigt (§ 104 I 1, § 105 I 1 SGB VII). Der Haftungsausschluss der §§ 104 ff. SGB VII gilt aber nur, soweit *Personen*schäden (dies sollten Sie im Gesetzestext unterstreichen!) betroffen sind; der Ersatz von Sachschäden ist also nicht erfasst.

245 Die Haftungsfreistellung hat verschiedene Gründe. Einerseits bezahlt der Unternehmer im Gegenzug für seine Haftungsbefreiung die Beiträge zur gesetzlichen Unfallversicherung allein (*Finanzierungsargument*), andererseits sollen belastende Auseinandersetzungen zwischen Arbeitnehmern und Arbeitgebern vermieden werden (*Betriebsfriedensargument*) und der Geschädigte mit dem Versicherungsträger einen zahlungskräftigen Schuldner erhalten (*Liquiditätsargument*). Die zivilrechtliche Haftung des Arbeitgebers oder von Kollegen wird allerdings nicht 1:1 durch das Unfallversicherungsrecht ersetzt, sondern es besteht nur eine eingeschränkte Leistungs-

---

330 Vgl. *Waltermann* SozR Rn. 243; *Gitter/Schmitt* SozR § 18 Rn. 2.
331 Falls nicht mehr gewusst, s. zB *Wörlen/Kokemoor* ArbR Rn. 183 ff.
332 Einschließlich der sog. »Wie-Beschäftigten« (dazu → **Rn. 250**) gem. § 2 II SGB VII; s. ferner § 106 III Var. 3 SGB VII: Versicherte mehrerer Unternehmen bei **gemeinsamer Betriebsstätte** (zB Großbaustelle), dazu zB *Waltermann* SozR Rn. 311 ff., 315; *Kokemoor* jurisPR-ArbR 32/2014 Anm. 6.

übereinstimmung: Einerseits können Ansprüche gegen den Unfallversicherungsträger begründet sein, obwohl insoweit zivilrechtlich keine Ansprüche bestehen (ein Anspruch auf Verletztenrente [§ 56 SGB VII – diese Vorschrift müssen Sie jetzt nicht unbedingt lesen] kann zB auch bestehen, wenn ein Arbeitnehmer nach einem Arbeitsunfall seinen ursprünglichen Beruf nicht mehr ausüben kann, aber nach Umschulung mehr verdient als vor dem Unfall!). Andererseits umfasst der Haftungsausschluss alle Ansprüche auf Ersatz des Personenschadens und damit auch Schmerzensgeldansprüche selbst dann, wenn ihnen keine Leistungen der gesetzlichen Unfallversicherung gegenüber stehen.[333]

c) Regress der Unfallversicherungsträger

Zu einem Forderungsübergang des Anspruchs gegen den Schädiger auf den Sozial-   **246**
versicherungsträger wie in der gesetzlichen Krankenversicherung gem. § 116 SGB X
(→ Rn. 102 ff. mit Übersicht 11) kommt es durch die Haftungsfreistellung nicht (s.
§§ 104 I 2, 105 I 3 SGB VII). Haben jedoch die von ihrer Haftung gem. den §§ 104–
107 SGB VII Freigestellten den Versicherungsfall *vorsätzlich* oder *grob fahrlässig*
herbeigeführt und hat der Sozialversicherungsträger aufgrund des Versicherungsfalls
Aufwendungen gehabt, kann er gem. § 110 SGB VII (notieren Sie die Vorschrift neben § 104 I 2 SGB VII!) beim Schädiger bis zur Höhe des zivilrechtlichen Schadensersatzanspruchs Regress nehmen. Der Anspruch ist wegen seiner privatrechtlichen
Natur vor den Zivilgerichten einzuklagen.[334]

Weitere Einzelheiten zum Unfallversicherungsrecht sollen anhand des folgenden   **247**
Übungsfalles erarbeitet werden:

Übungsfall 10[335]

G ist Geschäftsführerin und Alleingesellschafterin der AutoMobil-GmbH, X-Stadt. Sie ist bei der für das Unternehmen zuständigen Berufsgenossenschaft für Transport und Verkehrswirtschaft als Unternehmerin freiwillig versichert. Gemeinsam mit ihrem Angestellten A fuhr sie am 22.3. mit einem Firmenwagen in das 70 km entfernte Y zu einer Besprechung mit den Filialleitern der AutoMobil-GmbH. Nachdem die Besprechung um 20.00 Uhr endete, machten sich G und A auf den Rückweg. Um Zeit zu sparen, wollten sie aber nicht zur Hauptniederlassung der AutoMobil-GmbH in X, sondern direkt nach Hause fahren. G setzte zunächst A an dessen Haus ab. Als A die Haustür öffnen wollte, knickte er mit dem Fuß ohne ersichtlichen Grund um. A selbst verletzte sich bei dem Sturz praktisch nicht, doch stürzte seine Brille zu Boden und wurde erheblich beschädigt.
Kurz bevor sie zu Hause angekommen war, bemerkte G, dass A ihr das der GmbH gehörende und überwiegend dienstlich genutzte Mobiltelefon nicht zurückgegeben hatte, das sie ihm während der Besprechung anvertraute. Weil sie eine Nachricht ihres Freundes auf dem Handy erwartete, kehrte sie nochmals um und wollte zurück zum Haus des A fahren. Dabei übersah sie bei klarer Sicht und leerer Straße eine beampelte T-Kreuzung, fuhr versehentlich über diese hinweg und prallte gegen eine Mauer. Sie wurde am rechten Handgelenk erheblich verletzt. Es wurde bei ihr eine Blutalkoholkonzentration von 0,5‰ festgestellt.
Können A und G Ansprüche gegen den zuständigen Träger der gesetzlichen Unfallversicherung geltend machen?

---

333   S. zum Ganzen zB *Gitter/Schmitt* SozR § 22 Rn. 3 ff., 9 ff.

334   BGH NJW 1968, 1429 f. zur Vorgängerregelung des § 640 RVO; ausf. zum Ganzen: *Gitter/Schmitt* SozR § 22 Rn. 13 ff.; s. ferner zB *Muckel/Ogorek* SozR § 10 Rn. 91; *Waltermann* SozR Rn. 317.

335   In Anlehnung an BSG Urt. v. 6.5.2003 – B 2 U 33/02 R = HVBG-Info 2003, 1948 ff.

248 Ist ihnen der Sachverhalt klar? Lesen sie den Text ggf. nochmals durch und stellen Sie die Vorgänge zur Verdeutlichung graphisch dar!

Die Sachverhaltsskizze könnte etwa so aussehen:

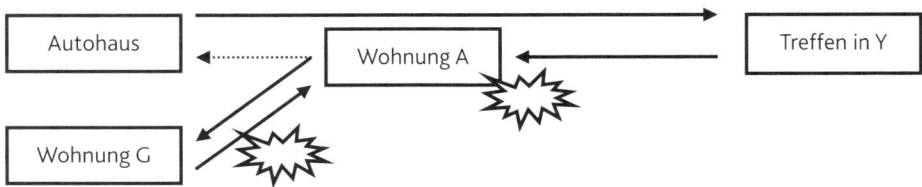

▨ Welchen Obersatz stellen Sie der Prüfung voran?

▷ Denkbar wäre zB: »Ansprüche der G und des A gegen den zuständigen Träger der gesetzlichen Unfallversicherung bestünden, wenn beide zum versicherten Personenkreis in der gesetzlichen Unfallversicherung (§§ 2, 3 oder 6 SGB VII) gehörten, einen Versicherungsfall iS dieses Versicherungszweigs (§ 7 I SGB VII) erlitten hätten und hinsichtlich der eingetretenen Schäden Leistungen nach dem SGB VII vorgesehen wären (§§ 26 ff. SGB VII).

2. Versicherter Personenkreis

a) Pflichtversicherte

249 In der gesetzlichen Unfallversicherung kann sich die Versicherungspflicht sowohl aus dem Gesetz (§ 2 SGB VII) als auch aus dem *Satzungsrecht* der jeweiligen Berufsgenossenschaft (§ 3 SGB VII) ergeben. § 2 I SGB VII zählt Personen auf, die kraft Gesetzes unfallversichert sind. Dies sind zunächst Beschäftigte (§ 2 I Nr. 1 SGB VII) iSv § 7 I SGB IV. Im Unterschied zu den anderen Versicherungszweigen (Sie erinnern sich noch? Falls nicht: → Rn. 130) wird eine *entgeltliche* Beschäftigung nicht gefordert.[336] Für ähnlich schutzbedürftig wie Beschäftigte erachtet der Gesetzgeber die gem. § 2 I Nr. 2–7 SGB VII versicherten Personen (Auszubildende, behinderte Menschen in anerkannten Werkstätten, bestimmte Selbstständige).[337] Die Tatbestände des § 2 I Nr. 8–17 SGB VII bezeichnen die in der »unechten« Unfallversicherung Versicherten (Schüler, Studenten, Nothelfer usw).[338]

250 Gem. § 2 II 1 SGB VII sind auch Personen versichert, die »wie nach Absatz 1 Nr. 1 Beschäftigte tätig werden« (sog. »*Wie-Beschäftigte*«). Folgende vier Voraussetzungen müssen erfüllt sein:[339]

---

336 Ein Postzusteller, der unentgeltlich Post in Dienstkleidung allein und eigenständig austrägt, weil ihm der Abschluss eines **Arbeitsvertrages in Aussicht** gestellt wird, kann bereits als Beschäftigter in den Betriebsablauf eingegliedert und daher versichert sein, wenn er dabei von einem Hund angefallen wird, s. BSG Urt. v. 14.11.2013 – B 2 U 15/12 R = BeckRS 2014, 67312.

337 Vgl. *Muckel/Ogorek* SozR § 10 Rn. 28.

338 Anschaulich zu den versicherte Personen und Tätigkeiten der ges. UV *P. Becker*, BG 2011, 224 ff. S. ferner zB: *Gitter/Schmitt* SozR § 18 Rn. 3 ff.; *Waltermann* SozR Rn. 256 ff.

339 S. zB BSG Urt. v. 13.8.2002 – B 2 U 29/01 R = HVBG-Info 2002, 2511.

- Es muss sich um eine ernstliche, einem fremden Unternehmen (auch: private Fahrzeughaltung oder Privathaushalt, vgl. §§ 128 I Nr. 9; 4 IV SGB VII) dienende Tätigkeit handeln,
- die in Übereinstimmung mit dem wirklichen oder mutmaßlichen Willen des Unternehmers steht,
- ihrer Art nach auch von Personen verrichtet werden kann, die in einem »normalen« Beschäftigungsverhältnis stehen und
- unter Umständen erfolgt, die einer Tätigkeit aufgrund eines Beschäftigungsverhältnisses ähnlich sind.

Die Regelung greift vor allem zugunsten von Personen, die aus Gefälligkeit *fremdnützig* für einen anderen tätig werden und erfasst auch kurzfristige, vorübergehende oder einmalige Verrichtungen (zB Anschieben eines Autos, dessen Motor nicht anspringt[340]). Die letztgenannte Voraussetzung schließt jedoch Tätigkeiten auf *vereinsrechtlicher Basis* ebenso aus, wie typische und übliche *Gefälligkeiten* auf familiärer oder nachbarschaftlicher Basis.[341]

Gem. § 3 I SGB VII kann durch Satzung die Versicherungspflicht unter anderem auf Unternehmer und ihre im Unternehmen mitarbeitenden Ehegatten sowie Personen, die sich auf der Unternehmensstätte aufhalten und auf ehrenamtlich Tätige erstreckt werden.   **251**

b) Versicherungsfreiheit und freiwillige Versicherung

Nach § 4 SGB VII sind bestimmte Personen kraft Gesetzes (sozusagen »automatisch«) von einer Versicherungspflicht ausgenommen. Dies betrifft zB Beamte (Abs. 1 Nr. 1), die durch die beamtenrechtlichen Unfallfürsorgevorschriften der §§ 30 ff. BeamtVG anderweitig abgesichert sind. Unternehmer und ihre Ehegatten sowie unternehmerisch Tätige bei juristischen Personen und Personenhandelsgesellschaften (zB Vorstandsmitglieder einer AG oder Gesellschafter-Geschäftsführer einer GmbH) sowie Ehrenamtsträger können sich freiwillig auf schriftlichen Antrag (= einseitige empfangsbedürftige öffentlich-rechtliche Willenserklärung) nach § 6 I SGB VII versichern.   **252**

- Festzustellen, nach welchen Vorschriften G und A in Übungsfall 10 versichert sind, dürfte Ihnen nicht weiter schwergefallen sein?
- A ist als Beschäftigter nach § 2 I Nr. 1 SGB VII versicherungspflichtig und G freiwillig versichert gem. § 6 I Nr. 2 SGB VII!

Um Leistungen der gesetzlichen Unfallversicherung beanspruchen zu können, müssten sie als Versicherte einen Versicherungsfall erlitten haben.

---

340   BSGE 35, 140 (142).
341   S. *Fuchs/Preis* SozVersR § 35 II 1 b) dd); *Waltermann* SozR Rn. 261 f. mit weiteren Beispielen; s. ferner die Beispiele bei *Ost/Mohr/Estelmann* SozR 173 f.; ausf. zum Ganzen: *Gitter/Schmitt* SozR § 18 Rn. 24 ff.

3. Versicherungsfälle

a) Arbeitsunfälle und Berufskrankheiten

253 Die Versicherungsfälle der gesetzlichen Unfallversicherung sind gem. § 7 I SGB VII Arbeitsunfälle und Berufskrankheiten. Da durch verbotswidriges Handeln ein Versicherungsfall nicht ausgeschlossen wird (§ 7 II SGB VII), kann zB auch bei einer Autofahrt unter Alkoholeinfluss ein Versicherungsfall eintreten.

aa) Arbeitsunfall

254 § 8 I 1 SGB VII definiert den Arbeitsunfall als Unfall eines Versicherten infolge einer den Versicherungsschutz nach §§ 2, 3 oder 6 SGB VII begründenden Tätigkeit (versicherte Tätigkeit). Unter einem Unfall versteht das Gesetz (§ 8 I 2 SGB VII – lesen!) ein zeitlich begrenztes Ereignis, welches von außen auf den Körper einwirkt und zu einem Gesundheitsschaden oder zum Tod führt. »Zeitlich begrenzt« bedeutet innerhalb einer Arbeitsschicht;[342] dieses Merkmal grenzt den Arbeitsunfall von der Berufskrankheit ab.[343] Durch das Erfordernis eines Einwirkens »von außen« auf den Körper werden sog. »innere Ursachen« (krankhafte Erscheinungen wie zB ein Herzinfarkt oder die Konstitution des Versicherten wie zB bei einem Kreislaufkollaps) als Unfallursachen ausgeschlossen.[344] Erleidet ein mit chronischen Rückenproblemen belasteter Versicherter während der Arbeitszeit einen Bandscheibenvorfall, der in ungefähr gleichem Ausmaß letztlich überall hätte eintreten können, liegt kein Unfall vor.[345] Als Gesundheitsschaden gilt gem. § 8 III SGB VII auch die Beschädigung von Hilfsmitteln iSd § 31 I SGB VII (zB Prothesen, Krücken oder Brillen).[346]

In Übungsfall 10 liegt damit nicht nur bei G, sondern auch im Hinblick auf die bei dem Sturz beschädigte Brille des A ein Unfall iSv § 8 I 2 SGB VII vor.

255 Ein Unfall eines Versicherten, der sich unmittelbar bei einer nach §§ 2, 3, 6 SGB VII versicherten Tätigkeit ereignet, ist gem. § 8 I 1 SGB VII regelmäßig als Arbeitsunfall anzusehen. Zu den versicherten Tätigkeiten zählt das Gesetz (§ 8 II SGB VII) auch das Zurücklegen bestimmter Wege von und zur Arbeit (§ 8 II Nr. 1–4 SGB VII) sowie bestimmte Tätigkeiten in Bezug auf Arbeitsgeräte und Schutzausrüstungen (§ 8 II Nr. 5 SGB VII). Diese Sonderformen des Arbeitsunfalls werden als *Wegeunfall* und als *Arbeitsgeräteunfall* bezeichnet.

bb) Wegeunfall

256 Nach § 8 II Nr. 1 SGB VII ist auch das Zurücklegen des Wegs zwischen dem Ort der versicherten Tätigkeit und der Wohnung versichert.[347] Dies gilt nach dem Gesetz nur

---

342 BSGE 15, 112 (113).

343 *Muckel/Ogorek* SozR § 10 Rn. 37.

344 BSG Urt. v. 30.1.2007 – B 2 U 8/06 R, juris Rn. 15 = BeckRS 2007, 45793; *P. Becker* BG 2011, 403 ff. (405).

345 Kommt eine **äußerliche Einwirkung** hinzu, fehlt es an der **Unfallkausalität** der versicherten Tätigkeit (→ **Rn. 272**), wenn der Unfall auch ohne äußere Einwirkung hätte entstehen können und in ungefähr gleichem Ausmaß und etwa im selben Zeitpunkt eingetreten wäre, vgl. *Ost/Mohr/Estelmann* SozR 193.

346 S. allg. zu den Versicherungsfällen der ges. UV *P. Becker* BG 2011, 339 ff. sowie ausf. zum Arbeitsunfall *P. Becker* BG 2011, 403 ff.; *Köhler* SGb 2014, 69 ff.; *Marburger* BG 2011, 575 ff.

347 Auch wenn ein Beschäftigter eine an sich geschuldete Tätigkeit **freiwillig außerhalb** seiner regulären **Arbeitszeit** im Büro verrichtet, ist er auf dem Rückweg versichert, BSG Urt. v. 14.11.2013 – B 2 U 27/12 R = BeckRS 2014, 67541: fachliche Besprechung mit Kollegen, nachdem die Arbeitsstelle aus privaten Gründen (vergessener Geldbeutel) aufgesucht wurde.

für den »unmittelbaren Weg«, der aber nicht der kürzeste sein muss: Auch ein längerer, dafür aber verkehrsgünstigerer Weg ist ein unmittelbarer und damit versichert. Wege, die in Ausübung der versicherten Tätigkeit selbst zurückgelegt werden (zB Dienstreisen oder Betriebswege als Wege auf dem Betriebsgelände oder im unmittelbaren Betriebsinteresse), sind dieser direkt zuzurechnen. Ein dabei geschehener Unfall ist ein Arbeitsunfall in unmittelbarer Anwendung von § 8 I SGB VII und kein Wegeunfall, der nur der versicherten Tätigkeit vorausgehende oder sich ihr anschließende Wege betrifft.[348]

Bei den nach § 8 II Nr. 1 SGB VII versicherten Wegen kann statt der Wohnung des Versicherten auch ein *dritter Ort* Bezugspunkt sein, wenn er unter Berücksichtigung der Umstände des Einzelfalls hinsichtlich Dauer und Länge des Wegs in einem angemessenen Verhältnis zum üblichen Weg des Versicherten steht (zB: Versicherter fährt nach der Arbeit zu einer Werkstatt, um dort sein Motorrad reparieren zu lassen). Dem Aufenthalt an einem solchen Ort muss allerdings eine selbstständige Bedeutung zukommen, was nach der Rechtsprechung dann der Fall ist, wenn der Aufenthalt länger als zwei Stunden (sog. »Zwei-Stunden-Grenze«) dauert oder dauern soll.[349] Nur bei den Wegen von der versicherten Tätigkeit zum Mittagessen und zurück, die ebenfalls als Wegeunfälle unter dem Schutz der Unfallversicherung stehen,[350] kommt es auf die Zwei-Stunden-Grenze nicht an.

Weicht der Versicherte vom unmittelbaren Weg vom oder zum Betrieb ab, ist er unversichert und befindet sich entweder auf einem »Umweg« oder auf einem »Abweg«. Bei einem *Umweg* bewegt sich der Versicherte in Richtung des Zielorts (Ort der versicherten Tätigkeit, Wohnung), wählt aber aus privaten Gründen einen nicht unerheblich längeren Weg, der den Zusammenhang mit der versicherten Tätigkeit aufhebt (Beispiel: Versicherter wählt eine 100 m längere Parallelstraße, um Geldautomat aufzusuchen = kein Versicherungsschutz![351]). Beim *Abweg* wird der unmittelbare Weg in eine vom Zielort abweichende Richtung verlassen (Einschub eines selbstständigen Wegs). Auch relativ kurze Abwege sind unversichert (Einkauf auf dem Weg zur Arbeit = regelmäßig kein Versicherungsschutz ab Verlassen des öffentlichen Straßenraums bei Fußgängern oder des Fahrzeugs bei Kraftfahrern,[352] bei denen aber bereits das Abbremsen zum Abbiegen[353] die Handlungstendenz einer Wegunterbrechung nach außen dokumentieren kann). Bei Fortsetzung des unmittelbaren Wegs (zB Fahrtfortsetzung auf der Straße nach dem Tanken)[354] lebt der Versicherungsschutz allerdings ebenso wieder auf, wie nach einer bis zu zweistündigen Unterbrechung[355] (Beispiel: Versicherter unterbricht Heimweg für ein »Feierabendbierchen« in einer Gaststätte und setzt den

257

---

348   S. BSG Urt. v. 12.1.2010 – B 2 U 35/08 R, juris Rn. 16 = BeckRS 2010, 67715; BSG Urt. v. 18.6.2013 – B 2 U 7/12 R – juris Rn. 13 = BeckRS 2013, 72278 .

349   BSG Urt. v. 3.12.2002 – B 2 U 19/02 R, SozR 3-2700 § 8 Nr. 14.

350   BSG Urt. v. 27.4.2010 – B 2 U 23/09 R = BeckRS 2010, 71174. Der Grund hierfür ist die **physiologische Notwendigkeit** im Laufe eines Arbeitstages **zur Fortsetzung der versicherten Tätigkeit** etwas zu essen, s. *P. Becker* BG 2011, 462 ff. (465).

351   BSG Urt. v. 24.6.2003 – B 2 U 40/02 R = HVBG-Info 2003, 2446 ff.; vgl. auch BSG Urt. v. 12.1.2010 – B 2 U 35/08 R – juris Rn. 22 = BeckRS 2010, 67715.

352   S. BSG Urt. v. 2.12.2008 – B 2 U 15/07 R = BeckRS 2009, 52200 sowie BSGE 91, 293 ff. mit ausf. Überblick über die Entwicklung und Gründe dieser Rspr.

353   BSG Urt. v. 4.7.2013 – B 2 U 3/13 R = BeckRS 2013, 72597.

354   BSG Urt. v. 4.7.2013 – B 2 U 12/12 R = BeckRS 2013, 73166.

355   BSGE 20, 219 (221); 63, 26 (27); s. auch BSG Urt. v. 13.11.2012 – B 2 U 19/11 R. juris Rn. 25 = BSGE 112, 177 ff., wo allerdings offen gelassen wird, ob daran für die Zukunft festzuhalten ist.

Heimweg nach einer Stunde fort = kein Versicherungsschutz in der Gaststätte, wohl aber auf dem weiteren Heimweg).[356] Hintergrund dieser Unterscheidungen ist, dass Versicherungsschutz nur dann besteht, wenn zwischen der Tätigkeit zur Zeit des Unfallereignisses und der den Versicherungsschutz nach §§ 2, 3 oder 6 SGB VII begründenden Tätigkeit aufgrund der *Handlungstendenz* ein »*innerer Zusammenhang*« besteht, womit wir uns noch ausführlicher beschäftigen werden (→ Rn. 265 ff.).[357]

258 **Übersicht 25: Wegeunfall – Versicherter Weg, Umweg und Abweg**

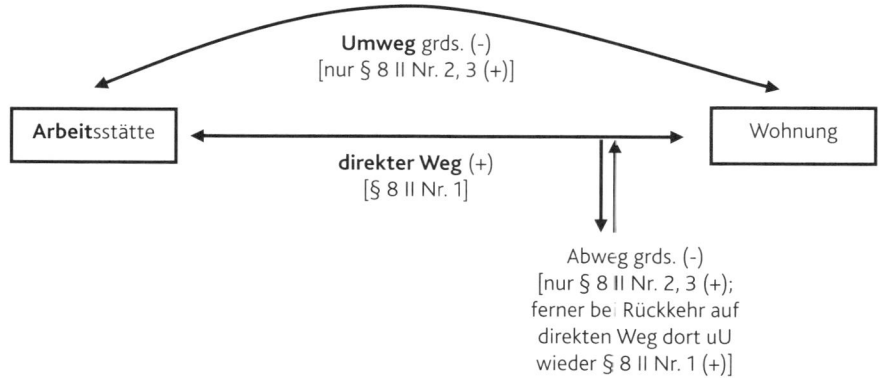

259 Gem. § 8 II Nr. 2 und 3 SGB VII sind ausnahmsweise auch vom unmittelbaren Weg abweichende Wege versichert. Nach Nr. 2 Buchst. a ist dies der Fall, wenn sie dazu dienen, Kinder von Versicherten wegen der eigenen beruflichen Tätigkeit (oder der des Ehe- oder Lebenspartners) fremder Obhut anzuvertrauen (Beispiel: Vater bringt Kind vor der Arbeit zu einer Tagesmutter und muss dazu vom unmittelbaren Weg abweichen). Nach Nr. 3 sind auch selbst versicherte Kinder (zB Schulkinder gem. § 2 I Nr. 8 Buchst. b SGB VII) in derartigen Konstellationen geschützt (Beispiel: Kind geht nach der Schule zum Essen zu den Großeltern, wo es von der Mutter nach der Arbeit abgeholt wird). Ferner sind Um- und Abwege zur Ermöglichung von Fahrgemeinschaften gem. § 8 II Nr. 2 Buchst. b SGB VII versichert.[358] § 8 II Nr. 4 SGB VII ordnet weiterhin einen Versicherungsschutz für Familienheimfahrten an und betrifft den Fall, dass ein Versicherter wegen der großen Entfernung zwischen Familienwohnung und Arbeitsstelle am Ort der Tätigkeit eine zusätzliche Unterkunft nimmt (zB möbliertes Zimmer; Zimmer im Studentenwohnheim).

260 Was bedeutet dies für die Lösung von Übungsfall 10?

    ▪ Ereignete sich der Sturz des A auf einem nach § 8 II Nr. 1 SGB VII versicherten Weg? Denken Sie nach!

    ▶ Da die Brille des A auf dem Weg zu seiner Wohnung beschädigt wurde, könnte es sich um einen Wegeunfall iSd § 8 II Nr. 1 SGB VII handeln. Allerdings war er nicht zwischen Betriebsstätte und Wohnung unterwegs, sondern kam unmittelbar

---

356 S. *Waltermann* SozR Rn. 289 f.; *Kreßel/Wollenschläger* Leitfaden SozVersR § 8 Rn. 215 ff.

357 Ausf. und anschaulich zum Wegeunfall: BSG Urt. v. 13.11.2012 – B 2 U 19/11 R = BeckRS 2013, 66068; *P. Becker* BG 2011, 462 ff.; *Krasney* SGb 2013, 313 ff.

358 Instruktiv dazu BSG Urt. v. 12.1.2010 – B 2 U 36/08 R = DB 2010, 1356.

von der Besprechung aus Y, wohin ihn seine Arbeitgeberin geschickt hatte. Die an diesem Tag von ihm geforderte Arbeitsleistung bestand in der Teilnahme an der Besprechung und der Fahrt dorthin. Die Fahrt nach Y und zurück war also Teil seiner Arbeit selbst!

A hat sich auf Anweisung seiner Arbeitgeberin von der Betriebsstätte seines Beschäftigungsunternehmens entfernt und befand sich damit auf einer Dienstreise. Diese ist Teil der versicherten Tätigkeit und daher unmittelbar nach § 8 I 1 SGB VII versichert. Dass er auf dem Hin- und/oder Rückweg die Betriebsstätte gar nicht aufsuchte, ist ohne Belang:[359] Die versicherte Tätigkeit des A endete an diesem Tag nicht wie üblich im Autohaus, sondern an seiner Wohnung.

Fraglich ist aber, an welchem Punkt der Versicherungsschutz endete.   261

▪ Überlegen Sie, wo sich der Unfall ereignete! Inwiefern könnte sich hier ein Versicherungsschutz des A als problematisch erweisen?

▶ A hatte sein Haus bereits erreicht und befand sich offenbar auf dem eigenen Grundstück. Seine versicherte Tätigkeit könnte im Unfallzeitpunkt bereits beendet gewesen sein.

Die Rechtsprechung hat dazu eine sehr schematische, aber in der Praxis gut handhabbare Lösung entwickelt: Auf Wegen sieht sie den entscheidenden Übertritt von der betrieblichen in die unversicherte private Sphäre jeweils mit Durchschreiten der Außentür des bewohnten Gebäudes gegeben.[360] Da die Brille des A hier noch vor Erreichen der Tür beschädigt wurde, war die Dienstreise noch nicht zu Ende und Versicherungsschutz grds. zu bejahen.

Zu prüfen bleibt der Unfall der G. Auch G verunglückte auf der Strecke zwischen Y   262
und ihrer Wohnung, wobei sich der Umweg zur Wohnung des A auch bei einer Dienstreise angesichts des Rechtsgedankens des § 8 II Nr. 2b SGB VII (Fahrgemeinschaften) nicht nachteilig auf den Versicherungsschutz auswirken kann.

▪ Worin liegt der entscheidende Unterschied zu dem von A zurückgelegten Weg?

▶ Dass G ihn nun wieder zurück fuhr! Als sie den Weg von der Besprechung zu ihrer Wohnung verließ, beendete sie ihre Dienstreise; denn ab diesem Zeitpunkt fuhr sie aus rein privaten Gründen wieder in die entgegengesetzte Richtung.[361]

▪ Was könnte man dem entgegen halten?

▶ G wollte das Geschäfts-Handy abholen, das jedoch an diesem Abend dienstlich nicht mehr benötigt wurde. Dass G ihre betriebliche Tätigkeit fortsetzen wollte und dazu gerade das Handy benötigt hätte, ist nicht ersichtlich. Sie brauchte das Handy, das im Übrigen bei A sicher aufgehoben war, an diesem Abend vielmehr zu privaten Zwecken. Durch das Umkehren hat sich G damit von der gem. § 8 I 1 iVm § 6 I Nr. 2 SGB VII versicherten Tätigkeit gelöst (dazu sogleich mehr → Rn. 266, 270) und auf einen rein privaten Weg begeben.

---

359   S. KassKom/*Ricke* SGB VII § 8 Rn. 124; vgl. ferner BSG Urt. v. 12.6.1990 – 2 RU 57/89, und v. 14.12.1995 – 2 RU 21/94 = SozR 3-2200 § 548 Nr. 3 und 25; BSG Urt. v. 19.8.2003 – B 2 U 43/02 R = SozR 4-2200 § 550 Nr. 1.

360   Vgl. BSG Urt. v. 18.6.2013 – B 2 U 10/12 R = BeckRS 2013, 72278; Darstellung der Rspr. bei *P. Becker* BG 2011, 462 ff.; s. ferner *Schmitt* SGB VII § 8 Rn. 144 ff.

361   Das BSG beurteilte sogar eine **Umkehr** für eine Strecke **von nur ca. 100–150 Metern** zur Regulierung eines Verkehrsunfalls in diesem Sinne, s. BSG Urt. v. 17.2.2009 – B 2 U 26/07 R = SozR 4-2700 § 8 Nr. 32.

cc) Arbeitsgeräteunfall

263 Gem. § 8 II Nr. 5 SGB VII zählt auch das Verwahren, Befördern, Instandhalten und Erneuern eines Arbeitsgeräts oder einer Schutzausrüstung sowie deren vom Unternehmer veranlasste Erstbeschaffung zu den versicherten Tätigkeiten. Arbeitsgerät in diesem Sinne ist jeder Gegenstand, der als Mittel zur Erledigung der versicherten Tätigkeit geeignet ist und hauptsächlich dafür genutzt wird. Unter »Verwahrung« versteht man aber nur den einmaligen Akt der Unterbringung an einem bestimmten Ort sowie seine Beendigung (»Entwahrung«) und die damit jeweils zusammenhängenden Wege und Handlungen.[362]

> Da auch das von G vergessene Handy ihrer versicherten Geschäftsführertätigkeit diente und überwiegend für diese genutzt wurde, war es ein Arbeitsgerät in diesem Sinne. Könnte sich daraus doch noch ein Versicherungsschutz für G ergeben? Überlegen Sie, bevor Sie weiterlesen!

> ▶ Im Unfallzeitpunkt hat G dieses Arbeitsgerät weder verwahrt oder entwahrt noch befördert noch in Stand gehalten und auch nicht erneuert. Sie wollte es lediglich wieder an sich nehmen, was für Versicherungsschutz nach § 8 II Nr. 5 SGB VII nicht ausreicht![363]

dd) Berufskrankheit

264 Berufskrankheiten sind Krankheiten, die nicht Ausfluss des allgemeinen Lebensrisikos sind, sondern die Versicherte infolge einer versicherten Tätigkeit erleiden (s. § 9 I 1, II SGB VII).[364] Sie beruhen nicht auf einem zeitlich begrenzten Ereignis, sondern auf länger dauernder Einwirkung. Das Gesetz folgt dabei einem *Listenprinzip*, dh Berufskrankheiten gem. § 9 I 1 SGB VII sind grds. nur Krankheiten, die die Bundesregierung durch *Rechtsverordnung* mit Zustimmung des Bundesrats als Berufskrankheiten bezeichnet. Das Listenprinzip wird abgemildert durch § 9 II SGB VII, wonach auch nicht gelistete Krankheiten als Berufskrankheiten anerkannt werden, wenn im Entscheidungszeitpunkt nach neuen Erkenntnissen der medizinischen Wissenschaft die Voraussetzungen vorliegen, die nach § 9 I 2 SGB VII eine Aufnahme in die Berufskrankheitenliste gebieten. Die Vorschrift ist aber nicht als allg. »Härteklausel« zu verstehen, nach der jede durch eine versicherte Tätigkeit verursachte Krankheit als sog. »Wie-Berufskrankheit« anzuerkennen wäre.[365]

b) Innerer Zusammenhang und Kausalität

aa) Innerer Zusammenhang zur versicherten Tätigkeit

265 Nur ein Unfall eines Versicherten, der sich »infolge« einer versicherten Tätigkeit ereignet, kommt nach dem Gesetz als Arbeitsunfall in Betracht. Dabei geht es nicht nur um den zeitlichen oder räumlichen Bezug, sondern die Rechtsprechung fordert einen »*inneren oder sachlichen Zusammenhang*« zwischen der *zur Zeit des Unfallereignis-*

---

362 BSG Urt. v. 6.5.2003 – B 2 U 33/02 R = HVBG-Info 2003, 1948.
363 S. BSG Urt. v. 6.5.2003 – B 2 U 33/02 R = HVBG-Info 2003, 1948.
364 Gute Einführung in das Berufskrankheitenrecht bei *P. Becker* BG 2011, 73 ff.
365 Selbst wenn bei **sehr kleinen Berufsgruppen** wie **Berufsgeigern** wegen der geringen Zahl der betroffenen Personen entsprechende Studien gar nicht möglich sind, kommt eine Anerkennung ohne wissenschaftliche Erkenntnisse über den generellen Ursachenzusammenhang nicht in Betracht, BSG Urt. v. 18.6.2013 – B 2 U 6/12 R = SozR 4-2700 § 9 Nr. 22. Zu den **Voraussetzungen der Anerkennung** von Wie-Berufskrankheiten s. *Jung* BPUVZ 2013, 121 f. (122).

ses durchgeführten Verrichtung und der eigentlichen versicherten Tätigkeit:[366] Diese muss bei wertender Betrachtung als Bestandteil der versicherten Tätigkeit anzusehen sein. Es geht für diese Grenzziehung zwischen »versicherten« und »unversicherten« Verrichtungen vor allem darum, ob sie noch vom Schutzzweck der Norm, also des jeweiligen Versicherungstatbestandes (zB § 2 I Nr. 1 SGB VII), gedeckt sind. Zu beurteilen ist dies nach der »*objektivierten Handlungstendenz*« des Versicherten: Es kommt darauf an, ob der Versicherte (auch) eine dem Beschäftigungsunternehmen dienende Tätigkeit ausüben wollte und diese Handlungstendenz durch die objektiven Umstände des Einzelfalls bestätigt wird.[367] Dies hat das BSG insbesondere bejaht, wenn der Versicherte aus gutem Grund der Auffassung sein konnte, sich »betriebsdienlich« zu verhalten.[368] Auch Wege sind nur versichert, soweit sie mit der versicherten Tätigkeit noch in einem inneren Zusammenhang stehen. Entsprechendes gilt für Arbeitsgeräteunfälle.

Es geht bei der Frage nach dem inneren Zusammenhang darum, die unfallversicherungsrechtlich geschützte Tätigkeit von dem nicht versicherten privaten Bereich (den sog. »**eigenwirtschaftlichen Tätigkeiten**«) abzugrenzen. Was nicht wesentlich dem Unternehmen dienen soll, sondern vornehmlich in eigenem Interesse geschieht, ist grds. unversicherte Privatangelegenheit. Wer also während seiner Arbeitszeit anstelle von Spezialbauteilen Briefbeschwerer für Bekannte fertigt, ist nicht unfallversichert, wenn er mit der Hand in die Maschine gerät. Ebenfalls als rein eigenwirtschaftlich (privat) anzusehen sind regelmäßig Essen, Trinken, Rauchen sowie Toilettenbesuche, selbst wenn diese Verrichtungen während der Arbeitszeit und/oder am Arbeitsplatz erfolgen.[369] Essen und Trinken selbst sind zwar eigenwirtschaftliche Verrichtungen. Andererseits ist beides notwendig, um die Arbeitskraft zu erhalten. Erfolgen diese oder andere Verrichtungen bei der Arbeit oder einem betrieblichen Weg »im Vorbeigehen« oder »ganz nebenher«, kann es sich um eine zeitlich und räumlich nur geringfügige und daher *unerhebliche* tatsächliche Unterbrechung handeln, die nicht zum Verlust des Versicherungsschutzes führt. Nicht alle Wege während der Arbeitszeit oder auf der Arbeitsstätte stehen unter dem Schutz der gesetzlichen Unfallversicherung. Geschützt sind nur solche Wege, bei denen ein *sachlicher Zusammenhang* besteht, weil der Weg gerade durch die Ausübung des Beschäftigungsverhältnisses oder den Aufenthalt auf der Betriebsstätte *bedingt* ist.[370] Da die Nahrungsaufnahme zum Erhalt der Arbeitskraft notwendig und der Versicherte durch die betrieblichen Besonderheiten gezwungen ist, dazu bestimmte Wege zurückzulegen, besteht auf dem *Weg zur Kantine* ein innerer Zusammenhang zur betrieblichen Tätigkeit und damit auch Versicherungsschutz.[371] Nicht versichert sind hingegen Wege im Zusammenhang mit einer Rau-

266

---

366 StRspr seit BSGE 94, 262. Gute Darstellung der neueren Rspr. bei *P. Becker*, Der Arbeitsunfall, SGb 2007, 721 ff.; *P. Becker* BG 2011, 403 ff.

367 BSG Urt. v. 9.11.2010 – B 2 U 14/10 R = SozR 4-2700 § 8 Nr. 39; BSG Urt. v. 13.11.2012 – B 2 U 27/11 R = SozR 4-2700 § 2 Nr. 23.

368 BSG Urt. v. 18.3.2008 – B 2 U 12/07 R = SozR 4-2700 § 135 Nr. 2 Rn. 14; BSG Urt. v. 15.5.2012 – B 2 U 8/11 R, juris Rn. 59 = BSGE 111, 37 ff.

369 S. zB *Gitter/Schmitt* SozR § 19 Rn. 11; ausf.: *Kreßel/Wollenschläger* Leitfaden SozVersR § 8 Rn. 122 ff.

370 BSGE 98, 20 ff., Rn. 13; BSG Urt. v. 12.12.2006 – B 2 U 28/05 R = SGb 2007, 742 ff., Rn. 15.

371 S. zum Versicherungsschutz beim **Essen und Trinken am Arbeitsplatz** zB *Jung* BPUVZ 2013, 447 f.; *Kreßel/Wollenschläger* Leitfaden SozVersR § 8 Rn. 120, 138 ff., 141.

cherpause[372] oder einem Personaleinkauf[373] auf dem Betriebsgelände, weil dort ein solcher Zwang nicht besteht.[374]

267 Bei sog. »gemischten Tätigkeiten« ist es notwendig, dass die Tätigkeit *wesentlich* (nicht: überwiegend!) *auch* einer versicherten Tätigkeit dient.[375] Eine gemischte Tätigkeit liegt vor, wenn gleichzeitig (zumindest) zwei untrennbare Verrichtungen ausgeübt werden, von denen (wenigstens) eine den Tatbestand einer versicherten Tätigkeit erfüllt.[376]

> Beispiel:[377] Anzünden einer Zigarette (1. Verrichtung: eigenwirtschaftlich) *während* der fortdauernden Arbeit mit brennbaren Flüssigkeiten (2. Verrichtung: betrieblich und versichert): Arbeit dient weiterhin auch wesentlich der betrieblichen Tätigkeit.

Liegt hingegen nur *eine einzige* Verrichtung vor, handelt es sich um eine solche mit »gemischter Motivationslage« bzw. »gespaltener Handlungstendenz«, die gleichzeitig sowohl zu betrieblichen als auch eigenwirtschaftlichen Zwecken erfolgt. Hier ist der innere Zusammenhang mit der versicherten Tätigkeit zu bejahen, wenn die Verrichtung nach den objektiven Umständen in ihrer konkreten, tatsächlichen Ausgestaltung ihren Grund in der *betrieblichen* Handlungstendenz findet, sie also auch vorgenommen worden wäre, wenn man die private Motivation hinweg denkt.[378]

> Beispiel:[379] Fahrt (= einzige Verrichtung) zu einer Gaststätte, um dort zu essen (eigenwirtschaftliche Handlungstendenz) und gleichzeitig an einer Rede weiterzuarbeiten (betriebliche Handlungstendenz).
> Denkt man den privaten Grund der Essensaufnahme hinweg, ergibt sich kein betrieblicher Grund für die Fahrt: Es besteht kein innerer Zusammenhang mit der versicherten Tätigkeit.

268 Unfallversicherungsschutz besteht nicht nur bei Tätigkeiten zur Erfüllung des Arbeitsvertrages. Auch außerhalb der Arbeitszeit wird bei **betrieblichen Gemeinschaftsveranstaltungen** (Betriebsfeiern, -ausflüge) ein innerer Zusammenhang zur versicherten Tätigkeit bejaht, wenn sie dazu dienen, die betriebliche Verbundenheit zu fördern, alle Betriebsangehörigen oder Mitarbeiter einer bestimmten Abteilung daran teilnehmen sollen und die Veranstaltung vom Willen und der Autorität des Unternehmers getragen (dh organisiert, gebilligt oder gefördert) wird. Außerdem sind Beschäftigte auch beim **Betriebssport** versichert, wenn sich der Teilnehmerkreis im Wesentlichen auf Angehörige des Beschäftigungsunternehmens und ihre Familien beschränkt und primär den Charakter von Ausgleichssport hat.[380] In beiden Fällen muss aber Unfallkausalität (→ Rn. 272) bestehen.

---

372 SG Berlin Urt. v. 23.1.2013 – S 68 U 577/12 = BeckRS 2013, 66059 .
373 Vgl. BSG Urt. v. 19.1.1995 – 2 RU 3/94 = NZS 1995, 371 f.
374 Selbst bei starker **Nikotinabhängigkeit** könnte man sich auch mit einem Nikotinkaugummi oder -pflaster behelfen!
375 Vgl. BSGE 20, 215 (217). Näher dazu *P. Becker* SGb 2007, 721 ff. (725).
376 BSG Urt. v. 9.11.2010 – B 2 U 14/10 R, juris Rn. 22 = SozR 4-2700 § 8 Nr. 39; BSG Urt. v. 15.5.2012 – B 2 U 8/11 R, juris Rn. 75 = BSGE 111, 37 ff.
377 Vgl. BSG Urt. v. 12.4.2005 – B 2 U 11/04 R, juris Rn. 20 = BSGE 94, 262 ff.
378 BSG Urt. v. 9.11.2010 – B 2 U 14/10 R, juris Rn. 23 f. = SozR 4-2700 § 8 Nr. 39); ähnlich bereits BSG Urt. v. 12.5.2009 – B 2 U 12/08 R, juris Rn. 16 = SozR 4-2700 § 8 Nr. 33.
379 BSG Urt. v. 18.6.2013 – B 2 U 7/12 R, juris Rn. 14 ff. = SozR 4-2700 § 8 Nr. 48.
380 S. zB BSG Urt. v. 22.9.2009 – B 2 U 4/08 R, juris Rn. 12 = BeckRS 2009, 74343; BSG Urt. v. 27.10.2009 – B 2 U 29/08 R, juris Rn. 11 ff. = BeckRS 2010, 66645; BSG v. 26.6.2014 – B 2 U 17/13 R. Vgl. dazu *Jung* BPUVZ 2012, 590 f.; *Greiner* SGb 2009, 581 ff.

In Übungsfall 10 wollte A bereits die Tür seines Hauses öffnen. Dieser Vorgang weist sowohl private (= Öffnen der Haustür zum Betreten des Privatbereichs) als auch dienstliche Aspekte (= letzter Schritt zum Abschluss der Dienstreise) auf. **269**

▨ Wie würden Sie dies im Hinblick auf den inneren Zusammenhang beurteilen?

▷ Es wurden gleichzeitig zwei untrennbare Verrichtungen ausgeführt, also liegt eine gemischte Tätigkeit vor. Da die Dienstreise erst mit dem Durchschreiten der Tür zum Abschluss gekommen wäre, dient sie jedenfalls *auch* wesentlich der betrieblichen Tätigkeit. Der notwendige innere Zusammenhang zu der nach § 2 I Nr. 1 SGB VII bestehenden Versicherung als Arbeitnehmer liegt vor.

Allgemein werden Tätigkeiten wie das Öffnen und Schließen der Haus- bzw. Garagentür, das Freimachen des Fahrzeugs von Eis sowie notwendiges Warten auf Verkehrsmittel usw als wesentlich vom Zurücklegen des Weges bedingte und damit vom Versicherungsschutz umfasste Tätigkeiten angesehen.[381]

Damit Versicherungsschutz besteht, darf seitens des Versicherten auch keine **Lösung vom Betrieb** erfolgen, dh er darf seine betriebsnützliche Tätigkeit nicht endgültig aufgegeben haben. Dies ist insbesondere dann der Fall, wenn ein Versicherter endgültig in die private Sphäre übertritt, indem er nun rein private Ziele verfolgt. Ein solcher Übertritt kann auch dadurch geschehen, dass sich ein Versicherter von der betrieblichen Tätigkeit »in die Volltrunkenheit verabschiedet«, er also durch Alkoholeinwirkung zu einer dem Unternehmen dienlichen Arbeit gar nicht mehr in der Lage ist,[382] weil seine Steuerungs- und Einsichtsfähigkeit fehlt.[383] **270**

Eine derartige Wertung haben wir im Hinblick auf G in Übungsfall 10 bereits vorgenommen: Auch G befand sich auf einer Dienstreise, war jedoch aus privaten Motiven kurz vor dem Ziel wieder umgekehrt. Damit war sie in die private Sphäre übergewechselt, weshalb kein innerer Zusammenhang zu ihrer Tätigkeit mehr bestand. **271**

▨ Könnte der innere Zusammenhang bereits vorher aufgrund des Alkoholkonsums unterbrochen gewesen sein?

▷ Angesichts der festgestellten Blutalkoholkonzentration von 0,5‰ waren von G durchaus noch betriebsnützliche Tätigkeiten zu erwarten.

bb) Unfallkausalität: Theorie der wesentlichen Bedingung **272**

Der eingetretene Unfall muss ferner auf die versicherte Tätigkeit zurückzuführen sein. Die neuere Rechtsprechung verlangt dafür eine »Unfallkausalität« zwischen der Tätigkeit zur Zeit des Unfallereignisses und dem Unfallereignis selbst.[384] Diese ist grds. anzunehmen, wenn Konkurrenzursachen neben der versicherten Tätigkeit nicht festzustellen sind. Anders ist dies insbesondere bei den soeben erörterten *gemischten* Tätigkeiten, *Gelegenheitsursachen* oder sog. *eingebrachten Gefahren* aus der Privatsphäre.

Ob Unfallkausalität gegeben ist, beurteilt sich nach der »**Theorie der rechtlich wesentlichen Bedingung**«.[385] Danach sind nur diejenigen Bedingungen als ursächlich anzusehen, die wegen ihrer besonderen Bedeutung für den Erfolg zu dessen Eintritt

---

381 S. *Schmitt* SGB VII § 8 Rn. 158.

382 Vgl. *Gitter/Schmitt* SozR § 19 Rn. 21; *Ost/Mohr/Estelmann* SozR 186; *Kreßel/Wollenschläger* Leitfaden SozVersR § 8 Rn. 144 ff.; *Igl/Welti* SozR § 40 Rn. 25 ff.

383 Vgl. BSG Urt. v. 13.11.2012 – B 2 U 19/11 R, juris Rn. 26 = BSGE 112, 177 ff.

384 StRspr seit BSGE 96, 196. S. dazu *P. Becker* SGb 2012, 691 ff.; *P. Becker* BG 2011, 403 ff. (406).

385 Vgl. dazu bereits BSGE 1, 72 (76); 150 (156 f.); 61, 127 (129 f.).

wesentlich beigetragen haben. Rechtlich wesentlich ist eine Bedingung, die bei wertender Betrachtung gegenüber anderen Bedingungen die überragende oder zumindest eine gleichwertige Bedeutung für den Erfolgseintritt hat. Der Versicherungsfall muss also nicht ausschließlich durch die Ausübung einer versicherten Tätigkeit hervorgerufen sein, sondern es genügt, dass der Unfall durch diese Tätigkeit wesentlich mitbedingt ist. Dies gewährleistet, dass zum einen Unfälle bei Ausübung einer versicherten Tätigkeit versichert sind, an denen den Arbeitnehmer ein Mitverschulden trifft, und zum anderen, dass Unfälle ausgenommen sind, bei denen die Ausübung der versicherten Tätigkeit für die Entstehung des Unfalls unwesentlich ist (sog. »Gelegenheitsursachen«).[386]

Wäre es zu dem oben (→ Rn. 254) erwähnten Bandscheibenvorfall etwa beim Bücken nach einer Büroklammer gekommen, läge zwar auch eine äußere, betriebliche Ursache vor. Da es aufgrund der gesundheitlichen Vorbelastung aber letztlich überall dazu hätte kommen können, war die betriebliche Ursache als unwesentlich anzusehen.

273   Auch wenn **Alkohol, Medikamente oder Drogen** im Spiel sind, muss die Unfallkausalität sehr genau geprüft werden. Im Fall der Volltrunkenheit fehlt es – wie oben bereits erwähnt (→ Rn. 270) – schon an einer versicherten Tätigkeit, sodass sich die Frage nicht stellt. Auch stellt sich die Frage nur, wenn der Alkoholkonsum Bestandteil der Verrichtung der versicherten Beschäftigung war, also zB dienstlich Geschäftskunden zu bewirten waren. Denn die Unfallversicherung schützt nicht gegen Gefahren, die sich erst und allein aus dem Alkoholkonsum ergeben.[387] Auch dann, wenn der Konsum Teil der versicherten Beschäftigung war, kann der Alkohol-, Drogen- oder Medikamenteneinfluss die rechtlich allein wesentliche Ursache darstellen. So tritt der betriebliche Zusammenhang möglicherweise ganz in den Hintergrund, weil er nur eine unbeachtliche Gelegenheitsursache darstellt. Ist der Versicherte aber trotz des Alkoholeinflusses noch zu einer dem Unternehmen dienlichen Tätigkeit in der Lage, muss geprüft werden, ob allein die alkoholbedingte Beeinträchtigung seiner Leistungsfähigkeit oder daneben auch die betriebliche Tätigkeit eine wesentliche Bedingung für den Unfall war. Dies ist durch Prüfung aller Umstände des Einzelfalls zu ermitteln. Die Alkoholisierung ist typischerweise dann als allein wesentlich einzustufen, wenn nach der Erfahrung des täglichen Lebens ein nicht unter Alkoholeinfluss stehender Versicherter bei gleicher Sachlage nicht verunglückt wäre.[388]

274   Selbst wenn man bei der Lösung von Übungsfall 10 daher bei G nach dem Umkehren den inneren Zusammenhang zur versicherten Tätigkeit noch bejahen wollte, wäre hinsichtlich des Überfahrens der Kreuzung ein rein alkoholbedingter Fahrfehler gegeben und auch damit der Versicherungsschutz der G zu verneinen gewesen.

A führte eine gemischte Tätigkeit aus, die neben dem Abschluss der Dienstreise auch dem Erreichen des privaten Bereichs diente. Die Unfallkausalität ist aber gegeben, weil keine Konkurrenzursachen aus dem Privatbereich ersichtlich sind.

275   Der durch die versicherte Tätigkeit herbeigeführte Unfall muss schließlich einen Gesundheits(-erst-)schaden oder den Tod des Versicherten verursacht haben (**haftungs-**

---

386   *Eichenhofer* SozR Rn. 396 ff.; *Waltermann* SozR Rn. 281 ff.; *Ost/Mohr/Estelmann* SozR 192 f.

387   Vgl. BSG Urt. v. 13.11.2012 – B 2 U 19/11 R, Ls. 2 und juris Rn. 49 = BSGE 112, 177 ff.

388   Ausf. zur Unfallkausalität bei Alkohol- oder/und Drogeneinfluss BSGE 98, 79 (→ Rn. 20 ff., 27 ff.). S. zum Ganzen ferner *Sandbiller* SGb 2012, 576 ff.

begründende Kausalität). Das Entstehen von länger andauernden Unfallfolgen aufgrund des Gesundheits(-erst-)schadens (**haftungsausfüllende Kausalität**) ist nicht Voraussetzung für die Anerkennung eines Arbeitsunfalls, aber Voraussetzung für die Gewährung einer Verletztenrente (→ Rn. 285).[389] Beides ist ebenfalls nach der Theorie der rechtlich wesentlichen Bedingung wertend zu beurteilen, dh der Unfall muss zumindest auch wesentliche Ursache für die Entstehung oder Verschlimmerung des Gesundheits(-erst-)schadens gewesen sein. Gem. der ausdrücklichen Regelung des § 11 I Nr. 1 SGB VII (§ 11 ganz lesen!) sind ärztliche Kunstfehler und weitere Gesundheitsschäden infolge der Durchführung einer Heilbehandlung als mittelbare Folgen des Versicherungsfalls anzusehen. Damit ist insoweit haftungsausfüllende Kausalität gegeben.

Die Bedeutung des inneren Zusammenhangs, der Unfallkausalität sowie der haftungsbegründenden und haftungsausfüllenden Kausalität für den Tatbestand des Arbeitsunfalls veranschaulicht Übersicht 26.

Übersicht 26: Arbeitsunfall 276

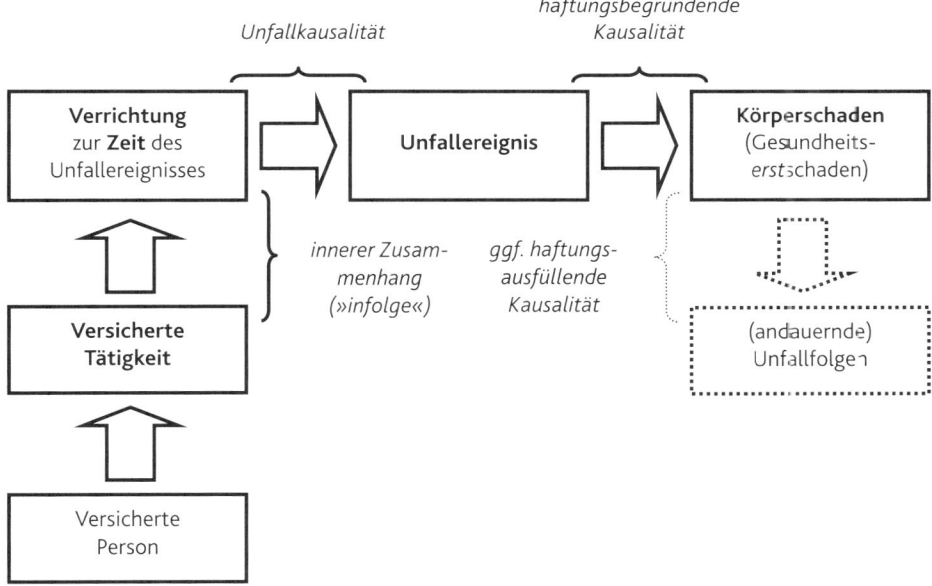

c) Anzeigepflicht des Unternehmers

Gem. § 193 I SGB VII ist der Unternehmer verpflichtet, einen Arbeitsunfall beim 277 Unfallversicherungsträger anzuzeigen, wenn der Versicherte so schwer verletzt ist, dass er mehr als drei Tage arbeitsunfähig ist, oder der Unfall zu seinem Tod geführt hat. Auch wenn Anhaltspunkte für das Vorliegen einer Berufskrankheit bestehen, ist

---

389   StRspr seit BSGE 94, 262 (Rn. 12). Zur neueren Unfalldogmatik des BSG s. *P. Becker* SGb 2007, 721 ff.

eine Anzeige erforderlich (§ 193 II SGB VII).[390] Die Anzeige ist jeweils innerhalb von drei Tagen nach Kenntnis zu erstatten und vom Betriebs- oder Personalrat mit zu unterzeichnen (§ 193 IV, 5 SGB VII).

4. Leistungen

278 Einen Überblick über die Leistungen der gesetzlichen Unfallversicherung gibt § 22 I SGB I. Neben dem Bereich der Prävention, der gerade der Vermeidung von Versicherungsfällen dienen soll, lassen sich grob zwei Gruppen von Leistungen unterscheiden.[391] Einerseits geht es um Leistungen zur Wiederherstellung der Gesundheit und zur Wiedereingliederung des Versicherten sowie damit verbundene Leistungen (Heilbehandlung, medizinische Rehabilitation, Leistungen zur Teilhabe, Pflege und damit zusammenhängende Geldleistungen – §§ 26–55 SGB VII), andererseits um Entschädigungsleistungen (Renten, Beihilfen und Abfindungen – §§ 56 ff. SGB VII). Leistungen zur Heilbehandlung und Rehabilitation haben dabei Vorrang vor Rentenleistungen (§ 26 III SGB VII).[392]

a) Unfallverhütung und Erste Hilfe

279 Den Bereich der Prävention regelt das SGB VII in den §§ 14–25 unabhängig vom Eintritt eines Versicherungsfalls. Vorrangige Aufgabe der Unfallversicherung ist es, mit allen geeigneten Mitteln Arbeitsunfälle und Berufskrankheiten sowie arbeitsbedingte Gesundheitsgefahren zu verhüten (§ 1 Nr. 1 SGB VII). Es soll möglichst gar nicht erst zu arbeitsbedingten Gesundheitsgefahren und Versicherungsfällen kommen und im Falle eines Falles sofort wirksame Erste Hilfe bereitstehen (vgl. § 14 I SGB VII). Wichtigstes Mittel zur Erfüllung dieser Aufgabe sind branchenspezifische Unfallverhütungsvorschriften (§ 15 SGB VII), die als autonomes Satzungsrecht von den Unfallversicherungsträgern erlassen werden.

▪ Auch von den Beiträgen zur gesetzlichen Unfallversicherung gehen Anreize zur Gefahrenminderung im Unternehmen aus. Können Sie sich vorstellen, warum? Denken Sie daran, wie die Beiträge zur gesetzlichen Unfallversicherung berechnet werden!

▶ Das Beitragssystem ist auch an der Unfallgefahr in den Unternehmen ausgerichtet!

Einerseits fließen die tatsächlich eingetretenen Versicherungsfälle gem. § 157 III SGB VII in die Gefahrklassenbildung bei den Gefahrtarifen ein (erinnern Sie sich, was man darunter versteht? Falls nicht: lesen Sie nochmals → Rn. 155 ff.!). Andererseits wird das Unfallgeschehen im einzelnen Unternehmen über Zuschläge, Nachlässe und Prämien (s. § 162 I, II SGB VII) berücksichtigt!

280 Die Überwachung der Unfallverhütung in den Betrieben erfolgt durch Aufsichtspersonen (s. §§ 17 ff. SGB VII) im Zusammenwirken mit den für den Arbeitsschutz zuständigen Landesbehörden (§ 20 SGB VII, § 21 III Arbeitsschutzgesetz – ArbSchG). Die unfallversicherungsrechtliche Prävention steht neben dem staatlichen Arbeits-

390 S. dazu *P. Becker* BG 2011, 70 ff.
391 *Muckel/Ogorek* SozR § 10 Rn. 68.
392 Übersichtliche Darstellung der Leistungen der ges. UV bei *P. Becker* BG 2011, 568 ff.

schutzrecht (Dualismus von staatlichem und autonomem Arbeitsschutz). Die Unfall-verhütungsvorschriften können die staatlichen Arbeitsschutzvorschriften (insbes. ArbSchG, Produktsicherheitsgesetz – ProdSG, Gefahrstoffverordnung – GefStoffV, Arbeitssicherheitsgesetz – ArbSichG, Arbeitsstättenverordnung – ArbStättVO) kon-kretisieren oder über sie hinausgehende Anforderungen aufstellen.[393]

b) Leistungen zur Wiederherstellung der Gesundheit und zur Wiedereingliederung

Im Versicherungsfall haben Versicherte gem. §§ 26–55 SGB VII Anspruch auf Heil-behandlung, auf Leistungen zur medizinischen Rehabilitation, Leistungen zur Teil-habe am Arbeitsleben und am Leben in der Gemeinschaft, auf ergänzende Leistun-gen, auf Leistungen bei Pflegebedürftigkeit sowie auf Geldleistungen (§ 26 I SGB VII). Das Ziel ist, den Gesundheitsschaden zu beseitigen und die Erwerbsfähig-keit wieder vollständig herzustellen, zumindest aber Verschlimmerungen zu vermeiden und den Versicherten auf Dauer beruflich zu integrieren (vgl. § 26 II Nr. 1 und 2 SGB VII).   **281**

Die Leistungen der **Heilbehandlung** regeln die §§ 27–34 SGB VII. Sie sollen mög-lichst frühzeitig nach dem Versicherungsfall sachgemäß erbracht werden und äh-neln den Leistungen der gesetzlichen Krankenversicherung, sind diesen gegenüber jedoch vorrangig (§ 11 V SGB V, → Rn. 185) und für die Versicherten zumeist gün-stiger.   **282**

Leistungen zur Teilhabe am Arbeitsleben (§ 35 SGB VII) dienen der dauerhaften be-ruflichen Wiedereingliederung. Sie werden vervollständigt durch Leistungen zur Teilhabe am Leben in der Gemeinschaft und ergänzende Leistungen (Kraftfahrzeug-hilfe, Wohnungshilfe, Haushaltshilfe, Ersatz von Kinderbetreuungs- und Reisekosten – §§ 39–43 SGB VII). Auch Leistungen bei Pflegebedürftigkeit (§ 44 SGB VII) wer-den erbracht; sie sind gegenüber den Leistungen der Pflegeversicherung vorrangig (§ 13 I Nr. 2 SGB XI).   **283**

Versicherte erhalten **Verletztengeld** (s. §§ 45–48 SGB VII), wenn sie infolge eines Arbeitsunfalls arbeitsunfähig sind oder wegen der Heilbehandlung eine ganztägige Erwerbstätigkeit nicht ausüben können. Übergangsgeld (§ 49–52 SGB VII) wird er-bracht, wenn Versicherte infolge des Versicherungsfalls Leistungen zur Teilhabe am Arbeitsleben erhalten.   **284**

c) Entschädigungsleistungen

Entschädigungsleistungen sind Renten, Beihilfen und Abfindungen (§§ 56–80 SGB VII). Sie sollen die durch den Versicherungsfall eingetretenen Beeinträchtigun-gen der Erwerbsfähigkeit ausgleichen. Im Mittelpunkt dieser Leistungen steht die **Verletztenrente**, die entstandene Minderungen der Erwerbsfähigkeit auf dem allge-meinen Arbeitsmarkt ausgleichen will. Sie wird gem. § 56 I 1 SGB VII gezahlt, wenn infolge eines Versicherungsfalls die Erwerbsfähigkeit des Versicherten über die 26. Woche nach dem Versicherungsfall hinaus um wenigstens 20% gemindert ist. Die Ermittlung der *Minderung der Erwerbsfähigkeit* (MdE) gem. § 56 II SGB VII folgt   **285**

---

393   S. *Waltermann* SozR Rn. 269 f.

dem **Prinzip der abstrakten Schadensberechnung**, da es um die verminderten Arbeitsmöglichkeiten auf dem *gesamten Gebiet des Erwerbslebens* geht (unterstreichen Sie »-möglichkeiten« und »gesamten« im Wortlaut des § 56 II 1 SGB VII!). Ob der Arbeitsunfall tatsächlich zu einem Einkommensverlust führt, ist unerheblich. Die erlittenen Einbußen werden in der Praxis anhand von Erfahrungstabellen – vergleichbar den sog. »Glieder-« oder »Knochentaxen« in der privaten Unfallversicherung – bewertet, in denen dem Verlust einzelner Gliedmaßen oder Organe bestimmte Grade der Minderung der Erwerbsfähigkeit zugeordnet werden.[394]

In Übungsfall 10 kommen Entschädigungsleistungen nicht in Betracht. Jedoch ist im Rahmen der Heilbehandlung die Brille des A als Hilfsmittel (»Sehhilfe« – vgl. § 31 I SGB VII) gem. § 27 II SGB VII auf Kosten der Berufgenossenschaft wiederherzustellen oder zu erneuern. Festbeträge sind insoweit nicht zu beachten.

5. Leistungserbringungsrecht

286 Auch die Leistungen der gesetzlichen Unfallversicherung werden nach dem Sachleistungsprinzip (→ Rn. 186) erbracht. Den für die Versicherten im Vergleich zur Krankenversicherung zumeist günstigeren Leistungen stehen Einschränkungen bei der Arztwahl gegenüber (s. §§ 28 IV, 33 III SGB VII). Die Leistungserbringung in der gesetzlichen Unfallversicherung ist in besonderem Maße darauf ausgerichtet, dass bei schweren Verletzungen Leistungen zur Heilbehandlung möglichst frühzeitig nach dem Versicherungsfall und möglichst sachgemäß erbracht werden können (s. § 34 I SGB VII). Dazu erfolgt in der Praxis die Erstdiagnose durch unfallmedizinisch spezialisierte »**Durchgangsärzte**«, die auch darüber entscheiden, ob eine fachärztliche oder eine besondere unfallmedizinische Behandlung erforderlich ist. Weiterhin unterhalten die Unfallversicherungsträger eigene Unfallkliniken, die auf typische Folgen von Arbeitsunfällen spezialisiert sind. Nach § 34 III 1 SGB VII werden zwischen den Unfallversicherungsträgern und den Kassenärztlichen Bundesvereinigungen Verträge über die Durchführung der Heilbehandlung, die Vergütung der Ärzte und Zahnärzte sowie die Art und Weise der Abrechnung geschlossen. Die Rechtsbeziehungen zwischen den Beteiligten entsprechen grds. denen bei der Leistungserbringung nach Krankenversicherungsrecht (→ Rn. 208 ff. mit Übersicht 22).[395]

6. Organisation, Zuständigkeit, Finanzierung

a) Organisation

287 Die Organisation der gesetzlichen Unfallversicherung regeln die §§ 114–149 SGB VII. Träger der gesetzlichen Unfallversicherung sind vornehmlich die **gewerblichen Berufsgenossenschaften** als Körperschaften des öffentlichen Rechts mit Selbstverwaltung. Sie gliedern sich nach Gewerbezeigen (= Branchen) und werden in Anlage 1 zu § 114 SGB VII aufgezählt. Die Einteilung nach Branchen sichert eine effektive Berücksichtigung der dort jeweils typischen Unfallgefahren bei der

---

394 Zu den Einzelheiten s. *Gitter/Schmitt* SozR § 19 Rn. 58 ff. sowie *P. Becker* BG 2011, 568 ff. (572), der auch typische MdE-Sätze mit Beispielen nennt, zB **20% bei Verlust des Daumens, 25% bei Verlust eines Auges.**

395 Vgl. *Waltermann* SozR Rn. 296 mwN; genauer dazu sowie insbes. zum Durchgangsarztverfahren: *Gitter/Schmitt* SozR § 20 Rn. 3 ff.

Prävention und fasst zum anderen für die Beitragsfinanzierung idealerweise Unternehmen mit ähnlichen Risiken zusammen.[396] Weitere Unfallversicherungsträger sind die Sozialversicherung für Landwirtschaft, Forsten und Gartenbau[397] unter der Bezeichnung landwirtschaftliche Berufsgenossenschaft sowie – im Bereich der »unechten« Unfallversicherung – insbesondere die **Unfallkassen** des Bundes, der Länder, der Gemeinden und die gemeinsamen Unfallkassen für den Landes- und den kommunalen Bereich (§ 114 I 1 Nr. 2–9 SGB VII – lesen!). Im Zuge der Organisationsreform der gesetzlichen Unfallversicherung durch das Unfallversicherungsmodernisierungsgesetz[398] sollte die Zahl der gewerblichen Berufsgenossenschaften bis zum 31.12.2009 auf neun reduziert werden (§ 222 I 1 SGB VII). Nachdem dies auf freiwilliger Basis nicht gelang, wurden die Fusionen kraft Gesetzes zum 1.1.2011 durchgeführt.[399] Von den drei bundesunmittelbaren (s. § 90 I, III SGB IV – lesen!) Unfallversicherungsträgern werden durch das BUK-Neuorganisationsgesetz die Unfallkasse des Bundes und die Eisenbahn-Unfallkasse zum 1.1.2015 in der Unfallversicherung Bund und Bahn aufgehen. Dies ist der einzig verbleibende bundesunmittelbare Unfallversicherungsträger, da zum 1.1.2016 auch die Unfallkasse Post und Telekom mit der Berufsgenossenschaft für Transport und Verkehrswirtschaft zur (gewerblichen) Berufsgenossenschaft Verkehrswirtschaft Post-Logistik Telekommunikation fusioniert. [400]

Die Zuständigkeit für die Unternehmen ist in den §§ 121 ff. SGB VII geregelt. Sie ergibt sich im Bereich der gewerblichen Berufsgenossenschaften in erster Linie aus der Branchenzugehörigkeit (s. §§ 121 I, 122, 130, 131 SGB VII – diese Vorschriften sollten Sie zumindest »überfliegen«). Die Zuständigkeit für Versicherte folgt der Zuständigkeit für das Beschäftigungsunternehmen (s. § 133 I SGB VII). Sie wird gegenüber dem Unternehmer durch Bescheid festgestellt, der sodann die Beschäftigten über die Zuständigkeit zu informieren hat (s. §§ 136 I 1; 138 SGB VII). Ist ein Versicherter zugleich nach mehreren Tatbeständen des § 2 SGB VII versichert, ist das Konkurrenzverhältnis nach § 135 SGB VII zu lösen. Verletzt sich beispielsweise ein Verkäufer (§ 2 I Nr. 1 SGB VII) beim Überwältigen eines flüchtenden Ladendiebs (§ 2 I Nr. 13 Buchst. c SGB VII), bleibt die Berufsgenossenschaft des Beschäftigungsunternehmens zuständig, weil die Versicherung nach § 2 I Nr. 1 SGB VII vorgeht (s. § 135 I Nr. 5 SGB VII).

In Übungsfall 10 ist die Berufsgenossenschaft für Transport und Verkehrswirtschaft (s. Ziff. 8 der Anlage 1 zu § 114 SGB VII) richtiger Anspruchsgegner des A.

288

---

396 Vgl. *Muckel/Ogorek* SozR § 10 Rn. 16.
397 Zum 1.1.2013 neu errichtet durch das Gesetz zur Neuordnung der Organisation der landwirtschaftlichen Sozialversicherung (LSV-Neuordnungsgesetz – LSV-NOG) v. 12.4.2012, BGBl. I 579.
398 V. 30.10.2008, BGBl. I 2130.
399 S. § 225 SGB VII, eingefügt durch das Dritte Gesetz zur Änderung des Vierten Buches Sozialgesetzbuch und anderer Gesetze v. 5.8.2010, BGBl. I 1127.
400 S. Art. 1, 2 des Gesetzes zur Neuorganisation der bundesunmittelbaren Unfallkassen, zur Änderung des Sozialgerichtsgesetzes und zur Änderung anderer Gesetze (BUK-Neuorganisationsgesetz – BUK-NOG) v. 19.10.2013, BGBl. I 3836.

b) Finanzierung

289 Wie schon erwähnt,[401] erfolgt die Finanzierung der gesetzlichen Unfallversicherung aufgrund der Ersetzung der privatrechtlichen Unternehmerhaftung durch den sozialrechtlichen Versicherungsschutz ausschließlich durch Beiträge der Unternehmer, die Versicherte beschäftigen oder selbst versichert sind (§§ 150 ff. SGB VII). Ebenfalls bekannt ist Ihnen (anderenfalls lesen Sie nochmals → Rn. 279 sowie → Rn. 155 ff.!), dass sich die Beitragshöhe vornehmlich nach der Unfallgefahr im Unternehmen sowie den Entgelten der Versicherten richtet (§§ 153 ff. SGB VII). Die Festsetzung erfolgt gem. § 152 I SGB VII nach Ablauf eines Kalenderjahres im Wege einer Umlage. Zur Sicherung des Beitragsaufkommens werden monatliche Vorschüsse erhoben (vgl. § 164 I SGB VII).

V. Gesetzliche Rentenversicherung – SGB VI

1. Einführung

290 Das Recht der gesetzlichen Rentenversicherung ist im SGB VI geregelt; daneben bestehen mit dem Gesetz über die Alterssicherung der Landwirte (ALG) und dem Gesetz über die Sozialversicherung der Künstler und Publizisten (Künstlersozialversicherungsgesetz – KSVG) gesonderte Regelungen für die gesetzliche Rentenversicherung spezieller Personengruppen.[402] Mit der Beamtenversorgung existieren ferner eigenständige Sicherungssysteme für Beamte, Richter und Soldaten sowie in Form der berufsständischen Versorgungswerke (zB der Rechtsanwälte oder der Ärzte) für einen Teil der freien Berufe.[403]

291 Die gesetzliche Rentenversicherung bietet Vorsorge gegen die Risiken des Alters und der Invalidität sowie für die Hinterbliebenen eines verstorbenen Versicherten. Aus diesem Versicherungszweig beziehen vor allem ehemals abhängig Beschäftigte (Arbeitnehmer) und insgesamt 90% der über 65-Jährigen Leistungen.[404] Gemessen an den Leistungsausgaben bildet die gesetzliche Rentenversicherung den mit Abstand größten Zweig der Sozialversicherung. Ihre Leistungen machen fast ein Drittel des gesamten Sozialbudgets aus![405] Auch bei den Beiträgen zur Sozialversicherung entfällt der mit Abstand größte Anteil auf die gesetzliche Rentenversicherung.

- ▨ Wissen Sie noch ungefähr, welchen Anteil der Rentenversicherungsbeitrag am Gesamtsozialversicherungsbeitrag hat?
- ▶ Antwort: Fußnote[406].

---

401 → **Rn. 144 f.**

402 Ausf. dazu *BMAS* SozR Kap. 14 Tz. 1 ff. sowie Kap. 17; s. ferner *Gitter/Schmitt* SozR § 23 Rn. 1 ff., § 24 Rn. 34 ff.; § 25 Rn. 112 ff.; § 27 Rn. 8 ff.

403 S. dazu zB *Waltermann* SozR Rn. 320; ausf. zu den berufsständischen Versorgungswerken sowie der sozialen Sicherung der Beamten: *BMAS* SozR Kap. 14 Tz. 17 ff. sowie Kap. 15.

404 S. DRV, Rentenversicherung in Zahlen 2013, 70.

405 S. *BMAS* Sozialbericht 2013, 181 und 235 (Tabelle I-2; Schätzwerte); ausf. Darstellung dazu bei: *BMAS* SozR Kap. 27 Tz. 1 ff. sowie Tz. 12, Übersicht 3.

406 **Annähernd 50% des Gesamtsozialversicherungsbeitrags!** 18,9% von insgesamt rd. 40%; die Zahlenwerte haben Sie bereits bei → **Rn. 147 ff.** kennen gelernt.

Die gesetzliche Rentenversicherung kann nach wie vor als die Regelalterssicherung **292** für Beschäftigte bezeichnet werden. Nach 45 Versicherungsjahren erreicht die gesetzliche Rente – vor Steuern – derzeit 49,6% des durchschnittlichen Nettoeinkommens[407] eines Arbeitnehmers.[408] Die Alterssicherung steht jedoch vor ständig wachsenden Problemen: Immer weniger Erwerbstätige müssen immer mehr Rentner für immer längere Zeiträume (gestiegenen Lebenserwartung) versorgen! Die Regelalterssicherung wird daher ergänzt durch eine darauf aufbauende (staatlich geförderte – Stichwort: »Riester-Rente«)[409] Alterssicherung (Aufbausicherung) in Form der betrieblichen Altersversorgung und der privaten Vorsorge als zweiter und dritter Säule der Altersversorgung.[410]

Übersicht 27: Drei-Säulen-Modell der Alterssicherung, bedarfsabhängige Grund- **293**
        sicherung

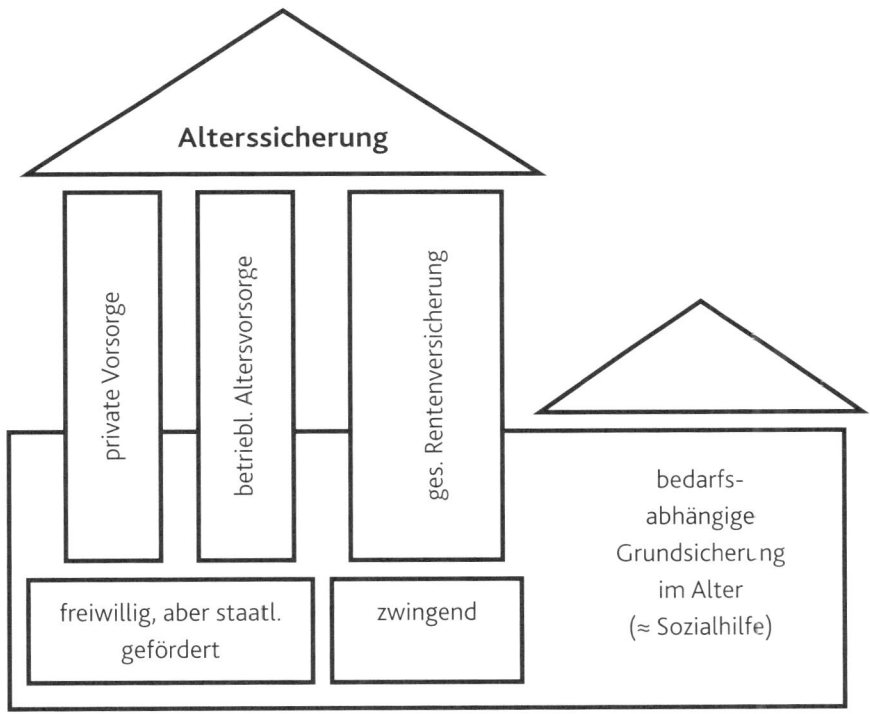

---

407 Durchschnittliches Jahresarbeitsentgelt netto vor Steuern.
408 DRV Rentenversicherung in Zahlen 2013, 27.
409 Zur staatlichen Förderung der privaten und betrieblichen Altersversorgung nach dem Altersvermögensgesetz s. bei Interesse zB *BMAS* SozR Kap. 6 Tz. 18 (284 ff., 298 ff.); s. ferner *Muckel/Ogorek* SozR § 11 Rn. 131 ff., 136; *Waltermann* SozR Rn. 319, 326, 380 ff.
410 *Igl/Welti* SozR § 29 Rn. 1 ff. mwN; s. ferner *Becker*, Private und betriebliche Altersversorgung zwischen Sicherheit und Selbstverantwortung, JZ 2004, 846 ff.

294 Renten aus der gesetzlichen Rentenversicherung können nur Versicherte und ihre Hinterbliebenen erhalten. Die Rentenhöhe ist grds. abhängig von der Höhe und Dauer der gezahlten Beiträge. Es ist daher durchaus möglich, dass gar keine Rente oder nur eine »Mini-Rente« gewährt wird, die nicht ausreicht, um den Lebensunterhalt zu bestreiten.

> ▨ Welche Sozialleistung im Alter in Anspruch genommen werden kann, wenn auch das Vermögen nicht ausreicht, um den Lebensunterhalt zu sichern, wissen Sie? (Überlegen Sie, bevor Sie weiterlesen!)
>
> ▶ In derartigen Fällen greift grds. die steuerfinanzierte Sozialhilfe.

Vor allem ältere Menschen haben Sozialhilfeansprüche in der Vergangenheit oft nicht geltend gemacht, weil sie eine Inanspruchnahme ihrer unterhaltspflichtigen Kinder durch das Sozialamt fürchteten. Dieser Ursache einer sog. »verschämten Altersarmut« soll die Grundsicherung im Alter und bei Erwerbsminderung entgegenwirken. Sie war ursprünglich geregelt im Gesetz über eine bedarfsorientierte Grundsicherung im Alter und bei Erwerbsminderung (GSiG) und wurde zum 1.1.2005 in das SGB XII (§§ 8 Nr. 2, 19 II, 41–46 SGB XII) überführt. Diese Form der Grundsicherung sichert den Lebensunterhalt für Personen, die entweder das Rentenalter erreicht haben oder jünger und voraussichtlich dauerhaft voll erwerbsgemindert sind (s. §§ 19 II 1, 41 I, II SGB XII). Ihre Leistungen sind steuerfinanziert und werden nur bei Bedürftigkeit (§ 41 I SGB XII) gewährt. Sie entsprechen denen der Hilfe zum Lebensunterhalt nach den §§ 27 ff. SGB XII, jedoch bleiben Unterhaltsansprüche gegen Kinder oder Eltern regelmäßig unberücksichtigt (mehr Einzelheiten bei → Rn. 405). Die Rentenversicherungsträger sind verpflichtet, antragsberechtigte Personen über die Leistungsvoraussetzungen der Grundsicherung im Alter und bei Erwerbsminderung zu informieren und zu beraten (s. § 109a SGB VI, § 46 SGB XII). Im Hinblick auf das Vorliegen einer (dauerhaften) vollen Erwerbsminderung als Anspruchsvoraussetzung bezieht sich § 41 III SGB XII auf § 43 II SGB VI und überantwortet bindende Feststellungen darüber allein den Rentenversicherungsträgern (s. § 45 I 2 SGB XII).[411]

295 Auch die Einzelheiten zum Recht der gesetzlichen Rentenversicherung sollen anhand eines Übungsfalls erarbeitet werden.

---

411 Vgl. zum Ganzen zB *BMAS* SozR Kap. 12 Tz. 132 ff., Kap. 6 Tz. 448 ff.; *Muckel/Ogorek* SozR § 13 Rn. 32.

Übungsfall 11

Die 1960 geborene M wohnt in Nürnberg. Sie arbeitete in ihrem bisherigen 38-jährigen Berufsleben zunächst als ungelernte Küchenhilfe, dann als ungelernte Reinigungskraft und in den letzten zwanzig Jahren als ungelernte Maschinenarbeiterin. Nach einem Autounfall in ihrer Freizeit musste die Rechtshänderin wegen einer Zertrümmerung der rechten Hand sowie aufgrund verschiedener anderer körperlicher Leiden ihre letzte berufliche Tätigkeit aufgeben und beantragte eine Rente wegen verminderter Erwerbsfähigkeit bei dem zuständigen Regionalträger der Deutschen Rentenversicherung (DRV), der »Deutschen Rentenversicherung Nordbayern«.

Daraufhin wurde sie durch den Arbeitsmediziner Dr. A. untersucht. Dieser kam zu dem Ergebnis, dass M noch in der Lage sei, zumindest körperlich leichte Arbeiten vollschichtig, dh bis zu acht Stunden am Tag, zu verrichten. Allerdings sei zwingend eine überwiegend sitzende Tätigkeit erforderlich, bei der zudem die Möglichkeit bestehen müsse, zwischenzeitlich zu gehen und zu stehen. Wie im bisherigen Berufsleben der M seien auch Tätigkeiten mit besonderen Anforderungen an Reaktionsfähigkeit, Übersicht, Aufmerksamkeit, Verantwortungsbewusstsein und Zuverlässigkeit ausgeschlossen. Schichtarbeit, besonderer Zeitdruck (Akkord- und Fließbandarbeit) sowie Tätigkeiten, die die volle Gebrauchsfähigkeit der rechten Hand erforderten, kämen ebenfalls nicht in Betracht.

Den Rentenantrag der M lehnte die DRV Nordbayern per Bescheid ab. Zur Begründung führte sie aus, dass M trotz ihrer gesundheitlichen Beeinträchtigungen körperlich leichte Arbeiten vollschichtig leisten könne und deshalb nicht in ihrer Erwerbsfähigkeit gemindert sei. M hat dagegen form- und fristgerecht Widerspruch erhoben. Sie ist seit der Rentenantragstellung über ein Jahr arbeitsuchend bei der Agentur für Arbeit gemeldet, die ihr bis heute kein einziges Stellenangebot unterbreiten konnte. M kann sich deshalb nicht vorstellen, dass es überhaupt einen Beruf gibt, den sie angesichts der ärztlichen Einschätzung zumindest theoretisch noch ausüben könnte.

Hat der Widerspruch der M Aussicht auf Erfolg?

Lesen Sie den Sachverhalt nochmals durch! **296**

▨ Wie lautet Ihr Obersatz?

▷ Der Widerspruch der M hätte Aussicht auf Erfolg, wenn er zulässig und begründet wäre.

Insoweit ergeben sich also keine wesentlichen Unterschiede zum allgemeinen Verwaltungsrecht. Auch die Zulässigkeitsprüfung können Sie entsprechend gestalten.

▨ Versuchen Sie nun, die üblichen verwaltungsrechtlichen Prüfungspunkte zur Zulässigkeit eines Widerspruchs[412] abzuarbeiten! Dabei müssen Sie allerdings die Vorschriften des Sozialgerichtsgesetzes (SGG) und nicht die der VwGO zugrunde legen. Schreiben Sie die entsprechenden Punkte zumindest stichwortartig auf!

▷ Der Widerspruch der M müsste zunächst zulässig sein. Der Sozialrechtsweg wäre in einem späteren Klageverfahren gem. § 51 I Nr. 1 SGG eröffnet. In diesem wäre die Anfechtungsklage unmittelbar mit der Klage auf Leistung einer Rente zu kombinieren (§ 54 I 1, IV SGG – sog. »kombinierte Anfechtungs- und Leistungsklage« als typische Klageart der meisten sozialgerichtlichen Verfahren in Sozialversicherungsangelegenheiten). Der Widerspruch mit einem entsprechenden Begehren ist gem. § 78 I 1 SGG statthaft. Die Widerspruchsbefugnis der M liegt analog § 54 I 2, II 1 SGG vor, da sie behauptet, vollständig erwerbsgemindert zu sein, woraus sich für sie ein Rentenanspruch gem. § 43 II SGB VI ergeben kann. M wäre in diesem Fall durch die Ablehnung des Antrags in ihren Rechten verletzt. Form und Frist (§ 84 I 1, II SGG) sind nach dem Sachverhalt gewahrt.

---

412 S. zB *Oberrath/Schmidt/Schomerus*, Arbeitsbücher Wirtschaftsrecht: Öffentliches Wirtschaftsrecht, 3. Aufl. 2009, 99 ff.; speziell für das Sozialrecht: *Hartmann*, Die sozialrechtliche Fallbearbeitung, 4. Aufl. 2009, 209 f.

297 Der Widerspruch der M ist somit zulässig.

    ▨ Unter welchen Voraussetzungen wäre er auch begründet?

    ▶ Der Widerspruch wäre begründet, wenn sich die Rentenablehnung als rechtswidrig erwiese und sie die Widerspruchsführerin in ihren Rechten verletzte, insbesondere in ihrem Recht auf Rente oder hinsichtlich sonstiger von ihrem Antrag umfasster Leistungen, die ihr nach dem SGB VI zustehen.

Da Verfahrensverstöße nach dem Sachverhalt nicht ersichtlich sind und eine schriftlich (§ 117 SGB VI, § 33 III SGB X) begründete (§ 35 I SGB X) Entscheidung vorliegt, sollten Sie sich zügig den materiellen Anforderungen zuwenden. Der Bescheid wäre rechtswidrig und M in ihren Rechten verletzt, wenn sie Anspruch auf (Renten-)Leistungen nach dem SGB VI hätte. Für die Prüfung können Sie wiederum auf das übliche sozialversicherungsrechtliche Anspruchsschema[413] zurückgreifen.

    ▨ Unter welchen Voraussetzungen hätte M also Anspruch auf Leistungen nach dem SGB VI?

    ▶ Ein Anspruch der M auf Rente oder sonstige Leistungen nach dem SGB VI ergäbe sich, wenn sie in der gesetzlichen Rentenversicherung versichert wäre, einen Versicherungsfall iSd Rentenversicherungsrechts erlitten hätte, der Leistungskatalog der gesetzlichen Rentenversicherung für diesen Fall Leistungen vorsähe und die jeweiligen weiteren Leistungsvoraussetzungen gegeben wären.

2. Versicherter Personenkreis

298 Die Frage, ob eine Person *aktuell* in der gesetzlichen Rentenversicherung (pflicht-)versichert ist, hat vor allem für die Frage nach der Verpflichtung zur Beitragszahlung Bedeutung. Die erste Beitragszahlung begründet hier das Versicherungsverhältnis. Einmal begründet, bleibt das Versicherungsverhältnis – anders als in den anderen Versicherungszweigen – grds. dauerhaft bis zum Tod des Versicherten bestehen. Für Leistungsansprüche ist daher kein gegenwärtiges beitragspflichtiges Versicherungsverhältnis erforderlich. Leistungsansprüche ergeben sich aber nur, wenn – neben dem Eintritt eines Versicherungsfalls – bestimmte Warte- oder Vorversicherungszeiten als weitere Leistungsvoraussetzungen erfüllt sind (s. zB §§ 11 I Nr. 1; 50 SGB VI). Die durch Beitragszahlungen erworbenen Rentenanwartschaften unterstehen prinzipiell dem Eigentumsschutz[414] des Grundgesetzes (Art. 14 I GG).[415]

a) Versicherungspflicht

299 Die in den §§ 1–3 SGB VI genannten Personengruppen sind in der Rentenversicherung versicherungspflichtig kraft Gesetzes. Dazu zählen insbesondere die gegen Arbeitsentgelt oder zu ihrer Berufsausbildung Beschäftigten (§ 1 S. 1 Nr. 1 SGB VI). Anders als in der gesetzlichen Krankenversicherung besteht die Versicherungspflicht unabhängig von der Höhe des Einkommens; die Beitragsbemessungsgrenze limitiert allerdings die Beitragshöhe – zugleich aber auch das hier versicherte Einkommen und damit die Leistungshöhe.

---

413   → **Rn. 163 ff.** sowie **Übersicht 20.**
414   S. bei Interesse die Darstellung der Rspr. des BVerfG zB bei *Gitter/Schmitt* SozR § 3 Rn. 31 ff.
415   *Waltermann* SozR Rn. 332.

▨ Was bedeutet dies für M in Übungsfall 11?

▷ M ist während ihres Arbeitslebens stets als Beschäftigte gem. § 1 S. 1 Nr. 1 SGB VI pflichtversichert gewesen!

Nach § 2 S. 1 Nr. 1–9 SGB VI sind auch bestimmte Selbstständige rentenversiche- 300
rungspflichtig, unter anderem Handwerker (Nr. 8) und die sog. arbeitnehmerähnlichen Selbstständigen (Nr. 9), die wir bereits an anderer Stelle kennen gelernt hatten.[416]
Nach § 3 S. 1 Nr. 1–4 SGB VI sind schließlich weitere Personengruppen aufgrund
zeitlich begrenzter besonderer Umstände[417] pflichtversichert (Erziehende, Pflegepersonen, Bezieher von bestimmten Entgeltersatzleistungen wie zB Krankengeld). Die in
§ 4 SGB VI Genannten (zB Entwicklungshelfer, Selbstständige) können ihre Versicherungspflicht durch einen Antrag begründen. Alle genannten Vorschriften haben
Sie hoffentlich gelesen?

b) Versicherungsfreiheit, Befreiung von der Versicherungspflicht

Versicherungsfrei kraft Gesetzes sind gem. § 5 SGB VI Personen, deren Altersversor- 301
gung bereits anderweitig gesichert ist (Abs. 1 – zB Beamte), Rentner und Pensionäre
(Abs. 4) sowie Studierende während eines durch Studien- oder Prüfungsordnung
vorgeschriebenen Praktikums (Abs. 3). Nach Maßgabe des § 6 SGB VI können sich
geringfügig Beschäftigte[418] (Abs. 1b) und Personengruppen von der Versicherungspflicht befreien lassen, bei denen eine anderweitige ausreichende Absicherung besteht, jedoch – anders als bei § 5 I SGB VI – nicht ohne Weiteres unterstellt werden
kann (zB Selbstständige und Angestellte in freien Berufen als Mitglieder berufsständi-
scher Versorgungswerke, zB Rechtsanwälte).

c) Freiwillige Versicherung

Die in § 7 SGB VI geregelte Möglichkeit zur freiwilligen Versicherung haben wir be- 302
reits an anderer Stelle kennen gelernt (→ Rn. 51 f.). Grds. kann jeder Deutsche (auch
mit gewöhnlichem Aufenthalt im Ausland) und jeder Ausländer mit gewöhnlichem
Aufenthalt im Inland Zeiten nach Vollendung des 16. Lebensjahres freiwillig versichern. Die Höhe der Beiträge ist in bestimmten Grenzen frei wählbar (§§ 161 II, 167,
197 II SGB VI). Die freiwillige Rentenversicherung berechtigt grds. nicht zum Bezug
einer Rente wegen verminderter Erwerbsfähigkeit (vgl. §§ 43 I 1 Nr. 2, II 1 Nr. 2
SGB VI).

d) Nachversicherung

Personen (insbes. Beamte), die im Hinblick auf eine anderweitige Absicherung ver- 303
sicherungsfrei oder von der Versicherungspflicht befreit waren, jedoch ohne Anwart-
schaft auf Versorgung aus ihrer rentenversicherungsfreien Beschäftigung ausscheiden
oder ihren Versorgungsanspruch verlieren, werden gem. § 8 II SGB VI nachver-
sichert. Dadurch werden sie so gestellt, als ob sie während ihres versicherungsfreien
Beschäftigungsverhältnisses versicherungspflichtig gewesen wären. Die Nachver-

---

416 → **Rn. 127.**
417 *Waltermann* SozR Rn. 336.
418 Zur Pflicht des Arbeitgebers, dennoch **Pauschbeiträge** zur Renten- und Krankenversicherung
zu entrichten → **Rn. 132.**

sicherung erfolgt nach näherer Maßgabe der §§ 181 ff. SGB VI. Die Beiträge sind durch den ehemaligen Dienstherren bzw. Arbeitgeber zu tragen (§ 181 V SGB VI).

Die Nachversicherung wird in der gesetzlichen Rentenversicherung durchgeführt, regelmäßig jedoch nicht in der betrieblichen Altersvorsorge als zweiter Säule der Alterssicherung. Der aus einer Nachversicherung resultierende Rentenanspruch fällt dadurch zumeist deutlich geringer aus als ein beamtenrechtlicher Versorgungsanspruch. Um die Mobilität und Flexibilität der Beamten zu erhöhen, wurde 2013 das Altersgeldgesetz (AltGG)[419] geschaffen, das diese Nachteile teilweise ausgleichen soll. Solange noch keine Nachversicherung durchgeführt wurde, können Beamte nach dem AltGG nun einen Antrag auf Gewährung von Altersgeld stellen, die eine Mindestdienstzeit absolviert haben und freiwillig vorzeitig aus dem Bundesdienst ausscheiden.[420]

Zu einer Nachversicherung kommt es ferner bei einer Ehescheidung durch den Versorgungsausgleich (= Aufteilung der Renten- und Versorgungsansprüche aus der Ehezeit zwischen den Ehegatten, s. § 1587 BGB iVm §§ 1 ff. VersAusglG) sowie beim Rentensplitting gem. §§ 120a, 120e SGB VI (lesen Sie zumindest § 8 I und II SGB VI!).[421]

3. Versicherungsfälle

304 Die wichtigsten Versicherungsfälle der gesetzlichen Rentenversicherung sind die drohende (s. § 10 I Nr. 1 SGB VI) oder eingetretene (teilweise oder vollständige) Minderung der Erwerbsfähigkeit (s. §§ 10, 43, 45, 240 SGB VI), das Erreichen bestimmter Altersgrenzen (vgl. insbes. §§ 35, 36, 37, 40 SGB VI) sowie der Tod des Versicherten (§§ 46 ff. SGB VI).[422]

In der Fallbearbeitung empfiehlt es sich, die einzelnen Versicherungsfälle gemeinsam mit den jeweils daraus resultierenden Leistungsansprüchen nacheinander abzuhandeln. Denn regelmäßig schließen sich die genannten Versicherungsfälle gegenseitig für ein und denselben Zeitraum aus und können zeitlich nur nacheinander eintreten.

4. Leistungen und Leistungsvoraussetzungen

a) Allgemeine Leistungsvoraussetzungen

305 Einen Überblick über die Leistungen der gesetzlichen Rentenversicherung gibt § 23 I SGB I. Im Vordergrund stehen die Renten wegen Alters, wegen verminderter Erwerbsfähigkeit und wegen Todes (s. § 33 I SGB VI). Daneben sind insbesondere die sog. Leistungen zur Teilhabe (§§ 9 ff. SGB VI) zu erwähnen.

aa) Wartezeit

306 Neben dem Eintritt eines Versicherungsfalls (den das Gesetz als »persönliche Voraussetzung« bezeichnet, s. §§ 10, 34 I SGB VI) setzt die Gewährung von Leistungen aus der gesetzlichen Rentenversicherung voraus, dass der Versicherte die für die Leistung

---

419 V. 28.8.2013, BGBl. I 3386. Vergleichbare Regelungen sind teilweise nach Landesbeamtenrecht vorgesehen.
420 S. dazu zB *Hebeler*, Das Altersgeldgesetz des Bundes, ZBR 2013, 289 ff.
421 S. zum Ganzen zB *Waltermann* SozR Rn. 340 ff.
422 Vgl. *Gitter/Schmitt* SozR § 25 Rn. 1.

erforderliche Mindestversicherungszeit (*Wartezeit*) erfüllt hat und dass die jeweiligen besonderen versicherungsrechtlichen Voraussetzungen vorliegen (§§ 9 II, 34 I SGB VI).

Klausurtipp: In der Fallbearbeitung sollten Sie sich mit der Erfüllung der Wartezeit für eine bestimmte Rentenart (zB §§ 43 I 1 Nr. 3, 50 I 1 Nr. 2 SGB VI) nur dann zuerst beschäftigen, wenn das Vorliegen dieser Voraussetzung problematisch erscheint oder offensichtlich nicht gegeben ist. Ansonsten ist es aufbautechnisch zumeist günstiger, für die jeweils in Betracht kommende Rente zunächst den Versicherungsfall (zB § 43 I 1 Nr. 1, S. 2 SGB VI) und die sonstigen versicherungsrechtlichen Voraussetzungen (s. insbes. § 43 I 1 Nr. 2 SGB VI) zu prüfen.

Die Erfüllung der allgemeinen Wartezeit von fünf Jahren ist Voraussetzung für einen **307** Anspruch auf Regelaltersrente, Rente wegen verminderter Erwerbstätigkeit sowie Rente wegen Todes (§ 50 I SGB VI). Eine Wartezeit von 15 Jahren ist erforderlich für einen Anspruch auf Leistungen zur Teilhabe (s. § 11 I SGB VI). Ferner sieht § 50 II–IV SGB VI für bestimmte weitere Rentenansprüche längere Wartezeiten von 20, 25 und 35 Jahren vor. Grds. sind die Wartezeiten zwischen Versicherungsbeginn (= erstem Rentenbeitrag) und Eintritt des Versicherungsfalls zu erfüllen. Ausnahmsweise muss dies in zeitlicher Nähe zum Versicherungsfall geschehen (sog. Vorversicherungszeit), insbesondere bei den Renten wegen verminderter Erwerbsfähigkeit (vgl. § 43 I 1 Nr. 2, II 1 Nr. 2 SGB VI).

Welche der in den §§ 54 ff. SGB VI näher bestimmten **rentenrechtlichen Zeiten** im **308** Einzelnen auf die Wartezeiten angerechnet werden, regeln die §§ 51, 244 II SGB VI. Als rentenrechtlich bedeutsame Zeiten nennt § 54 I SGB VI Beitragszeiten, beitragsfreie Zeiten und Berücksichtigungszeiten. *Beitragszeiten* (§ 55 SGB VI) sind Zeiten, für die Pflichtbeiträge oder freiwillige Beiträge gezahlt wurden oder als gezahlt gelten. *Beitragsfreie Zeiten* (§ 54 IV SGB VI) sind mit Anrechnungszeiten (§§ 58, 252 ff. SGB VI), einer Zurechnungszeit (§ 59, 253a SGB VI) oder mit Ersatzzeiten (§§ 250, 251 SGB VI) belegt, ohne dass zugleich Beiträge gezahlt wurden. *Berücksichtigungszeiten* sind bestimmte Zeiten der Kindererziehung gem. § 57 SGB VI – *Kindererziehungszeiten* gem. § 56 SGB VI sind hingegen Beitragszeiten, s. §§ 177 I, 55 I SGB VI! Die Berücksichtigung von zwei Jahren statt bisher einem Jahr mit Kindererziehungszeiten für vor 1992 geborene Kinder ab dem 1.7.2014[423] wird auch unter dem Schlagwort »*Mütterrente*« diskutiert.

- Ergeben sich bei M aus Übungsfall 11 Probleme im Hinblick auf die Wartezeiten? Bzw. welche Wartezeiten hat sie erfüllt? (Überlegen Sie, bevor Sie weiterlesen!)
- M ist seit 38 Jahren pflichtversichert. Dass für sie auch Beiträge entrichtet wurden, kann nach dem Sachverhalt unterstellt werden (vgl. auch § 199 SGB VI). Folglich verfügt M über 38 Jahre mit Beitragszeiten iSd § 55 SGB VI. Sie erfüllt damit alle hier in Betracht kommenden rentenrechtlichen Wartezeiten nach den §§ 11 I, 50 I, 243b SGB VI!

bb) Antrag

Alle Leistungen der gesetzlichen Rentenversicherung werden grds. nur auf Antrag **309** erbracht (s. § 19 S. 1 SGB IV, § 115 I 1 SGB VI – notieren Sie als Merkposten ggf. § 115 SGB VI neben § 19 SGB IV!). Abweichungen davon und Sonderfälle sind in

---

423 S. bei Interesse § 249 I sowie § 307 II SGB VI idF des RV-Leistungsverbesserungsgesetzes v. 23.6.2014, BGBl. I 787.

§ 115 I 2, II–IV sowie in § 116 SGB VI geregelt. Insbesondere gilt gem. § 116 II SGB VI ein Antrag auf Reha-Leistungen als Rentenantrag. Das Datum der Antragstellung hat materiell-rechtliche Bedeutung für den Beginn von Rentenleistungen (§ 99 I SGB VI) sowie den Beginn der Verzinsung (§ 44 II SGB I – diese Vorschriften könnten Sie ggf. neben § 115 I SGB VI notieren).

▨ Sehen Sie in Übungsfall 11 Probleme hinsichtlich der Antragsstellung?

▶ M hat Rente wegen verminderter Erwerbsfähigkeit bei der »Deutschen Rentenversicherung Nordbayern« als dem zuständigen Regionalträger beantragt. Leistungen zur medizinischen Rehabilitation oder zur Teilhabe am Arbeitsleben könnten gem. § 115 IV SGB VI auch von Amts wegen erbracht werden, wenn M dem zustimmt. Auf die Möglichkeit, diese Leistungen oder ggf. andere Rentenleistungen zu erhalten, »sollen« die Rentenversicherungsträger hinweisen (§ 115 VI SGB VI).

▨ Ist Ihnen die rechtliche Bedeutung der Formulierung »sollen« noch geläufig?

▶ »Soll-Vorschriften« verlangen eine bestimmte Handlungsweise zwar nicht zwingend, aber doch strikt für den Regelfall![424]

b) Renten

aa) Altersrenten

310 Anspruch auf Regelaltersrente haben Versicherte, die das 65. Lebensjahr vollendet und die allgemeine Wartezeit von fünf Jahren bei Rentenbeginn (der uU auch erst nach Erreichen der Altersgrenze liegen kann) erfüllt haben. Die *Regelaltersgrenze* wurde durch das RV-Altersgrenzenanpassungsgesetz vom 20.4.2007[425] vom 65. Lebensjahr ab dem Jahr 2012 schrittweise bis zum Jahr 2029 auf das 67. Lebensjahr angehoben (s. §§ 35, 235 SGB VI). Des Weiteren bestehen Sonderformen der Altersrente nach den §§ 36 ff., 40 SGB VI (mit Spezialregelungen in den §§ 236 ff. SGB VI – nur bei Interesse lesen), die unter den dort bestimmten versicherungsrechtlichen und persönlichen Voraussetzungen schon vor Vollendung des 65./67. Lebensjahres gewährt werden. *Langjährig Versicherte*, die bei Erfüllung einer Wartezeit von 35 Jahren eine Altersrente nach Vollendung des 63. Lebensjahres vorzeitig beziehen (§ 36 S. 2 SGB VI), müssen dafür Rentenabschläge in Kauf nehmen (vgl. § 77 II Nr. 2 Buchst. a SGB VI). *Besonders langjährig Versicherte* können bei Erfüllung einer Wartezeit von 45 Jahren eine Altersrente nach Vollendung des 65. Lebensjahres auch ohne Abschläge erhalten (§ 38 SGB VI).[426] Im Rahmen einer befristeten Sonderregelung (§ 236b – neben § 38 notieren!) ist es seit dem 1.7.2014 möglich, diese Rente bereits mit 63 Jahren abschlagsfrei in Anspruch zu nehmen (Stichwort »Rente mit 63«).[427]

Versicherte, die über die Altersgrenze hinaus arbeiten und Altersrente erst später beanspruchen, erhalten nach § 77 II Nr. 2 Buchst. b SGB VI einen höheren Rentenzu-

---

424 S. zB *Creifelds*, Stichwort: Soll-Vorschrift; dazu bereits bei → **Rn. 209**.

425 BGBl. I 554.

426 Eingefügt mit Wirkung zum 1.12.2012 durch das RV-Altersgrenzenanpassungsgesetz v. 20.4.2007, BGBl. I 554.

427 Eingefügt durch das RV-Leistungsverbesserungsgesetz v. 23.6.2014, BGBl. I 787. Besonderheiten hinsichtlich der Berücksichtigung von **Zeiten der Arbeitslosigkeit** finden sich in § 51 IIIa Nr. 3 SGB VI nF und § 244 III SGB VI nF, **freiwillige Beiträge** werden im Rahmen des § 51 IIIa Nr. 4 SGB VI nF anerkannt.

gangsfaktor. Nach § 42 I SGB VI können Versicherte statt einer Vollrente auch lediglich eine Teilrente wählen. Durch die genannten Regelungen wird den Versicherten ein gleitendes Ausscheiden aus dem Erwerbsleben ermöglicht. Beim vorzeitigen Bezug von Altersrente sind die Hinzuverdienstgrenzen des § 34 III SGB VI zu beachten.

Die Höhe einer Rente richtet sich vor allem nach der Höhe der während des Versicherungslebens durch Beiträge versicherten Arbeitsentgelte (vgl. § 63 I SGB VI). Konkret sind vier Faktoren maßgebend (vgl. § 64 SGB VI): **311**

1. Das in den einzelnen Kalenderjahren durch Beiträge versicherte Einkommen wird zunächst in **Entgeltpunkte** umgerechnet, wobei ein voller Entgeltpunkt jeweils dem versicherten Durchschnittsentgelt eines Kalenderjahres entspricht (§ 63 II SGB VI).

2. Die Vor- und Nachteile einer unterschiedlichen Rentenbezugsdauer werden durch Multiplikation der Entgeltpunkte mit einem **Zugangsfaktor** vermieden (§§ 63 V, 77 SGB VI); Ergebnis der Multiplikation sind die *persönlichen* Entgeltpunkte (§ 66 I SGB VI).

3. Durch Vervielfältigung mit dem **Rentenartfaktor** (§ 67 SGB VI) wird das Sicherungsziel der jeweiligen Rentenart im Verhältnis zur Altersrente bestimmt (§ 63 IV SGB VI).

4. Durch Multiplikation mit dem **aktuellen Rentenwert** wird die Anpassung der Rente an die jeweilige Lohn- und Gehaltsentwicklung gewährleistet. Der aktuelle Rentenwert wird gem. §§ 63 VII, 68 ff. SGB VI jährlich durch Rechtsverordnung bestimmt. In seine Berechnung geht auch ein *Nachhaltigkeitsfaktor* ein (§ 68 I 3 Nr. 3, IV SGB VI), der der steigenden Zahl von Rentnern im Verhältnis zur Zahl der Beitragszahler Rechnung tragen soll.

bb) Renten wegen Todes

Im Fall des Todes des Versicherten sichert die gesetzliche Rentenversicherung dessen Hinterbliebene. Ehegatten (auch frühere) und Kinder können nach Maßgabe der §§ 46 ff. SGB VI Witwen- bzw. Witwerrente, Erziehungsrente oder Waisenrente erhalten. Die Höhe dieser Renten ist im Verhältnis zur Altersrente für Versicherte geringer (s. die reduzierten Rentenartfaktoren gem. § 67 Nr. 5–8 SGB VI).[428] **312**

cc) Renten wegen verminderter Erwerbsfähigkeit

Das Invaliditätsrisiko des Versicherten bis zum Erreichen der Altersgrenze für eine Altersrente decken die Renten wegen verminderter Erwerbsfähigkeit ab.[429] Neben dem Eintritt des Versicherungsfalls setzt die Gewährung einer solchen Rente daher voraus, dass der Versicherte das 65./67. Lebensjahr noch nicht vollendet hat. Versicherungsrechtlich muss die allgemeine Wartezeit von fünf Jahren (§ 50 I Nr. 2 SGB VI) erfüllt sein und es müssen in den letzten fünf Jahren vor Eintritt des Versicherungsfalls drei Jahre lang Pflichtbeiträge gezahlt worden sein. Diese Renten kommen damit regelmäßig nur bei einer Pflichtversicherung und nicht bei allein freiwilliger Versicherung in Betracht. In ihrer Höhe entspricht eine Rente wegen voller Erwerbsminderung grds. der Altersrente (Rentenartfaktor 1,0, § 67 Nr. 3 SGB VI), allerdings ist der Zugangsfaktor meist deutlich reduziert (s. § 77 II 2, 1 **313**

---

428 Ausf. dazu zB *Waltermann* SozR Rn. 375; *Muckel/Ogorek* SozR § 11 Rn. 105 ff.
429 S. *Waltermann* SozR Rn. 367.

Nr. 3 SGB VI). Verbesserungen ergaben sich zum 1.7.2014 insbesondere durch eine Verlängerung der Zurechnungszeit um zwei Jahre bis zum vollendeten 62. Lebensjahr in § 59 SGB VI nF.[430] Dadurch werden Erwerbsgeminderte nun so gestellt, als ob sie bis zu ihrem 62. Geburtstag weitergearbeitet hätten. Renten wegen verminderter Erwerbsfähigkeit werden auf Zeit und nur ausnahmsweise dauerhaft gewährt (§ 102 II SGB VI).

314 Das Gesetz unterscheidet zwischen der Rente wegen teilweiser Erwerbsminderung und derjenigen wegen voller Erwerbsminderung. Der Versicherungsfall der vollen **Erwerbsminderung** liegt vor, wenn ein Versicherter wegen Krankheit oder Behinderung auf nicht absehbare Zeit (= länger als sechs Monate, vgl. § 101 I SGB VI) außerstande ist, unter den üblichen Bedingungen des allgemeinen Arbeitsmarktes mindestens drei Stunden täglich zu arbeiten (§ 43 II SGB VI – lesen!). Kann der Versicherte zwar noch drei, aber weniger als sechs Stunden täglich erwerbstätig sein, liegt eine teilweise Erwerbsminderung vor (§ 43 I SGB VI). Wer vor dem 2.1.1961 geboren wurde, zwar noch mindestens sechs Stunden täglich arbeiten kann, dies jedoch nicht mehr in seinem bisherigen oder einem vergleichbaren Beruf, ist möglicherweise *berufsunfähig*. Berufsunfähige können zwar nicht mehr die frühere Rente wegen Berufsunfähigkeit beanspruchen, wohl aber Rente wegen teilweiser Erwerbsminderung nach der Vertrauensschutzregelung des § 240 I SGB VI (notieren Sie § 240 neben § 43 I SGB VI!).

315 Betrachten Sie nun bitte wieder Übungsfall 11!

- ▨ Mit welcher Überlegung ließe sich ein Anspruch auf Rente wegen voller Erwerbsminderung der M bejahen?
- ▶ M kann zwar theoretisch noch arbeiten, praktisch hat sie jedoch bei der derzeitigen Arbeitsmarktlage kaum eine Chance auf eine Beschäftigung!

Um das Risiko der Arbeitslosigkeit nicht von der Arbeitslosenversicherung weitgehend auf die Rentenversicherung zu überwälzen, ist das Gesetz in diesem Punkt zurückhaltend und besagt, dass es auf die jeweilige Arbeitsmarktlage grds. nicht ankommt (s. §§ 43 III Hs. 2, 240 II 4 Hs. 2 SGB VI – *abstrakte Betrachtungsweise*). Anders ist dies bei einem Leistungsvermögen unter sechs Stunden täglich und gleichzeitigem Vorliegen von Arbeitslosigkeit, wie sich den genannten Vorschriften im Umkehrschluss entnehmen lässt. Insoweit gilt eine *konkrete Betrachtungsweise*:[431] Ist der Teilzeitarbeitsmarkt verschlossen, wird eine Rente wegen voller Erwerbsminderung gewährt. Von einer Verschlossenheit des Arbeitsmarktes ist nach der Rechtsprechung auszugehen, wenn weder der Versicherungsträger noch die Agentur für Arbeit dem Versicherten innerhalb eines Jahres seit Stellung des Rentenantrages einen seinen Kräften und Fähigkeiten entsprechenden Arbeitsplatz anbieten konnte.[432]

316 Für den Fall der M ist dies unerheblich, weil sie noch mehr als sechs Stunden täglich arbeiten kann.

---

430 Geändert durch das RV-Leistungsverbesserungsgesetz v. 23.6.2014, BGBl. I 787. Weitere Verbesserungen ergeben sich durch § 73 S. 1 Hs. 2 SGB VI nF.
431 Dazu ausf. KassKom/*Gürtner* SGB VI § 43 Rn. 30 ff.
432 S. zB BSGE 43, 75; BSG Urt. v. 31.1.2002 – B 13 RJ 7/01 R = SozR 3-2600 § 44 Nr. 16.

▨ Welche Rente könnte nach dem, was Sie schon wissen, damit nur in Betracht kommen? Denken Sie nach und blättern Sie ggf. zurück zu → Rn. 313 ff., bevor sie weiterlesen!

▶ Da M vor dem 2.1.1961 geboren wurde und ihren bisherigen Beruf nicht mehr auszuüben vermag, könnte ihr ein Anspruch auf Rente wegen teilweiser Erwerbsminderung unter dem Gesichtspunkt der Berufsunfähigkeit zustehen!

Berufsunfähigkeit liegt aber nach § 240 II SGB VI nicht bereits dann vor, wenn der bisherige Beruf nicht mehr ausgeübt werden kann, sondern es ist auch zu prüfen, ob es eine Tätigkeit gibt, die dem Versicherten sozial zumutbar ist und die er gesundheitlich sowie fachlich noch bewältigen kann. Die soziale Zumutbarkeit einer Verweisungstätigkeit richtet sich nach der Wertigkeit des bisherigen Hauptberufs. Die Rechtsprechung beurteilt sie nach einem sog. *Mehrstufenschema*,[433] in dessen Rahmen nur auf eine Tätigkeit der jeweils nächstniedrigeren Gruppe verwiesen werden darf. Aus der eingeschränkten Verweisbarkeit folgt, dass grds. mindestens eine zumutbar in Betracht kommende Tätigkeit vom Versicherungsträger konkret zu benennen ist.[434] Zumutbar ist stets eine Tätigkeit, für die Versicherte durch Leistungen zur Teilhabe am Arbeitsleben (→ Rn. 323 ff.) mit Erfolg ausgebildet oder umgeschult worden sind (s. § 240 II 3 SGB VI).[435]

Übersicht 28: Mehrstufenschema zur Beurteilung von Berufsunfähigkeit 317

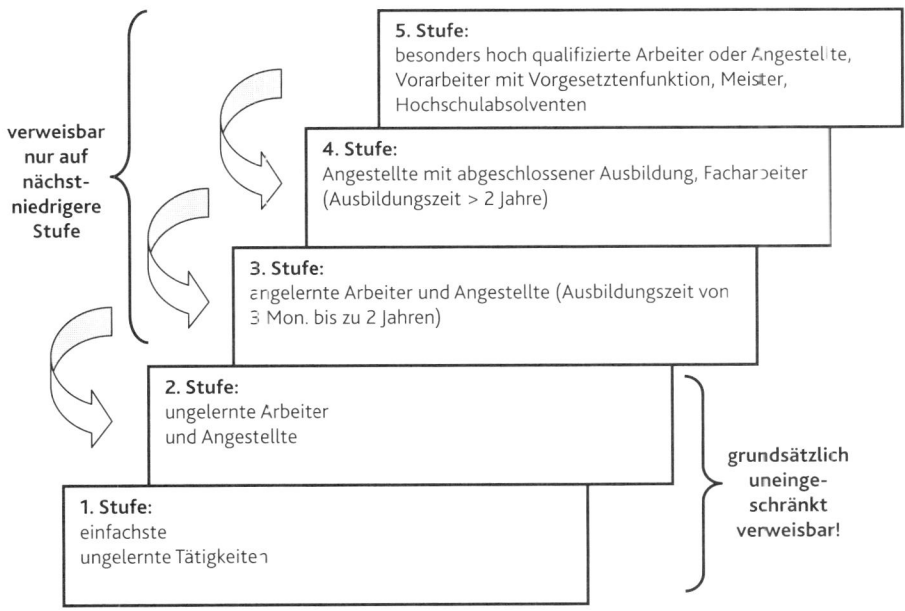

318

---

433 S. zB BSG Urt. v. 9.4.2003 – B 5 RJ 38/02 R = BeckRS 9999, 00601.

434 Zur Maßgeblichkeit dieser Rspr. auch für § 240 SGB VI s. zB BSG Urt. v. 3.7.2002 – B 5 RJ 18/01 R = BeckRS 2002, 41511.

435 S. zum Ganzen zB die Darstellung bei *Gitter/Schmitt* SozR § 25 Rn. 42 ff.

Versuchen Sie nun, das Schema auf unseren Fall anzuwenden!

- ▨ Welcher Stufe ist M zuzuordnen und welche Konsequenzen ergeben sich daraus?
- ▶ M war während der letzten 20 Jahre als »normale« ungelernte Arbeiterin tätig. Sie ist daher der zweiten Stufe zuzuordnen und kann auf alle Tätigkeiten des allgemeinen Arbeitsmarktes verwiesen werden. Sie ist daher nicht berufsunfähig und hat keinen Rentenanspruch nach § 240 II SGB VI.

Da nicht einzusehen ist, dass Versicherte wie M trotz langjähriger Beitragszahlung niemals berufsunfähig werden können und die Rente wegen Berufsunfähigkeit nur Versicherten mit besserer Ausbildung zugute kam, hat sich der Gesetzgeber entschlossen, den Versicherungsfall der Berufsunfähigkeit auslaufen zu lassen.

319 Zurück zum Tatbestand des § 43 SGB VI. Versuchen Sie sich in die Lage der M zu versetzen! Die Rentenversicherung beruft sich darauf, dass M theoretisch noch vollschichtig arbeiten kann. Sie hat aber keinen Arbeitsplatz und weiß wohl ebenso wenig wie die Sachbearbeiter der Agentur für Arbeit, in welchem Berufsfeld sie angesichts der Vielzahl ihrer Leiden nach einer neuen Tätigkeit suchen könnte.[436]

- ▨ Schauen Sie sich nochmals die medizinischen Leistungseinschränkungen der M an! Im Hinblick auf welches Kriterium der Erwerbsminderung gem. § 43 I 2 SGB VI könnten sich Zweifel ergeben?
- ▶ Fraglich ist, ob M noch »unter den üblichen Bedingungen des allgemeinen Arbeitsmarktes« eingesetzt werden kann!

Es nützt der M wenig, dass sie zwar theoretisch noch vollschichtig arbeiten kann, wenn eine mit ihren Leiden vereinbare Tätigkeit tatsächlich nicht existiert. In diesem Fall beruht die fehlende Erwerbstätigkeit nicht auf der Arbeitsmarktlage, sondern ist allein auf die Leistungsminderungen zurückzuführen. Deshalb kann nur das Leistungspotenzial, das auf dem Arbeitsmarkt konkret einsetzbar ist, als Maßstab für die Fähigkeit eines Versicherten, Einkommen zu erzielen, herangezogen werden.[437]

320 Nach der Rechtsprechung kommt infolge dessen auch bei verbliebener Fähigkeit des Versicherten, vollschichtig Arbeiten zu verrichten, in bestimmten Fällen ein Anspruch auf Rente wegen voller Erwerbsunfähigkeit in Betracht, wenn dem Versicherten keine noch ausübbare Verweisungstätigkeit durch den Rentenversicherungsträger benannt wurde. Eine pauschale Verweisung auf das allgemeine Arbeitsfeld ist danach nur ausreichend, wenn der Versicherte zumindest (körperlich) leichte Arbeiten ohne besondere Einschränkungen verrichten kann. Liegt hingegen eine *Summierung ungewöhnlicher Leistungseinschränkungen* oder eine *schwere spezifische Leistungsbehinderung* vor, ist stets die **Benennung** einer geeigneten **Verweisungstätigkeit** erforderlich.[438] Besteht die Gefahr einer Verschlossenheit des Arbeitsmarktes (zB weil derartige Positionen nur an frühere Betriebsangehörige vergeben werden), ist dem Versicherten sogar konkret ein besetzbarer Arbeitsplatz

---

436 Sie wird daher von der Agentur für Arbeit vermutlich nicht als arbeitsfähig eingestuft werden (s. § 138 V Nr. 1 SGB III) – ein **Anspruch auf Arbeitslosengeld** kann sich dann nur aufgrund der Vorschrift des § 145 I SGB III **vorläufig** bis zur Feststellung einer Erwerbsminderung durch den Rentenversicherungsträger ergeben.

437 S. BSG Urt. v. 28.8.2002 – B 5 RJ 12/02 R = BeckRS 9999, 00603.

438 S. insbes. BSGE 80, 24 (33) – GrS; 109, 189 ff.

nachzuweisen.[439] Solange dies nicht gelingt bzw. geschieht, besteht daher Anspruch auf Rente wegen voller Erwerbsminderung!

Versuchen Sie nun, diese Erkenntnisse auf Übungsfall 11 anzuwenden.   321

▓ Könnte bei M eine *Summierung ungewöhnlicher Leistungseinschränkungen* oder eine *schwere spezifische Leistungsbehinderung* vorliegen?

▶ Der Ausschluss von Tätigkeiten mit besonderen Anforderungen an Reaktionsfähigkeit, Übersicht, Aufmerksamkeit, Verantwortungsbewusstsein und Zuverlässigkeit iVm einer überwiegend sitzenden Tätigkeit deutet bereits auf eine Summierung ungewöhnlicher Leistungshindernisse hin. Jedenfalls zusammen mit den Einschränkungen in Bezug auf die rechte Hand, die uU schon für sich genommen eine schwere spezifische Leistungsbehinderung darstellen könnten, muss man hier von einer Summierung ungewöhnlicher Leistungseinschränkungen ausgehen, zumal auch unwahrscheinlich ist, dass sich M in ihrem Alter nach einem langen, durch manuelle Tätigkeiten geprägten Arbeitsleben noch auf Bürotätigkeiten oder Tätigkeiten mit Publikumsverkehr wie zB Pförtnerin oder Museumsaufsicht umstellen kann.[440]

▓ Was bedeutet dies konkret für M?

▶ Sie ist als voll erwerbsgemindert anzusehen, solange ihr keine geeignete Tätigkeit benannt werden kann. Da alle anderen Voraussetzungen des § 43 II SGB VI vorliegen, hat sie bis zu diesem Zeitpunkt Anspruch auf Rente wegen voller Erwerbsminderung.

dd) Ausschlüsse, Zusammentreffen von Renten und Einkommen

Ein Anspruch auf Rente wegen verminderter Erwerbsfähigkeit, Altersrente für   322
schwerbehinderte Menschen oder große Witwenrente oder große Witwerrente (§§ 43, 37, 46 II SGB VI) besteht nicht für Personen, die die für die Rentenleistung erforderliche gesundheitliche Beeinträchtigung absichtlich herbeigeführt haben (§ 103 SGB VI). Anspruch auf Rente wegen Todes besteht ferner nicht für Personen, die den Tod des Versicherten vorsätzlich herbeigeführt haben (§ 105 SGB VI). Ist die Rentenberechtigung auf bei Verbrechen oder vorsätzlichen Vergehen erlittene Verletzungen zurückzuführen, steht eine vollständige oder teilweise Versagung der Rente im Ermessen des Rentenversicherungsträgers (§ 104 I SGB VI). Beim Zusammentreffen verschiedener Rentenansprüche sowie von Renten und anderen Leistungen oder Einkommen gelten die §§ 89 ff. SGB VI.

c) Leistungen zur Teilhabe

Die Leistungen zur Teilhabe (§§ 9 ff. SGB VI) behandelte das Gesetz früher unter der   323
Überschrift »Rehabilitation«. Durch sie soll verhindert werden, dass Versicherte vorzeitig aus dem Erwerbsleben ausscheiden (vgl. § 9 I 1 Nr. 2 SGB VI). Da diese Leistungen die Zahlung einer Rente wegen verminderter Erwerbsfähigkeit abwenden können, sind sie gegenüber den Renten vorrangig (§ 9 I 2 SGB VI – Grundsatz: »*Reha vor Rente*«). Die Erbringung von Leistungen zur Teilhabe steht im Ermessen (§ 38 SGB I) des zuständigen Leistungsträgers (unterstreichen Sie »können« im

---

439   BSG Urt. v. 31.1.2002 – B 13 RJ 7/01 R = SozR 3-2600 § 44 Nr. 16.
440   Vgl. dazu insbes. BSG Urt. v. 23.8.2001 – B 13 RJ 13/01 R = SGb 2001, 675 sowie ferner BSG Urt. v. 23.3.2000 – B 13 RJ 65/99 R = SozSich 2001, 207 ff.

Wortlaut des § 9 II SGB VI!). In Betracht kommen Leistungen zur medizinischen Rehabilitation (§ 15 SGB VI – lesen!), Leistungen zur Teilhabe am Arbeitsleben (§ 16 SGB VI – lesen Sie § 16 SGB VI und überfliegen Sie die dort genannten Vorschriften des SGB IX) sowie »sonstige Leistungen« iSd § 31 SGB VI. Diese Leistungen werden ergänzt durch die Gewährung von Übergangsgeld (§§ 20 ff. SGB VI) und die in § 28 SGB VI erwähnten Leistungen nach dem SGB IX.

324 Leistungen zur Teilhabe können nur gewährt werden, wenn die in § 10 SGB VI umschriebenen persönlichen Voraussetzungen vorliegen. Diese bezeichnen hier den *Versicherungsfall*.[441] Er ist gegeben, wenn die Erwerbsfähigkeit eines Versicherten wegen Krankheit oder körperlicher, geistiger oder seelischer Behinderung erheblich gefährdet oder gemindert ist und voraussichtlich erhalten oder wieder hergestellt werden kann (s. im Einzelnen § 10 I Nr. 2 SGB VI). Weitere (versicherungsrechtliche) Voraussetzung der Erbringung von Leistungen zur medizinischen Rehabilitation und zur Teilhabe am Arbeitsleben ist gem. § 11 I SGB VI, dass der Versicherte bei Antragstellung eine Wartezeit von 15 Jahren erfüllt oder Rente wegen verminderter Erwerbsfähigkeit (§§ 43, 240 SGB VI) bezieht; Ausnahmen davon sehen die Abs. 2, 2a und 3 des § 11 SGB VI vor.

325 Werden die Ermessensleistungen zur medizinischen Rehabilitation oder zur Teilhabe am Arbeitsleben oder die ebenfalls im Ermessen stehenden sonstigen Leistungen des § 31 SGB VI erbracht, folgt daraus ein *Rechtsanspruch* auf Übergangsgeld, sofern die weiteren Leistungsvoraussetzungen des § 20 SGB VI erfüllt sind (unterstreichen Sie »Anspruch« im Gesetzeswortlaut!). Alle Leistungen der gesetzlichen Rentenversicherung werden nur auf *Antrag* erbracht (s. § 19 SGB IV, § 115 I 1 SGB VI). Jedoch können gem. § 115 IV SGB VI Leistungen zur medizinischen Rehabilitation oder zur Teilhabe am Arbeitsleben auch *von Amts wegen* erbracht werden, wenn die Versicherten zustimmen. Den Ausschluss von Leistungen regelt § 12 SGB VI.

326 Was bedeutet dies für Übungsfall 11?

- ▨ Hat M auch Anspruch auf Leistungen zur Teilhabe?
- ▷ M erfüllt zwar die versicherungsrechtlichen Voraussetzungen und ist auch in ihrer Erwerbsfähigkeit gemindert, doch ist nach dem Sachverhalt nicht klar, ob damit zu rechnen ist, dass ihre Erwerbsfähigkeit auf diese Weise wieder hergestellt werden kann. Reha-Leistungen sind insofern zwar denkbar, aber nicht zwingend. M hat diese Leistungen auch nicht beantragt. Sollten sie in Betracht kommen, müsste der Regionalträger sie entweder von Amts wegen erbringen oder M zumindest darauf hinweisen, dass sie auf Antrag derartige Leistungen in Anspruch nehmen kann (s. § 115 VI SGB VI).

5. Leistungserbringungsrecht

327 Fragen des Leistungserbringungsrechts spielen in der gesetzlichen Rentenversicherung nur eine untergeordnete Rolle, da Geldleistungen (Renten) im Vordergrund stehen. Diese werden gem. § 119 I SGB VI grds. durch die Deutsche Post AG ausgezahlt. Sachleistungen sind die Leistungen zur Teilhabe, die im Jahr 2013 einem Anteil

---

441 *Gitter/Schmitt* SozR § 25 Rn. 15.

von rd. 2% der Gesamtausgaben der Rentenversicherung[442] ausmachten. Sie werden teilweise durch die Rentenversicherungsträger selbst erbracht (in zZt 82 eigenen Rehabilitationseinrichtungen[443] der Rentenversicherungsträger, zB Kurkliniken) und im Übrigen durch externe Leistungserbringer wie zB Kurkliniken, Berufsförderungs- und Berufsbildungswerke oder Werkstätten für behinderte Menschen angeboten (vgl. § 15 II 1 SGB VI). Die Rechtsbeziehungen gestalten sich weitestgehend parallel zu denen in anderen Zweigen der Sozialversicherung.[444]

6. Organisation und Finanzierung

a) Organisation

Obgleich das Leistungs- und Beitragsrecht der Rentenversicherung der Arbeiter und **328** der Angestellten seit längerem vollständig angeglichen und im SGB VI zusammengefasst war, bestand – historisch bedingt – die organisatorische Unterteilung in Arbeiter- und Angestelltenrentenversicherung lange fort. Dies änderte sich erst durch das »Gesetz zur Organisationsreform in der gesetzlichen Rentenversicherung«[445] vom 9.12.2004. Bis dahin waren in erster Linie die 22 früheren Landesversicherungsanstalten (LVAen) Träger der Rentenversicherung der Arbeiter und die einstige Bundesversicherungsanstalt für Angestellte (BfA) die primäre Trägerin der Rentenversicherung der Angestellten. Heute werden die Aufgaben der gesetzlichen Rentenversicherung von Regionalträgern und Bundesträgern der »Deutschen Rentenversicherung« wahrgenommen (§ 126 SGB VI). Bundesträger sind die »Deutsche Rentenversicherung Bund«, in der die frühere BfA aufging, sowie die »Deutsche Rentenversicherung Knappschaft-Bahn-See«, die insbesondere die knappschaftliche Rentenversicherung für den Bereich des Bergbaus durchführt (§§ 132 ff., 129 f. SGB VI). Regionalträger sind die früheren LVAen, die heute die Bezeichnung »Deutsche Rentenversicherung« mit einem Zusatz für ihre jeweilige regionale Zuständigkeit führen (s. § 125 I 2 SGB VI). Die Rentenversicherungsträger sind Körperschaften des öffentlichen Rechts mit Selbstverwaltung (§ 29 I SGB IV). Ihre Zuständigkeit für Neu-Versicherte richtet sich gem. § 127 I, II SGB VI nach einem prozentualen Verteilungsschlüssel bei Vergabe der Versicherungsnummer (wissen Sie noch, was es mit dieser auf sich hat? Falls nicht, lesen Sie → Rn. 140 f.!). Innerhalb der Gruppe der Regionalträger ist vor allem der Wohnsitz für die Zuständigkeit ausschlaggebend (§ 128 I SGB VI).

In Übungsfall 11 besteht der Anspruch der M gegen den zuständigen Regionalträger, die DRV Nordbayern. Da M Arbeiterin ist, war bei Vergabe der Versicherungsnummer nach damaligem Recht die LVA ihres Wohnsitzes Nürnberg in Bayern, Bezirk Mittelfranken, zuständig. Dies war die LVA Oberfranken und Mittelfranken. Sie ging in der jetzigen DRV Nordbayern auf, die für die früheren Versicherten der LVA weiterhin zuständig bleibt (vgl. § 274c I 1 SGB VI).

---

442 Vgl. DRV, Broschüre Aktuelle Daten 2014.
443 DRV, Reha-Bericht 2013, 51.
444 Vgl. zum Ganzen: *Gitter/Schmitt* SozR § 26 Rn. 1 ff.; → **Rn. 208 ff.** mit **Übersicht 21.**
445 BGBl. I 3242.

b) Finanzierung

329 Die Finanzierung der gesetzlichen Rentenversicherung ist in den §§ 153–227 SGB VI geregelt und nach dem Umlageverfahren organisiert. Es wird also *nicht* aus den Beiträgen ein Kapitalstock angespart, der die entstehenden Rentenanwartschaften absichert und der späteren Auszahlung der Renten dient (sog. Kapitaldeckungsverfahren). Die Ausgaben eines Kalenderjahres werden vielmehr durch die Einnahmen desselben Jahres und, soweit erforderlich, durch Entnahmen aus der Nachhaltigkeitsrücklage (§§ 216 f. SGB VI) gedeckt (§ 153 I SGB VI). Das Umlageverfahren beinhaltet zugleich den im Zusammenhang mit der Geschichte des Sozialrechts bereits erwähnten sog. *Generationenvertrag* (→ Rn. 13).

■ Wissen Sie, was dieser Begriff bedeutet?

▶ Der Generationenvertrag besagt, dass die Kosten der Renten der im Ruhestand befindlichen Generation von der jeweils aktiv im Erwerbsleben stehenden Generation getragen werden. Die Renten der Ruheständler werden aus den Beiträgen ausgezahlt, die die jeweils erwerbstätige Generation in derselben Zeit einzahlt. Die Altersversorgung der heute erwerbstätigen Versicherten wird durch die Beiträge der nachfolgenden Generation finanziert.

330 Aus dem weiter auseinander driftenden Verhältnis von Rentenberechtigten zu beitragspflichtig Beschäftigten resultieren zugleich die gegenwärtigen und künftigen Probleme der Rentenversicherung.[446] Denn die Einnahmen der gesetzlichen Rentenversicherung beruhen ganz überwiegend (zu 80%) auf Beiträgen (§§ 157 ff. SGB VI), insbesondere auf den Beiträgen der Versicherten und ihrer Arbeitgeber, die diese hälftig zu tragen haben (§ 168 I Nr. 1 SGB VI). Daneben sind auch Zuschüsse des Bundes (§ 213 SGB VI) von Bedeutung (§ 153 II SGB VI). Sie dienen als Ausgleich für sog. *versicherungsfremde Leistungen* (vgl. § 213 III SGB VI), die nicht primär im Interesse der Versichertengemeinschaft, sondern in Verantwortung des Staates für die Allgemeinheit erbracht werden. Betroffen ist namentlich die rentenrechtliche Berücksichtigung von Zeiten der Kindererziehung.[447]

VI. Arbeitsförderung, Arbeitslosenversicherung – SGB III

1. Überblick

331 Das im SGB III geregelte Recht der Arbeitsförderung änderte sich grundlegend im Dezember 2003,[448] als die bedarfsabhängig zu gewährende frühere Arbeitslosenhilfe und die Sozialhilfe für Erwerbsfähige mit Wirkung zum 1.1.2005 zur Leistung »Arbeitslosengeld II« (§§ 19 ff. SGB II) im SGB II (Grundsicherung für Arbeitsuchende) zusammengeführt wurden. Die früheren Arbeitsämter benannte man um in »Agenturen für Arbeit« und die Bundesanstalt für Arbeit in »Bundesagentur für Arbeit«. Die Bundesagentur wird – genau wie zuvor die Bundesanstalt – üblicherweise mit »BA« abgekürzt.

---

446   → **Rn. 292**.

447   Ausf. zur Finanzierung der gesetzlichen Rentenversicherung zB *Muckel/Ogorek* SozR § 11 Rn. 38 ff.

448   Insbes. durch das Dritte und das Vierte Gesetz für moderne Dienstleistungen am Arbeitsmarkt v. 23.12.2003, BGBl. I 2848 und v. 24.12.2003, BGBl. I 2954 sowie das Gesetz zu Reformen am Arbeitsmarkt v. 24.12.2003, BGBl. I 3002.

▨ Warum Sie sich als Laie zu erkennen geben, wenn Sie stattdessen die Abkürzung »BfA« verwenden, ist Ihnen bekannt?

▷ Diese Abkürzung ist »reserviert« für die frühere ...[449]!

Zu einer größeren Reform des Leistungsrechts kam es zum 1.1.2009[450] sowie zu einer systematischen Neuordnung zum 1.4.2012,[451] die auch inhaltlich unveränderte Vorschriften (wie zB zum Arbeitslosengeld und zum Insolvenzgeld) an neuen Standorten im Gesetz verankerte. Auf eine Darstellung befristeter oder nur übergangsweise möglicher Leistungen und zeitweiliger Aufgaben (s. die Überschriften vor §§ 130 ff., 417 ff. SGB III) wird hier aus Platzgründen weitgehend verzichtet und dazu auf umfangreichere Werke[452] verwiesen.

Wer am Arbeitsleben teilnimmt oder teilnehmen will, hat die in § 3 II SGB I aufgeführten sozialen Rechte, insbesondere das Recht auf Beratung, Förderung und Hilfe zur Erlangung und Erhaltung eines Arbeitsplatzes sowie auf wirtschaftliche Sicherung bei Arbeitslosigkeit und bei Zahlungsunfähigkeit des Arbeitgebers. Die Einzelheiten und Anspruchsvoraussetzungen regelt das mit »Arbeitsförderung« betitelte SGB III. Die Arbeitsförderung soll dem Entstehen von Arbeitslosigkeit entgegenwirken, die Dauer der Arbeitslosigkeit verkürzen und den Ausgleich von Angebot und Nachfrage auf dem Ausbildungs- und Arbeitsmarkt unterstützen (§ 1 I 1 SGB III). Ferner soll sie dazu beitragen, dass ein hoher Beschäftigungsstand erreicht und die Beschäftigungsstruktur ständig verbessert wird (§ 1 I 4 SGB III). Einen Überblick über die Leistungen der Arbeitsförderung geben § 19 I SGB I und § 3 SGB III. **332**

Vor dem Hintergrund dieser sehr weitgehenden Ziele der Arbeitsförderung ist es nicht verwunderlich, dass die Leistungen des SGB III überwiegend Ermessensleistungen sind (s. § 3 III SGB III) und ihre Inanspruchnahme nur in wenigen Fällen voraussetzt, dass der Begünstigte zum versicherten Personenkreis gehört. Trotz dieser Besonderheiten zählt das Arbeitsförderungsrecht zu einem großen Teil auch zum Sozialversicherungsrecht. **333**

▨ Die Sonderstellung des Arbeitsförderungsrechts kommt in der Unterscheidung zwischen Sozialversicherung im engeren und im weiteren Sinne zum Ausdruck, an die Sie sich sicher noch erinnern?

▷ Falls nicht: Lesen Sie nochmals → Rn. 113 f.!

Nach § 1 I 2 SGB IV gilt das SGB IV mit Ausnahme des Organisationsrechts (§§ 29–66, 91–94 SGB IV) auch für das Arbeitsförderungsrecht.

Zur Veranschaulichung der Einzelheiten soll der folgende Übungsfall 12 dienen. **334**

---

449 **Bundesversicherungsanstalt für Angestellte!** Falls Sie dies nicht mehr gewusst haben, lesen Sie nochmals → **Rn. 328.**

450 Durch das Gesetz zur Neuausrichtung der arbeitsmarktpolitischen Instrumente v. 21.12.2008, BGBl. I 2917; s. dazu zB *Voelzke* jurisPR-SozR 5/2009 Anm. 4; *Winkler* info also 2009, 3 ff.

451 Durch das Gesetz zur Verbesserung der Eingliederungschancen am Arbeitsmarkt v. 20.12.2011, BGBl. I 2854; s. dazu zB *Roos* NJW 2012, 652 ff.; *Solka* jurisPR-SozR 8/2012 Anm. 1; *Voelzke* NZA 2012, 177 ff.

452 S. zB *Fuchs/Preis* SozVersR §§ 54, 55; *Gitter/Schmitt* SozR §§ 28–31; *Mucke*[1]*/Ogorek* SozR § 12 Rn. 1 ff.; *Erlenkämper/Fichte* SozR Kap. 10 Rn. 154 ff.; *Waltermann* SozR Rn. 381 ff.

Übungsfall 12[453]

K war als Krankenschwester in einem Krankenhaus in Berlin versicherungspflichtig beschäftigt. Zufällig lernte sie den Medizinstudenten S kennen, der dort ein Praktikum ableistete. Man kam sich näher und die Beziehung überdauerte auch die Rückkehr des S an seinen Wohn- und Studienort Essen. Nach zweijähriger Distanzbeziehung beschließen K und S zusammenzuziehen und zu heiraten. S gelang es jedoch nicht, einen Studienplatz in Berlin zu erhalten. Auch die telefonischen Versuche des S, bei verschiedenen Krankenhäusern in Essen und Umgebung einen Arbeitsplatz für K zu finden, blieben erfolglos. K vereinbarte dennoch am 30.5.2014 (Freitag) mit ihrem Arbeitgeber die Beendigung des Arbeitsverhältnisses mit Ablauf des 31.7.2014 und sprach deswegen am 2.6. (Montag) bei der zuständigen Agentur für Arbeit in Berlin persönlich vor.

Am 18. September heirateten K und S, wobei beide ihre bisherigen Nachnamen beibehielten. Am 2. September (Samstag) zog K zu ihrem Ehemann nach Essen in dessen Studentenbude. Sie meldete sich am darauffolgenden Montag, den 4.8.2014, unter Angabe ihrer neuen Adresse (K, Vogelheimer Str. 24, 45326 Essen) und Telefonnummer bei der zuständigen Agentur für Arbeit arbeitslos. Da die beiden eine größere gemeinsame Wohnung (Anschrift: Trautes Heim 17, 45149 Essen) schon zum 15. August (Freitag) beziehen wollten, brachten sie ein zusätzliches Namensschild für K am Briefkasten der alten Wohnung nicht mehr an. Für die Zeit nach dem neuerlichen Umzug zum vorgesehenen Termin hatten beide einen Nachsendeauftrag bei der Deutschen Post AG gestellt. Persönlich sprach K erst wieder am 2. September bei der Agentur für Arbeit vor. Einen neuen Job fand K allein durch eigene Aktivitäten zum 1.11.2014. Für welche Zeiträume hat K Anspruch auf Arbeitslosengeld?

335 Längere Sachverhalte sollten Sie stets mindestens zweimal lesen! Wegen der unübersichtlichen Datenlage ist es hilfreich, die Vorgänge auf einem Zeitstrahl aufzubringen:

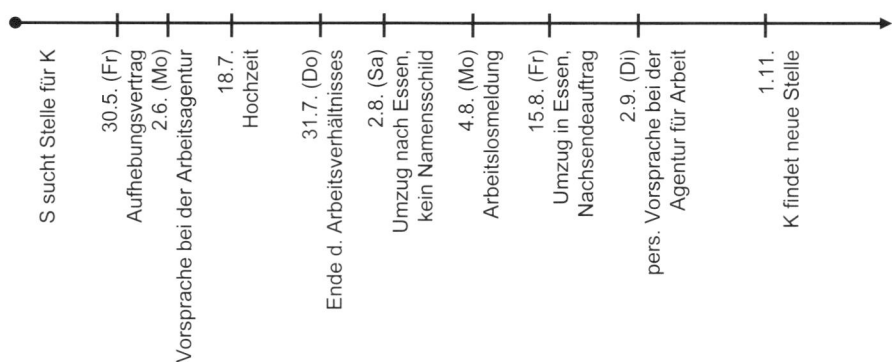

- ▦ Welchen Obersatz würden Sie der Prüfung voranstellen?
- ▶ K könnte für die Zeit vom 1.8. bis zum 31.10.2014 Arbeitslosengeld nach den §§ 136 I Nr. 1, 137 ff. SGB III zustehen, wenn sie alle Anspruchsvoraussetzungen dafür erfüllt (bei vorhandenen Vorkenntnissen sollten Sie den Obersatz anhand der Voraussetzungen des § 137 I SGB III weiter spezifizieren!).

---

453 In loser Anlehnung an BSGE 91, 90 ff. (Heirat); BSGE 88, 172 ff. (Nachsendeauftrag); BSG Urt. v. 9.8.2001 – B 11 AL 100/00 R (Namensschild am Briefkasten) = AuA 2002, 189 f. mAnm *Marschner*.

Klausurtipp: Als echte Versicherungsleistung ist vor allem das Arbeitslosengeld bedeutsam. Wird ein   336
solcher Anspruch geprüft, kann das sozialversicherungsrechtliche Anspruchsschema (s. oben, Übersicht 20 bei → Rn. 165) angewendet werden. Übersichtlicher dürfte es sein, das Schema zu verlassen
und unmittelbar unter die zusammenhängenden und detaillierten Regelungen der §§ 137 I, 138 ff.
SGB III zu subsumieren.
Bei der Prüfung der Voraussetzungen anderer Leistungen nach dem SGB III sollten Sie den Aufbau
wegen verschiedener Besonderheiten stets allein am Tatbestand der jeweiligen Anspruchsgrundlage
orientieren.

2. Versicherter Personenkreis, Leistungsberechtigte

Versicherungspflichtig in der Arbeitslosenversicherung sind Beschäftigte (= Personen,   337
die gegen Arbeitsentgelt oder zu ihrer Berufsausbildung beschäftigt sind, s. §§ 24 I, 25 I
SGB III) sowie sonstige Versicherungspflichtige (§§ 24 I, 26 I–III SGB III). Versicherungsfrei sind gem. §§ 27 f. SGB III insbesondere Beamte, Richter und Soldaten (§ 27 I
Nr. 1 SGB III) sowie Schüler und Studenten (§ 27 IV SGB III). Ebenfalls versicherungsfrei bleiben geringfügig Beschäftigte (§ 8 I SGB IV) mit der Besonderheit, dass
geringfügige und nicht geringfügige Beschäftigungen generell nicht zusammengerechnet werden (§ 27 II SGB III). Seit 2006 besteht auch in der Arbeitslosenversicherung die
Möglichkeit zur freiwilligen Weiterversicherung (Versicherungspflicht auf Antrag gem.
§ 28a SGB III). Die von der Regelung Begünstigten (va Personen, die Angehörige pfle-
gen sowie Existenzgründer) haben damit die Möglichkeit, den erworbenen Versicherungsschutz aufrechtzuerhalten.

Das Versicherungspflichtverhältnis kraft Gesetzes oder auf Antrag beginnt, sobald   338
die jeweiligen gesetzlichen Voraussetzungen vorliegen. Es endet insbesondere mit ihrem Wegfall (s. §§ 24 II und IV, 28a II SGB III). Das Fortbestehen eines Versiche-
rungspflichtverhältnisses ist grds. **nicht Leistungsvoraussetzung**. Für die Gewährung der Versicherungsleistung »Arbeitslosengeld bei Arbeitslosigkeit« (§ 136 I Nr. 1
SGB III) wird jedoch verlangt, dass der Anspruchsteller innerhalb der Rahmenfrist
des § 143 SGB III (regelmäßig die letzten zwei Jahre) mindestens zwölf Monate in
einem Versicherungspflichtverhältnis gestanden hat und dadurch die **Anwartschaftszeit** (§ 142 SGB III) erfüllt. In Anlehnung daran sind die Anspruchsvoraussetzungen
beim »*Arbeitslosengeld bei beruflicher Weiterbildung*« und beim *Teilarbeitslosengeld*
ausgestaltet, s. §§ 144, § 162 II Nr. 2 SGB III.

▨ Was bedeutet das für K in Übungsfall 12?
▷ K war vor ihrer am 1.8.2014 beginnenden Arbeitslosigkeit seit über zwei Jahren
als Krankenschwester versicherungspflichtig beschäftigt. Sie stand damit mehr als
zwölf Monate in einem Versicherungspflichtverhältnis und erfüllt somit die Anwartschaftszeit des § 142 SGB III als erste Voraussetzung für einen Anspruch auf
Arbeitslosengeld.

Im Übrigen beschreiben bzw. definieren die §§ 12 ff. SGB III den leistungsberechtigten   339
Personenkreis. Allein der Begriff der »von Arbeitslosigkeit bedrohten Personen« (§ 17
SGB III) setzt dabei eine versicherungspflichtige Beschäftigung voraus; auf ihn kommt
es bei den vermittlungsunterstützenden Leistungen gem. §§ 44 und 45 SGB III sowie
der Förderung der Teilnahme an Transfermaßnahmen (§§ 110 I, 111 IV SGB III) an.

Das Verhältnis zu anderen Leistungen ergibt sich aus § 22 SGB III. Absatz 4 der Vorschrift lässt sich entnehmen, dass Leistungen auch an erwerbsfähige Hilfebedürftige

iSd SGB II erbracht werden können (s. ferner §§ 5 I, 16 I SGB II – alle genannten Vorschriften sollten Sie – wie immer – gelesen haben!)

3. Arbeitslosengeld bei Arbeitslosigkeit

a) Versicherungsfall Arbeitslosigkeit

340 Der Anspruch auf Arbeitslosengeld bei Arbeitslosigkeit setzt nach § 137 I SGB III neben der Erfüllung der Anwartschaftszeit (→ Rn. 338) voraus, dass der Betroffene arbeitslos ist (= Versicherungsfall) und sich bei der Agentur für Arbeit arbeitslos gemeldet hat (= weitere Leistungsvoraussetzung). Unter welchen Voraussetzungen der Versicherungsfall der Arbeitslosigkeit vorliegt, hat der Gesetzgeber in § 138 SGB III geregelt. Nach § 138 I SGB III setzt Arbeitslosigkeit

1. **Beschäftigungslosigkeit,**
2. **Eigenbemühungen** und
3. **Verfügbarkeit** voraus.

Zur Beendigung der Arbeitslosigkeit müssen Arbeitslose in erster Linie selbst tätig werden (vgl. § 2 IV, V SGB III). Sie haben deshalb im Rahmen ihrer *Eigenbemühungen* alle Möglichkeiten zur beruflichen Eingliederung zu nutzen (§ 138 IV 1 SGB III). Anders als nach früherem Recht lassen *unzureichende* Eigenbemühungen den Leistungsanspruch nicht mehr insgesamt entfallen, sondern ziehen – wie andere Fälle versicherungswidrigen Verhaltens auch – ggf. eine Sperrzeit nach sich (s. § 159 I Nr. 3 SGB III). Fehlen aber *jegliche* Eigenbemühungen, so liegt keine Arbeitslosigkeit iSv § 138 I SGB III vor und der Anspruch auf Arbeitslosengeld entfällt ganz.[454]

341 **Beschäftigungslos** ist, wer nicht in einem Beschäftigungsverhältnis steht (§ 138 I SGB III). Ehrenamtliche Tätigkeiten sowie Erwerbstätigkeiten im Umfang von wöchentlich insgesamt weniger als 15 Stunden stehen der Annahme von Beschäftigungslosigkeit gem. § 138 II und III SGB III nicht entgegen. Welche Voraussetzungen erfüllt sein müssen, damit ein Arbeitnehmer den Vermittlungsbemühungen der Agentur für Arbeit zur Verfügung steht (**Verfügbarkeit**), regelt § 138 V SGB III.

342 Die beiden *objektiven Kriterien* der Verfügbarkeit gem. § 138 V Nrn. 1 und 2 SGB III lassen sich mit dem Begriff der **Arbeitsfähigkeit** umschreiben. Den Vermittlungsbemühungen der Agentur für Arbeit steht danach zur Verfügung, wer

1. eine *versicherungspflichtige*, mindestens 15 Stunden wöchentlich umfassende und iSv § 140 SGB III (unbedingt ganz lesen!!) zumutbare Beschäftigung unter den *üblichen Bedingungen* (va im Hinblick auf Entgelt, Ort sowie Dauer und Lage der Arbeitszeit)[455] des für ihn in Betracht kommenden Arbeitsmarktes *ausüben kann* (bezogen auf die körperlichen, geistigen und beruflichen Fähigkeiten sowie die Eignung)[456] und *darf* (insbes. im Hinblick auf rechtliche Anforderungen wie zB eine fehlende Fahrerlaubnis bei einem Kraftfahrer oder Beschäftigungsverbote nach dem MuSchG)[457] (§ 138 V Nr. 1 SGB III), sowie

---

454 *Waltermann* SozR Rn. 415; vgl. auch *Fuchs/Preis* SozVersR §§ 53 II, 54 II 7 e) ee).
455 Vgl. Brand/*Brand* SGB III § 138 Rn. 62.
456 Vgl. *Ost/Mohr/Estelmann* SozR 306 f.
457 S. Brand/*Brand* SGB III § 138 Rn. 71.

2. Vorschlägen der Agentur für Arbeit zur beruflichen Eingliederung *zeit- und orts-nah* Folge leisten kann (§ 138 V Nr. 2 SGB III).

Die primär *subjektiven Kriterien* der Nr. 3 und 4 des § 138 V SGB III betreffen die **343**
Arbeitsbereitschaft. Danach steht den Vermittlungsbemühungen der Agentur für Arbeit nur zur Verfügung, wer

3. bereit ist, *jede* Beschäftigung iSd Nr. 1 anzunehmen und auszuüben (§ 138 V Nr. 3 SGB III) und
4. bereit ist, an Maßnahmen zur beruflichen Eingliederung in das Erwerbsleben teilzunehmen (§ 138 V Nr. 4 SGB III).

Versuchen Sie nun, die genannten Vorschriften auf Übungsfall 12 anzuwenden! K **344**
wäre als arbeitslos iSd § 138 I anzusehen, wenn sie in dem fraglichen Zeitraum nicht in einem Beschäftigungsverhältnis gestanden, sich jedoch um Beendigung ihrer Beschäftigungslosigkeit bemüht und den Vermittlungsbemühungen der Agentur für Arbeit zur Verfügung gestanden hätte. Beschäftigungslosigkeit und Eigenbemühungen lagen hier vor, da K ohne Arbeit war und später durch eigene Initiative eine neue Beschäftigung fand. Dabei ist nicht ersichtlich, dass sie Möglichkeiten zur beruflichen Eingliederung iSd § 138 I Nr. 2, IV SGB III nicht genutzt haben könnte. Fraglich erscheint aber, ob K den Vermittlungsbemühungen der Agentur für Arbeit durchgängig zur Verfügung stand.

▨ Welche der vier Kriterien könnten sich als kritisch erweisen? Erst überlegen, dann weiterlesen!

▶ Im Hinblick auf die Arbeitsbereitschaft der K (§ 138 V Nr. 3 und 4 SGB III) sowie im Hinblick auf § 138 V Nr. 1 SGB III bestehen nach dem Sachverhalt keine Bedenken, weil K offenbar bereit und in der Lage war, alle für sie zumutbaren Beschäftigungen unter den üblichen Bedingungen des für sie in Betracht kommenden Arbeitsmarktes auszuüben. Fraglich erscheint allein, ob sie durchgängig den Vorschlägen der Agentur für Arbeit zur beruflichen Eingliederung zeit- und ortsnah hätte Folge leisten können (§ 138 V Nr. 2 SGB III).

Aufgrund der Ermächtigung des § 164 Nr. 2 SGB III verlangt dazu § 1 I 2 der »Er- **345**
reichbarkeitsanordnung« (EAO)[458], dass die Agentur für Arbeit den Arbeitslosen persönlich an jedem Werktag unter der von ihm benannten Anschrift durch Briefpost erreichen kann. Bis zum 2. August war K noch in Berlin erreichbar, am 4. August als dem nächsten Werktag nach dem Umzug lag der Arbeitsagentur in Essen die neue Adresse der K vor. Sie wäre damit grds. an jedem Werktag erreichbar gewesen. Allerdings fehlte ihr Name am Briefkasten des S und sie hatte der mitgeteilten Anschrift auch keinen Adressenzusatz (wie zB »K, bei S«) angefügt, sodass ihr Briefkasten für einen Postboten nicht ohne Weiteres zu erkennen[459] war. Damit fehlte es vom 4. August bis zum 15. August an der Erreichbarkeit. Ab diesem Zeitpunkt war zwar ein Namensschild angebracht, doch teilte K den neuerlichen Umzug der Arbeitsagentur erst am 2. September mit. Bis dahin fehlt es wegen § 1 I 2 EAO nach der Rechtsprechung[460] selbst dann an einer Erreichbarkeit der K, wenn ihr die Briefpost aufgrund des Nachsendeauftrags ohne Verzögerung zugegangen wäre!

---

458 Aichberger Nr. 3/23; auch einsehbar unter www.arbeitsagentur.de/web/wcm/idc/groups/public/documents/webdatei/mdaw/mdk1/~edisp/l6019022dstbai378539.pdf.
459 Vgl. BSG Urt. v. 9.8.2001 – B 11 AL 100/00 R = BeckRS 2001, 41517.
460 S. BSG Urt. v. 9.8.2001 – B 11 AL 17/01 R = SozR 3-4300 § 119 Nr. 4.

▓ Welches Zwischenergebnis können wir also festhalten?

▶ Vom 4. August bis zum 1. September war K nicht erreichbar. Sie hätte daher den Vorschlägen der Agentur für Arbeit zur beruflichen Eingliederung nicht in der geforderten Weise zeit- und ortsnah Folge leisten können und war daher in dieser Zeit nicht arbeitslos iSd SGB III! Der Versicherungsfall der Arbeitslosigkeit lag somit nur in der Zeit vom 1. bis zum 3. August sowie vom 2. September bis zum 31. Oktober vor.

b) Arbeitslosmeldung

346 Neben der Erfüllung der Anwartschaftszeit und dem Eintritt des Versicherungsfalls der Arbeitslosigkeit setzt ein Anspruch auf Arbeitslosengeld eine *persönliche* Arbeitslosmeldung bei der zuständigen Agentur für Arbeit voraus (§§ 137 I Nr. 2, 141 I 1 SGB III). Eine schriftliche oder telefonische Meldung ist daher nicht ausreichend. Auch werden die Leistungen der Arbeitsförderung nur auf Antrag erbracht (§ 323 I 1 SGB III), jedoch *gilt* das Arbeitslosengeld mit der persönlichen Arbeitslosmeldung als beantragt (§ 323 I 2 SGB III).

▓ Was können Sie aus dem Wörtchen »gilt« für die Anwendbarkeit des § 16 SGB I folgern?

▶ Da die Arbeitslosmeldung kein Antrag *ist* (sondern eine Tatsachenmitteilung), findet § 16 SGB I keine Anwendung![461]

347 Möglich ist eine Arbeitslosmeldung schon bis zu drei Monate vor Eintritt der Arbeitslosigkeit (§ 141 I 2 SGB III), rückwirkend hingegen nur im Ausnahmefall des § 141 III SGB III (lesen!).

> **Beispiel:**
> Kündigung zum: 31.12.2013 (Dienstag)
> Erster Tag der Beschäftigungslosigkeit: 1.1.2014 (Mittwoch, Feiertag)
> nächster dienstbereiter Tag der AA: 2.1.2014 (Donnerstag)

In Übungsfall 12 war demnach die vorzeitige Meldung der K am 2.6.2014 ausreichend (und nach § 38 I SGB III geboten – dazu sogleich). Eine Rückwirkung der Vorsprache vom 2.9.2014 kommt nicht in Betracht, weil § 141 III SGB III nur den *ersten* Tag der Beschäftigungslosigkeit betrifft und auch nur über die fehlende Arbeitslosmeldung hinweghilft.

348 Die Arbeitslosmeldung erlischt gem. § 141 II SGB III bei mehr als sechswöchiger Unterbrechung der Arbeitslosigkeit (zB durch Wegfall der Verfügbarkeit) oder mit Aufnahme einer Beschäftigung, wenn der oder die Arbeitslose dies nicht unverzüglich anzeigt (wichtig insbes. bei Schwarzarbeit!). Liegt zu einem späteren Zeitpunkt wieder Beschäftigungslosigkeit vor, ist zur Anspruchsbegründung eine neue (nur für die Zukunft wirkende!) Meldung notwendig.

In Übungsfall 12 lag weder eine derart lang andauernde Unterbrechung noch eine zwischenzeitliche Arbeitsaufnahme vor.

---

461 Vgl. *Ost/Mohr/Estelmann* SozR 312; Brand/*Brand* SGB III § 141 Rn. 2, 4.

c) Dauer und Höhe des Anspruchs

Der Anspruch auf Arbeitslosengeld besteht befristet für sechs bis maximal zwölf **349**
Monate. Nur ältere Arbeitnehmer (»50+«) können Arbeitslosengeld bis zu einer
Dauer von maximal 24 Monaten beanspruchen. Die Anspruchsdauer richtet sich nach
der Dauer der zugrunde liegenden Versicherungspflichtverhältnisse (§§ 147 I Nr. 1,
143 SGB III). Außer durch Teilerfüllung mindert sich die Dauer des Anspruchs auf
Arbeitslosengeld auch durch Sperrzeiten (s. §§ 148, 159 SGB III – dazu sogleich
mehr).

Die Höhe des Arbeitslosengeldes beträgt 67% (60% bei kinderlosen Arbeitslosen)
des pauschalierten Nettoentgelts (= *Leistungsentgelt*, s. §§ 149, 153 SGB III), das sich
aus dem Bruttoentgelt (= *Bemessungsentgelt*, s. §§ 151 f. SGB III) ergibt, das der Arbeitslose im Bemessungszeitraum (§ 150 SGB III) erzielt hat.[462]

In Übungsfall 12 war K über zwei Jahre versicherungspflichtig beschäftigt und hat
damit grds. für bis zu 12 Monate Anspruch auf Arbeitslosengeld. Da sie keine Kinder
hat, beträgt dieses 60% des Leistungsentgelts.

d) Teilarbeitslosengeld

Wer eine versicherungspflichtige Beschäftigung verloren hat, die er neben einer weite- **350**
ren versicherungspflichtigen Beschäftigung ausgeübt hat, eine neue versicherungspflichtige Beschäftigung sucht und sich teilarbeitslos gemeldet hat, ist teilarbeitslos
(s. § 162 II Nr. 1 SGB III). Er hat bei Vorliegen der weiteren Voraussetzungen des
§ 162 SGB III für die Dauer von 6 Monaten Anspruch auf Teilarbeitslosengeld.

e) Minderung und Ruhen des Anspruchs auf Arbeitslosengeld

aa) Zusammentreffen mit sonstigem Einkommen

Die Gewährung der Versicherungsleistung Arbeitslosengeld erfolgt grds. unabhän- **351**
gig von sonstigem Einkommen und Vermögen. Nebeneinkommen aus einer *anderweitigen Beschäftigung* (die die Arbeitslosigkeit nicht entfallen lassen darf!)
wird jedoch teilweise auf das Arbeitslosengeld angerechnet (§ 155 SGB III). Als
Leistung, die ausgefallenes Arbeitsentgelt ersetzen soll (= Entgeltersatzleistung,
§ 3 IV Nr. 1, 2 SGB III), ruht der Anspruch auf Arbeitslosengeld, soweit dem Arbeitslosen Arbeitsentgelt (§ 157 I SGB III) oder Urlaubsabgeltung (§ 157 II SGB III)
aus seiner bisherigen Beschäftigung zusteht. Erhält er diese Leistungen tatsächlich
jedoch nicht ausgezahlt (zB weil der Arbeitgeber nicht zahlen will oder kann), wird
Arbeitslosengeld auch für diese Zeit gewährt (sog. »*Gleichwohlgewährung*«, s.
§ 157 III SGB III); der Entgeltanspruch des Arbeitnehmers geht dabei gem. § 115
SGB X auf die Bundesagentur über. Ferner ruht der Anspruch auf Arbeitslosengeld,
wenn dem Arbeitslosen eine andere Sozialleistung mit ähnlicher Funktion (insbes.
Krankengeld, Verletztengeld, Mutterschaftsgeld, Rente, s. § 156 I SGB III) zuerkannt wurde.

Wenn der Arbeitslose wegen der Beendigung des Arbeitsverhältnisses eine Entlas- **352**
sungsentschädigung (insbes. eine Abfindung) erhält oder beanspruchen kann, *und*

---

462 Ein **Selbstberechnungsprogramm** zur Ermittlung der **Höhe** des Arbeitslosengeldes findet sich
     auf den Seiten der BA unter www.pub.arbeitsagentur.de/alt.html.

sein Arbeitsverhältnis ohne Beachtung der ordentlichen Kündigungsfrist beendet wurde, liegt es nahe, dass hier auch Entgeltansprüche des Arbeitnehmers wegen der vorzeitigen Beendigung des Arbeitsverhältnisses abgegolten werden. Daher ruht der Anspruch auf Arbeitslosengeld gem. § 158 I 1 SGB III vom Ende des Beschäftigungsverhältnisses an bis zu dem Tag, an dem dieses bei Einhaltung der Frist geendet hätte, längstens jedoch für ein Jahr (§ 158 II 1 SGB III). Er ruht nicht über den Tag hinaus, bis zu dem der Arbeitnehmer maximal 60% der Entlassungsentschädigung bei Weiterbeschäftigung verdient hätte (§ 158 II 2 Nr. 1 und S. 3 SGB III). Hätte der Arbeitgeber fristlos kündigen können oder hätte ein befristetes Arbeitsverhältnis ohnehin geendet, kommt es nicht zu einem Ruhen über den jeweiligen hypothetischen Beendigungstag hinaus (s. § 158 II 2 Nr. 2 und 3 SGB III – auch auf die Gefahr hin, Sie zu langweilen: Alle Vorschriften lesen!).

bb) Ruhen des Anspruchs bei Sperrzeiten

353 Hat sich ein Arbeitnehmer versicherungswidrig verhalten, ohne dafür einen wichtigen Grund zu haben, ruht sein Anspruch auf Arbeitslosengeld für die Dauer einer Sperrzeit (§ 159 I 1 SGB III). Versicherungswidriges Verhalten liegt bei Arbeitsaufgabe, Arbeitsablehnung, unzureichenden Eigenbemühungen, Ablehnung oder Abbruch einer beruflichen Eingliederungsmaßnahme, Meldeversäumnissen sowie bei verspäteter Arbeitsuchendmeldung vor (§ 159 I 2 Nr. 1–7 SGB III – lesen!). Die Sperrzeiten reichen von einer Woche bei Meldeversäumnissen bis zu zwölf Wochen insbesondere bei Arbeitsaufgabe (s. § 159 III–VI SGB III).

354 ▨ Nach welchen Normen könnte K im Übungsfall 12 eine Sperrzeit ausgelöst haben?

▶ K könnte einerseits ihrer Meldepflicht nach § 38 I nicht rechtzeitig nachgekommen sein, § 159 I 2 Nr. 7. Ferner könnte ihre Mitwirkung am Abschluss eines Aufhebungsvertrags unter § 159 I 2 Nr. 1 SGB III zu subsumieren sein, wenn darin ein Lösen des Beschäftigungsverhältnisses durch den Arbeitslosen zu sehen wäre.

Um Arbeitslosigkeit nach Möglichkeit gar nicht erst entstehen zu lassen oder zumindest zu verkürzen, besteht die Obliegenheit (= Mitwirkungspflicht) zur frühzeitigen Arbeitsuche. Arbeitgeber sollen ihre Arbeitnehmer über die Verpflichtung zur Meldung nach § 38 I SGB III informieren und entsprechen freistellen (§ 2 II 2 Nr. 3). Nach § 38 I 1 SGB III hat sich der Betroffene spätestens drei Monate vor Beendigung seines Arbeitsverhältnisses persönlich bei der zuständigen Agentur für Arbeit als arbeitsuchend zu melden. Wird ihm – wie hier der K – der Beendigungszeitpunkt erst später als drei Monate vor der Beendigung des Arbeitsverhältnisses bekannt, hat die Meldung innerhalb von drei Tagen nach Kenntnis zu erfolgen (§ 38 I 2 SGB III – lesen!). Da K drei Tage nach Abschluss des Aufhebungsvertrages vom 30.5.2014 am 2.6.2014 bei der zuständigen Arbeitsagentur vorsprach, hat sie sich normgerecht verhalten. Eine einwöchige Sperrzeit wegen verspäteter Arbeitsuchendmeldung (§ 159 I 2 Nr. 7, VI SGB III) kommt daher nicht in Betracht.

355 Nach der Rspr. des BSG löst ein Arbeitnehmer das Beschäftigungsverhältnis, wenn er sich aktiv an der Beendigung beteiligt, also zB selbst kündigt oder – wie hier – einen zur Beendigung des Arbeitsverhältnisses führenden Vertrag schließt. Auch der Abschluss eines arbeitsgerichtlichen Vergleiches kann tatbestandsmäßig sein.[463] Die bloß

---

[463] BSG Urt. v. 17.10.2007 – B 11a AL 51/06 R = SGb 2007, 733 f., Rn. 31 f.

passive Hinnahme einer offensichtlich rechtswidrigen Arbeitgeberkündigung genügt hingegen nicht.[464]

Hier hat K also durch Abschluss eines Aufhebungsvertrags ihr Arbeitsverhältnis selbst gelöst. Da sie keine konkreten Aussichten auf einen Anschlussarbeitsplatz hatte und dies auch wusste, hat sie ihre Arbeitslosigkeit damit vorsätzlich[465] herbeigeführt.

▨ Genügt dies bereits, um eine Sperrzeit nach § 159 I 1, 2 Nr. 1 SGB III auszulösen? Überlegen Sie!

▶ Nach dem Wortlaut der Norm käme es nur dann zu einer Sperrzeit, wenn K keinen wichtigen Grund für ihr Verhalten gehabt hätte! Die Antwort heißt also: nein.

Eine Sperrzeit soll nur eintreten, wenn einem Arbeitnehmer unter Berücksich- **356**
tigung aller Umstände des Einzelfalls und unter Abwägung seiner Interessen mit denen der Versichertengemeinschaft ein anderes Verhalten zugemutet werden kann (vgl. § 2 V Nr. 1 und 3, § 140 SGB III). Unzumutbarkeit wird beispielsweise bejaht, wenn der Arbeitnehmer arbeitsrechtlich zur außerordentlichen Kündigung nach § 626 I BGB berechtigt wäre, wenn er auf Kosten seiner Gesundheit arbeiten müsste oder er einer unzumutbaren Arbeitssituation durch Mobbing ausgesetzt ist.[466] Das BSG verlangt aber stets, dass der wichtige Grund nicht nur die Lösung des Beschäftigungsverhältnisses, sondern gerade auch den konkreten Zeitpunkt der Lösung deckt.[467] Die für die Beurteilung eines wichtigen Grundes maßgebenden Tatsachen hat der Arbeitnehmer zudem darzulegen und nachzuweisen, wenn sie in seiner Sphäre oder in seinem Verantwortungsbereich liegen (§ 159 I 3 SGB III).

Nach § 140 V SGB III (lesen!) ist eine Beschäftigung nicht schon deshalb unzumut- **357**
bar, weil sie *vorübergehend* eine getrennte Haushaltsführung erfordert. Allerdings kommt auch der Zuzug zum Ehegatten als wichtiger Grund in Betracht, wenn der Arbeitslose seine Arbeitsstelle von der gemeinsamen Wohnung aus *dauerhaft* nicht zumutbar erreichen kann.

▨ Wenn Sie an das Grundgesetz denken, können Sie sich vielleicht vorstellen, warum?

▶ Dies gebietet der Schutz von Ehe und Familie gem. Art. 6 I GG!

Die Frage, wann eine Arbeitsstelle noch zumutbar erreicht werden kann, beantwortet § 140 IV SGB III (lesen!). Über regelmäßige Pendelzeiten von täglich bis zu zweieinhalb Stunden hinaus wird von dieser Norm auch ein Umzug in die Nähe des Arbeitsorts verlangt. Ausnahmen bestehen jedoch im Hinblick auf familiäre Bindungen (s. § 140 IV 6 und 7 SGB III). Da K ihre alte Arbeitsstelle von Essen aus dauerhaft nicht mehr zumutbar erreichen konnte, liegen diese Voraussetzungen hier vor.

---

464 Vgl. dazu mwN BSGE 89, 250 (253); 92, 74 (78).

465 **Grobe Fahrlässigkeit** wäre gegeben, wenn der Arbeitnehmer vernünftigerweise nicht mit einem Anschlussarbeitsplatz rechnen konnte, BSG Urt. v. 13.8.1986 – 7 RAr 1/86 = SozR 4100 § 119 Nr. 28; BSG Urt. v. 25.10.1988 – 7 RAr 37/87 = SozR 4100 § 119 Nr. 33.

466 S. BSG Urt. v. 21.10.2003 – B 7 AL 92/02 R = SozR 4-4300 § 144 Nr. 4 mwN; auch die **Androhung einer Kündigung** aus nicht verhaltensbedingten Gründen bildet einen wichtigen Grund zum Abschluss eines Aufhebungsvertrages, wenn die im daraufhin vereinbarter Aufhebungsvertrag vereinbarte Abfindung sich im Rahmen des § 1a II KSchG (0,5 Bruttomonatsgehälter pro Beschäftigungsjahr) hält und keine Gesetzesumgehung (wie zB bei offenkundiger Rechtswidrigkeit der beabsichtigten Kündigung) vorliegt, BSG Urt. v. 2.5.2012 – B 11 AL 6/11 R = NZS 2012, 874 ff.

467 BSG Urt. v. 21.10.2003 – B 7 AL 92/02 R = BeckRS 2004, 40123 mwN.

▨ Und wie beurteilen Sie den Zeitpunkt des Abschlusses des Aufhebungsvertrags?

▶ Da der besondere Schutz des Art. 6 I GG jedenfalls mit der Hochzeit greift, muss es ausreichen, dass die Ehe noch nicht geschlossen ist, die Heirat aber – wie hier – bis zur Beendigung des Beschäftigungsverhältnisses erfolgen sollte und erfolgt.[468]

358 Da sich K vor dem Umzug selbst noch nicht um eine Stelle in Essen beworben hatte (vgl. § 138 I Nr. 2 SGB III), wäre ferner an eine Sperrzeit wegen unzureichender Eigenbemühungen gem. § 159 I 2 Nr. 3 SGB III zu denken. Sie setzte jedoch eine entsprechende Forderung der Agentur für Arbeit sowie eine Belehrung über die Rechtsfolgen voraus, was beides nach dem Sachverhalt nicht gegeben ist.[469]

In Übungsfall 12 hat K also keine Sperrzeit ausgelöst.

cc) Ruhen bei Arbeitskämpfen

359 Durch Leistung von Arbeitslosengeld darf gem. § 160 I 1 SGB III nicht in Arbeitskämpfe (Streik, Aussperrung) eingegriffen werden. Damit schreibt das Gesetz zur Wahrung der nach Art. 9 III GG geschützten Tarifautonomie eine Neutralitätspflicht der Bundesagentur für Arbeit fest.[470] Gehört der Arbeitslose einer anderen, von dem umkämpften Tarifvertrag fachlich nicht betroffenen Branche an, profitiert er auch nicht von dem Tarifabschluss; ihm kann daher ohne Auswirkung auf den Arbeitskampf Arbeitslosengeld gewährt werden (vgl. § 160 I 2 SGB III). Beruht die Arbeitslosigkeit auf der eigenen Beteiligung an einem inländischen Arbeitskampf (§ 160 II SGB III), ruht hingegen der Anspruch auf Arbeitslosengeld, da anderenfalls die Bundesagentur von den Gewerkschaften als Streikkasse missbraucht werden könnte.

360 Schwierig gestaltet sich die Lage bei nur mittelbar arbeitskampfbetroffenen Arbeitnehmern derselben Branche, die selbst nicht streiken oder ausgesperrt werden. Hier ruht der Arbeitslosengeldanspruch nur, wenn der Arbeitnehmer mutmaßlich von diesem Arbeitskampf profitiert und der Arbeitskampf stellvertretend auch für ihn geführt wird (sog. Partizipationsgedanke).[471] Dies ist grds. der Fall, wenn das letzte Beschäftigungsverhältnis im Geltungsbereich des umkämpften Tarifvertrags (§ 160 III 1 Nr. 1 SGB III) liegt. Außerhalb des Tarifgebiets müssen Anhaltspunkte hinzukommen, dass der umkämpfte Tarifvertrag unmittelbare Auswirkungen auch auf das Beschäftigungsverhältnis des Arbeitslosen haben wird (s. im Einzelnen § 160 III 1 Nr. 2 SGB III). In beiden Fällen ist zusätzlich erforderlich, dass gerade dieser Arbeitnehmer von dem späteren Tarifabschluss betroffen sein wird (vgl. § 160 III 3 SGB III).

dd) Ruhensfolgen

361 Die Rechtsfolgen beim Eintritt eines Ruhenstatbestands sind uneinheitlich geregelt. Prinzipiell führt das Ruhen des Anspruchs nur dazu, dass sich der Beginn des Leistungszeitraums verschiebt, ohne diesen zu verkürzen (so bei den §§ 156, 157, 158, 160 SGB III).

---

468 Vgl. BSGE 91, 90 (91); s. ferner BSG Urt. v. 17.11.2005 – B 11a/11 AL 49/04 R = BeckRS 2009, 62883.

469 Angesichts des speziellen Sperrzeittatbestandes des § 159 I 1 Nr. 3 SGB III kann nicht mehr angenommen werden, dass beim Unterlassen nahe liegender Anstrengungen zur Erlangung eines Anschlussarbeitsplatzes auch eine Sperrzeit nach Nr. 1 möglich wäre; so aber noch zum früheren Recht (mit restriktiver Tendenz): BSGE 91, 90 (93).

470 Vgl. Brand/*Düe* SGB III § 160 Rn. 3 ff.

471 Brand/*Düe* SGB III § 160 Rn. 22 mwN.

Beispiel: A kündigt nach fünfjähriger versicherungspflichtiger Tätigkeit am 1. Juni zum 30. Juni, weil er zum 1. Juli eine neue Stelle gefunden hat. Sein bisheriger Arbeitgeber stellt ihn unter Fortzahlung des Lohns sofort von der Arbeit frei, weil er sich von A hintergangen fühlt. Hier kann sich A bereits arbeitslos melden, erhält aber nach § 157 I SGB III neben dem Arbeitslohn kein Arbeitslosengeld. Wird das neue Arbeitsverhältnis vor Arbeitsbeginn vom künftigen Arbeitgeber gekündigt, steht A der ursprüngliche Arbeitslosengeldanspruch für zwölf Monate (§ 147 II SGB III) ab dem 1. Juli ungeschmälert zu.

Bei den in § 148 I SGB III aufgeführten Fällen des Ruhens aufgrund einer Sperrzeit **362** kommt es hingegen neben einer Verschiebung des Leistungsbeginns auch zu einer Minderung der Dauer des Anspruchs auf Arbeitslosengeld. Diese beträgt grds. je einen Tag für jeden Tag der Sperrzeit.

Beispiel: Der arbeitslose B soll sich am 7. Juli bei der Agentur für Arbeit zur Berufsberatung einfinden (s. § 309 I, II Nr. 1 SGB III). Obwohl die schriftliche Aufforderung eine Belehrung über die Rechtsfolgen des Nichterscheinens enthält, nimmt B den Termin nicht wahr weil er ihn für sinnlos hält. Die eintretende Sperrzeit wegen Meldeversäumnis beträgt eine Woche, beginnt am 8. Juli und endet mit Ablauf des 14. Juli (§ 159 I 2 Nr. 6, II und VI SGB III). Sie führt dazu, dass B in der Zeit vom 8. Juli bis einschließlich 14. Juli kein Arbeitslosengeld erhält. Stand ihm am 7. Juli noch ein Restanspruch auf Arbeitslosengeld für 83 Tage zu, reduziert sich dieser für die Zeit nach dem 14. Juli auf 76 Tage. Sind Sperrzeiten von mindestens 21 Wochen eingetreten, kann der Anspruch auf Arbeitslosengeld sogar ganz erlöschen (§ 161 I Nr. 2 SGB III). **363**

4. Leistungen der aktiven Arbeitsförderung und sonstige Leistungen

a) Überblick

Die Darstellung des Arbeitslosengeldes erfolgte hier vorrangig, weil es sich um die **364** – gemessen am Ausgabenvolumen – mit Abstand gewichtigste Leistung der Bundesagentur für Arbeit handelt. Der Systematik des SGB III entspricht dies allerdings nicht. Das SGB III zielt darauf ab, dass es nach Möglichkeit gar nicht zur Gewährung von Arbeitslosengeld und anderen Entgeltersatzleistungen bei Arbeitslosigkeit kommt (s. §§ 4, 5 SGB III). Es unterscheidet in § 3 I, II und IV SGB III zwischen den im vierten Kapitel geregelten Leistungen Arbeitslosengeld bei Arbeitslosigkeit, Teilarbeitslosengeld und Insolvenzgeld einerseits sowie den im dritten Kapitel verorteten »Leistungen der aktiven Arbeitsförderung« (= alle anderen Leistungen, s. § 3 I, II SGB III) andererseits und räumt der Vermittlung in Arbeit und Ausbildung Priorität ein (§ 4 SGB III). Leistungen der aktiven Arbeitsförderung haben zudem Vorrang vor Entgeltersatzleistungen bei Arbeitslosigkeit (§ 5 SGB III).

Leistungen der aktiven Arbeitsförderung sind *Ermessensleistungen* iSd § 39 SGB I **365** (zur Ermessensbetätigung s. §§ 7 ff., 22 f. SGB III). Ein Rechtsanspruch besteht nur auf die in § 3 III SGB III genannten Leistungen der aktiven Arbeitsförderung (Aktivierungs- und Vermittlungsgutschein sechs Wochen nach Eintritt der Arbeitslosigkeit gem. § 45 VII SGB III, Berufsausbildungsbeihilfe während der ersten Berufsausbildung oder einer berufsvorbereitenden Bildungsmaßnahme, Leistungen zur Vorbereitung auf den nachträglichen Erwerb des Hauptschulabschlusses oder eines gleichwertigen Schulabschlusses im Rahmen einer berufsvorbereitenden Bildungsmaßnahme, Weiterbildungskosten zum nachträglichen Erwerb des Hauptschulabschlusses oder eines gleichwertigen Schulabschlusses, besondere Leistungen zur Teilhabe am Arbeitsleben, Arbeitslosengeld bei beruflicher Weiterbildung, Kurzarbeitergeld bei Arbeitsausfall, Wintergeld und Leistungen zur Förderung der Teilnahme an Transfermaßnahmen, besondere Maßnahmen zur Teilhabe am Arbeitsleben und Arbeitslosengeld bei beruflicher Weiterbildung). Da sie nicht zu den Leistungen der aktiven Arbeitsförderung zählen und das Gesetz auch an anderer Stelle insoweit kein Ermessen einräumt, besteht auch auf Arbeitslosengeld bei Arbeitslosigkeit, Teilarbeitslosengeld bei Teilarbeitslosigkeit und Insolvenzgeld bei Zahlungsunfähigkeit des Arbeitgebers ein Rechtsanspruch (§ 38 SGB I).

366 Erbracht werden die Leistungen der Arbeitsförderung auf Antrag (§ 19 S. 1 SGB IV, § 323 I 1 SGB III). Ausnahmsweise werden Leistungen der aktiven Arbeitsförderung auch von Amts wegen erbracht, wenn die Berechtigten zustimmen (§ 323 I 3 SGB III). Kurzarbeitergeld, Leistungen zur Teilnahme an Transfermaßnahmen sowie ergänzende Leistungen nach § 102 SGB III können nur vom Arbeitgeber oder der Betriebsvertretung (Betriebs- oder Personalrat) beantragt werden (§ 323 II 1, 2 SGB III).

367 **Übersicht 29: Leistungen der Arbeitsförderung gem. § 3 I SGB III**

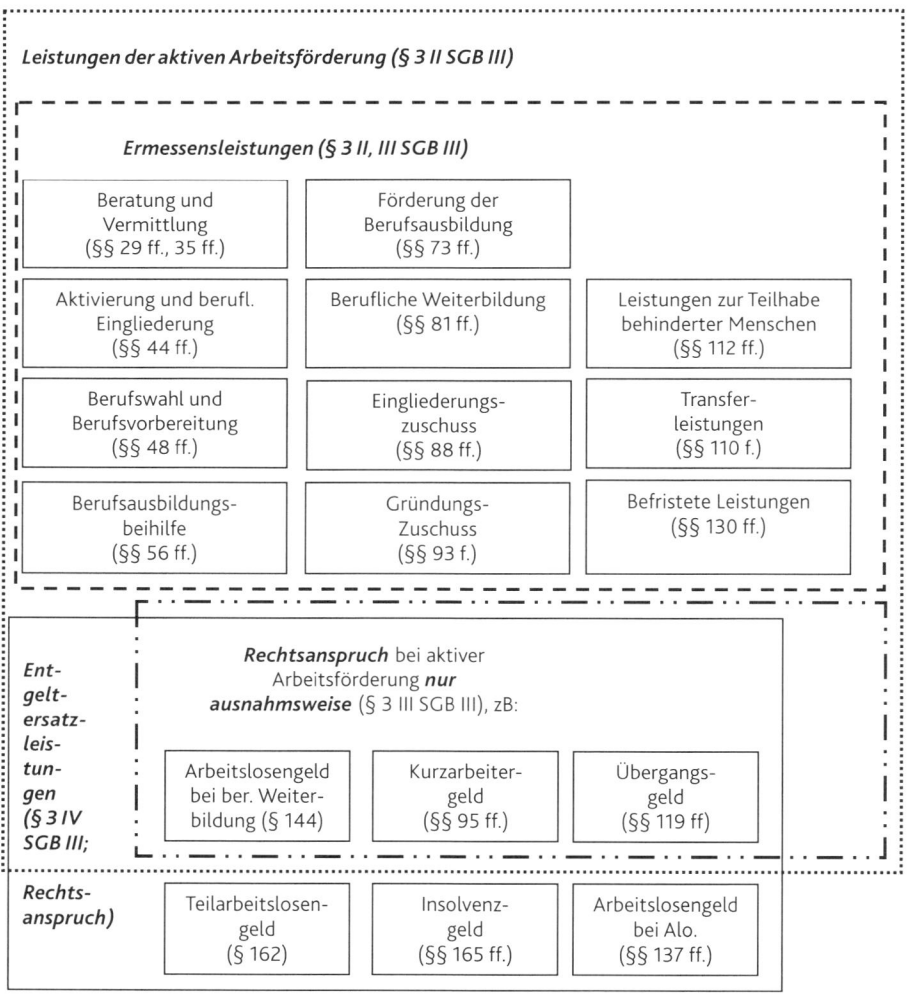

b) Beratung und Vermittlung

Die Agentur für Arbeit hat Personen, die am Arbeitsleben teilnehmen wollen, Berufsberatung (§§ 29, 30–33 SGB III) und Arbeitgebern Arbeitsmarktberatung (§§ 29, 34 SGB III) sowie darüber hinaus Ausbildungs- und Arbeitsvermittlung anzubieten (§§ 35–40 SGB III). Nach § 37 I SGB III hat die Arbeitsagentur unverzüglich nach der Ausbildung- oder Arbeitsuchendmeldung zusammen mit dem Ausbildung- oder Arbeitsuchenden seine für die Vermittlung erforderlichen beruflichen und persönlichen Merkmale, seine beruflichen Fähigkeiten und seine Eignung festzustellen (»*Potenzialanalyse*«). Auf dieser Grundlage werden sodann gemeinsam in einer »*Eingliederungsvereinbarung*« das Eingliederungsziel, die zu einer beruflichen Eingliederung vorgesehenen Vermittlungsbemühungen und Leistungen der Arbeitsagentur sowie die Eigenbemühungen des Ausbildung- oder Arbeitsuchenden für einen bestimmten Zeitraum festgelegt (§ 37 II, III SGB III; zur Erinnerung: alle Vorschriften lesen!). | **368**

Zwingende Vorgaben für einen Vermittlungsvertrag zwischen einem privaten Vermittler und einem Ausbildung- oder Arbeitsuchenden enthalten die §§ 296 ff. SGB III. Im Unterschied zu der grds. unentgeltlichen Beratung und Vermittlung durch die Arbeitsagenturen (s. § 42 I SGB III) verlangen private Vermittler Entgelte, deren Zulässigkeit allerdings durch § 296 II, III und § 296a SGB III begrenzt wird. | **369**

c) Aktivierung und berufliche Eingliederung

Zum 1.1.2009 wurde eine Vielzahl bis dahin eigenständig geregelter Unterstützungs- und Förderungsleistungen durch die seinerzeit sog. *Vermittlungsunterstützenden Leistungen* abgelöst.[472] Mit Wirkung zum 1.4.2012 erhielten diese ihren neuen Namen als Leistungen zur »Aktivierung und beruflichen Eingliederung«.[473] Nach § 44 kann eine Förderung aus dem *Vermittlungsbudget* erfolgen, wenn dies für die berufliche Eingliederung notwendig ist. Die Vorschrift verzichtet bewusst auf die Nennung eines bestimmten Leistungskatalogs, aus dem konkrete Leistungen ausgewählt werden könnten. Sie soll eine flexible, bedarfsgerechte und unbürokratische Förderung von Arbeitsuchenden im Einzelfall ermöglichen. Im Vordergrund steht dabei das zu beseitigende Problem, für das eine auf den Einzelfall zugeschnittene Lösung gefunden werden soll.[474] Denkbar ist etwa eine Übernahme von *Bewerbungs-, Reise- und Umzugskosten* sowie Hilfe bei der Beschaffung notwendiger Arbeitsmittel oder Nachweise. Ähnlich ist die Konzeption der *Maßnahmen zur Aktivierung und beruflichen Eingliederung* (§ 45 SGB III), die es der Arbeitsverwaltung insbesondere ermöglichen, Dritte mit einer alternativen oder intensiveren Unterstützung zu beauftragen und die Kosten dafür zu übernehmen. Alternativ kann für zugelassene Maßnahmen auch ein *Aktivierungs- und Vermittlungsgutschein* (§ 45 IV SGB III) ausgestellt werden, auf den Arbeitslose mit Anspruch auf Arbeitslosengeld, die sechs Wochen nach Eintritt der Arbeitslosigkeit noch nicht vermittelt werden konnten, einen Rechtsanspruch haben (§ 45 VII SGB III – Abs. 7 neben Abs. 4 notieren!). | **370**

---

472 Eingefügt durch das Gesetz zur Neuausrichtung der arbeitsmarktpolitischen Instrumente v. 21.12.2008, BGBl. I 2917.

473 Durch das Gesetz zur Verbesserung der Eingliederungschancen am Arbeitsmarkt v. 20.12.2011, BGBl. I 2854.

474 Vgl. Gesetzesbegründung, BT-Drs. 16/10810, 2 und 34.

d) Berufswahl und Berufsausbildung

371 Um eine sinnvolle Berufswahl und Berufsausbildung junger Menschen zu ermöglichen, sieht das SGB III Berufsorientierungsmaßnahmen und Berufseinstiegsbegleitung zur Erleichterung des *Übergangs von der Schule in die Berufsausbildung* vor (§§ 48 ff. SGB III). Zur *Berufsvorbereitung* (§§ 51 ff. SGB III) insbesondere von noch nicht ausbildungsreifen Jugendlichen können berufsvorbereitende Bildungsmaßnahmen (§ 51 SGB III) und Zuschüsse an Arbeitgeber zur Einstiegsqualifizierung (§ 54a SGB III) erbracht werden. Auf die Förderung der Vorbereitung auf den nachträglichen Erwerb eines Hauptschulabschlusses besteht ein Rechtsanspruch (s. § 53 SGB III). Gleiches gilt für die Gewährung von *Berufsausbildungsbeihilfe* (§§ 56 ff. SGB III) während der ersten Berufsausbildung oder einer berufsvorbereitenden Bildungsmaßnahme. Der Anspruch setzt unter anderem Bedürftigkeit voraus (s. § 56 Nr. 3 SGB III – lesen Sie § 56 ganz!) und umfasst den Bedarf für den Lebensunterhalt sowie die Fahrt- und Maßnahmekosten (§§ 61 ff. SGB III – nur bei Interesse). Die *Berufsausbildung* behinderter Menschen (§§ 73 ff. SGB III) kann durch Zuschüsse an Arbeitgeber oder Maßnahmeträger (§ 73 f. SGB III) sowie ausbildungsbegleitende Hilfen (§ 75 SGB III) und durch außerbetriebliche Berufsausbildung (§ 76 SGB III) unterstützt werden. Die Förderung von *Jugendwohnheimen* ist ebenfalls möglich (§§ 80a f. SGB III).

372 #### e) Berufliche Weiterbildung

Nach den §§ 81 ff. SGB III können Arbeitnehmer bei beruflicher Weiterbildung durch Übernahme der Weiterbildungskosten (§ 83 SGB III) unter den Voraussetzungen des § 81 I SGB III gefördert werden. Das Vorliegen der Voraussetzungen für eine Förderung wird dem Betroffenen mit einem »*Bildungsgutschein*« bescheinigt, den er bei einem Träger seiner Wahl einlösen kann (§ 81 IV SGB III – lesen!).

■ Können Sie sich denken, warum während einer beruflichen Weiterbildungsmaßnahme kein Anspruch auf Arbeitslosengeld wegen Arbeitslosigkeit besteht? Lesen Sie nochmals §§ 137, 138 I, V SGB III und überlegen Sie!

▶ Wegen der Teilnahme an der Weiterbildungsmaßnahme steht der Betroffene den Vermittlungsbemühungen der Arbeitsagentur grds. nicht zur Verfügung (s. zum Ganzen → Rn. 340 ff. sowie zum Kriterium der Verfügbarkeit → Rn. 342 f.)!

Werden die Voraussetzungen für einen Anspruch auf Arbeitslosengeld bei Arbeitslosigkeit jedoch allein wegen einer nach § 81 SGB III geförderten beruflichen Weiterbildung nicht erfüllt, besteht ein Anspruch auf *Arbeitslosengeld bei beruflicher Weiterbildung* gem. §§ 136 I Nr. 2, 144 SGB III (notieren Sie § 144 neben § 81 SGB III!).

373 Das *Arbeitslosengeld bei beruflicher Weiterbildung* unterstützt die Durchführung einer beruflichen Weiterbildungsmaßnahme und damit die Erlangung eines neuen Arbeitsplatzes. Im Unterschied zum Arbeitslosengeld bei Arbeitslosigkeit und anderen Entgeltersatzleistungen (→ Rn. 364, 380 ff.) rechnet das Gesetz das Arbeitslosengeld bei beruflicher Weiterbildung daher zu den Leistungen der *aktiven Arbeitsförderung* (§ 3 III Nr. 9, IV SGB III).

374 #### f) Aufnahme einer Erwerbstätigkeit

Zur Eingliederung von Arbeitnehmern mit Vermittlungshemmnissen (insbes. Langzeitarbeitslose und ältere Arbeitslose) können Arbeitgeber nach Maßgabe der

§§ 88 ff. SGB III zum Ausgleich von Minderleistungen Zuschüsse von bis zu 50% zum Arbeitsentgelt für bis zu zwölf Monate erhalten. Für behinderte und schwerbehinderte Menschen kann der Eingliederungszuschuss bis zu 70% des zu berücksichtigenden Arbeitsentgelts und die Förderdauer bis zu 24 Monate und bei besonders betroffenen älteren schwerbehinderten Menschen sogar bis zu 96 Monate betragen (§ 90 I, II SGB III).

Mitnahmeeffekte versucht der Gesetzgeber dabei auszuschließen (§ 92 I SGB III – lesen!). Wenn das Arbeitsverhältnis während des Förderzeitraumes oder innerhalb einer bestimmten Frist danach (= »Nachbeschäftigungszeit«, s. § 92 II 5 SGB III) beendet wird, ist ein Eingliederungszuschuss gem. § 92 II 1 SGB III teilweise zurückzuzahlen. Die Ausnahmen regelt § 92 II 2 SGB III (zB Berechtigung zu einer personen-, verhaltens- oder betriebsbedingten Kündigung).

Zur Förderung der Aufnahme einer selbstständigen Tätigkeit kann ein *Gründungszuschuss* nach Maßgabe der §§ 93 f. SGB III gewährt werden, wenn dadurch die Arbeitslosigkeit beendet wird. Neben einem tragfähigen Gründungskonzept ist vor allem ein Restanspruch auf Arbeitslosengeld von mindestens 150 Tagen Voraussetzung (§ 93 II SGB III). Der Gründungszuschuss löste zum 1.8.2006 das frühere Überbrückungsgeld sowie die zum 30.6.2006 ausgelaufene sog. »Ich-AG-Förderung« gem. § 421l SGB III aF ab und war zunächst in § 57 SGB III aF verortet.

g) Verbleib in Beschäftigung

aa) Kurzarbeitergeld, Saison-Kurzarbeitergeld   375

Kurzarbeitergeld steht Arbeitnehmern zu, deren vereinbarte Arbeitszeit vorübergehend herabgesetzt wurde und die deshalb ein geringeres Arbeitsentgelt beziehen. Im Einzelnen setzt der Anspruch gem. § 95 S. 1 SGB III voraus, dass ein erheblicher Arbeitsausfall mit Entgeltausfall (§ 96 SGB III) vorliegt, dieser der Agentur für Arbeit angezeigt wurde (§ 99 SGB III) und die betrieblichen (§ 97 SGB III) sowie bestimmte persönliche Voraussetzungen (§ 98 SGB III) bei den betroffenen Arbeitnehmern erfüllt sind. Ein Arbeitsausfall ist erheblich, wenn er auf wirtschaftlichen Gründen (§ 96 II SGB III, zB Rohstoffmangel, zeitweiliger Auftragsrückgang) oder einem unabwendbaren Ereignis (§ 96 III SGB III) beruht, vorübergehend sowie unvermeidbar (§ 96 IV SGB III) ist und mindestens ein Drittel der Beschäftigten mit einem Entgeltausfall von mehr als 10% des Bruttoentgelts betrifft (§ 96 I 1 Nr. 4 SGB III). Die Höhe des Kurzarbeitergeldes orientiert sich an der Höhe des Arbeitslosengeldes und beträgt 67% bzw. 60% (§ 105 SGB III) der pauschalierten Nettoentgeltdifferenz. Die Vorschriften über das Ruhen des Anspruchs auf Arbeitslosengeld bei Arbeitskämpfen (§ 160 SGB III) gelten gem. § 100 I SGB III entsprechend.

Grundsätzlich wird Kurzarbeitergeld maximal für sechs Monate gezahlt (§ 104 I SGB III). Im Zuge der Finanz- und Wirtschaftskrise wurde die Bezugsdauer bei Arbeitnehmerinnen und Arbeitnehmern, deren Anspruch bis zum 31.12.2014 entstanden ist, auf längstens 12 Monate verlängert.[475]

---

475 S. die auf der Grundlage des § 109 I SGB III ergangene Verordnung über die Bezugsdauer für das Kurzarbeitergeld, abzurufen unter www.gesetze-im-internet.de/kuarbgeldfristv_2012/index.html.

376   Anders als bei anderen Entgeltersatzleistungen (→ Rn. 364, 380 ff.) handelt es sich beim Kurzarbeitergeld um eine Leistung der *aktiven Arbeitsförderung* (s. § 3 III Nr. 5, IV SGB III): Es dient in erster Linie dazu, Arbeitsplätze zu sichern.[476] Kurzarbeitergeld ist zugleich eine *Versicherungsleistung*[477] der Arbeitslosenversicherung. Aus der Überlagerung der versicherungstypischen Absicherung des einzelnen Versicherten gegen Entgeltausfall mit dem Ziel des Erhalts von Arbeitsplätzen ergeben sich jedoch einige Besonderheiten (einheitliche Bezugsfrist für alle betroffenen Arbeitnehmer gem. § 104 I 2 SGB III; Anzeige und Beantragung der Individualansprüche nur kollektiv durch Arbeitgeber oder Betriebsrat, die auch Adressaten des Anerkennungsbescheids sind, § 99 I 2, III; § 323 II SGB III – alle Vorschriften lesen!). Deshalb empfiehlt es sich nicht, hier das sozialversicherungsrechtliche Anspruchsschema anzuwenden. Ratsamer ist es, die »Begriffskaskade« des § 95 iVm den §§ 96 ff. SGB III schlicht »abzuarbeiten«.

377   Als Sonderform des Kurzarbeitergeldes zur Überbrückung witterungsbedingter Arbeitsausfälle in der winterlichen Schlechtwetterzeit führte der Gesetzgeber im Jahr 2006[478] das *Saison-Kurzarbeitergeld* ein (s. jetzt § 101 SGB III). Durch die Regelung des jetzigen § 101 IV SGB III kommt der Bezug von Saison-Kurzarbeitergeld seit 2008 auch in Branchen mit saisonbedingten Arbeitsausfällen außerhalb des Baugewerbes in Betracht und betrifft inzwischen konkret insbesondere auch den Garten-, Landschafts- und Sportplatzbau.

    Gem. § 101 I SGB III haben Arbeitnehmer in der Schlechtwetterzeit (1.12.–31.3.) Anspruch auf Saison-Kurzarbeitergeld, wenn sie in einem Betrieb beschäftigt sind, der dem Baugewerbe oder einem Wirtschaftszweig angehört, der von saisonbedingtem Arbeitsausfall betroffen ist (§ 101 II–IV, VI SGB III), der Arbeitsausfall erheblich ist (§ 101 V SGB III), die betrieblichen und persönlichen Voraussetzungen für die Gewährung von Kurzarbeitgeld (§§ 97, 98 SGB III) erfüllt sind und der Arbeitsausfall der zuständigen Agentur für Arbeit angezeigt (§ 99 SGB III) wurde.

    Ergänzend dazu sieht das Gesetz weitere Leistungen an Arbeitnehmer und Arbeitgeber vor (s. § 102 I SGB III). *Mehraufwands-Wintergeld* (§ 102 III SGB III) dient dem Ausgleich witterungsbedingter Mehraufwendungen, die bei Arbeiten im Winter entstehen. *Zuschuss-Wintergeld* (§ 102 II SGB III) soll Arbeitnehmern einen Anreiz geben, Arbeitszeitguthaben in Zeiten guter Auslastung auf- und bei Arbeitsausfällen in der Schlechtwetterzeit abzubauen. Die umlagefinanzierte *Erstattung* der *von den Arbeitgebern allein zu tragenden Sozialversicherungsbeiträge* für Bezieher von Saison-Kurzarbeitergeld (§§ 102 IV, 354 ff. SGB III) soll Anreize für Arbeitgeber bieten, in der Schlechtwetterzeit von Entlassungen abzusehen.[479]

378   **bb) Transferleistungen**

    Transferleistungen (§§ 110, 111 SGB III) sollen helfen, Arbeitgeber und Betriebsräte dazu zu bewegen, bei Betriebsänderungen (§ 111 BetrVG) den von Arbeitslosigkeit bedrohten Arbeitnehmern beschäftigungswirksame Maßnahmen anstelle von Abfindungen zu gewähren. Dadurch soll der möglichst direkte Übergang aus dem alten

---

476   Vgl. *Gitter/Schmitt* SozR § 30 Rn. 42.
477   *Waltermann* SozR Rn. 404 mwN; vgl. ferner *Gitter/Schmitt* SozR § 30 Rn. 43.
478   Mit dem Gesetz zur Förderung der ganzjährigen Beschäftigung v. 24.4.2006, BGBl. I 926.
479   Vgl. Fraktionsbegründung zum Entwurf eines Gesetzes zur Förderung ganzjähriger Beschäftigung, BT-Drs. 16/429, 11 (14 f.).

in ein neues Beschäftigungsverhältnis erleichtert und Arbeitslosengeldzahlungen vermindert werden. *Transfermaßnahmen* (§ 110 SGB III) hießen ursprünglich »Zuschüsse zu Sozialplanmaßnahmen« (§§ 254 ff. SGB III aF), das *Transferkurzarbeitergeld* (§ 111 SGB III) »Strukturkurzarbeitergeld« (§ 175 SGB III aF). Beide Instrumente wurden zur Verdeutlichung der Vermittlungsziele[480] Ende 2003 umbenannt.

h) Teilhabe behinderter Menschen am Arbeitsleben

Leistungen zur Förderung der Teilhabe behinderter Menschen am Arbeitsleben können nach den §§ 112 ff. SGB III erbracht werden, um die Erwerbsfähigkeit zu erhalten, zu bessern, herzustellen oder wiederherzustellen und die Teilhabe am Arbeitsleben zu sichern, soweit dies wegen Art oder Schwere der Behinderung erforderlich ist (§ 112 I SGB III – lesen!).

379

Sie unterteilen sich in allgemeine (§§ 115 f. SGB III) und besondere Leistungen zur Teilhabe am Arbeitsleben (§§ 117 ff. SGB III), wobei die besonderen Leistungen (Übergangsgeld, Ausbildungsgeld und Übernahme der Teilnahmekosten für eine Maßnahme, s. § 118 SGB III) nur erbracht werden, soweit nicht bereits durch die allgemeinen Leistungen eine Teilhabe am Arbeitsleben erreicht werden kann (§ 113 II SGB III).

i) Entgeltersatzleistungen

Zu den Entgeltersatzleistungen rechnet das Gesetz in § 3 IV SGB III das Arbeitslosengeld bei Arbeitslosigkeit (→ Rn. 340 ff.) und bei beruflicher Weiterbildung (→ Rn. 372 f.), das Teilarbeitslosengeld bei Teilarbeitslosigkeit (→ Rn. 350), das Übergangsgeld bei Teilnahme an Maßnahmen zur Teilhabe am Arbeitsleben (→ Rn. 379), das Kurzarbeitergeld (→ Rn. 375 ff.) und das Insolvenzgeld bei Zahlungsunfähigkeit des Arbeitgebers.

380

Das im dritten Kapitel des SGB III geregelte Übergangsgeld sowie das ebenfalls dort verortete Kurzarbeitergeld und das zwar im vierten Kapitel angesiedelte, aber an § 81 SGB III aus dem dritten Kapitel anknüpfende Arbeitslosengeld bei beruflicher Weiterbildung zählt das Gesetz ausdrücklich zu den Leistungen der aktiven Arbeitsförderung (§ 3 II SGB III).

▪ Welche Entgeltersatzleistungen gehören demnach nicht zu den Leistungen der aktiven Arbeitsförderung? Schauen Sie nochmals in § 3 II, IV SGB III und vergleichen Sie!

381

▶ Nicht zu den Leistungen der aktiven Arbeitsförderung gehören von den Leistungen des vierten Kapitels des SGB III das Arbeitslosengeld bei Arbeitslosigkeit (→ Rn. 340 ff.), das Teilarbeitslosengeld bei Teilarbeitslosigkeit (→ Rn. 350) und das Insolvenzgeld.

Wir hatten dies eingangs bereits angesprochen (→ Rn. 364). Übersicht 29 (→ Rn. 367) verdeutlicht die Zusammenhänge.

Neben den Leistungen der aktiven Arbeitsförderung nach dem dritten Kapitel hatten wir aus dem mit »Arbeitslosengeld und Insolvenzgeld« überschriebenen vierten Ka-

---

480 Vgl. Fraktionsbegründung zum Entwurf eines Dritten Gesetzes für moderne Dienstleistungen am Arbeitsmarkt, BT-Drs. 15/1515, 74 (91).

pitel auch das Arbeitslosengeld in seinen verschiedenen Formen (bei Arbeitslosigkeit, bei beruflicher Weiterbildung und Teilarbeitslosengeld) bereits behandelt, sodass hier nur noch das Insolvenzgeld zu betrachten ist.

382 Insolvenzgeld soll die offenen Lohnansprüche der Arbeitnehmer der letzten drei Monate bei Insolvenz ihres Arbeitgebers (§ 165 I SGB III: Insolvenzverfahrenseröffnung, Ablehnung mangels Masse oder vollständige Beendigung der Betriebstätigkeit) absichern. Der Arbeitnehmer muss dadurch nicht als Insolvenzgläubiger gem. § 38 InsO am Insolvenzverfahren teilnehmen (wohl aber die Bundesagentur, auf die die Entgeltansprüche gem. § 169 SGB III übergehen). Die Höhe des Insolvenzgeldes entspricht dem Nettoarbeitsentgelt (§ 167 SGB III). Es muss innerhalb einer zweimonatigen Ausschlussfrist nach dem Insolvenzereignis bei der Agentur für Arbeit beantragt werden (§ 324 III SGB III).

Große Bedeutung in der Praxis hat die Frage einer *Vorfinanzierung des Insolvenzgeldes*. Nach Stellung des Insolvenzantrages, aber vor Eröffnung des eigentlichen Insolvenzverfahrens bemüht sich der vorläufige Insolvenzverwalter des in Schieflage geratenen Unternehmens im Rahmen seiner Sanierungsbemühungen, nach Möglichkeit einen Käufer oder Investor für das Unternehmen zu finden. Zur Aufrechterhaltung der Produktion trotz fehlender Mittel für die Lohnzahlungen können die Arbeitnehmer in einem solchen Fall ihre nicht erfüllten Lohnansprüche mit Zustimmung der Arbeitsagentur gegen Entgelt an einen Dritten (zB eine Bank) veräußern. Sie können dann weiter arbeiten und mit dem erhaltenen Entgelt ihren Lebensunterhalt bestreiten. Der spätere Anspruch auf Insolvenzgeld steht dann dem Dritten (der Bank) zu, s. § 170 I, IV SGB III.

Das Insolvenzgeld wird allein durch die Arbeitgeber über eine Umlage finanziert, die früher durch die Berufsgenossenschaften (= Träger der gesetzlichen Unfallversicherung) eingezogen wurde. Zum 1.1.2009 ging der Einzug der Insolvenzgeldumlage von den Unfallversicherungträgern auf die Krankenkassen als Einzugstellen des Gesamtsozialversicherungsbeitrags (§§ 28h f. SGB IV) über (§ 359 I SGB III), die die Umlage zusammen mit dem Gesamtsozialversicherungsbeitrag einziehen. Aufgrund des eigenständigen Finanzierungssystems und der sozialversicherungsuntypischen Begünstigung aller Arbeitnehmer (also auch der geringfügig Beschäftigten) handelt es sich beim Insolvenzgeld nicht um eine Versicherungsleistung.[481]

5. Weitere Aufgaben der Bundesagentur

383 Weitere Aufgaben der Bundesagentur werden in den §§ 280 ff. SGB III aufgeführt.

▨ Zumindest von der Erfüllung einer dieser Aufgaben haben Sie sicher schon gehört, denn in den Medien wird monatlich darüber berichtet.
▶ Am Sitz der Bundesagentur in Nürnberg werden monatlich die aktuellen Arbeitsmarktzahlen veröffentlicht!

Die Arbeitsmarkt- und Berufsforschung, die Erstellung von Statistiken sowie die Berichterstattung darüber zählten ebenfalls zu den gesetzlichen Aufgaben der Arbeitsförderung, konkret: der Bundesagentur (s. §§ 280 ff. SGB III).

---

481 Im Erg. ebenso *Gitter/Schmitt* SozR § 30 Rn. 56; *Waltermann* SozR Rn. 433.

Auch die jedenfalls bis zum 30.6.2015 erforderliche Erteilung von Arbeitsgenehmigungen an Staatsangehörige des neuen EU-Mitgliedstaats Kroatien (§§ 284 ff. SGB III) und die Beaufsichtigung und Überwachung der Beratung und Vermittlung durch Dritte (§§ 288a ff. SGB III) obliegt den Behörden der Arbeitsförderung (es genügt, wenn Sie sich insoweit das gesetzliche Inhaltsverzeichnis ansehen oder die Vorschriften »querlesen«).   **384**

6. Organisation und Finanzierung

a) Organisation

Trägerin der Arbeitsförderung ist die Bundesagentur für Arbeit (»BA« → Rn. 331).   **385**

▨ Das Gesetz (§ 367 I SGB III – lesen!) bezeichnet die Bundesagentur (früher: »Bundesanstalt«) als rechtsfähige bundesunmittelbare (s. Art. 87 II GG) *Körperschaft des öffentlichen Rechts* mit Selbstverwaltung. Was ist daran irreführend?
▷ Die Antwort gibt Fußnote[482].

Die Bundesagentur gliedert sich in die Nürnberger Zentrale, Regionaldirektionen auf der mittleren Verwaltungsebene (die an die Stelle der früheren Landesarbeitsämter getreten sind) und die Agenturen für Arbeit (früher: Arbeitsämter) auf der örtlichen Verwaltungsebene (§ 367 II 1, IV SGB III). Sie wird durch einen dreiköpfigen Vorstand vertreten (§ 381 I, II SGB III). Ihre Selbstverwaltungsorgane sind der Verwaltungsrat bei der Zentrale und die Verwaltungsausschüsse bei den Agenturen für Arbeit (§ 371 I SGB III). Diese setzen sich je zu einem Drittel aus Vertretern der Arbeitnehmer, der Arbeitgeber und öffentlicher Körperschaften zusammen (§ 371 V 1 SGB III) und werden nicht gewählt, sondern durch das Bundesministerium für Arbeit und Soziales oder den Verwaltungsrat insbesondere auf Vorschlag der Gewerkschaften und Arbeitgeberverbände berufen (§§ 377 I und II, 379 SGB III).

b) Finanzierung

Die Leistungen der Arbeitsförderung und die sonstigen Ausgaben der Bundesagentur werden insbesondere finanziert durch den »Beitrag zur Arbeitsförderung«, der sich aus den Beiträgen der Versicherungspflichtigen, der Arbeitgeber und Dritter zusammensetzt (§§ 340, 341 ff. SGB III).   **386**

▨ Wie Sie bereits wissen (und dem Gesetz entnehmen können), beträgt der Beitragssatz…
▷ S. Fußnote[483].

Für die ergänzenden Leistungen nach § 102 SGB III (Wintergeld, Erstattung der von den Arbeitgebern allein zu tragenden Beiträge zur Sozialversicherung für Bezieher von Saison-Kurzarbeitergeld) werden über die Bundesagentur Umlagen erhoben (§§ 354 ff. SGB III). Auch bringt der Bund Mittel auf (§§ 363 ff. SGB III), und es können sonstige Einnahmen zur Finanzierung herangezogen werden (§ 340 SGB III). Zur Umlage für das Insolvenzgeld → Rn. 377, 382.

---

482   Die **BA verfügt nicht über Mitglieder** und ist daher **der Sache nach** wie eine **Anstalt des öffentlichen Rechts** organisiert! Falls nicht mehr gewusst: → **Rn. 118**.
483   Seit 1.1.2011 **3 %**; s. § 341 II SGB III sowie → **Rn. 148**.

387 Übersicht 30: Zweige der Sozialversicherung (Detailübersicht)

	Krankenversicherung (SGB V)	Pflegeversicherung (SGB XI)
Personenkreis	§§ 5, 9 SGB V	§§ 1 II, 20 ff. SGB XI
Besonderheiten	**Familienversicherung** (§ 10); Versicherungsfreiheit für Besserverdienende (§ 6 I Nr. 1)	**Familienversicherung** (§ 25 SGB XI); für priv. Krankenversicherte Pflicht, priv. Pflegevers. abzuschließen (§ 1 II 2 SGB XI)
wichtigste Versicherungsfälle (nicht Voraussetzung für alle Leistungen)	**Krankheit** = regelwidriger Körper- oder Geisteszustand, der Behandlungsbedürftigkeit und/oder Arbeitsunfähigkeit zur Folge hat **Schwangerschaft, Mutterschaft**	**Pflegebedürftigkeit** (§ 14 SGB XI) 3 Stufen (§ 15 SGB XI) ● erheblich (I) ● schwer (II) ● schwerst (III) bei Hilfebedarf < Pflegestufe I grds. kein Leistungsanspruch
Leistungen	§ 21 I SGB I; §§ 11 I–IV, 20 ff. SGB V insbesondere ● **Krankenbehandlung** (§§ 27 ff.) ● **Krankengeld** (§§ 44 ff.)	§ 21a I SGB I; §§ 28 I, 36 ff. SGB XI insbesondere ● **Pflegesachleistungen** (§ 36) ● **Pflegegeld** (§ 37) ● Kombination aus beidem (§ 38)
besondere Leistungsvoraussetzungen	**Antrag**, § 19 SGB IV Krankenvers.-Karte (§ 15 II)	**Antrag**, Vorversicherungszeit, § 33 SGB XI
Träger	§ 21 II SGB I, §§ 143 ff. SGB V unter anderem AOK, Ersatzkassen	§ 21a II SGB I, § 46 SGB XI: Pflegekassen (bei jeder Krankenkasse)
Beitragstragung	grds. AG und AN je zur Hälfte (§ 249 I SGB V)	grds. AG und AN je zur Hälfte (§ 58 I SGB XI)
Beitragssätze	15,5% (§ 241 SGB V); davon Anteil von 0,9% ohne AG-Beteiligung ebenso allein vom Mitglied zu tragen wie Zusatzbeitrag (§ 249 I SGB V)	2,05% (§§ 55 I, 58 III SGB XI) 0,25% Beitragszuschlag für Kinderlose über 23; von diesen allein zu tragen (§§ 55 III 1, 58 I 3 SGB XI)

Unfallversicherung (SGB VII)	Rentenversicherung (SGB VI)	Arbeitslosenvers. (SGB III)
§§ 2, 3, 6 SGB VII	§§ 1 ff. SGB VI	§§ 24 ff. SGB III
»Wie-Beschäftigte« (§ 2 II SGB VII); Versicherung kraft Satzung (§ 3 SGB VII); freiwillige Unternehmer- versicherung (§ 6 SGB VII)	**Nachversicherung**, Versor- gungsausgleich, Rentensplitting (§ 8 SGB VI); freiwillige Vers. in weitem Umfang möglich (§ 7 SGB VI)	Versicherungspflichtverhältnis auf Antrag insbesondere für Existenzgründer (§ 28a SGB III)
Arbeitsunfall, Berufskrankheit (§§ 7 I, 8, 9 SGB VII) (auch: Wegeunfall, Arbeitsgeräteunfall) innerer Zusammenhang sowie Unfallkausalität erforderlich	**Alter, Erwerbsminderung, Tod** (vgl. § 33 SGB VI) volle Erwerbsminderung: auch wenn Arbeitsmarkt verschlossen oder leidensgerechte Tätigkeit nicht benannt	**Arbeitslosigkeit** (§ 138 SGB III) setzt 1. Beschäftigungslosigkeit, 2. Eigenbemühungen und 3. Verfügbarkeit voraus
§ 22 I SGB I; §§ 14 ff. SGB VII insbesondere • **Heilbehandlung** uÄ (§§ 26 ff.) • **Renten** (§§ 56 ff.) (abstrakte Schadens- berechnung, § 56 II)	§ 23 I SGB I; §§ 9 ff. SGB VI insbesondere • **Leistungen zur Teilhabe** (§§ 9 ff.) • **Renten** (§§ 33 ff.)	§ 19 I SGB I, § 3 SGB III (s. **Übers. 29** → Rn. 367) • genereller Vorrang der Arbeitsvermittlung (§ 4) • aktive Arbeitsförderung vor Entgeltersatz (§ 5)
von Amts wegen, § 19 SGB IV	**Wartezeit**; bes. versicherungs- rechtliche Voraussetzungen (§§ 9 II, 34 I SGB VI); **Antrag** (§ 115 SGB VI)	Arbeitslosengeld: **pers. Arbeitslosmeldung**, Anwartschaftszeit, Antrag (§§ 137 I, 141, 142, 323 I SGB III)
§ 22 II SGB I; §§ 114 ff. SGB VII vor allem Berufsgenossenschaften	§ 23 II SGB I; § 125 SGB VI Regional- und Bundesträger der DRV	§ 19 II SGB I; § 367 SGB III: Bundesagentur für Arbeit (Abk.: BA)
AG allein (§ 150 I SGB VII)	AG und AN je zur Hälfte (§ 168 I Nr. 1 SGB VI)	AG und AN je zur Hälfte (§ 346 I SGB III)
Abhängig von **Gefahrklasse** und Lohnsumme (§ 153 I SGB VII)	18,9%	3,0% (§ 341 II SGB III)

Übersicht 31: Gemeinsame Grundlagen der Sozialversicherung

Gemeinsame Grundlagen der Sozialversicherung (va SGB IV)
→ Charakteristika der Sozialversicherung: s. Übersicht 13 bei → Rn. 117

1. Sozialversicherungsverhältnis
= Anknüpfungspunkt für Rechte und Pflichten in der Sozialversicherung; öffentlich-rechtliches Schuldverhältnis (bes. Ausprägung eines Sozialrechtsverhältnisses)

a) Pflichtversicherte	**b) Versicherungsberechtigte**
• va Beschäftigte und Auszubildende (s. § 2 II Nr. 1 SGB IV)	• freiwillige Fortsetzung/freiwilliger Beitritt (§ 2 I SGB IV)
• kraft Gesetzes versichert, Beitrittserklärung oder Vertragsschluss nicht erforderlich	• Beitrittserklärung erforderlich (= einseitiges Gestaltungsrecht)
c) Familienversicherte	**d) grds. kein Sozialversicherungsverhältnis bei Versicherungsfreiheit**
→ beitragsfrei mitversicherte Angehörige in der Kranken- und Pflegeversicherung (§ 10 SGB V, § 25 SGB XI)	→ insbesondere Beamte (zur geringfügigen Beschäftigung s. Übersicht 14 bei → Rn. 138)

2. Meldepflichten des Arbeitgebers
§ 28a I, IX SGB IV:
• insbesondere bei Beginn und Ende der Beschäftigung sowie einmal jährlich
• bei Pflichtversicherung und bei geringfügiger Beschäftigung

3. Finanzierung der Sozialversicherung
• va durch Beiträge der Versicherten und ihrer Arbeitgeber (§ 20 I SGB IV)
• grds. je zur Hälfte von Arbeitnehmer und Arbeitgeber zu tragen

a) Gesamtversicherungsbeitrag	**b) Beiträge zur ges. Unfallversicherung**
= Beiträge zur Arbeitslosen-, Kranken-, Renten- und Pflegeversicherung (§ 28d SGB IV) • vom Arbeitgeber zu ermitteln und zu zahlen → s. Übersicht 15 → Rn. 146 • Höhe: feste %-Sätze → s. Übersichten 16, 17 → Rn. 150, → Rn. 154	• Arbeitgeber zahlt und trägt Beitrag allein • Beitragshöhe richtet sich auch nach der Unfallgefahr im Unternehmen (§ 153 I SGB VII)

c) Auskunftspflicht der Unternehmer, Beitragsüberwachung und Prüfungen
• auf Verlangen ist Auskunft zu erteilen (§ 98 SGB X)
• mindestens alle vier Jahre Betriebsprüfungen durch Träger der Rentenversicherung (§ 28p I SGB IV)

4. Träger und Organisation der Sozialversicherung
• innerhalb der einzelnen Versicherungszweige mehrere Versicherungsträger
• organisiert als rechtsfähige Körperschaften des öffentlichen Rechts mit Selbstverwaltung (§ 29 I SGB IV)
• Mitglieder (= Versicherte) und deren Arbeitgeber wählen Selbstverwaltungsorgane (§§ 43 ff., 45 ff. SGB IV)
• Besonderheiten gelten für die Arbeitsförderung:
  – Bundesagentur für Arbeit als bundesweit einheitliche Trägerin (s. §§ 367 ff. SGB III)
  – Organe werden nicht gewählt, sondern bestellt (§§ 390 ff. SGB III)

4. Kapitel. Steuerfinanzierte Sozialleistungen

I. Soziale Entschädigung

1. Allgemeines, Hinweise zur Fallbearbeitung

Das Recht der sozialen Entschädigung iSd neueren Einteilung des Sozialrechts bzw. das sozialrechtliche Teilgebiet der Versorgung iSd klassischen Dreiteilung haben Sie bereits im Zusammenhang mit der Betrachtung der Gliederung des Sozialrechts kennen gelernt. **388**

- ▨ Ist Ihnen noch geläufig, was diese Rechtsmaterie regelt?
- ▶ Die Antwort können Sie anhand des § 5 SGB I rekonstruieren. Sie finden sie auch in Fußnote[484]!

Typisches Beispiel für das Recht der Sozialen Entschädigung ist das Recht der Kriegsopferversorgung. Dieses ist im Bundesversorgungsgesetz (BVG) geregelt, auf dessen Vorschriften andere Entschädigungsgesetze zumeist verweisen. Für die Fallbearbeitung können Sie sich im Wesentlichen an der Prüfungsreihenfolge bei einem Arbeitsunfall nach dem Recht der gesetzlichen Unfallversicherung orientieren. Anders als in der gesetzlichen Unfallversicherung (→ Rn. 285) spricht man im Recht der sozialen Entschädigung bei den Schadensfolgen aber inzwischen[485] nicht mehr von einer »*Minderung der Erwerbsfähigkeit*« (MdE), sondern vom »*Grad der Schädigungsfolgen*« (GdS), der nach § 30 I BVG und der Versorgungsmedizin-Verordnung (VersMedV)[486] einschließlich der als Anlage zu § 2 VersMedV ergangenen »*Versorgungsmedizinischen Grundsätze*«[487] bestimmt wird. Da die steuerfinanzierten Sozialleistungen grds. allen Bürgern offen stehen, kann es auch auf die Zugehörigkeit zu einem versicherten Personenkreis nicht ankommen. Andererseits muss – anders als nach Unfallversicherungsrecht – grds. ein Antrag auf Leistungen gestellt werden. **389**

Es ergibt sich damit in Abwandlung des sozialversicherungsrechtlichen Anspruchsschemas[488] folgendes Prüfungsraster:[489] **390**

---

484 Die soziale Entschädigung betrifft den **Ausgleich von gesundheitlichen Sonderopfern für die oder in Verantwortung der Allgemeinheit**. Falls Sie unsicher waren, sollten Sie sich → Rn. 15 f., 18 zumindest kurz nochmals ansehen!

485 Geändert durch das Gesetz zur Änderung des Bundesversorgungsgesetzes und anderer Vorschriften des sozialen Entschädigungsrechts v. 13.12.2007, BGBl. I 2904; s. dazu zB *Düwell* FA 2008, 43 ff.

486 BGBl. 2008 I 2412.

487 Durch diese wurden zum 1.1.2009 die früheren »*Anhaltspunkte für die ärztliche Gutachtertätigkeit* im sozialen Entschädigungsrecht und nach dem Schwerbehindertenrecht (Teil 2 SGB IX)« abgelöst; s. dazu zB *Dau* jurisPR-SozR 4/2009 Anm. 4.

488 **Übersicht 19** → Rn. 165.

489 Vgl. *Gitter/Schmitt* SozR § 33 Rn. 1 ff.

Übersicht 32: Prüfungsfolge bei sozialen Entschädigungsleistungen

1. **Entschädigungsfall**
   Liegt ein Entschädigungsfall nach dem jeweiligen Entschädigungsgesetz vor?
2. **Leistungen und besondere Leistungsvoraussetzungen**
   a) Welche Sozialleistungen können möglicherweise in Anspruch genommen werden?
   (= liegen die Voraussetzungen der Rechts-/Anspruchsgrundlagen vor?)
   b) Ist die Leistungsgewährung ggf. von weiteren Voraussetzungen abhängig?
   c) Wurde der erforderliche Antrag gestellt?
3. **Zuständiger Leistungsträger**

391 Der Entschädigungsfall (= Versorgungsfall) ist in seiner Struktur mit der eines Arbeitsunfalls[490] vergleichbar, wobei sich Vereinfachungen wegen der nicht erforderlichen versicherten Tätigkeit ergeben:[491]

Übersicht 33: Entschädigungsfall

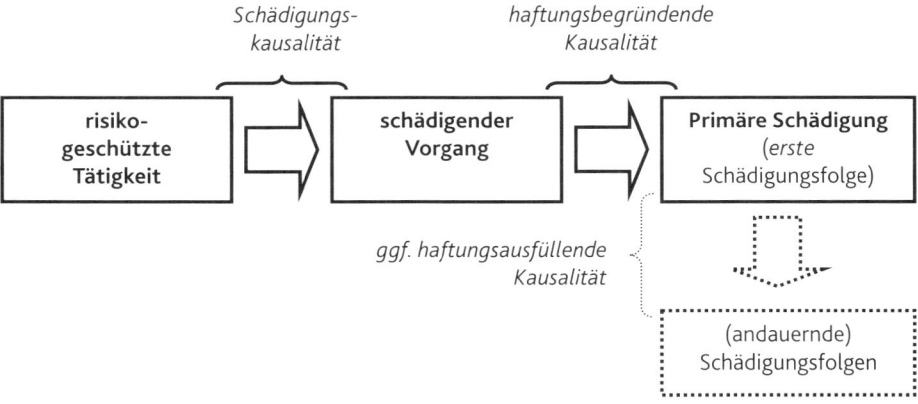

Auch im Versorgungsrecht gilt hinsichtlich der Kausalität die Theorie der wesentlichen Bedingung.[492]

▨ Ist Ihnen noch geläufig, was sie besagt?

▶ Nach der Theorie der wesentlichen Bedingung sind nur solche Bedingungen als ursächlich anzusehen, die...[493].

---

490 → Rn. 276.

491 Vgl. *Gitter/Schmitt* SozR § 33 Rn. 1 ff.; zur Maßgeblichkeit der Grundsätze des Unfallversicherungsrechts auch für das soziale Entschädigungsrecht vgl. BSG Urt. v. 17.7.2008 – B 9/9a VS 5/06 R = SozR 4-3200 § 81 Nr. 5, (Ls. und Rn. 20).

492 *Gitter/Schmitt* SozR § 33 Rn. 3; *Muckel/Ogorek* SozR § 15 Rn. 12.

493 ... wegen ihrer besonderen Bedeutung für den Erfolg zu dessen Eintritt wesentlich mit beigetragen haben! Bei mehreren Ursachen muss eine zumindest gleichwertige Bedeutung mit anderen Ursachen für den Erfolg vorliegen (→ Rn. 272 ff.).

Eine Beweiserleichterung ergibt sich aus § 1 III 1 BVG, der die Wahrscheinlichkeit eines ursächlichen Zusammenhangs genügen lässt. Ausreichend ist daher bereits, dass deutlich mehr für als gegen einen Kausalzusammenhang spricht.[494] Durch den Beschädigten absichtlich herbeigeführte Verletzungen gelten nicht als Schädigung im Sinne des Entschädigungsrechts (s. § 1 IV BVG).

2. Wichtige Entschädigungstatbestände

Grundentschädigungstatbestand[495] nach dem BVG ist die Wehrdienstbeschädigung im Dienst der ehemaligen deutschen Wehrmacht (vgl. § 1 I iVm § 2 I Buchst. a BVG). Weitere kriegsbedingte Körperschädigungen (unter anderem durch unmittelbare Kriegseinwirkungen oder Kriegsgefangenschaft) sind gem. § 1 II BVG gleichgestellt. Der Wehrdienstbeschädigung nach dem BVG nachgebildet sind die Entschädigungstatbestände nach dem Soldatenversorgungsgesetz (§§ 80 ff. SVG) und dem Zivildienstgesetz (§§ 47 ff. ZDG), die Gesundheitsschäden von Soldaten der Bundeswehr und Zivildienstleistenden betreffen. Eine Entschädigung der Opfer der SED[496]-Diktatur in der ehemaligen DDR in entsprechender Anwendung des BVG ist nach dem Strafrechtlichen Rehabilitierungsgesetz (StRehaG) und dem Verwaltungsrechtlichen Rehabilitierungsgesetz (VwRehaG) vorgesehen. Entschädigungspflichtig sind auch Impfschäden nach gesetzlich vorgeschriebenen oder behördlich empfohlenen Impfungen gem. den §§ 60 ff. Infektionsschutzgesetz (IfSG) sowie die Folgen vorsätzlicher, rechtswidriger tätlicher Angriffe[497] oder anderer Gewalttaten gem. § 1 des Opferentschädigungsgesetzes (OEG).[498]

392

3. Entschädigungsleistungen

Einen Überblick über die Versorgungsleistungen bei Gesundheitsschäden geben § 24 I SGB I und § 9 BVG (lesen!). Konkret geregelt sind sie in den §§ 10 ff. BVG. Die weiteren genannten Gesetze des Entschädigungsrechts stellen zwar jeweils eigene Entschädigungstatbestände auf, verweisen aber hinsichtlich der Leistungen und deren weiterer Voraussetzungen auf das BVG. Dort sind insbesondere Heilbehandlung (§§ 10 f. BVG), Beschädigtenrente (§ 31 BVG) sowie Renten an Hinterbliebene (§§ 38 ff. BVG) geregelt. Neu ist, dass auch Partner einer eheähnlichen Gemeinschaft Leistungen an Hinterbliebene erhalten, wenn sie während der ersten drei Lebensjahre eines gemeinsamen Kindes dieses unter Verzicht auf eine Erwerbstätigkeit betreuen (s. § 1 VIII OEG, § 80 SVG, § 47 I ZDG, § 60 IV IfSG).[499] Zuständig sind vor allem die Versorgungsämter und Landesversorgungsämter, s. § 24 II SGB I. Wegen der Ein-

393

---

494   S. *Muckel/Ogorek* SozR § 16 Rn. 13.

495   Vgl. *Muckel/Ogorek* SozR § 16 Rn. 7; *BMAS* SozR Kap. 24 Tz. 21.

496   »Sozialistische Einheitspartei Deutschlands«.

497   Zu der Frage, unter welchen Voraussetzungen »Stalking« als tätlicher Angriff iSd OEG zu werten ist, s. BSG Urt. v. 7.4.2011 – B 9 VG 2/10 R = BSGE 108, 97 ff.

498   Zur Vertiefung s. zB *Muckel/Ogorek* SozR § 16 Rn. 3 ff.; *Igl/Welti* SozR § 67 Rn. 15 ff.; *Eichenhofer* SozR Rn. 416 ff.; einen knappen, aber sehr informativen, vergleichenden Überblick über die Bereiche der Sozialen Entschädigung gibt *Jung*, Soziale Entschädigung bei Gesundheitsschäden (§ 5 SGB I) und gesetzliche Unfallversicherung, Die BG 2004, 486 ff.

499   S. das Gesetz zur Änderung von Vorschriften des Sozialen Entschädigungsrechts und des Gesetzes über einen Ausgleich von Dienstbeschädigungen im Beitrittsgebiet v. 19.6 2006, BGBl. I 1305.

zelheiten muss in einem Grundriss diesen Umfangs auf die weiterführende Lehrbuchliteratur verwiesen werden.[500]

II. Soziale Hilfe und Förderung

1. Allgemeines, Hinweise zur Fallbearbeitung

394 Auch über den dritten großen Bereich des Sozialrechts haben Sie durch unsere Überlegungen zur Gliederung des Sozialrechts eine zumindest grobe Vorstellung gewonnen. Hier geht es um die Herstellung von Chancengleichheit und gleiche soziale Entfaltungsmöglichkeiten sowie um die Absicherung des Existenzminimums bei besonderer Leistungsschwäche oder in sonstigen Notlagen.[501]

▧ An die hier von den übrigen Bereichen abweichenden Voraussetzungen der Leistungsgewährung erinnern Sie sich noch?

▶ Soziale Hilfe und Förderung wird grds. nur gewährt, wenn …[502]

395 Trotz gewisser Unterschiede zwischen den einzelnen Bereichen lässt sich in aller Regel folgendes grobes Prüfungsschema zugrunde legen:[503]

Übersicht 34: Prüfungsfolge bei sozialer Hilfe und Förderung

1. Leistungsberechtigter Personenkreis (idR = Hilfe- oder Förderungsfall)
   a) Sperrwirkung vorrangiger Leistungen?
   b) Liegt der jeweilige Hilfe- bzw. Förderfall vor?
   c) Sind Einkommen oder Vermögen vorhanden? Besteht (bei überschlägiger Berechnung) Bedürftigkeit iSd jeweils einschlägigen Gesetzes (bzw. wird dies durch den Förderfall unterstellt)?

2. Mögliche Leistungen und Leistungsvoraussetzungen
   a) Welche Sozialleistungen können möglicherweise in Anspruch genommen werden?
   b) Welcher Bedarf besteht und inwieweit ist er nicht durch eigenes Einkommen/Vermögen gedeckt?
   c) Bedarfsdeckung durch gebotenen Einsatz des Einkommens oder Vermögens anderer innerhalb bestehender Bedarfs- oder Haushaltsgemeinschaft (gem. §§ 9 II, 7 III, 9 V SGB II, §§ 27 II, 39, 43 I SGB XII)?
   d) Ist die Leistungsgewährung ggf. von weiteren Voraussetzungen abhängig (zB Antrag)?
   e) Form der Hilfegewährung (insbes. Zuschuss oder Darlehen)?
   f) Minderung oder Ausschluss des Anspruchs (zB wegen Pflichtverletzung gem. §§ 31 ff. SGB II oder § 39a SGB XII)?

3. Zuständiger Leistungsträger

---

500 S. zB *Gitter/Schmitt* SozR § 33 Rn. 18 ff.; *Igl/Welti* SozR § 69 Rn. 1 ff.; *Muckel/Ogorek* SozR § 16 Rn. 28 ff. Zur **Reform des BVG-Leistungsrechts 2011** s. *Dau* SGb 2012, 260 ff.

501 → Rn. 16, → Rn. 18.

502 … **der Betroffene bedürftig ist!** Bei den Hilfeleistungen geht es um individuelle wirtschaftliche Bedürftigkeit, bei den Förderungsleistungen gilt dies nur bedingt, da zumindest bei einigen Leistungen (zB Kindergeld, Kinder- und Jugendhilfe, Elterngeld, Betreuungsgeld) aufgrund der konkreten Lebenssituation ein Defizit unterstellt wird.

503 Vgl. *Muckel/Ogorek* SozR 6. Teil Rn. 6; *Bley/Kreikebohm/Marschner* SozR Rn. 1219.

Im Dezember 2003 wurde das Recht der sozialen Hilfe mit Wirkung zum 1.1.2005 **396**
grundlegend reformiert. Das »Vierte Gesetz für moderne Dienstleistungen am Arbeitsmarkt« vom 24.12.2003[504] führte die frühere Arbeitslosenhilfe und die Sozialhilfe für Erwerbsfähige zu der neuen Leistung Arbeitslosengeld II (umgangssprachlich auch: »Hartz IV«) im SGB II zusammen. Zum 1.1.2005 wurde durch das »Gesetz zur Einordnung des Sozialhilferechts in das Sozialgesetzbuch« vom 27.12.2003[505] auch das Sozialhilferecht in das Sozialgesetzbuch als dessen Zwölftes Buch (SGB XII) eingeordnet. Streitigkeiten in Sozialhilfeangelegenheiten, für die bislang die Verwaltungsgerichte zuständig waren, wurden zugleich den Sozialgerichten zur Entscheidung zugewiesen.

Vor allem durch das »Gesetz zur Weiterentwicklung der Organisation der Grundsicherung für Arbeitsuchende«[506] vom 30.8.2010 und das »Gesetz zur Ermittlung von Regelbedarfen und zur Änderung des Zweiten und Zwölften Buches Sozialgesetzbuch«[507] vom 24.3.2011 erfuhren SGB II und SGB XII erhebliche Änderungen und erhielten auch eine teilweise neue Systematik und Paragrafenfolge.[508] Im Hinblick auf das Verhältnis der wichtigsten Leistungen der sozialen Hilfe zueinander ergibt sich folgende Prüfungsreihenfolge:

1. **Grundsicherung im Alter und bei Erwerbsminderung** (§ 5 II 2 **SGB II**; § 19 II 2 **SGB XII**; → Rn. 405)
   Hilfebedürftige »65+« oder dauerhaft erwerbsgemindert (§§ 19 II 1, 41 II SGB XII)
2. **Grundsicherung für Arbeitsuchende** (§ 5 II 1 **SGB II**; § 21 S. 1 SGB XII; → Rn. 399 f.)
   erwerbsfähige Hilfebedürftige und mit ihnen in Bedarfsgemeinschaft lebende Personen (§ 7 I–III SGB II; → Rn. 410)
3. **Hilfe zum Lebensunterhalt** gem. §§ 19 I, 27 ff. SGB XII (→ Rn. 403 ff.)
4. Unabhängig von oder **neben 1.–3.:** Hilfen zur **Bewältigung besonderer Bedarfssituationen** gem. §§ 19 III, 47–74 SGB XII (→ Rn. 407)

---

504 BGBl. I 2954.
505 BGBl. I 3022.
506 BGBl. I 2210.
507 BGBl. I 453.
508 S. dazu zB *Becker*, Grundsicherung für Arbeitsuchende 2.0, ZFSH 2011, 172 ff.; *Groth*, Das neue SGB II, NJW 2011, 1105 ff.; *Piepenstock*, Überblick über die Reform des SGB II-Leistungsrechts, jurisPR-SozR 7/2011 Anm. 1; *Straßfeld*, Neuregelungen im SGB II, SGb 2011, 436 ff. (499 ff.).

Übersicht 35: Leistungen der sozialen Hilfe und Förderung (Auswahl)

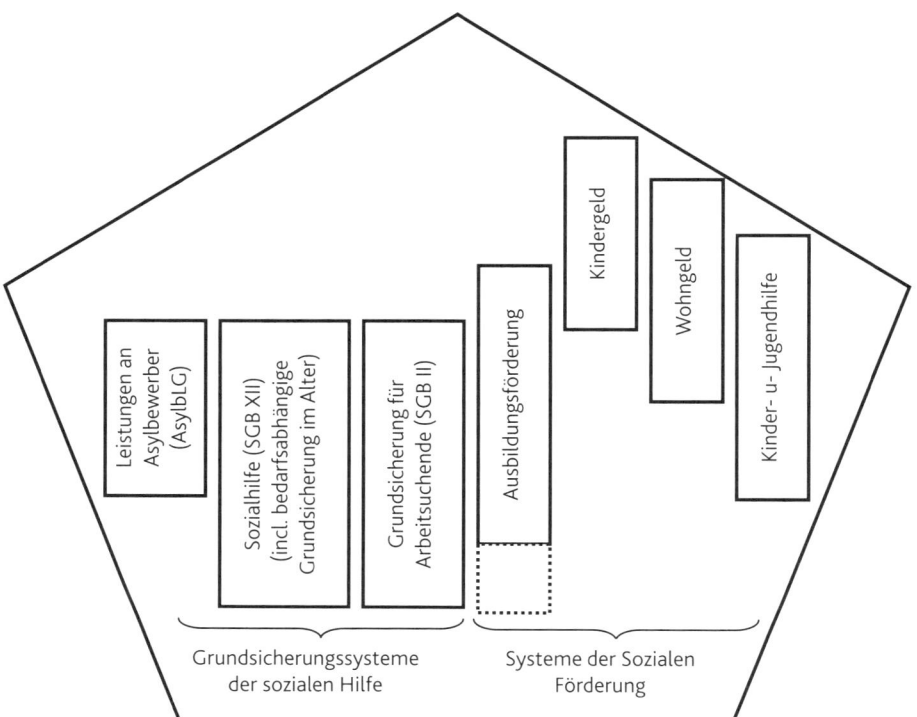

2. Sozialhilfe

Übungsfall 13[509]

Die mittellose Studentin S studiert nach dem Abitur im ersten Semester Sozialrecht an der Hochschule Fulda. Sie ist 19 Jahre alt, wohnt allein in einer Einzimmerwohnung und bezieht BAföG. Nach schweren Komplikationen bei der Geburt ihrer ersten Tochter gehen ihre Ärzte davon aus, dass sie in den kommenden zwölf Monaten maximal zweieinhalb Stunden täglich wird arbeiten können. S beschließ nun, Prioritäten zu setzten. Um sich voll und ganz der Betreuung ihrer kleinen Tochter widmen zu können, lässt sie sich von der Hochschule ein Urlaubssemester gewähren. Nachdem das Studentenwerk die BAföG-Zahlungen eingestellt hat, beantragt sie Hilfe zum Lebensunterhalt nach dem SGB XII. Das Sozial- und Wohnungsamt der Stadt Fulda ist allerdings der Meinung, dass die grds. Förderungsfähigkeit des Studiums nach dem BAföG Leistungen nach dem SGB XII ausschließt und auch Leistungen der Grundsicherung für Arbeitsuchende vorrangig seien und lehnt eine Leistungsgewährung ab. Zu Recht?

---

509 Anlehung an BVerwG Urt. v. 25.8.1999 – 5 B 153/99, 5 PKH 53/99 = FEVS 51, 151; s. auch BSG v. 22.3.2012 – B 4 AS 102/11 R = FEVS 64, 113. **Weitere Fälle zum SGB XII** zB bei *Kulle* DVP 2014, 108 ff.; DVP 2012, 373 ff.

a) Grundprinzipien und Leistungsstruktur

Sozialhilfe soll die Führung eines Lebens ermöglichen, das der Würde des Menschen **397** entspricht. Unter Mitwirkung des Betroffenen sollen ihre Leistungen zugleich zur Selbsthilfe und möglichst auch zu einem Leben ohne Sozialhilfe befähigen (vgl. § 9 SGB I, § 1 SGB XII). Unerheblich ist, ob die Hilfsbedürftigkeit selbst verursacht oder verschuldet wurde (vgl. §§ 26, 41 IV, 103 I SGB XII). Die Sozialhilfe greift nur nachrangig ein, also dann, wenn sich der Betroffene nicht selbst helfen kann und die erforderliche Hilfe auch nicht von anderen, zB von Angehörigen oder von Trägern anderer Sozialleistungen erhält (*Nachrang der Sozialhilfe = Subsidiaritätsgrundsatz*[510], s. § 9 SGB I, § 2 SGB XII – lesen!).

Das SGB XII enthält im Wesentlichen drei große Leistungsbereiche, die voneinander abzugrenzen sind, weil sie teilweise unterschiedlichen Regeln folgen: Im vierten Kapitel des SGB XII normiert ist die »*Grundsicherung im Alter und bei Erwerbsminderung*«, die gegenüber dem Sozialgeld nach dem SGB II sowie der im dritten Kapitel des SGB XII geregelten »*Hilfe zum Lebensunterhalt*« vorrangig ist (s. § 5 II 2 SGB II; § 19 II 2 SGB XII). Die »Hilfe zum Lebensunterhalt« nach dem dritten Kapitel ist auch im Verhältnis zur »Grundsicherung für Arbeitsuchende« nach dem SGB II nachrangig (§ 5 II 1 SGB II; § 21 S. 1 SGB XII) und betrifft daher nur noch einen relativ geringen Personenkreis (→ Rn. 403). Der Leistungsumfang der Hilfe zum Lebensunterhalt und der Grundsicherung im Alter und bei Erwerbsminderung ist im Prinzip identisch (s. § 42 SGB XII), es ergeben sich aber bei der nur auf Antrag zu gewährenden Grundsicherung im Alter und bei Erwerbsminderung Vergünstigungen hinsichtlich der Berücksichtigung von Unterhaltsansprüchen und innerhalb von Haushaltsgemeinschaften sowie bei der Dauer der Leistungsbewilligung (s. §§ 41 I, 43 I Hs. 2, III, 44 I SGB XII). Die Kapitel fünf bis neun des SGB XII bilden den dritten Leistungsbereich des Gesetzes. Sie betreffen *Hilfen zur Bewältigung besonderer Bedarfssituationen* (§§ 19 III, 47–74 SGB XII), die – bei günstigeren Regelungen hinsichtlich des Einkommens- und Vermögenseinsatzes (unterstreichen Sie »nicht zuzumuten« im Wortlaut des § 19 III SGB XII!) – isoliert, aber auch *ergänzend* zu den Leistungen des SGB II, der Grundsicherung im Alter und bei Erwerbsminderung sowie der Hilfe zum Lebensunterhalt nach dem SGB XII in Anspruch genommen werden können.

In welchem Maß Einkommen und Vermögen einzusetzen sind, bestimmen grds. die **398** §§ 82–96 SGB XII. Zumindest § 82 SGB XII zum Begriff des Einkommens sowie § 90 I und II SGB XII über das einzusetzende Vermögen sowie das unangetastet zu lassende sog. »Schonvermögen« (das regelmäßig zwar kein Auto, wohl aber ein Hausgrundstück umfassen kann, s. § 90 II Nr. 8 SGB XII!) sollten Sie lesen! Die Abgrenzung des Einkommens vom Vermögen wird danach vorgenommen, ob es zu einem Wertzuwachs (= Zufluss) während des Leistungsbezugs gekommen ist (dann Einkommen) oder ob der Wert vor Leistungsbeginn bereits vorhanden (= zugeflossen) war.[511]

Unterhalts- und andere Ansprüche gegen Dritte erachtet das Gesetz als Teil des Vermögens. Sie gehen in Höhe der Leistungen der Sozialhilfe auf deren Träger über

---

510 S. zB *Gitter/Schmitt* SozR § 48 Rn. 4; *Waltermann* SozR Rn. 457.
511 Vgl. für die Grundsicherung für Arbeitsuchende BSG Urt. v. 25.1.2012 – B 14 AS 101/11 R = SozR 4-4200 § 11 Nr. 47.

(§§ 93 f. SGB XII). Betroffen sind insbesondere die Unterhaltsansprüche zwischen Ehegatten sowie zwischen Eltern und Kindern (§§ 1360 ff., 1601 BGB).

In Übungsfall 13 sind Ansprüche der S nach dem SGB XII einem Unterhaltsanspruch gem. § 1615l BGB gegenüber dem Kindsvater nachrangig (s. § 2 SGB XII). Allerdings muss das Vermögen auch zur Bedarfsdeckung zur Verfügung stehen. Zumindest bis zu einer Klärung der Vaterschaft ist dies nicht der Fall, sodass der S wegen Unmöglichkeit des sofortigen Vermögenseinsatzes Sozialhilfe jedenfalls als Darlehen gewährt werden kann (§ 91 SGB XII).

Leben mehrere Personen gemeinsam in einer Wohnung, vermutet das Gesetz widerleglich eine bestehende Haushaltsgemeinschaft und dass die Mitbewohner einander Leistungen zum Lebensunterhalt gewähren (s. § 39 SGB XII). Vor dem Hintergrund des Art. 6 I GG regelt das Gesetz darüber hinaus ganz allgemein, dass ehe- sowie lebenspartnerähnliche Gemeinschaften hinsichtlich der Voraussetzungen sowie des Umfangs der Sozialhilfe nicht besser gestellt werden dürfen als Ehegatten (§ 20 SGB XII).

b) Leistungsberechtigter Personenkreis

399   Um Leistungen nach dem SGB XII erhalten zu können, müsste S aus Übungsfall 13 zunächst zum leistungsberechtigten Personenkreis dieses Gesetzes gehören. Den leistungsberechtigten Personenkreis für die Hilfe zum Lebensunterhalt regeln die §§ 19 I, 27 SGB XII, für die Grundsicherung im Alter und bei Erwerbsminderung die §§ 19 II, 41 SGB XII und für die Hilfen zur Bewältigung besonderer Bedarfssituationen § 19 III SGB XII (mit Modifikationen in den Vorschriften über die jeweilige Bedarfssituation, s. zB §§ 53, 61, 67, 68 II, 71 IV SGB XII – nur *bei Interesse* lesen). Wie bereits erwähnt (→ Rn. 397), bestehen insoweit Unterschiede zwischen den drei verschiedenen Leistungsbereichen des SGB XII, insbesondere auch hinsichtlich des Umfangs, in dem Einkommen oder Vermögen anderer (vor allem der Partner und Verwandten) zu berücksichtigen sind. Für die Hilfe zum Lebensunterhalt ergibt sich dies aus den §§ 27 II, 39 SGB XII (lesen!). Die mittellose S in unserem Fall zählt grds. zum leistungsberechtigten Personenkreis nach den §§ 19 I, 27 bzw. 19 II, 41 SGB XII.

400   Keine Leistungen nach dem SGB XII – wohl aber nach dem Asylbewerberleistungsgesetz (AsylbLG)[512] – stehen Asylbewerbern zu (§ 23 II SGB XII). Fraglich erscheint im Hinblick auf Übungsfall 13, ob das vorrangige Leistungssystem des BAföG Sperrwirkung entfaltet und Leistungen nach dem SGB XII ausschließt. Da das SGB XII (ebenso wie das SGB II) keine versteckte Ausbildungsförderung neben dem BAföG ermöglichen soll, erhalten nach dem BAföG förderungsfähige Auszubildende und Studierende grds. keine Hilfe zum Lebensunterhalt nach dem SGB XII (s. § 22 SGB XII). Das Studium der S in Übungsfall 13 stellt eine *dem Grunde nach förderfähige* Ausbildung iSd §§ 2 I Nr. 6, 7 I BAföG dar, weshalb – unabhängig von tat-

---

512   Die Leistungen nach § 3 AsylbLG sind evident unzureichend und mit dem **Grundrecht auf Gewährleistung eines menschenwürdigen Existenzminimums** (Art. 1 I iVm Art. 20 I GG, → Rn. 6) **nicht zu vereinbaren**; bis zu einer Neuregelung (s. dazu BR-Drs. 392/14) gelten übergangsweise die Bedarfe gem. RBEG, die auch SGB II und XII zugrunde liegen, s. BVerfG Urt. v. 18.7.2012 – 1 BvL 10/10, 1 BvL 2/11 = info also 2012, 225 ff.

sächlichen BAföG-Zahlungen! –[513] Leistungen nach dem SGB XII (und nach dem SGB II) grds. ausgeschlossen sind (s. § 22 I 1 SGB XII, § 7 V SGB II). Die Förderfähigkeit einer Ausbildung nach dem BAföG (und damit auch die Sperrwirkung) setzt jedoch voraus, dass die Arbeitskraft des Auszubildenden grds. voll durch die Ausbildung in Anspruch genommen wird (vgl. § 2 V BAföG). Dies ist während eines Urlaubssemesters jedenfalls dann nicht der Fall, wenn der Studierende sein Studium tatsächlich nicht betreibt.[514] Da S sich während ihres Urlaubssemesters um ihre neugeborene Tochter kümmert, kann sie in dieser Zeit angesichts ihres eingeschränkten Leistungsvermögens ihr Studium tatsächlich nicht betreiben. Dieses ist daher aktuell nicht nach dem BAföG förderungsfähig. Leistungen nach SGB XII und SGB II sind folglich vorliegend nicht ausgeschlossen.

Wegen der nach dem SGB II vorrangig zu gewährenden Leistungen (Arbeitslosengeld II und Sozialgeld) erhalten ferner Erwerbsfähige und die mit ihnen in einer Bedarfsgemeinschaft lebenden Angehörigen keine Hilfe zum Lebensunterhalt nach dem SGB XII (s. § 21 SGB XII, § 5 II 1 SGB II). Anders ist dies allerdings bei dauerhaft nicht erwerbsfähigen Angehörigen und Angehörigen im Rentenalter, deren Anspruch auf Grundsicherung im Alter und bei Erwerbsminderung nach dem SGB XII gegenüber dem Sozialgeld nach SGB II vorrangig ist (s. § 5 II 2 SGB II).

Da S in unserem Übungsfall 13 in den nächsten zwölf Monaten und damit auf unabsehbare Zeit (= länger als sechs Monate) nur noch zweieinhalb Stunden täglich arbeiten kann, ist sie nicht erwerbsfähig iSd §§ 8, 7 I 1 Nr. 2 SGB II. Sie ist daher nicht leistungsberechtigt nach dem SGB II.

c) Leistungen

Wie wir festgestellt haben (→ Rn. 397), dient die Sozialhilfe dem Schutz der Menschenwürde.   **401**

- ▨ Kann es sich angesichts dessen um Leistungen handeln, die nach freiem Belieben des Gebenden wie Almosen gewährt werden? Überlegen Sie, bevor Sie weiterlesen!
- ▷ Da die Würde des Menschen unantastbar ist und alle staatliche Gewalt verpflichtet ist, sie zu achten und zu schützen (Art. 1 I GG), gewährt der soziale Rechtsstaat – insoweit allein folgerichtig – einen Rechtsanspruch auf die Leistungen der Sozialhilfe (s. § 17 I SGB XII).

Art (Zuschuss, Darlehen, Gutscheine usw) und Maß der Leistungserbringung sind prinzipiell in das pflichtgemäße Ermessen des Leistungsträgers gestellt (s. § 17 II SGB XII). Die Leistungen haben sich stets nach den Besonderheiten des Einzelfalles zu richten, wobei *angemessenen* Wünschen der Leistungsberechtigten zur Gestaltung der Leistung entsprochen werden soll (s. § 9 SGB XII – *Grundsatz der Individualisierung*[515]). Mit Ausnahme der Grundsicherung im Alter und bei Erwerbsminderung nach den §§ 41 ff. SGB XII, die nur auf Antrag zu gewähren ist, wird Sozialhilfe *von*

---

513   Dies gilt auch, wenn vor Ausbildungsbeginn beantragte Leistungen erst mehrere Monate nach Beginn der Ausbildung **rückwirkend bewilligt** werden, vgl. für die GS ArbSu BSG Urt. v. 28.3.2013 – B 4 AS 59/12 R = BSGE 113, 184 ff. = SozR 4-1300 § 45 Nr. 13.

514   Vgl. BSG v. 22.3.2012 – B 4 AS 102/11 R = FEVS 64, 113.

515   S. zB *Gitter/Schmitt* SozR § 48 Rn. 5; *Waltermann* SozR Rn. 461.

Amts wegen geleistet, s. § 18 I SGB XII.[516] Die Sozialhilfe setzt ein, sobald dem Träger der Sozialhilfe bekannt wird, dass die Leistungsvoraussetzungen vorliegen (§ 18 I SGB XII). Einen Überblick über die Leistungen der Sozialhilfe geben § 28 I SGB I und § 8 SGB XII.

402 Sozialhilfe soll Hilfe zur Selbsthilfe leisten. Die Leistungsberechtigten werden daher auch beraten und unterstützt (s. § 11 SGB XII; lesen Sie davon zumindest die Abs. 1–3 sowie Abs. 5 S. 2!). Bis spätestens vier Wochen nach Beginn fortlaufender Leistungen sollen in einer schriftlichen und von beiden Seiten zu unterzeichnenden *Leistungsabsprache* zwischen Sozialhilfeträger und der leistungsberechtigten Person deren Situation sowie ggf. Wege zur Überwindung der Notlage und zu gebotenen Möglichkeiten der aktiven Teilnahme in der Gemeinschaft gemeinsam festgelegt werden (§ 12 S. 1 SGB XII). Anders als bei der *Eingliederungsvereinbarung* nach SGB II (s. §§ 15, 31 I 1 Nr. 1 SGB II) knüpft das SGB XII an die Beachtung der Leistungsabsprache oder deren Nichtabschluss keine Sanktionen.

aa) Hilfe zum Lebensunterhalt

403 Die Hilfe zum Lebensunterhalt (§§ 8 Nr. 1, 19 I, 27–40 SGB XII) sichert den Lebensunterhalt von Menschen, die bei Bedürftigkeit sonst keine Leistungen erhalten (→ Rn. 399 f.). Dies sind vor allem Menschen im erwerbsfähigen Alter, denen vorübergehend keine Erwerbstätigkeit möglich ist, wie zB Bezieher einer Zeitrente wegen Erwerbsminderung, längerfristig Erkrankte und in Einrichtungen betreute Menschen. Auch S aus Übungsfall 13 gehört zu diesem Personenkreis, denn sie ist nur vorübergehend für die nächsten zwölf Monate und nicht *dauerhaft* (→ Rn. 405) erwerbsgemindert.

Der notwendige Lebensunterhalt umfasst nach dem Gesetz insbesondere Ernährung, Kleidung, Körperpflege, Hausrat, Haushaltsenergie, persönliche Bedürfnisse des täglichen Lebens sowie Unterkunft[517] und Heizung und persönliche Bedürfnisse des täglichen Lebens; in vertretbarem Umfang eingeschlossen ist eine Teilhabe am sozialen und kulturellen Leben in der Gemeinschaft (§ 27 a I 1 SGB XII). Von den genannten Bedarfen werden nur für Unterkunft und Heizung Leistungen in Höhe der tatsächlichen Aufwendungen erbracht (§ 35 I 1, IV 1 SGB XII). Im Übrigen wird der gesamte Bedarf des notwendigen Lebensunterhalts (bis auf wenige Ausnahmen, s. §§ 27a IV, 30 ff., 34 ff. SGB XII) nach *pauschalen Regelsätzen* und vorrangig als *Geldleistung* erbracht (§§ 10 III, 27a III 2 SGB XII).

404 Die Höhe der Regelbedarfe muss durch Gesetz[518] geregelt werden (s. § 28 I SGB XII), wobei die Maßgaben des § 28 II–IV SGB XII zu beachten sind. Die Berechnung der Höhe der Regelsätze richtet sich nach den durch Einkommens- und Verbrauchsstichproben zu ermittelnden tatsächlichen Verbrauchsausgaben unterer Einkommensgruppen (§ 28 II 2 SGB XII) in derzeit *sechs Regelbedarfsstufen* (vgl. § 27a III iVm der Anlage zu § 28 SGB XII), die durch das Regelbedarfs-Ermittlungsgesetz (RBEG)[519] bestimmt wurden. Gem. §§ 28a, 29, 40 SGB XII werden die Regel-

---

516 Ein **Antragserfordernis** ergibt sich ferner bei den meisten Bedarfen für **Bildung und Teilhabe** (s. § 34 I 1 SGB XII), ergänzenden **Darlehen** (§ 37 I 1 SGB XII) sowie der Sozialhilfe für Deutsche **im Ausland** (§ 24 IV 1 SGB XII).
517 Vgl. dazu die Hinweise bei *Beige* NZS 2013, 17 ff.
518 BVerfG Urt. v. 9.2.2010 – 1 BvL 1/09 = BVerfGE 125, 175 (223 f.).
519 V. 24.3.2011, BGBl. I 453.

bedarfsstufen jährlich fortgeschrieben,[520] wobei die Länder abweichende Neufestsetzungen vornehmen können. Seit dem 1.1.2014 beträgt der Regelsatz in *Regelbedarfsstufe 1*[521] für einen alleinstehenden oder alleinerziehenden Erwachsenen mit eigenem Haushalt *391 EUR.*

Diesen Betrag kann auch S in Übungsfall 13 beanspruchen. Ferner ist bei ihr als alleinerziehender Mutter eines Kindes unter sieben Jahren ein pauschaler Mehrbedarf in Höhe von 36% der Regelbedarfsstufe 1 (= 140,76 EUR) gem. § 30 IV SGB XII) anzuerkennen. Leistungen für Unterkunft und Heizung werden in Höhe der auf sie entfallenden[522] tatsächlichen Aufwendungen (§ 35 I 1, IV 1 SGB XII) sowie Leistungen für die Erstausstattung bei Geburt gesondert (§ 31 I Nr. 2, III SGB XII) erbracht. Da in diesem Umfang ein Anspruch der S auf Hilfe zum Lebensunterhalt nach dem SGB XII besteht, hat also das Sozial- und Wohnungsamt ihr zu Unrecht Leistungen verweigert.

Die Bedeutung des Regelsatzsystems der Sozialhilfe reicht über seinen unmittelbaren Anwendungsbereich weit hinaus, da es unter anderem als Referenzsystem für die Leistungshöhe beim Arbeitslosengeld II dient (vgl. § 20 V SGB II) und von zentraler Bedeutung für die Bemessung des steuerfreien Existenzminimums ist.[523]

▣ Verwaltungsakte mit Dauerwirkung haben wir im Zusammenhang des § 48 SGB X behandelt. Handelt es sich bei der Bewilligung von Hilfe zum Lebensunterhalt nach dem SGB XII um einen solchen Verwaltungsakt? Überlegen Sie!

▶ Da Hilfe zum Lebensunterhalt jeweils nur mit Blick auf den aktuellen Bedarf gewährt wird (vgl. §§ 15, 27a IV SGB XII), liegt eine Dauerwirkung nur für den jeweiligen Bewilligungsmonat vor![524]

Die Bewilligung wirkt selbst dann nur für den laufenden Monat (sowie ggf. für die Vergangenheit), wenn der Bescheid ausdrücklich besagt, dass der Betrag »bis auf weiteres« gezahlt wird! Erst in der neuerlichen Zahlung (= Realakt[525]) liegt konkludent die Neubewilligung (= Verwaltungsakt) für den Zahlungszeitraum![526]

bb) Grundsicherung im Alter und bei Erwerbsminderung

Die Grundsicherung im Alter und bei Erwerbsminderung (§§ 8 Nr. 2, 19 II, 41–46 **405** SGB XII) sichert den Lebensunterhalt für Personen, die entweder die (Renten-)Al-

---

520 **Für 2014** s. **Verordnung** zur Bestimmung des für die **Fortschreibung der Regelbedarfsstufen** nach § 28a des Zwölften Buches Sozialgesetzbuch maßgeblichen Vomhundertsatzes sowie zur Ergänzung der Anlage zu § 28 des Zwölften Buches Sozialgesetzbuch für das Jahr 2014; abrufbar unter www.gesetze-im-internet.de/rbsfv_2014.

521 Entspricht dem früheren »Eckregelsatz«.

522 Da S die Wohnung **zusammen mit ihrer Tochter** bewohnt, zählen diese Aufwendungen **nach Kopfteilen** je zur Hälfte zum **Bedarf von S** einerseits **und ihres Kindes** andererseits, vgl. dazu sowie den Ausnahmen BSG Urt. v. 29.11.2012 – B 14 AS 36/12 R = SozR 4-4200 § 22 Nr. 63; BSG Urt. v. 23.5.2013 – B 4 AS 67/12 R = BSGE 113, 270 ff. = SozR 4-4200 § 22 Nr. 68. Für die **Tochter** besteht vorrangig ein Anspruch gem. § 1 I Nr. 1 **UnterhVG** (→ Rn. 426) und nur, soweit ihr Bedarf dadurch nicht gedeckt wird, gem. §§ 19 I, 27 ff. SGB XII. Nach den Ansprüchen der Tochter war bei Übungsfall 13 nicht gefragt.

523 Vgl. BVerfGE 82, 60 ff. (Tz. 124) sowie Urt. v. 9.2.2010 – 1 BvL 1/09 und andere = NJW 2010, 505 ff. (Tz. 160 f.) = BVerfGE 125, 175 ff. Vgl. für das Jahr 2014 den 9. Existenzminimumbericht der BReg., BT-Drs. 17/11425.

524 Falls nicht mehr gewusst, lesen Sie bitte nochmals → **Rn. 93 f.**!

525 **Realakte** sind Handlungen, die auf einen **äußeren Erfolg gerichtet** sind, an den vom Gesetz Rechtsfolgen geknüpft werden, *Creifelds,* Stichwort: Rechtshandlung.

526 Vgl. BVerwGE 89, 81 (85) mwN.

tersgrenze erreicht haben oder aber das 18. Lebensjahr vollendet haben und voraussichtlich *dauerhaft* (= länger als 9 Jahre, vgl. § 41 III SGB XII iVm § 102 V 5 SGB VI) voll erwerbsgemindert sind (§§ 19 II 1, 41 I SGB XII). Wir sind darauf im Zusammenhang mit den Leistungen der gesetzlichen Rentenversicherung bereits eingegangen. Was dazu gesagt wurde, sollten Sie sich zunächst nochmals kurz ansehen (→ Rn. 294).

406 Die Leistungen der Grundsicherung im Alter und bei Erwerbsminderung entsprechen denen der Hilfe zum Lebensunterhalt nach den §§ 27 ff. SGB XII, gehen ihnen jedoch vor (§ 19 II 3 SGB XII). Sie sind für die Betroffenen in zwei Punkten günstiger ausgestaltet als die Hilfe zum Lebensunterhalt:

1. Unterhaltsansprüche gegenüber Kindern und Eltern bleiben gewöhnlich unberücksichtigt (§ 43 III SGB XII)[527] und die Vermutung der Bedarfsdeckung bei bestehender Haushaltsgemeinschaft (§ 39 S. 1 SGB XII) ist nicht anzuwenden (§ 43 I Hs. 2 SGB XII).[528]
2. Die Bewilligung erfolgt in der Regel für zwölf Kalendermonate (§ 44 I SGB XII).

Im Unterschied zu den meisten anderen Leistungen der Sozialhilfe ist es erforderlich, (einmalig[529]) einen Leistungsantrag zu stellen (§§ 18 I, 41 I SGB XII).

cc) Hilfen in weiteren besonderen Lebenslagen

407 Hilfen in weiteren besonderen Lebenslagen sind nach den §§ 47–74 SGB XII zu erbringen. Die Hilfen *zur Gesundheit* (§§ 47 ff. SGB XII) entsprechen weitestgehend den Leistungen der gesetzlichen Krankenversicherung (vgl. § 52 I 1 SGB XII), kommen aber wegen der vorrangigen sog. *Statusversicherung* gem. § 264 SGB V (im Normtext des § 48 S. 2 SGB XII unterstreichen!) nur noch sehr selten zum Tragen. Die Hilfe *zur Pflege* (§§ 61 ff. SGB XII) geht über die Leistungen der sozialen Pflegeversicherung hinaus (vgl. § 61 I 2 SGB XII) und hat große praktische Bedeutung.[530] Gleiches gilt für die *Eingliederungshilfe* für behinderte Menschen, die nach den §§ 53 ff. SGB XII gewährt wird. Sie soll bis zum Jahr 2018 im Rahmen eines *Bundesleistungsgesetzes* für Menschen mit Behinderungen zu einem modernen Teilhaberecht weiterentwickelt werden.[531] In diesem Rahmen könnte die Eingliederungshilfe aus dem SGB XII herausgelöst und in das SGB IX überführt werden. Eigenheit der Hilfe *zur Überwindung besonderer sozialer Schwierigkeiten* (§§ 67 ff. SGB XII) ist, dass erforderliche Dienstleistungen ohne Rücksicht auf Einkommen und Vermögen erbracht werden (§ 68 II SGB XII); sie kann zB Personen ohne ausreichende Unterkunft gewährt werden. Die Hilfe *in anderen Lebenslagen* (§§ 70 ff. SGB XII) umfasst Hilfe zur Weiterführung des Haushalts (§ 70 SGB XII), Altenhilfe (§ 71 SGB XII), Blin-

---

527 Der **Grenzwert von 100.000 EUR** Gesamteinkommen gem. § 43 II 1 SGB XII muss bei mindestens einem Elternteil oder Kind vorliegen, es erfolgt **keine Zusammenrechnung** des Einkommens mehrerer Personen, vgl. BSG Urt. v. 25.4.2013 – B 8 SO 21/11 R = SozR 4-3500 § 43 Nr. 3.

528 Zum Einsatz von Einkommen und Vermögen des Partners gem. §§ 41 ff. SGB XII s. *Kirchhoff* SGb 2014, 57 ff.

529 Ein Folgeantrag nach Ablauf eines Bewilligungszeitraums ist nicht erforderlich, s. BSG Urt. v. 29.9.2009 – B 8 SO 13/08 R = BSGE 104, 207 ff.

530 Zur Abdeckung besonderer Bedarfslagen bei Pflegebedürftigkeit durch Regelungen des SGB XII s. *Heinz* PflR 2014, 139 ff.

531 Ziffer 4.1 (S. 111) des Koalitionsvertrages von CDU, CSU und SPD für die 18. Legislaturperiode v. 27.11.2013, abzurufen unter www.bundesregierung.de/Content/DE/StatischeSeiten/Breg/koalitionsvertrag-inhaltsverzeichnis.html. Vgl. auch → **Rn. 433.**

denhilfe (§ 72 SGB XII), Hilfe in sonstigen Lebenslagen (§ 73 SGB XII)[532] sowie die Übernahme von Bestattungskosten (§ 74 SGB XII).

d) Träger der Sozialhilfe

Sachlich zuständig für die steuerfinanzierte Sozialhilfe ist grds. der örtliche Träger der Sozialhilfe (§ 97 I SGB XII). Örtliche Träger sind idR die kreisfreien Städte und Landkreise (§ 3 II 1 SGB XII). Die überörtlichen Träger und ihre Zuständigkeit sowie die Zuständigkeit für die Grundsicherung im Alter und bei Erwerbsminderung werden von den Ländern bestimmt (§§ 3 III, 97 II und III, 46b SGB XII). Die örtliche Zuständigkeit richtet sich nach dem tatsächlichen Aufenthaltsort des Leistungsberechtigten (§§ 98 I 1, 46b III SGB XII).   **408**

e) Verhältnis zur freien Wohlfahrtspflege

Neben den staatlichen und kommunalen Stellen leisten traditionell die Kirchen und die Verbände der freien Wohlfahrtspflege (Diakonie Deutschland, Deutscher Caritasverband, Zentral-Wohlfahrtsstelle der Juden in Deutschland, Paritätischer Gesamtverband, Deutsches Rotes Kreuz, Arbeiterwohlfahrt) in Not geratenen Menschen Hilfe.[533] Mit ihnen sollen die Träger der Sozialhilfe so zusammenarbeiten, dass sich ihre Tätigkeiten zum Wohle der Leistungsberechtigten wirksam ergänzen (§ 5 II und III SGB XII).[534] Leistungen der freien Wohlfahrtspflege wird grds. der Vorrang eingeräumt und von der Erbringung von Geldleistungen sollen die Sozialhilfeträger nicht absehen, wenn im Einzelfall entsprechende Leistungen von der freien Wohlfahrtspflege erbracht werden (§ 5 IV 2 SGB XII). Zuwendungen der freien Wohlfahrtspflege bleiben als Einkommen außer Betracht, soweit sie nicht die Lage des Leistungsberechtigten so günstig beeinflussen, dass daneben Sozialhilfe ungerechtfertigt wäre (§ 84 SGB XII). Im Hinblick auf eine zur Erhöhung der Bereitschaft zur freiwilligen Teilnahme an einem Arbeitstraining von einem freien Träger gewährte »Motivationszuwendung« in Höhe von 1,60 EUR stündlich hat das BSG eine Anrechnung beim Einkommen jüngst grds. verneint.[535]   **409**

3. Grundsicherung für Arbeitsuchende

a) Überblick

Die frühere Arbeitslosenhilfe nach dem SGB III und die Erwerbsfähigen vormals nach dem BSHG gewährte Sozialhilfe wurden mit Wirkung zum 1.1.2005 im SGB II zur »Grundsicherung für Arbeitsuchende« (umgangssprachlich: »Hartz IV«) zusammengefasst und neu geregelt (→ Rn. 396). Diese soll die Eigenverantwortung von erwerbsfähigen Hilfebedürftigen und Personen, die mit ihnen in einer Bedarfsgemeinschaft leben, stärken und dazu beitragen, dass sie ihren Lebensunterhalt unabhängig von der Grundsicherung aus eigenen Mitteln und Kräften bestreiten können (§ 1 I 1 SGB II). Dazu müssen sie alle Möglichkeiten zur Beendigung oder Verringerung ihrer Hilfebedürftigkeit ausschöpfen und aktiv an allen Maßnahmen zur Ein-   **410**

---

532 S. dazu *Hammel* ZFSH/SGB 2014, 9 ff.
533 Vgl. dazu zB *Waltermann* SozR Rn. 464; *Muckel/Ogorek* SozR § 14 Rn. 15.
534 Dazu allg. *Rüfner* Einführung SozR § 3 IV.
535 BSG Urt. v. 28.2.2013 – B 8 SO 12/11 = BeckRS 2013, 66912.

gliederung in Arbeit mitwirken. Weiterhin wird von ihnen verlangt, alle Möglichkeiten zu nutzen, ihren Lebensunterhalt aus eigenen Mitteln und Kräften zu bestreiten sowie insbesondere ihre Arbeitskraft zur Beschaffung des Lebensunterhalts einzusetzen (§ 2 I 1, II SGB II – Grundsatz des »*Förderns und Forderns*«, s. Überschrift vor § 1 SGB II). Zumutbar ist dabei (fast)[536] jede Arbeit (s. § 10 SGB II). Auf das Verhältnis zu den Leistungen nach dem SGB XII sind wir bereits eingegangen (→ Rn. 397 f.).

b) Leistungsberechtigter Personenkreis

411 Leistungsberechtigt sind erwerbsfähige Hilfebedürftige und die mit ihnen in Bedarfsgemeinschaft lebenden Personen (§ 7 I–III SGB II). Zur Bedarfsgemeinschaft zählen insbesondere der Partner sowie die Kinder des oder der Hilfebedürftigen.[537] Inzwischen bilden nicht nur minderjährige Kinder mit ihren Eltern eine Bedarfsgemeinschaft, sondern auch unverheiratete und erwerbsfähige Kinder, die das 25. Lebensjahr noch nicht vollendet haben (§ 7 III Nr. 2, 4 SGB II).[538] Wann Bedürftigkeit anzunehmen ist, wird in den §§ 9, 11 ff. SGB II ähnlich geregelt wie im Sozialhilferecht. Zum nicht zu berücksichtigenden *Schonvermögen* (§ 12 III SGB II) zählen unter anderem selbst genutztes angemessenes Wohneigentum und angemessener Hausrat, im Unterschied zur Sozialhilfe aber auch je ein angemessenes *Kraftfahrzeug* für jeden in der Bedarfsgemeinschaft lebenden erwerbsfähigen Hilfebedürftigen. Von dem verbleibenden Vermögen sind sodann die in § 12 II SGB II abschließend genannten *Freibeträge* abzusetzen, die das Sozialhilferecht so weitgehend ebenfalls nicht kennt. Erwähnt werden soll insbesondere der Grundfreibetrag von 150 EUR je vollendetem Lebensjahr, mindestens aber 3.100 EUR, ein Freibetrag von 750 EUR pro Person für notwendige Anschaffungen sowie bestimmte Ansprüche, die der Altersvorsorge dienen. Um die private Vorsorge für das Alter während der Erwerbstätigkeit besser zu schützen, wurde der Freibetrag für die Altersvorsorge 2010 durch das Sozialversicherungs-Stabilisierungsgesetz[539] von 250 EUR auf 750 EUR pro Lebensjahr erhöht (§ 12 II 1 Nr. 3 SGB II). Hinsichtlich der Abgrenzung von Einkommen und Vermögen (vor Leistungsbeginn vorhanden oder Wertzuwachs erst während des Leistungsbezugs) kann auf die Ausführungen zum SGB XII verwiesen werden (→ Rn. 398).

Bei sog. »*gemischten Bedarfsgemeinschaften*« aus Leistungsberechtigten verschiedener Leistungssysteme (zB Ehefrau unterliegt dem SGB II, Ehemann den Regelungen über die Grundsicherung im Alter und bei Erwerbsminderung nach dem SGB XII) gilt der Grundsatz, dass die (im Hinblick auf die Einkommens- und Vermögensberücksichtigung strengere) Berechnung der Sozialhilfeleistung nach Maßgabe des SGB XII nicht

---

536 **Unzumutbar** iSv § 10 I Nr. 5 SGB II ist insbes. ein **sittenwidrig niedrig entlohntes** Arbeitsangebot, das daher sanktionslos verweigert werden darf. Die Arbeitsgerichte gehen bei Löhnen unterhalb von **zwei Dritteln der üblichen Vergütung** und Ausnutzung einer Schwächesituation von Sittenwidrigkeit bzw. Lohnwucher iSv § 138 BGB aus (BAG Urt. v. 16.5.2012 – 5 AZR 268/11 = NZA 2012, 974; BAG Urt. v. 22.4.2009 – 5 AZR 436/08 = BAGE 130, 338); einige Sozialgerichte gehen noch weiter und erachten bereits ein bloßes Unterschreiten des Grundsicherungsniveaus für sittenwidrig, s. zB SG Berlin Urt. v. 19.9.2011 – S 55 AS 24521/11 ER = BeckRS 2011, 76359.

537 Instruktiv zum Begriff der Bedarfsgemeinschaft: BSG Urt. v. 23.8.2012 – B 4 AS 34/12 R = SGb 2012, 598.

538 Bei den Betroffenen wird dadurch nur ein **geringerer Regelbedarf anerkannt**, vgl. § 20 II 2 SGB II.

539 V. 14.4.2010, BGBl. I 410.

dazu führen darf, dass nach dem SGB II geschontes Einkommen oder Vermögen zugunsten der dem SGB XII unterworfenen Personen verwertet werden muss.[540]

Wie beim SGB XII (→ Rn. 399 f.) sind Leistungsberechtigte nach dem AsylbLG sowie Studierende[541] wegen des Vorrangs des BAföG auch im SGB II grds. von Leistungen ausgeschlossen (§§ 7 I 2 Nr. 3, V, 27 SGB II). Ferner erhalten Ausländerinnen und Ausländer, deren Aufenthaltsrecht sich allein aus dem Zweck der Arbeitsuche ergibt, und ihre Familienangehörigen keine Leistungen (§ 7 I 2 Nr. 2 SGB II).[542]

c) Leistungen

Die Leistungen (s. §§ 19a SGB I, 1 II SGB II) unterteilen sich in solche   **412**

1. zur Beendigung oder Verringerung der Hilfebedürftigkeit insbesondere durch Eingliederung in Arbeit und solche
2. zur Sicherung des Lebensunterhalts.

Die *Leistungen zur Eingliederung in Arbeit* entsprechen im Wesentlichen den Leistungen der aktiven Arbeitsförderung nach dem SGB III. Sie werden um speziell eingliederungsorientierte weitere Leistungen wie Schuldner- oder Suchtberatung sowie die Schaffung von Arbeitsgelegenheiten einschließlich der sog. »Ein-Euro-Jobs« (§ 16d SGB II; dazu bereits → Rn. 61) ergänzt (vgl. § 16 I–III, §§ 16a ff. SGB II). Ähnlich wie das SGB III kennt auch das SGB II eine *Eingliederungsvereinbarung*, in der die Behördenleistungen sowie die Eigenbemühungen des Arbeitsuchenden festgelegt werden sollen. Die Nichtbeachtung wird sanktioniert (s. §§ 15, 31 I 1 Nr. 1 SGB II – ähnlich auch §§ 37 II, 159 I 2 Nr. 3 SGB III; anders hingegen das SGB XII → Rn. 402).

Als *Leistung zur Sicherung des Lebensunterhalts* wird »**Arbeitslosengeld II**« an erwerbsfähige Hilfebedürftige und »**Sozialgeld**« an ihre zum Haushalt gehörenden nicht erwerbsfähigen Angehörigen (insbes. minderjährige Kinder) gewährt (s. §§ 19 S. 1, 2 SGB II). Ein Anspruch auf diese Leistungen schließt Hilfe zum Lebensunterhalt nach dem SGB XII aus (§ 5 II 1 SGB II); Leistungen der Grundsicherung im Alter und bei Erwerbsminderung gehen dem Sozialgeld hingegen vor (§§ 5 II 2, 19 I 2 aE SGB II). Die Leistungen zur Sicherung des Lebensunterhalts nach dem SGB II entsprechen denen der Hilfe zum Lebensunterhalt nach dem SGB XII (vgl. §§ 19 I 3, II, III, 20 ff., 28 f. SGB II). Für die Regelbedarfe nach dem SGB II bildet das SGB XII das Referenzsystem. Für deren Fortschreibung und Neuermittlung nimmt das Gesetz unmittelbar auf das SGB XII und das RBEG Bezug (s. § 20 V SGB II[543]. Wissen Sie noch, was sich hinter der Abkürzung RBEG verbirgt? Anderenfalls → Rn. 404 lesen!).

---

540   Realisiert wird dies über die **Härtefallregelungen** der §§ 82 III 3, 90 III SGB XII, s. zB BSG Urt. v. 9.6.2011 – B 8 SO 20/09 R = BSGE 108, 241 ff.

541   S. dazu *Grühn* SGb 2013, 112 ff., 115 unter III; vgl. auch BSG Urt. v. 28.3.2013 – B 4 AS 59/12 R = BSGE 113, 184 ff.; zur Ausbildungsförderung nach dem SGB III s. BSG Urt. v. 6.8.2014 – B 4 AS 55/13 R.

542   Die Frage, ob dies **mit** dem **EU-Recht vereinbar** ist, haben das SG Leipzig (EuGH-Vorlage v. 3.6.2013 – S 17 AS 2198/12 = BeckRS 2014, 65254; s. dazu die Schlussanträge des Generalanwalts v. 20.5.2014 – Rs. C-333/13 – Dano) sowie das BSG (EuGH-Vorlage v. 12.12.2013 – B 4 AS 9/13 R = BeckRS 2014, 66151) dem EuGH zur Vorabentscheidung vorgelegt. S. zum Ganzen *Fuchs* ZESAR 2014, 103 ff.

543   S. hierzu die Bekanntmachung über die Höhe der Regelbedarfe nach § 20 V SGB II für die Zeit ab 1.1.2014, abrufbar unter www.gesetze-im-internet.de/rbbek_2014.

413 Nach dem Urteil des BVerfG v. 9.2.2010 kann der Gesetzgeber zwar den typischen Bedarf zur Sicherung des menschenwürdigen Existenzminimums (Grundrecht! → Rn. 6) durch einen monatlichen Festbetrag decken, muss aber für einen darüber hinausgehenden unabweisbaren, laufenden, nicht nur einmaligen, besonderen Bedarf einen zusätzlichen Leistungsanspruch einräumen.[544] § 21 SGB II wurde daher um eine *Härtefallklausel* in Abs. 6 ergänzt.[545] Als weitere Reaktion auf das genannte BVerfG-Urteil wurden insbesondere das SGB II, das SGB XII sowie der Kinderzuschlag nach dem BKGG um das sog. *Bildungspaket* ergänzt. Diese Leistungen für Bildung und Teilhabe werden bei Kindern, Jugendlichen und jungen Erwachsenen neben dem Regelbedarf gesondert berücksichtigt und zielen vor allem auf die Teilhabe am sozialen und kulturellen Leben in der Gemeinschaft (s. §§ 19 II, 28, 29 SGB II; §§ 34, 34a SGB XII; § 6b BKGG). Sie werden überwiegend als Sach- und Dienstleistungen vor allem in Form personalisierter Gutscheine erbracht (vgl. § 29 SGB II; § 34a SGB XII; § 6b II BKGG).[546] Insbesondere durch ein **Darlehen** überbrückt werden muss ein unabweisbarer, aber aktuell nicht gedeckter Bedarf; bestimmte andere Bedarfe können durch Darlehen gesichert werden (§ 24 I, IV, V SGB II[547]).

Alle Leistungen der Grundsicherung für Arbeitsuchende werden nur **auf Antrag** und regelmäßig nicht rückwirkend erbracht (§ 37 SGB II). Der Antrag auf Leistungen hat rechtsbegründende Wirkung; auf die Kenntnis des Jobcenters von der Hilfebedürftigkeit kommt es daher – anders als im Sozialhilferecht – nicht an.[548] Nach § 41 I 4 SGB II sollen die Leistungen für jeweils sechs Monate bewilligt und monatlich im Voraus erbracht werden.

Einen Überblick über die Zusammensetzung des Arbeitslosengeldes II sowie des Sozialgeldes vermittelt Übersicht 36, eine detailliertere Einsicht in die Alg II-Berechnung gibt Abbildung 3 (→ Rn. 415).

Übersicht 36: Leistungen zur Sicherung des Lebensunterhalts nach SGB II

> **Regelbedarf** (§§ 20, 23 Nr. 1 SGB II)
>
> + **Mehr**bedarfe (§§ 21 II–V, VII; 23 Nr. 2–4 SGB II)
>
> + Kosten der **Unterkunft** (Miete, Heizung und sonst. Mietnebenkosten) (§ 22 SGB II)
>
> + Bedarfe für **Bildung und Teilhabe** (§ 28 SGB II)
>
> + individueller **Sonder**bedarf (§ 21 VI SGB II)
>
> + ggf. in Einzelfällen Zuschüsse zu Versicherungsbeiträgen (§ 26 SGB II)
>
> ./. einzusetzendes Einkommen
>
> ./. einzusetzendes Vermögen
>
> = **Leistungen zur Sicherung des Lebensunterhalts** (Arbeitslosengeld II/Sozialgeld, § 19 SGB II)

---

544 BVerfG Urt. v. 9.2.2010 – 1 BvL 1/09 und andere = NJW 2010, 505 ff. = BVerfGE 125, 175 ff.

545 Angefügt durch das Gesetz zur Abschaffung des Finanzplanungsrates und zur Übertragung der fortzuführenden Aufgaben auf den Stabilitätsrat sowie zur Änderung weiterer Gesetze v. 27.5.2010, BGBl. I 671. Die **sozialhilferechtliche Entsprechung** dazu findet sich in § 27a IV SGB XII.

546 S. dazu zB *Muckel/Ogorek* SozR § 14 Rn. 64 und § 13 Rn. 70; *Waltermann* SozR Rn. 453n.

547 Vgl. für das **Sozialhilferecht** §§ 37 I und II, 38, 91 SGB XII.

548 S. Fraktionsbegründung zum Entwurf eines Vierten Gesetzes für moderne Dienstleistungen am Arbeitsmarkt, BT-Drs. 15/1516, 62 (zu § 37 SGB II-E).

In Umsetzung des Grundsatzes »Fördern und Fordern« führen **Obliegenheitsverlet-** **414** **zungen** eines Leistungsberechtigen zu Leistungsabsenkungen (s. §§ 31 ff. SGB II).[549] Obliegenheitsverletzungen iSd § 31 I SGB II setzen neben der Verletzung der eigentlichen Obliegenheit eine *schriftliche Belehrung* über die Rechtsfolgen oder deren *Kenntnis* und das Nichtvorhandensein eines *wichtigen Grundes* voraus (beides sollten Sie im Gesetzestext unterstreichen!). Vergleichbare Voraussetzungen kennt das Sperrzeitrecht des SGB III, auf die das SGB II hier ebenfalls zurückgreift (notieren Sie die §§ 159, 161 I Nr. 2 SGB III neben § 31 II Nr. 3, 4 SGB II und lesen Sie dazu ggf. → Rn. 354 ff. erneut!). Weiterhin kommen eine absichtliche Einkommens- oder Vermögensminderung oder die Fortsetzung unwirtschaftlichen Verhaltens trotz Belehrung über die Rechtsfolgen oder deren Kenntnis als Obliegenheitsverletzungen in Betracht (§ 31 II Nr. 1, 2 SGB II); (nur) diese beiden Obliegenheitsverletzungen sind auch bei Sozialgeldempfängern relevant (s. § 31a IV SGB II).

Die Rechtsfolge einer Obliegenheitsverletzung besteht in einer Minderung der nach § 20 SGB II maßgeblichen Regelleistung um 30% für die Dauer von drei Monaten bei einer *erstmaligen* Obliegenheitsverletzung (§§ 31a I 1, 31b I 1, 3 SGB II). Bei der ersten *wiederholten* Obliegenheitsverletzung beträgt die Minderung 60% und bei einer *weiteren* Obliegenheitsverletzung *entfällt* das Alg II vollständig (§ 31a I 2, 3 SGB II).

> **Beispiel**: Der 30-jährige Alg II-Bezieher A nimmt den Termin zu einem Vorstellungsgespräch trotz schriftlicher Belehrung über die Rechtsfolgen nicht wahr, weil er ihn für sinnlos hält. Mit *Bescheid* v. 10. Februar stellt das Jobcenter eine erste Pflichtverletzung gem. § 31 I 1 Nr. 2 SGB II fest und mindert das Alg II gem. §§ 31a I 1, 31b I 1, 3 SGB II um 30% für den Zeitraum vom 1. März bis zum 31. Mai. Im März schreibt A keine Bewerbungen, obwohl er sich dazu mit der Eingliederungsvereinbarung verpflichtet hat und weiß, welche Rechtsfolgen dies nach sich zieht. In einem *weiteren Bescheid* stellt das Jobcenter am 22. März erneut eine Pflichtverletzung gem. § 31 I 1 Nr. 1 SGB II fest und ordnet für diese *erste wiederholte Pflichtverletzung* eine Minderung des Alg II gem. §§ 31a I 2, 31b I 1, 3 SGB II um 60% des Regelbedarfes für den Zeitraum vom 1. April bis zum 30. Juni an. Für A wird daher im März nur ein um 30% und in den Monaten April bis Juni ein um 60% verringerter Regelsatz berücksichtigt. Auch im *Überschneidungszeitraum* (April und Mai) kommt es nicht zu einer über das für die erste wiederholte Pflichtverletzung vorgesehene Maß von 60% hinausgehenden Minderung (anders ist dies bei *Meldeversäumnissen*, die kumulativ zu einer weiteren Minderung um 10% führen, § 32 I 1, II 1 SGB II).

Hilfebedürftige, die älter als 15, aber jünger als 25 Jahre sind, erhalten schon nach der ersten Pflichtverletzung nur noch Leistungen für Unterkunft und Heizung (§ 31a II SGB II)!

- ▨ Können Sie sich vorstellen, warum diese Minderungen im Hinblick auf die Funktion des Arbeitslosengeldes II und des Sozialgeldes nicht unproblematisch sind? Überlegen Sie, bevor Sie weiterlesen!
- ▶ Es handelt sich um Leistungen zur Sicherung des Lebensunterhalts, durch die Sozialhilfeleistungen nach dem SGB XII ausgeschlossen werden. Trotz aller Obliegenheitsverletzungen muss daher weiterhin ein der Würde des Menschen entsprechendes Leben (vgl. § 1 I SGB II) möglich bleiben!

Für den Fall, dass die Regelleistung um mehr als 30% gemindert wird, stellt § 31a III 1 SGB II daher klar, dass zumindest ein Ermessensanspruch auf ergänzende Sachleistungen oder geldwerte Leistungen, insbesondere in Form von Lebensmittel-

---

549 Zu den **allgemeinen Mitwirkungs»pflichten«** erwerbsfähiger Leistungsberechtigter s. ergänzend *Klerks* info also 2012, 150 ff.

gutscheinen, besteht.[550] Ebenso wie im Sozialhilferecht (§§ 26, 39a SGB XII) können derartige Verstöße angesichts Art. 1 I GG nicht dazu führen, dass der Staat seine Bürger ganz »aus seiner Obhut entlassen« darf![551]

d) Träger

415 Zuständig für die Leistungen der Grundsicherung für Arbeitsuchende sind vor allem die Agenturen für Arbeit und die sonstigen Dienststellen der Bundesagentur für Arbeit sowie die kreisfreien Städte und Kreise (§ 19a II SGB I).

Die örtliche Zuständigkeit richtet sich nach dem gewöhnlichen Aufenthalt der leistungsberechtigten Person (§ 36 SGB II). Grds. ist die Bundesagentur für Arbeit sachlich zuständige Trägerin der Grundsicherung für Arbeitsuchende (§ 6 I Nr. 1 SGB II). Nur für bestimmte, nicht von den Regelsätzen umfasste Bedarfe (Unterkunft und Heizung, Wohnungserstausstattung, Erstausstattungen für Bekleidung, Erstausstattungen bei Schwangerschaft und Geburt, Bedarfe für Bildung und Teilhabe) sowie »arbeitsförderungsuntypische« Leistungen zur Eingliederung nach § 16a SGB II (zB Schuldner- und Suchtberatung) sind die kommunalen Träger sachlich zuständig, s. § 6 I Nr. 2 SGB II.

Auf Antrag können die kreisfreien Städte und Kreise anstelle der Agenturen für Arbeit als Träger der Aufgaben nach dem SGB II zugelassen werden (s. § 6a SGB II – »Optionskommunen«). Die Regelung des § 44b SGB II aF, nach der viele Agenturen für Arbeit und Kommunen zur einheitlichen Wahrnehmung ihrer Aufgaben Arbeitsgemeinschaften (»ARGEn«) gebildet hatten, wurde vom BVerfG wegen eines Verstoßes gegen das Selbstverwaltungsrecht der Kommunen für unvereinbar mit Art. 28 II GG erklärt.[552] Da der Gesetzgeber an der Betreuung der SGB II-Leistungsempfänger aus einer Hand festhalten wollte, wurde das Grundgesetz um Art. 91e ergänzt, der eine Ausnahme vom Verbot der Mischverwaltung für das Gebiet der Grundsicherung für Arbeitsuchende einführte.[553] Zur einheitlichen Durchführung der Grundsicherung für Arbeitsuchende haben die Agenturen für Arbeit sowie die kommunalen Träger seitdem eine gemeinsame Einrichtung zu bilden, die – ebenso wie die zugelassenen kommunalen Träger – die Bezeichnung »Jobcenter« führt. Das Jobcenter ist befugt, Verwaltungsakte und Widerspruchsbescheide zu erlassen und wird gerichtlich und außergerichtlich durch den Geschäftsführer bzw. die Geschäftsführerin vertreten (§§ 6d, 44b, 44d I 2 SGB II).[554]

---

550 Vgl. Fraktionsbegründung zum Entwurf eines Vierten Gesetzes für moderne Dienstleistungen am Arbeitsmarkt, BT-Drs. 15/1516, 62 (zu § 31 II SGB II-E).

551 Vgl. BVerwGE 29, 99. **Mehr Details zu der Sanktionsproblematik im SGB II** zB bei *Berlit* info also 2013, 195 ff.; *Drohsel* NZS 2014, 96 ff., *Eikötter* NDV 2013, 15 ff.; *Hammel* ZfF 2013, 151 ff.; *Rogge* NDV 2013, 289 ff.

552 BVerfG Urt. v. 20.12.2007 – 2 BvR 2433/04 = BVerfGE 119, 331.

553 Durch das Gesetz zur Änderung des Grundgesetzes (Artikel 91e) v. 21.7.2010, BGBl. I 944.

554 Wegen weiterer Einzelheiten zum SGB II s. zB *Edtbauer/Kievel*, Grundsicherungs- und Sozialhilferecht für soziale Berufe, 3. Aufl. 2014; *Hüttenbrink*, Sozialhilfe und Arbeitslosengeld II, 12. Aufl. 2011; *Waltermann* SozR Rn. 453 ff. Fälle zum SGB II bei *Kulle* DVP 2012, 76 ff.; 2013, 73 ff., 470 ff.

Abbildung 3: Alg II-Berechnnungsbogen der Bundesagentur für Arbeit (Auszug)[555]

Die Berechnung der Leistung gilt für den **Zeitraum** vom 01.09.2014 bis 31.12.2014.
Höhe der monatlichen Bedarfe in Euro

	Gesamt	Antragsteller/in	Partner/in	Weitere Angehörige	Weitere Angehörige
Familienname		Mustermann	Mustermann	Mustermann	
Vorname		Florian-Siegfried	Verena	Jennifer	
Geburtsdatum		08.03.1979	02.10.1978	16.11.2001	
Kundennummer		375D254998	375A565464	375D635655	
Bedarfe zur Sicherung des Lebensunterhalts					
Regelbedarfe für erwerbsfähige Leistungsberechtigte	706,00	353,00	353,00	0,00	
Regelbedarfe (Sozialgeld) für nicht erwerbsfähige Leistungsberechtigte	261,00	0,00	0,00	261,00	
Mehrbedarfe zum Lebensunterhalt					
Energie Warmwasser	19,37	8,12	8,12	3,13	
Summe Bedarfe zur Sicherung des Lebensunterhalts	986,37	361,12	361,12	264,13	
Bedarfe für Unterkunft und Heizung					
Anerkannte Bedarfe für Unterkunft und Heizung *) - Miete -					
Grundmiete	750,00	250,00	250,00	250,00	
Heizung	150,00	50,00	50,00	50,00	
Nebenkosten	90,00	30,00	30,00	30,00	
Hausmeister	9,00	3,00	3,00	3,00	
Summe der anerkannten Bedarfe für Unterkunft und Heizung	999,00	333,00	333,00	333,00	
Gesamtbedarf der Bedarfsgemeinschaft	1985,37	694,12	694,12	597,13	

*) Die Bedarfe für Unterkunft und Heizung werden zu gleichen Teilen auf die Mitglieder der Haushaltsgemeinschaft aufgeteilt. Geringe Abweichungen sind möglich, wenn der Gesamtbetrag der Bedarfe für Unterkunft und Heizung nicht exakt durch die Personenanzahl teilbar ist.

---

555 Aktualisierte Fassung; Original mit **Musterbescheid** sowie **Erläuterungen** abzurufen unter www.arbeitsagentur.de/web/content/DE/BuergerinnenUndBuerger/Arbeitslosigkeit/Grund-sicherung/DerBescheid/index.htm.

Zu berücksichtigendes monatliches Einkommen in Euro

Familienname		Mustermann	Mustermann	Mustermann	
Vorname		Florian-Siegfried	Verena	Jennifer	
Geburtsdatum		08.03.1979	02.10.1978	16.11.2001	
laufendes Einkommen aus Arbeitnehmertätigkeit					
Brutto		1000,00	1000,00	0,00	0,00
Netto		750,00	750,00	0,00	0,00
abzüglich Werbungskosten *)					
Fahrkosten		90,00	90,00	0,00	0,00
Werbungskostenpauschale		15,33	15,33	0,00	0,00
zu berücksichtigendes laufendes Einkommen aus Arbeitnehmertätigkeit		644,67	644,67	0,00	0,00
Absetzungen unabhängig von der Einkommensart *)					
Kfz-Versicherung		28,59	28,59	0,00	0,00
Riester-Anlageform		5,00	5,00	0,00	0,00
Pauschale		60,00	30,00	30,00	0,00
Zwischensumme nach weiteren Absetzungen		581,08	581,08	0,00	0,00
abzüglich Freibetrag auf das Erwerbseinkommen		180,00	180,00	0,00	0,00
zu berücksichtigendes Erwerbseinkommen		401,08	401,08	0,00	0,00
Einkommen aus					
Kindergeld		184,00	0,00	0,00	184,00
Arbeitslosengeld		373,80	0,00	373,80	0,00
Summe der weiteren Einkommen		557,80	0,00	373,80	184,00
zu berücksichtigendes weiteres Einkommen		527,80	0,00	343,80	184,00
zu berücksichtigendes Gesamteinkommen		928,88	401,08	343,80	184,00

*) Bei Erwerbseinkommen bis 400,00 Euro werden Werbungskosten und Absetzungen unabhängig von der tatsächlichen Höhe mit einem Betrag in Höhe von 100,00 Euro (Grundfreibetrag) berücksichtigt. Bei Erwerbseinkommen über 400,00 Euro werden die tatsächlichen Werbungskosten und Absetzungen mindestens aber 100,00 Euro berücksichtigt.

Verteilung der Einkommensanteile unter Berücksichtigung der zuständigen Leistungsträger in Euro

Ist in einer Bedarfsgemeinschaft nicht der gesamte Bedarf aus eigenen Mitteln gedeckt, gilt jede Person der Bedarfsgemeinschaft im Verhältnis des eigenen Bedarfs zum Gesamtbedarf als hilfebedürftig. Aus diesem Grunde wird eine prozentuale Einkommensverteilung vorgenommen. Das gilt nicht für Einkommen von Kindern. Kindeseinkommen wird nur auf den Bedarf des Kindes angerechnet. Zum Kindeseinkommen zählt auch Kindergeld, soweit es zur Bedarfsdeckung des Kindes benötigt wird.

Familienname		Mustermann	Mustermann	Mustermann	
Vorname		Florian-Siegfried	Verena	Jennifer	
Geburtsdatum		08.03.1979	02.10.1978	16.11.2001	
Gesamtbedarf	1985,37	694,12	694,12	597,13	
Einkommen des Kindes		184,00	0,00	0,00	184,00
Gesamteinkommen (ohne Kindeseinkommen)		744,88	287,02	287,02	170,84
Gesamteinkommen		928,88	287,02	287,02	354,84

Bedarfe zur Sicherung des Lebensunterhalts (ohne Bedarfe für Unterkunft und Heizung) nach Einkommensberücksichtigung in Euro

Familienname		Mustermann	Mustermann	Mustermann	
Vorname		Florian-Siegfried	Verena	Jennifer	
Geburtsdatum		08.03.1979	02.10.1978	16.11.2001	
Sicherung des Lebensunterhalts - ohne Bedarfe für Unterkunft und Heizung	986,37	361,12	361,12	264,13	
abzüglich zu berücksichtigendes Einkommen entsprechend der Zeile „Gesamteinkommen"	928,88	287,02	287,02	354,84	
Bedarf nach Einkommensberücksichtigung	148,20	74,10	74,10	0,00	
noch nicht verteiltes Einkommen	90,71	0,00	0,00	90,71	

Bedarfe für Unterkunft und Heizung nach Einkommensberücksichtigung

Familienname		Mustermann	Mustermann	Mustermann	
Vorname		Florian-Siegfried	Verena	Jennifer	
Geburtsdatum		08.03.1979	02.10.1978	16.11.2001	
Bedarfe für Unterkunft und Heizung	999,00	333,00	333,00	333,00	
abzüglich noch nicht verteiltes Einkommen	90,71	0,00	0,00	90,71	
Bedarf nach Einkommensberücksichtigung	908,29	333,00	333,00	242,29	

21 **Gesamtbetrag der monatlich zustehenden Leistungen in Euro**

Im Einzelnen werden folgende monatliche Leistungen zuerkannt:

- Leistungen zur Sicherung des Lebensunterhalts (Leistungen der Agentur für Arbeit) 148,20
- Leistungen für Unterkunft und Heizung (Leistungen des kommunalen Trägers) 908,29

Gesamtbetrag monatlich: 1056,49

Die Leistungen werden wie folgt erbracht

Zahlungsempfänger **22**	Erbringungsart	Bankverbindung	Zahlbetrag monatlich in Euro
Florian-Siegfried Mustermann	Überweisung	223567887 (BLZ: 76050101)	1056,49

191

4. Kinder- und Jugendhilfe

416 Junge Menschen und Personensorgeberechtigte haben nach dem SGB VIII das Recht, Leistungen der öffentlichen Jugendhilfe in Anspruch zu nehmen. Diese sollen die Entwicklung junger Menschen fördern und die Erziehung in der Familie unterstützen und ergänzen (§ 8 SGB I, § 1 SGB VIII). Das Jugendhilferecht verfügt über gewisse Eigenheiten. Auch ist das SGB VIII kein typisches Sozialleistungsgesetz. Es betrifft nicht Geldleistungen oder geldwerte Sach- oder Dienstleistungen, sondern in Geld nur schwer zu bewertende *persönliche Hilfen und Förderangebote* (vgl. § 27 I SGB I, § 2 II SGB VIII), die den Erziehungsberechtigten zum Wohl des Kindes oder aber jungen Menschen unmittelbar angeboten werden. Besondere Bedeutung kommt infrastrukturellen Aufgaben zu, da die Jugendhilfeträger dafür zu sorgen haben, dass die erforderlichen Leistungen, Dienste und Einrichtungen vorhanden sind.[556] Jugendhilferecht versucht insofern, über Jugendarbeit und Jugendsozialarbeit (§§ 11, 13 SGB VIII) gleiche Entfaltungsmöglichkeiten zu schaffen.[557] Die Sicherung des Lebensunterhalts junger Menschen ist allerdings nicht umfasst, sie gehört primär zu den Aufgaben der Grundsicherung für Arbeitsuchende und der Sozialhilfe.

417 Den Anwendungsbereich im Hinblick auf den berechtigten Personenkreis legt das SGB VIII in seinem § 6 fest; ergänzende Definitionen finden sich in § 7 I SGB VIII. Das Gesetz unterscheidet in § 2 I SGB VIII zwischen »Leistungen« (§ 2 II, §§ 11–41 SGB VIII) und »anderen Aufgaben« (§ 2 III, §§ 42–60 SGB VIII) der Jugendhilfe. Ansatzpunkt für die einzelnen Leistungen (Angebote der Jugendarbeit, der Jugendsozialarbeit, Angebote zur Förderung der Erziehung in der Familie, Angebote zur Förderung von Kindern in Tageseinrichtungen wie zB Kindergärten und in Tagespflege usw) ist nicht die materielle Bedürftigkeit, sondern die Deckung eines strukturellen oder individuellen Defizits an familiären Erziehungs-, Bildungs- und Betreuungsleistungen.[558] Vom Einsatz des Einkommens oder Vermögens ist die Gewährung von Leistungen regelmäßig nicht abhängig. Allerdings werden uU Teilnahme- oder Kostenbeiträge (zB Kindergartenbeiträge) gem. § 90 SGB VIII und für einige Leistungen sowie Maßnahmen im Rahmen der »anderen Aufgaben« Kostenbeiträge gem. §§ 91 ff. SGB VIII erhoben. Die zuletzt genannten Regelungen über die Kostenbeteiligung wurden im Jahr 2005 verschärft[559] und stärker an der wirtschaftlichen Leistungsfähigkeit der Eltern ausgerichtet. Auch trägt das Jugendamt seitdem die Kosten der Hilfe grds. nur noch dann, wenn sie auf der Grundlage seiner Entscheidung erbracht wurde (§ 36a SGB VIII).

418 Die »anderen Aufgaben« (§ 2 III, §§ 42–60 SGB VIII) der Jugendhilfe sind dadurch gekennzeichnet, dass sie auch ordnungsrechtliche Eingriffsbefugnisse beinhalten.[560] Umfasst sind unter anderem (vorläufige) Maßnahmen zum Schutz von Kindern und Jugendlichen (§ 42 SGB VIII), die zB in einer Inobhutnahme von Kindern und Jugendlichen bestehen können (unter anderem von Ausreißern, aber auch in Krisensituationen bei von den Eltern ausgehenden Gefahren). Dazu enthält § 8a SGB VIII

---

556 *Waltermann* SozR Rn. 486.
557 Vgl. *Eichenhofer* SozR Rn. 569.
558 Vgl. *BMAS* SozR Kap. 8 Tz. 13.
559 Durch das Kinder- und Jugendhilfeweiterentwicklungsgesetz (KICK) v. 8.9.2005, BGBl. I 2729.
560 Vgl. *Gitter/Schmitt* SozR § 46 Rn. 17.

einen konkretisierten Schutzauftrag der Jugendämter bei Kindeswohlgefährdung.[561] Diese müssen Hinweisen über eine drohende Kindeswohlgefährdung nachgehen und ggf. andere Behörden einschließlich der Polizei oder Gerichte einschalten. Bei dringender Gefahr ist das Jugendamt in Eilfällen verpflichtet, das Kind oder den Jugendlichen in Obhut zu nehmen (§ 8a III 2 SGB VIII). Flankierend erlaubt es § 4 III KKG (= Gesetz zur Kooperation und Information im Kinderschutz)[562] seit dem 1.1.2012 Berufsgeheimnisträgern wie zB Ärzten, Sozialarbeitern und Lehrern unter bestimmten Voraussetzungen, das Jugendamt über gewichtige Anhaltspunkte für eine Kindeswohlgefährdung (zB bei Anzeichen für körperliche Misshandlungen) zu informieren.

Ferner hat das Jugendamt in gerichtlichen Verfahren vor dem Vormundschafts- und dem Familiengericht sowie in Verfahren nach dem Jugendgerichtsgesetz mitzuwirken und das Sorgeregister[563] zu führen (§§ 50 ff., 58a I SGB VIII).

Die Leistungen der Jugendhilfe werden von Trägern der freien (= nicht staatlichen **419** oder kommunalen) Jugendhilfe und von Trägern der öffentlichen Jugendhilfe erbracht (§ 3 II 1 SGB VIII). Dabei ergibt sich aus § 4 II SGB VIII ein gewisser Vorrang der freien Jugendhilfe, die gem. § 74 SGB VIII prinzipiell zu fördern ist. Leistungsverpflichtungen richten sich aber allein an die Träger der öffentlichen Jugendhilfe (§ 3 II 2 SGB VIII = idR die Kreise und kreisfreien Städte), die jeweils ein Jugendamt zu bilden haben (§ 69 I, III SGB VIII). Einem Tätigwerden einschlägig vorbestrafter Personen in der Kinder- und Jugendhilfe bei öffentlicher oder freien Trägern begegnet das Gesetz durch die Regelungen der §§ 72a, 45 III Nr. 2 SGB VIII, die insbesondere die regelmäßige Vorlage qualifizierter polizeilicher Führungszeugnisse verlangen.[564]

Die Zuständigkeit der Jugendämter ist in den §§ 85 ff. SGB VIII geregelt. Dass sich auffällig gewordene Familien dem Zugriff des Jugendamts durch sog. »Jugendamts-Hopping« entziehen können, soll die nach § 86c SGB VIII[565] vorgeschriebene Fallübergabe und bis dahin fortdauernde Leistungsverpflichtung des ursprünglich zuständigen Trägers verhindern.

Wegen weiterer Einzelheiten wird aus Platzgründen auf weiterführende Werke[566] verwiesen.

5. Ausbildungsförderung

Wer an einer Ausbildung teilnimmt, die seiner Neigung, Eignung und Leistung ent- **420** spricht, hat ein Recht auf individuelle Förderung, wenn ihm die erforderlichen Mittel nicht anderweitig zur Verfügung stehen (§ 3 I SGB I, § 1 BAföG). Während die För-

---

561 Eingefügt durch das Kinder- und Jugendhilfeweiterentwicklungsgesetz (KICK) v. 8.9.2005, BGBl. I 2729.

562 Verkündet als Art. 1 des Gesetzes zur Stärkung eines aktiven Schutzes von Kindern und Jugendlichen (Bundeskinderschutzgesetz – BKiSchG) v. 22.12.2011, BGBl. I 2975.

563 Mit Wirkung zum 19.5.2013 eingeführt durch das Gesetz zur Reform der elterlichen Sorge nicht miteinander verheirateter Eltern v. 16.4.2013, BGBl. I 795.

564 Eingefügt zum 1.1.2012 durch das Bundeskinderschutzgesetz v. 22.12.2011, BGBl. I 2975.

565 Eingefügt zum 1.1.2012 durch das Bundeskinderschutzgesetz v. 22.12.2011, BGBl. I 2975.

566 S. zB *BMAS* SozR Kap. 8; *Waltermann* SozR Rn. 481 ff.; *Igl/Welti* SozR Rn. 946 ff.; *Erlenkämper/Fichte* SozR § 69 Rn. 1 ff.

derung der *beruflichen* Aus- und Weiterbildung vor allem im SGB III (§§ 59 ff., 77 ff. SGB III) geregelt ist, regelt das Bundesausbildungsförderungsgesetz (BAföG)[567] die *Ausbildung an Schulen und Hochschulen.*

421 Zum leistungsberechtigten Personenkreis (§§ 8 ff. BAföG) gehören neben deutschen Staatsangehörigen auch Ausländer, die langfristig aufenthaltsberechtigt sind. Voraussetzung ist stets, dass die Ausbildungsleistungen erwarten lassen, dass das angestrebte Ausbildungsziel erreicht wird (s. § 9 I BAföG). Zu Beginn der Ausbildung dürfen die Auszubildenden das 30. und bei Masterstudiengängen das 35. Lebensjahr grds. noch nicht vollendet haben (s. § 10 III BAföG).

422 Der Förderungsfall setzt voraus, dass eine förderungsfähige Ausbildung (§ 2 I, § 3 BAföG) absolviert wird, bei der es sich regelmäßig um eine Erstausbildung (s. § 7 I BAföG) oder um einen auf einem Bachelor-Studiengang aufbauenden Masterstudiengang handeln muss (s. § 7 Ia BAföG). Zudem muss Bedürftigkeit vorliegen, die nach dem Gesetz jedoch als negative Leistungsvoraussetzung ausgestaltet ist (s. § 11 II–IV BAföG). Auf die Sperrwirkung des BAföG gegenüber den Leistungen zum Lebensunterhalt nach SGB II und SGB XII (s. § 22 I 1 SGB XII, § 7 V SGB II) waren wir oben bereits eingegangen (→ Rn. 400, 411 aE).

423 Ausbildungsförderung wird für den *Lebensunterhalt* und die *Ausbildung* (= *Bedarf*) auf Antrag geleistet (§§ 11 I, 46 I BAföG). Auf den Bedarf sind Einkommen und Vermögen des Auszubildenden sowie prinzipiell auch das Einkommen seines Ehegatten oder Lebenspartners und seiner Eltern anzurechnen (§§ 11 II, 21 ff.; 26 ff. BAföG). Die Förderungs-(höchst-)dauer richtet sich nach den §§ 15 ff. BAföG. Als Leistungen können (nicht rückzahlbare) Zuschüsse oder Darlehen für den Lebensunterhalt und die Ausbildung in Anspruch genommen werden (§ 18 I SGB I, § 17 BAföG); Zusatzleistungen in Härtefällen ermöglicht § 14a BAföG. Regelmäßig werden Zuschüsse geleistet; beim Besuch von höheren Fachschulen, Akademien und Hochschulen wird jedoch der monatliche Förderungsbetrag mindestens zur Hälfte als Darlehen erbracht, das höchstens bis zu einem Gesamtbetrag von 10.000 EUR zurückzuzahlen ist (§ 17 II BAföG). Diese Darlehen sind nach § 18 II 1 BAföG grds. nicht zu verzinsen. Bei vorzeitiger Tilgung ist auf Antrag ein Teilerlass des Darlehens zu gewähren (§ 18 Vb BAföG). Die Möglichkeit zum Teilerlass bei überdurchschnittlichem Studienerfolg oder vorzeitigem Studienabschluss nach § 18b BAföG ist Ende 2012 ausgelaufen. Ausnahmsweise wird darüber hinaus (zB nach dem zweiten[568] Fachrichtungswechsel, für ein weitere Ausbildung oder als Hilfe zum Studienabschluss) eine Förderung als verzinsliches Bankdarlehen gewährt (§§ 17 III, 18c BAföG).

424 Träger der Leistungen sind die Ämter und die Landesämter für Ausbildungsförderung nach Maßgabe der §§ 39, 40 und 40a BAföG. Darlehen werden durch das Bundesverwaltungsamt verwaltet und eingezogen (§ 39 II 1 BAföG). Die örtliche Zu-

---

567 Eine Reform mit Leistungsverbesserungen ab Herbst 2016 sieht der Entwurf eines 25. BAföG-Änderungsgesetzes (BR-Drs. 375/14) vor.

568 Seit dem 23. BAföG-Änderungsgesetz v. 24.10.2010 (BGBl. I 1422) führt ein erstmaliger **Fachrichtungswechsel** aus wichtigem Grund (dessen Vorliegen gem. § 7 III 4 BAföG vermutet wird) nicht mehr dazu, dass nur noch per Bankdarlehen gefördert werden kann, s. § 17 III 2 BAföG.

ständigkeit ergibt sich aus den §§ 45 f. BAföG. Bankdarlehen werden durch die Kreditanstalt für Wiederaufbau abgewickelt (§ 18c I, VIII BAföG).

6. Zuschuss für eine angemessene Wohnung

Wer für eine angemessene Wohnung Aufwendungen erbringen muss, die ihm nicht **425** zugemutet werden können, hat ein Recht auf Zuschuss zur Miete oder zu vergleichbaren Aufwendungen (§ 7 SGB I). Das Wohngeldgesetz (WoGG) wurde zuletzt mit Wirkung zum 1.1.2009 reformiert.[569] Eine Erhöhung ist für das Jahr 2015 geplant.[570] Leistungsberechtigt nach dem WoGG sind vornehmlich Mieter von Wohnraum für einen Mietzuschuss (§ 3 I 1 WoGG) sowie Eigentümer eines Eigenheims oder einer Eigentumswohnung für einen Lastenzuschuss (§ 3 II 1 WoGG). Ausgeschlossen sind insbesondere die Bezieher der in § 7 I WoGG genannten Leistungen, wenn bei deren Berechnung Kosten der Unterkunft berücksichtigt worden sind (insbes. Arbeitslosengeld II nach dem SGB II und Hilfe zum Lebensunterhalt nach dem SGB XII). Der Förderungsfall (vgl. §§ 4, 19 WoGG) liegt vor, wenn angesichts der Anzahl der zu berücksichtigenden Haushaltsmitglieder (§§ 5 f. WoGG) und der zu berücksichtigenden Miete oder Belastung (§§ 9 ff. WoGG) im Hinblick auf das Gesamteinkommen (§§ 13 ff. WoGG) Bedürftigkeit besteht. Der Begriff der Bedürftigkeit findet sich nicht im Gesetz, doch ergibt sich aus der komplizierten Berechnungsformel des § 19 WoGG iVm Anlage 2 zum WoGG ab bestimmten Einkommensbeträgen kein Anspruch auf Wohngeld mehr. Einfacher zu durchschauen ist dieser Zusammenhang anhand von Wohngeldtabellen, die die Höhe des Wohngeldanspruches in Abhängigkeit von der Zahl der Haushaltsmitglieder, der Miethöhe sowie des Gesamteinkommens aufzeigen.[571] Der Anspruch auf *Wohngeld* setzt einen *Antrag* voraus (§ 22 I WoGG). Kein Anspruch auf Wohngeld besteht, wenn einer der Tatbestände der §§ 20 f. WoGG erfüllt ist. Zuständig sind die durch Landesrecht bestimmten Behörden (§ 24 I WoGG). IdR sind dies die kreisfreien Städte und Landkreise.[572]

7. Minderung des Familienaufwands

a) Überblick

Wer Kindern Unterhalt zu leisten hat oder leistet, hat ein Recht auf Minderung der **426** dadurch entstehenden wirtschaftlichen Belastungen (§ 6 SGB I).

---

569 Durch Art. 1 des Gesetzes zur Neuregelung des Wohngeldrechts und zur Änderung des Sozialgesetzbuches v. 24.9.2008, BGBl. I 1856 sowie das erste Wohngeldänderungsgesetz v. 22.12.2008, BGBl. I 2963.

570 So die Bundesbauministerin gegenüber der Rheinischen Post, s. www.bundesregierung.de/Content/DE/Interview/2014/04/2014-04-17-hendricks-rp.html. S. auch Ziffer 4.2 des Koalitionsvertrages von CDU, CSU und SPD für die 18. Legislaturperiode v. 27.11.2013, abzurufen unter www.bundesregierung.de/Content/DE/StatischeSeiten/Breg/koalitionsvertrag-inhaltsverzeichnis.html.

571 S. zB www.bmvbs.de/DE/BauenUndWohnen/Wohnraumfoerderung/Wohngeld/wohngeld_node.html.

572 Zur Vertiefung s. zB *BMAS* SozR Kap. 20; *Erlenkämper/Fichte* SozR Kap. 21 Rn. 1 ff.; *Eichenhofer* SozR Rn. 510 ff.; *Muckel/Ogorek* SozR § 15 Rn. 13 ff.; *Gitter/Schmitt* SozR §§ 42–44.

- Eine Form der Minderung des Familienaufwands haben Sie bereits im Zusammenhang mit der gesetzlichen Kranken- und Pflegeversicherung kennen gelernt. Erinnern Sie sich?
- ▶ Die Antwort finden Sie in Fußnote[573].
- Welche weiteren Leistungen zur Minderung des Familienaufwandes kennen Sie?
- ▶ Vor allem das *Kinder-,* das *Eltern- und das Betreuungsgeld* (s. § 25 I und II SGB I) sind Leistungen zur Minderung des Familienaufwands!

Ferner haben Kinder alleinstehender oder dauernd getrennt lebender Mütter und Väter bis zur Vollendung des zwölften Lebensjahres für maximal 72 Monate Anspruch auf Unterhaltsvorschüsse oder Unterhaltsausfallleistungen nach dem Unterhaltsvorschussgesetz (s. §§ 1 I, 3 UhVG), wenn der Elternteil, bei dem das Kind nicht lebt, seinen Unterhaltsverpflichtungen nicht nachkommt oder verstorben ist.[574] Sie werden – ebenso, wie die anderen genannten Leistungen – nur auf schriftlichen Antrag (§ 9 I UhVG, § 7 I 1 BEEG, § 9 I 1 BKGG) und unabhängig von wirtschaftlicher Bedürftigkeit gewährt.

b) Kindergeld und Kinderzuschlag

427 Der finanzielle Familienleistungsausgleich wird vor allem durch *steuerliche Freibeträge* oder als *Kindergeld* in Gestalt monatlicher Steuervergütungen nach dem Einkommensteuergesetz gewährt (s. bei Interesse §§ 31, 32 VI, 62 ff. EStG). Die Gewährung von Kindergeld nach dem EStG zählt nicht zum Sozialrecht im formellen Sinne (vgl. § 68 SGB I). Zum Sozialrecht rechnet aber das Bundeskindergeldgesetz (BKGG; s. §§ 25 I, 68 Nr. 9 SGB I). Danach kann Kindergeld in Anspruch genommen werden, wenn der steuerliche Familienleistungsausgleich nicht greift. Umfang und Voraussetzungen entsprechen weitestgehend den steuerlichen Regelungen. Kindergeldgewährung nach dem BKGG kommt nur in 0,4% aller Fälle zum Tragen.[575]

428 Das BKGG betrifft Eltern, die im Inland nicht unbeschränkt steuerpflichtig sind. Hier geht es um bestimmte Fälle mit Auslandsbezug sowie um Kinder, die Vollwaisen sind oder den Aufenthalt ihrer Eltern nicht kennen und für die auch kein anderer Kindergeld erhält (s. § 1 BKGG). Abgesehen von dem zuletzt genannten Sonderfall wird Kindergeld aber *nicht an* ein Kind, sondern *für* jedes Kind (s. § 1 I 1 BKGG) an einen Kindergeldberechtigten (idR ein Elternteil) gewährt. Für jedes Kind wird nur einer Person Kindergeld gezahlt (§ 3 I BKGG). Die Höhe beträgt für erste und zweite Kinder jeweils 184 EUR monatlich, für dritte Kinder 190 EUR und für das vierte und jedes weitere Kind jeweils 215 EUR (§ 6 I BKGG).

429 Während Kindergeld unabhängig von der wirtschaftlichen Bedürftigkeit gewährt wird, kennt das BKGG mit dem *Kinderzuschlag* (§ 6a BKGG) seit 2005 auch eine einkommensabhängige Leistung. Durch sie soll verhindert werden, dass Familien allein wegen ihrer Kinder auf Arbeitslosengeld II oder Sozialgeld nach dem SGB II angewiesen sind. Zugleich soll der Kinderzuschlag bewirken, dass sich die Arbeitsaufnahme oder die Fortführung von Erwerbstätigkeit bereits dann lohnt, wenn Eltern

---

573 **Beitragsfreie Mitversicherung von Kindern über die »Familienversicherung« gem. § 10 SGB V, § 25 SGB XI**. Falls nicht mehr gewusst, lesen Sie nochmals → Rn. 178 und → Rn. 223!

574 S. dazu zB *Gitter/Schmitt* SozR § 41; *Muckel/Ogorek* SozR § 15 Rn. 38 f.

575 *BMAS* SozR Kap. 18 Tz. 8.

zwar nicht den Gesamtbedarf ihrer Familie einschließlich der Kinder, wohl aber ihren eigenen Bedarf durch ihr Arbeitseinkommen verdienen können.[576] Die Regelungen wurden zum 1.10.2008 geändert,[577] um weitere Anreize zur Arbeitsaufnahme zu schaffen und mehr Familien in den Anwendungsbereich einzubeziehen. Vor diesem Hintergrund erklären sich die ungewöhnlichen Anforderungen beim leistungsberechtigten Personenkreis gem. § 6a I BKGG: Zu ihm zählen Kindergeldberechtigte iSd EStG und des BKGG, die einerseits einen erheblichen Beitrag (mindestens 900 EUR bzw. 600 EUR bei Alleinerziehenden) zur Finanzierung ihres Lebensunterhalts leisten und dadurch zusammen mit dem Kinderzuschlag, dem Kindergeld und dem Wohngeld den Gesamtbedarf ihrer Familie decken können, andererseits aber ohne den Zuschlag hilfebedürftig iSv § 9 SGB II wären (§ 6a I Nr. 4 BKGG). Der Kinderzuschlag wird nur für zu Hause wohnende Kinder unter 25 Jahren (§ 6a I BKGG) regelmäßig für jeweils sechs Monate gewährt (§ 6a II 3 BKGG) und beträgt für jedes zu berücksichtigende Kind bis zu 140 EUR monatlich (§ 6a II 1 BKGG).

Kindergeld und Kinderzuschlag sind schriftlich zu beantragen (§ 9 I 1 BKGG). Zuständig ist die Bundesagentur für Arbeit, die insoweit (ebenso wie bei der Leistungsgewährung nach dem EStG) die Bezeichnung »Familienkasse« führt (§§ 7, 13 BKGG). Für Streitigkeiten nach dem BKGG (also insbes. in Bezug auf den Kinderzuschlag) sind die Gerichte der Sozialgerichtsbarkeit zuständig (§ 15 BKGG). Rechtsstreitigkeiten um Kindergeld nach dem EStG sind hingegen von den Finanzgerichten zu entscheiden.[578]   **430**

c) Elterngeld und Betreuungsgeld

Die Gewährung von Elterngeld und von Betreuungsgeld ist in den §§ 1–14 Bundeselterngeld- und Elternzeitgesetz (BEEG) geregelt. Das Gesetz hat zum 1.1.2007 das frühere Bundeserziehungsgeldgesetz (BErzGG) abgelöst. Nur die genannten Vorschriften des BEEG rechnet der Gesetzgeber zum Sozialrecht im formellen Sinne (s. § 68 Nr. 15 SGB I; vgl. auch § 13 I BEEG). Anders als das in für alle gleichen Beträgen, dafür aber nur bis zu bestimmten Einkommensgrenzen (s. § 4 I 1 BErzGG) gewährte frühere Erziehungsgeld, ist das **Elterngeld** als *bedarfsunabhängige Lohnersatzleistung* ausgestaltet und vermag insbesondere bei »Normalverdienern« (s. § 1 VIII BEEG) die mit der Geburt eines Kindes verbundenen Einkommenseinbußen besser auszugleichen. Während das Erziehungsgeld allein einen (pauschalen) finanziellen Ausgleich für die Belastungen durch die Betreuung eines Kleinkindes schaffen sollte, wollte der Gesetzgeber mit dem Elterngeld auch Anreize für eine Steigerung der Geburtenrate, für eine verbesserte Vereinbarkeit von Familie und Beruf sowie für eine stärkere Einbindung von Vätern in die Kinderbetreuung geben.   **431**

Die Leistungsgewährung setzt nach § 1 I BEEG unter anderem voraus, dass der Anspruchssteller mit seinem Kind in einem Haushalt lebt, dieses Kind selbst betreut und erzieht sowie keine Erwerbstätigkeit von mehr als 30 Stunden wöchentlich ausübt (s. § 1 I, VI BEEG). Nach § 4 II 4 BEEG können die Eltern auch gleichzeitig Elterngeld   **432**

---

576 Vgl. Fraktionsbegründung zum Entwurf eines Vierten Gesetzes für moderne Dienstleistungen am Arbeitsmarkt, BT-Drs. 15/1516, Allgemeiner Teil, Gliederungspunkt A II 2, III 2.

577 Durch das Gesetz zur Änderung des Bundeskindergeldgesetzes v. 24.9.2008, BGBl. I 1854.

578 Bei Interesse mehr zum Ganzen zB bei *Igl/Welti* SozR § 63 Rn. 1 ff.; *Muckel/Ogorek* SozR § 15 Rn. 23 ff.; *Waltermann* SozR Rn. 522 ff.

beziehen, wenn sie ihr Kind gemeinsam betreuen. Gehen beide Elternteile (gleichzeitig oder nacheinander) in Elternzeit, so erhöht sich dadurch der Gesamtanspruch auf Elterngeld von zwölf auf vierzehn Monatsbeträge (§ 4 II 2, 3; III 1 BEEG). Durch diese »*Partnermonate*« (umgangssprachlich auch »*Vätermonate*« genannt) soll erreicht werden, dass sich beide Elternteile an der Kinderbetreuung beteiligen. Die Höhe des Elterngeldes beträgt grds. 67% des durch die Kinderbetreuung ausfallenden Arbeitsentgelts, maximal aber 1.800 EUR pro Monat (§ 2 I 1, III BEEG). Für Geringverdiener erhöht sich der Prozentsatz auf bis zu 100% (vgl. § 2 II BEEG); unabhängig von einer vorausgegangenen Erwerbstätigkeit wird Elterngeld mindestens iHv monatlich 300 EUR gewährt (§ 2 V BEEG). Seit dem 1.1.2011 wird das Elterngeld auf Leistungen nach dem SGB II, dem SGB XII und auf den Kinderzuschlag gem. § 6a BKGG grds. vollständig, also auch in Höhe des Mindestbetrages von 300 EUR, als Einkommen angerechnet (§ 10 V BEEG).[579]

Durch die zum 1.1.2015 geplante Einführung eines neuen »**Elterngeld Plus**«[580] soll das Elterngeld besser auf die Bedürfnisse von Eltern abgestimmt werden, die in Teilzeit arbeiten. Statt einen Monat Elterngeld in voller Höhe zu beziehen, soll künftig alternativ für zwei Monate Elterngeld Plus in Höhe des halben Elterngeldes gewählt werden können (§ 4 III 1, 2 BEEG-E) – insgesamt also für maximal bis zu 24 + 4 Monate. Wenn beide Elternteile in vier aufeinander folgenden Monaten gleichzeitig in Teilzeit mit einer Arbeitszeit zwischen 25 und 30 Wochenstunden arbeiten, soll jedem Elternteil für diese Monate Anspruch auf einen »*Partnerschaftsbonus*« mit jeweils vier weiteren Monaten Elterngeld Plus eingeräumt werden (§ 4 IV 3 BEEG-E). Dadurch soll eine partnerschaftliche Aufteilung von familiären und beruflichen Aufgaben gefördert werden.

432a Auch bei dem zum 1.8.2013 eingeführten (umgangssprachlich »*Herdprämie*« genannten) **Betreuungsgeld**[581] handelt es sich um eine grds. einkommensunabhängige Leistung an Eltern. Diese erhalten sie für ein nach dem 1.8.2012 geborenes Kind, das sie selbst betreuen und erziehen und für das sie *keine Leistungen* nach den §§ 24 II, 22–23 SGB VIII in Anspruch nehmen (§ 4a I BEEG), also den sog. »*Rechtsanspruch auf einen Krippenplatz*« nicht nutzen. Wer demnach einen Sozialleistungsanspruch (den Anspruch auf frühkindliche Förderung in einer Tageseinrichtung oder in Kindertagespflege, §§ 24 II, 22–23 SGB VIII) für sein Kind nicht geltend macht, kann stattdessen eine andere Sozialleistung (= das Betreuungsgeld) erhalten!

Betreuungsgeld wird für bis zu 22 Monate in der Zeit vom 15. bis zum 36. Lebensmonat des Kindes in Höhe von 150 EUR monatlich (seit dem 1.8.2014, s. §§ 4b, 27 III 2 BEEG) gewährt. Eine verminderte Erwerbstätigkeit der Eltern ist nicht erforderlich, im Übrigen stimmen die Voraussetzungen aber mit denen der Elterngeldgewährung überein (s. § 4a I Nr. 1 BEEG – lesen!). Auch hier kommt es zu einer vollständigen Anrechnung auf Leistungen nach dem SGB II, dem SGB XII und auf den Kinderzuschlag gem. § 6a BKGG.

---

579 Geändert durch Art. 14 Haushaltsbegleitgesetz 2011 v. 9.12.2010, BGBl. I 1895.
580 S. den Entwurf der Bundesregierung für ein Gesetz zur Einführung des Elterngeld Plus mit Partnerschaftsbonus und einer flexibleren Elternzeit im Bundeselterngeld- und Elternzeitgesetz, BR-Drs. 355/14.
581 Gesetz zur Einführung eines Betreuungsgeldes (Betreuungsgeldgesetz) v. 15.2.2013, BGBl. I 254.

Elterngeld und Betreuungsgeld werden nur auf schriftlichen Antrag (§ 7 I 1 BEEG) gewährt. Zuständig sind die landesrechtlich bestimmten Behörden (§ 12 I BEEG), zB die Versorgungsämter oder die Jugendämter der Landkreise und kreisfreien Städte.[582]

8. Rehabilitation und Teilhabe behinderter Menschen

Soziale Rechte im Hinblick auf Leistungen zur Rehabilitation und Teilhabe behinderter Menschen werden in den §§ 10, 29 SGB I angesprochen. Vorschriften dazu finden sich in einer Vielzahl sozialrechtlicher Gesetze und in praktisch allen Zweigen der Sozialversicherung. Das SGB IX dient der Angleichung der Leistungen und Vorschriften der verschiedenen Sozialgesetze und kann als »allgemeiner Teil« des Rehabilitationsrechts[583] aufgefasst werden. Die betreffenden »Regelungen für behinderte und von Behinderung bedrohte Menschen« enthält Teil 1 des Gesetzes (§§ 1–67 SGB IX). Sie gelten für sämtliche Leistungen zur Teilhabe, soweit sich aus den für den jeweiligen Rehabilitationsträger geltenden Leistungsgesetzen nichts Abweichendes ergibt (§ 7 S. 1 SGB IX).

Von zentraler Bedeutung ist das Verfahren der umgehenden *Zuständigkeitsklärung* gem. § 14 I, II SGB IX. Nach dieser – nicht ganz einfach zu verstehenden – Vorschrift muss der Rehabilitationsträger seine Zuständigkeit innerhalb von zwei Wochen nach Antragstellung prüfen. Lässt er die Frist verstreichen, wird er nach § 14 II 1 SGB IX automatisch für die Leistungserbringung zuständig. Leitet er den Antrag rechtzeitig[584] an einen anderen Rehabilitationsträger weiter, ist dieser zuständig (§ 14 II 1, 3 SGB IX) und darf den Antrag nicht erneut weiterleiten.

Im Rahmen eines *Bundesleistungsgesetzes* für Menschen mit Behinderungen plant die Bundesregierung bis zum Jahr 2018 eine Reform der Eingliederungshilfe. Diese soll zu einem modernen Teilhaberecht weiterentwickelt und die Einführung eines *Bundesteilhabegeldes* geprüft werden, das stärker am bundeseinheitlich zu ermittelnden persönlichen Bedarf orientiert ist.[585] Die Eingliederungshilfe könnte im Zuge der Reform aus dem SGB XII sowie dem SGB VIII herausgelöst und in das SGB IX überführt werden.[586]

433

---

582 Zur Vertiefung s. zB *Waltermann* SozR Rn. 529 ff.; *BMAS* SozR Kap. 18 Tz. 54 ff.; *Erlenkämper/Fichte* SozR Kap. 23 Rn. 1 ff.

583 *Kittner/Deinert* ArbR/SozR, Arbeits- und Sozialrecht kompakt, 9. Aufl. 2013, Kap. 5.8; vgl. auch *Muckel/Ogorek* SozR § 14 Rn. 53.

584 Insoweit ist der **Zeitpunkt der Absendung** und nicht der des Eingangs **maßgeblich**, BSG Urt. v. 3.11.2011 – B 3 KR 8/11 R = BSGE 109, 199 ff.

585 S. Ziff. 4.1 (S. 111) des Koalitionsvertrages von CDU, CSU und SPD für die 18. Legislaturperiode vom 27.11.2013, abzurufen unter www.bundesregierung.de/Content/DE/StatischeSeiten/Breg/koalitionsvertrag-inhaltsverzeichnis.html. S. auch oben → **Rn. 407**.

586 Vgl. *Axmann/Welke*, Die Behindertenpolitik in der 18. Legislaturperiode, RdLH 2013, 155 ff.; *Welke*, Auswertung des Koalitionsvertrages mit Blick auf die Behindertenpolitik in Deutschland, RdLH 2014, 1 ff.

434 **Übersicht 37: Rehabilitationsrecht in den verschiedenen Büchern des SGB**[587]

Leistungen zur	SGB II	SGB III	SGB V	SGB VI	SGB VII	SGB VIII	SGB XI	SGB XII	BVG
medizinischen Rehabilitation § 5 Nr. 1 SGB IX			X	X	X	X	x*	X	X
Teilhabe am Arbeitsleben § 5 Nr. 2 SGB IX	X	X		X	X	X		X	X
Teilhabe am Leben in der Gemeinschaft § 5 Nr. 4 SGB IX					X	X		X	X

* Nur vorläufige Maßnahmen gem. § 32 SGB XI.

435 Für die Leistungserbringung legt das SGB IX vier wesentliche Grundsätze fest:[588]

1. »Prävention vor Rehabilitation« (§ 3 SGB IX),
2. »Integration statt Kompensation« (vgl. § 10 SGB I; §§ 1 S. 1; 2 I; 4 SGB IX),
3. »Vorrang ambulanter vor stationären Leistungen« (§ 19 II SGB IX) und
4. »Individualisierung und Eigenverantwortung« (§§ 9 I; § 17 II–IV SGB IX).

Es geht nicht ursachenorientiert um den Ausgleich der Behinderung als solcher, sondern zielorientiert um eine Nivellierung der gesellschaftlichen Folgewirkungen (Nr. 2). Noch besser ist es, wenn der Eintritt einer Behinderung ganz verhindert werden kann (Nr. 1). In der Regel sind ambulante Leistungen weniger belastend und preisgünstiger als stationäre (Nr. 3). Niemals darf der Betroffene aus den Augen verloren werden: Seinen berechtigten Wünschen ist zu entsprechen und ihm ein selbstständiges und selbstbestimmtes Leben zu ermöglichen (Nr. 4). Die Förderung eines möglichst selbstständigen und selbstbestimmten Lebens wurde im Zusammenhang mit der Reform der Sozialhilfe durch die Schaffung eines trägerübergreifenden **Persönlichen Budgets** als Gesamtbudget aller in Betracht kommenden Leistungen zum 1.7.2004 stärker als zuvor betont (s. § 17 II–IV SGB IX). Dadurch sollen behinderten und pflegebedürftigen Menschen auf Antrag regelmäßig Geld oder Gutscheine zur eigenverantwortlichen Zusammenstellung der erforderlichen Leistungen zur Verfügung gestellt werden. Ursprünglich waren Persönliche Budgets als Ermessensleistungen ausgestaltet. Seit dem 1.1.2008 haben Menschen mit Behinderungen nun einen Rechtsanspruch auf das Persönliche Budget (§ 159 V SGB IX – neben § 17 II SGB IX notieren!).

---

587 In Anlehnung an *BMAS* SozR Kap. 9 Tz. 14.
588 Vgl. *Moritz* ZFSH/SGB 2002, 204 (206 f.); *Muckel/Ogorek* SozR § 15 Rn. 54.

Das Gesetz unterteilt die Leistungen zur Rehabilitation und Teilhabe in vier Gruppen **436** (§ 5 SGB IX):

1. Leistungen zur medizinischen Rehabilitation (§§ 26 ff. SGB IX – Heilbehandlung uÄ),
2. Leistungen zur Teilhabe am Arbeitsleben (§§ 33 ff. SGB IX – unter anderem Berufsvorbereitung und Umschulung),
3. unterhaltssichernde und andere ergänzende Leistungen (§§ 44 ff. SGB IX – insbes. Entgeltersatzleistungen) und
4. Leistungen zur Teilhabe am Leben in der Gemeinschaft (§§ 55 ff. SGB IX – zB Förderung der Verständigung bei hörbehinderten Menschen).

Neben dem »allgemeinen Teil« des Rehabilitationsrechts enthält das SGB IX in Teil 2 **437** mit dem **Schwerbehindertenrecht** ferner besondere Regelungen zur Teilhabe schwerbehinderter Menschen (s. §§ 68 ff. SGB IX). Das Schwerbehindertenrecht ist im Wesentlichen nicht Sozialrecht, sondern Teil des Arbeitsrechts[589] (unter anderem besonderer Kündigungsschutz gem. §§ 85 ff. SGB IX, Zusatzurlaub nach § 125 SGB IX usw). Insbesondere über die Feststellung der Behinderteneigenschaft und des Grads der Behinderung (GdB; § 69 SGB IX)[590] wird im Streitfall jedoch von den Sozialgerichten entschieden.[591]

Ein Muster eines Schwerbehindertenausweises nach § 69 V SGB IX in der ab 2013 maßgeblichen Form zeigt Abbildung 4:

Abbildung 4: Schwerbehindertenausweis[592]

Der neue Schwerbehindertenausweis im Scheckkartenformat

Vorderseite   Rückseite

Größe: 85,60 mm x 53,98 mm x 0,76 mm

---

589 *Eichenhofer* SozR Rn. 530.

590 Nach § 69 I 5 SGB IX gelten bei der Feststellung des GdB die Maßstäbe des § 30 I BVG und der aufgrund des § 30 XVII BVG erlassenen Versorgungsmedizin-Verordnung. BGBl. 2008 I 2412, einschließlich der »**Versorgungsmedizinischen Grundsätze**« als Anlage zu § 2 entsprechend; → Rn. 389.

591 Zur Vertiefung s. zB *Erlenkämper/Fichte* SozR Kap. 19 Rn. 1 ff.; *BMAS* SozR Kap. 9; *Igl/Welti* SozR §§ 71 ff.; *Eichenhofer* SozR Rn. 518 ff.

592 Quelle: www.bmas.de/SharedDocs/Downloads/DE/PDF-Publikationen/a747-schwerbehindertenausweis.pdf.

Eine kurze Zusammenfassung zum vierten Kapitel (steuerfinanzierte Sozialleistungen) geben die nachfolgenden Übersichten 37 und 38.

438 Übersicht 38: Soziale Entschädigung und soziale Hilfe

A. Soziale Entschädigung	B. Soziale Hilfe
I. Wichtige Entschädigungstatbestände	**I. Leistungsberechtigter Personenkreis im Hilfefall (= Bedürftigkeit)**
1. § 1 BVG – Kriegsfolgen 2. §§ 80 ff. SVG – Wehrdienstbeschädigung 3. §§ 47 ff. ZDG – Zivildienstbeschädigung 4. §§ 60 ff. IfSG – Impfschaden 5. § 1 OEG – Folgen von Gewalttaten 6. StrRehaG, VwRehaG – SED-Unrecht	1. §§ 19 ff. SGB XII (Sozialhilfe, Grundsicherung im Alter und bei Erwerbsminderung) 2. § 7 I–III SGB II (Grundsicherung für Arbeitsuchende) 3. § 1 AsylbLG (Grundsicherung für Asylbewerber uÄ)
II. Entschädigungsleistungen	**II. Hilfeleistungen**
§§ 10 ff. BVG, auf die die anderen genannten Gesetze verweisen; umfasst sind insbesondere: • Heilbehandlung (§§ 10 f. BVG), • Beschädigtenrente (§ 31 BVG) und • Renten an Hinterbliebene (§§ 38 ff. BVG). (grds. Antrag erforderlich, vgl. § 18a I 1 BVG)	1. §§ 41 ff. SGB XII – Grundsicherung im Alter und bei Erwerbsminderung (auf Antrag) 2. §§ 19 ff. SGB II – Sicherung des Lebensunterhalts von erwerbsfähigen Hilfebedürftigen und ihren Angehörigen (Arbeitslosengeld II und Sozialgeld; auf Antrag) 3. §§ 2 ff. AsylbLG – Grundleistungen, Leistungen bei Krankheit, Schwangerschaft und Geburt als Sachleistungen für Asylbewerber uÄ (vAw) 4. §§ 27 ff. SGB XII – Hilfe zum Lebensunterhalt (vAw) 5. §§ 14 ff. SGB II – Leistungen zur Eingliederung erwerbsfähiger Hilfebedürftiger in Arbeit (auf Antrag; s. aber §§ 3 II, 15a SGB II) 6. §§ 47–74 SGB XII – Hilfen in weiteren besonderen Lebenslagen
III. Zuständigkeit	**III. Zuständigkeit**
vor allem Versorgungsämter, Landesversorgungsämter, s. § 24 II SGB I	1. §§ 97 f., 3 II SGB XII – vor allem Kreise und kreisfreie Städte 2. §§ 6, 36 SGB II – Agenturen für Arbeit sowie kommunale Träger unter der Bezeichnung »Jobcenter« (§ 6d SGB II) 3. §§ 10, 11 AsylbLG – landesrechtlich bestimmte Behörde

Übersicht 39: Soziale Förderung

<table>
<tr><td colspan="2">C. Soziale Förderung</td></tr>
<tr><td colspan="2">I. Kinder- und Jugendhilfe (SGB VIII)</td></tr>
<tr><td colspan="2">→ Kein typisches Sozialleistungsgesetz, vor allem infrastrukturelle Aufgaben der Jugendhilfeträger (§§ 11–41 SGB VIII); daneben »andere Aufgaben« (unter anderem Eingriffsbefugnisse, Mitwirkung bei Gerichtsverfahren – §§ 42–60 SGB VIII)

1. Leistungsberechtigter Personenkreis: §§ 6, 7 SGB VIII

2. »Leistungen«: §§ 11–41 SGB VIII

3. Zuständig: insbesondere Kreise und kreisfreie Städte als Träger der öffentlichen Jugendhilfe, Leistungserbringung unter Einbindung freier Träger (§§ 3, 85 ff. SGB VIII)</td></tr>
<tr><td colspan="2">II. Ausbildungsförderung (BAföG)</td></tr>
<tr><td colspan="2">→ Förderung der Ausbildung an Schulen und Hochschulen bei Bedürftigkeit (daneben Förderung der beruflichen Aus- und Weiterbildung gem. §§ 59 ff., 77 ff. SGB III)

1. a) Leistungsberechtigter Personenkreis: §§ 8 ff. BAföG

   b) Förderungsfall: förderungsfähige Ausbildung (§ 2 ff. BAföG)

2. Leistungen: Auf Antrag Zuschüsse und Darlehen für Lebensunterhalt und Ausbildungsbedarf (§§ 11 I, 46 I BAföG); Einkommen und Vermögen werden grds. angerechnet (§§ 11 II; 21 ff., 26 ff. BAföG)

3. Zuständig: Ämter für Ausbildungsförderung (§§ 39 ff. BAföG)</td></tr>
<tr><td colspan="2">III. Zuschuss für eine angemessene Wohnung (WoGG)</td></tr>
<tr><td colspan="2">1. a) Leistungsberechtigter Personenkreis: vor allem Mieter, Eigentümer (§§ 3 I 1, II WoGG)

   b) Förderungsfall: bei Bedürftigkeit (vgl. §§ 4, 19 WoGG iVm Anlage 2)

2. Leistungen: Auf Antrag Miet- oder Lastenzuschuss für angemessene Wohnung (§§ 1 II, 22 I, 19 WoGG)

3. Zuständig: idR kreisfreie Städte und Kreise (§ 24 I WoGG)</td></tr>
<tr><td colspan="2">IV. Minderung des Familienaufwands (EStG, BKGG, BEEG)</td></tr>
<tr><td>1. Kindergeld (EStG, BKGG):</td><td>3. Elterngeld und Betreuungsgeld
(§§ 1–14 BEEG)</td></tr>
<tr><td>Einkommensunabhängig auf Antrag als monatliche Steuervergütung an einen Elternteil für jedes Kind, idR gem. §§ 62 ff. EStG (ausnahmsweise gem. BKGG); zuständig: Familienkasse (= Arbeitsagentur)</td><td rowspan="2">a) Elterngeld (Finanzieller Ausgleich bei Betreuung eines Kleinkindes)

→ Leistungsberechtigung: § 1 I BEEG

→ Leistung: Elterngeld auf Antrag; für ein Elternteil maximal für zwölf Monate; weitere zwei Monate bei Betreuungsbeteiligung des anderen Elternteils (sog. Partnermonate); einkommensabhängige Lohnersatzleistung; Gewährung grds. unabhängig von wirt. Bedürftigkeit

b) Betreuungsgeld (Ausgleich für Nichtinanspruchnahme des Anspruchs auf frühkindliche Förderung gem. §§ 24 II, 22–23 SGB VIII)

→ Auf Antrag für maximal 22 Monate; grds. unabhängig von wirt. Bedürftigkeit; Höhe: 150 EUR (seit 1.8.2014)

c) Zuständigkeit: nach Landesrecht (§ 12 I BEEG)</td></tr>
<tr><td>2. Kinderzuschlag (§ 6a BKGG):
Bei Bedürftigkeit auf Antrag an Kindergeldberechtigte, die ohne diese Leistung Anspruch auf Arbeitslosengeld II oder Sozialgeld nach dem SGB II hätten; Zuständig: Familienkasse (= Arbeitsagentur)</td></tr>
<tr><td colspan="2">V. Rehabilitation und Teilhabe behinderter Menschen (SGB IX)</td></tr>
<tr><td colspan="2">Das SGB IX enthält den »allgemeinen Teil« des Rehabilitationsrechts (§§ 1–67 SGB IX), das im Übrigen in den Leistungsgesetzen geregelt ist (s. Übersicht 34 bei → Rn. 434),

und das überwiegend dem Arbeitsrecht zuzuordnende Schwerbehindertenrecht (§§ 68 ff. SGB IX)</td></tr>
</table>

5. Kapitel. Rechtsschutz im Sozialrecht

I. Rechtsschutz vor den Verwaltungsgerichten

Sozialrecht ist öffentliches Recht. Sofern keine Sonderzuweisung besteht, sind daher **439** für sozialrechtliche Streitigkeiten die allgemeinen Verwaltungsgerichte zuständig (§ 40 I 1 VwGO). In die Zuständigkeit der Verwaltungsgerichte fällt zB das Wohngeldrecht, das Recht der Jugendhilfe und das Recht der Ausbildungsförderung. Insoweit gelten prinzipiell die allgemeinen Vorschriften der VwGO. Folgende Besonderheiten ergeben sich allerdings:

1. Es besteht grds. *Gerichtskostenfreiheit* gem. § 188 S. 2 VwGO und
2. für diese Rechtsmaterien sollen *Fachkammern* bei den Verwaltungsgerichten gebildet werden (s. § 188 S. 1 VwGO).[593]

II. Rechtsschutz vor den Sozialgerichten

1. Aufbau der Sozialgerichtsbarkeit

Wie die meisten Gerichtsbarkeiten ist auch die Sozialgerichtsbarkeit dreistufig gliedert (§ 2 Sozialgerichtsgesetz – SGG). Die Sozialgerichte (SG) entscheiden im ersten **440** Rechtszug grds. über alle Streitigkeiten, für die der Rechtsweg zu den Gerichten der Sozialgerichtsbarkeit eröffnet ist (§ 8 SGG). Sie sind nach Rechtsmaterien in *Fachkammern* gegliedert, die jeweils mit einem Berufsrichter als Vorsitzendem sowie zwei ehrenamtlichen Richtern besetzt sind (§§ 10, 12 SGG). Im zweiten Rechtszug befinden die Landessozialgerichte (LSGe) vor allem über Berufungen gegen die Urteile der Sozialgerichte (§§ 28 ff., 29 I, 143 ff. SGG). Seit dem 1.4.2008 sind die LSGe selbst *erstinstanzlich* für bestimmte Verfahren (insbes. Klagen gegen Entscheidungen der Schiedsämter und Schiedsstellen nach SGB V und SGB XI) zuständig, in denen es weniger um Tatsachen, sondern zumeist um übergeordnete Rechtsfragen geht (§ 29 II–IV SGG).[594] Das Bundessozialgericht (BSG) mit Sitz in Kassel entscheidet unter anderem über das Rechtsmittel der Revision (§§ 38 ff., 39 I 160 ff. SGG). Bei den LSGen sowie dem BSG bestehen *Fachsenate*, die jeweils mit einem Berufsrichter als Vorsitzendem sowie zwei weiteren Berufsrichtern und zwei ehrenamtlichen Richtern besetzt sind (§§ 31, 33, 40 SGG).

2. Besonderheiten des sozialgerichtlichen Verfahrens

Die Sozialgerichte sind besondere Verwaltungsgerichte (s. § 1 SGG). Das Verfahren **441** ähnelt daher stark dem Verfahren nach der VwGO, insbesondere gilt auch hier der *Amtsermittlungsgrundsatz* (s. § 103 SGG). Es weist jedoch einige Besonderheiten vor allem dadurch auf, dass es besonders klägerfreundlich ausgestaltet ist (*Grundsatz der*

---

593 Ausf. zum sozialrechtlichen Rechtsschutz vor den Verwaltungsgerichten: *Igl/Welti* § 81 Rn. 1 ff.; *Erlenkämper/Fichte* SozR Kap. 30 Rn. 1 ff.
594 Geändert durch Art. 1 des Gesetzes zur Änderung des Sozialgerichtsgesetzes und des Arbeitsgerichtsgesetzes v. 26.3.2008, BGBl. I 444.

Klägerfreundlichkeit des sozialgerichtlichen Verfahrens)[595]. Die formalen Anforderungen an die Klageerhebung wurden zwar erhöht, sind aber immer noch sehr gering (lesen Sie §§ 90, 92 I SGG!). Sogar eine Klageerhebung bei einer beliebigen inländischen Behörde wahrt die Klagefrist (§ 91 I SGG). Nur vor dem BSG besteht Vertretungszwang (§ 73 IV SGG), vor dem SG und dem LSG können die Beteiligten den Prozess selbst führen (§ 73 I SGG).

442 Für Versicherte in der Sozialversicherung und sonstige (potentielle) Leistungsbezieher ist das Verfahren *gerichtskostenfrei* (§ 183 SGG). Für andere Kläger oder Beklagte (insbes. Arbeitgeber) gelten grds. *Pauschgebühren*, die unabhängig vom Obsiegen oder Unterliegen zu entrichten sind (§ 184 SGG). Diese Personen können auch bei vollständigem Obsiegen keine Erstattung ihrer Aufwendungen (va Anwaltskosten) verlangen (§ 193 IV SGG). Versicherte und Leistungsempfänger, die im Prozess unterliegen, haben daher auch die *außergerichtlichen Kosten* des Gegners nicht zu tragen; ihnen selbst kann aber uU ein Anspruch auf Kostenersatz zustehen (§ 193 I–III SGG).

Wird ein angefochtener Verwaltungsakt nach Klageerhebung und Erlass des Widerspruchsbescheides durch einen neuen abgeändert oder ersetzt, so wird auch der neue Verwaltungsakt Gegenstand des Verfahrens (§ 96 SGG).

Sozialrechtliche Ansprüche hängen oft vom Gesundheitszustand des Betroffenen ab, der deshalb ggf. während des Verfahrens von einem Gutachter untersucht werden muss. Auf Antrag des Betroffenen muss (ggf. zusätzlich und idR nur gegen Kostenvorschuss) ein bestimmter Arzt gutachtlich gehört werden, § 109 I SGG (nicht vergessen: alle Vorschriften lesen!).

443 Weitere Einzelheiten wollen wir uns anhand von Übungsfall 14 ansehen.

Übungsfall 14

Der 99 Jahre alte R wohnt in Cottbus und bezieht Altersrente von der DRV Berlin-Brandenburg. Mit Bescheid vom 6. Januar setzte die DRV Berlin-Brandenburg die Rente des R herab. R erhob dagegen am 10. Januar schriftlich Widerspruch. Auf seine telefonische Nachfrage am 20. April erhielt er die Auskunft, dass die DRV Berlin-Brandenburg schon seit Jahren hoffnungslos überlastet sei. R solle doch bitte noch etwas Geduld haben.

Die hat R nicht, da er seine Rente ungeschmälert gerne noch zu Lebzeiten ausgeben möchte. Kann er sein Begehren mit einer Klage vor dem Sozialgericht durchsetzen?

---

3. Rechtsweg und Zuständigkeit

444 Neben den auch im Sozialrecht möglichen formlosen Rechtsbehelfen (va Aufsichts- und Dienstaufsichtsbeschwerde) könnte hier eine Klage als förmlicher Rechtsbehelf in Frage kommen.

▪ Gehen Sie zunächst von Ihren verwaltungsprozessrechtlichen Kenntnissen aus und überlegen Sie, was bei einem förmlichen Rechtsbehelf zum Sozialgericht zuerst zu prüfen ist!

▶ In jedem Fall müsste der Sozialrechtsweg eröffnet sein!

---

595 *Gitter/Schmitt* SozR § 52 Rn. 8.

Nach § 51 I SGG (ganz lesen!) entscheiden die Gerichte der Sozialgerichtsbarkeit über die dort aufgeführten *öffentlich-rechtlichen* Streitigkeiten sowie weitere durch Gesetz zugewiesene Materien (§ 51 I Nr. 10 SGG). Umfasst sind praktisch alle Bereiche der gesetzlichen Sozialversicherung sowie große Teile des sozialen Entschädigungsrechts. Seit dem 1.1.2005 sind Streitigkeiten nach dem SGB II der Sozialgerichten ebenso zugewiesen, wie die bis dahin bei den allgemeinen Verwaltungsgerichten angesiedelten Angelegenheiten der Sozialhilfe (§ 51 I Nr. 4a und 6a SGG).[596] Ferner ist der Sozialrechtsweg im Bereich der gesetzlichen Kranken- sowie der gesetzlichen und privaten Pflegeversicherung auch für *privatrechtliche* (unter anderem wettbewerbsrechtliche) Streitigkeiten eröffnet (§ 51 II SGG).

▨ Was bedeutet dies nun für Fall 13?   445

▷ R möchte sich in einer Angelegenheit der gesetzlichen Rentenversicherung an das Sozialgericht wenden. Diese ist öffentlich-rechtlicher Natur, da ein Bescheid nur im Über-Unterordnungsverhältnis ergehen kann,[597] sodass der Sozialrechtsweg gem. § 51 I Nr. 1 SGG gegeben ist.

Wäre der Sozialrechtsweg nicht eröffnet, müsste das Sozialgericht den Rechtsstreit von Amts wegen und mit bindender Wirkung an das zuständige Gericht des jeweiligen Rechtswegs verweisen (§ 17a II GVG).

Ob das Sozialgericht (§ 8 SGG) örtlich zuständig ist, richtet sich nach dem Wohnsitz des Klägers, bei Klagen eines Sozialleistungsträgers gegen eine natürliche Person oder eine juristische Person des Privatrechts jedoch nach dem Sitz oder Wohnsitz des Beklagten (s. § 57 I SGG). Hier wäre daher (iVm den landesrechtlichen Regelungen) das Sozialgericht Cottbus zuständig.

4. Klagearten und einstweiliger Rechtsschutz

Die Klagearten des SGG sind in den §§ 54 f., 88, 131 I 3 SGG geregelt. Sie entspre-   446
chen grds. denen der VwGO; auch hinsichtlich Klagebefugnis (§ 54 I 2, II SGG) und Feststellungsinteresse (§ 55 I aE SGG) ähneln sich die Anforderungen Allerdings umfasst die sozialgerichtliche Verpflichtungsklage nicht automatisch die Aufhebung eines ergangenen ablehnenden Bescheids, sondern muss als »*kombinierte Anfechtungs- und Verpflichtungsklage*« erhoben werden. Betrifft der angefochtene Verwaltungsakt eine Leistung, auf die ein Rechtsanspruch besteht, ist im Wege der »*kombinierten Anfechtungs- und Leistungsklage*« gem. § 54 I, IV SGG vorzugehen und es kann neben der Aufhebung des Verwaltungsakts unmittelbar die Leistung verlangt werden. Da insbesondere im Sozialversicherungsrecht überwiegend Rechtsansprüche auf Leistungen bestehen, ist die kombinierte Anfechtungs- und Leistungsklage die typische sozialrechtliche Klageart. Vor der Erhebung einer Anfechtungs- oder Verpflichtungsklage sind Rechtmäßigkeit und Zweckmäßigkeit des Verwaltungsakts in einem – kostenfreien (§ 64 I SGB X) – *Vorverfahren* (Widerspruchsverfahren) nachzuprüfen (§ 78 I, III SGG). Ein Vorverfahren gem. den §§ 78 ff. SGG ist auch bei der kombinierten Anfechtungs- und Leistungsklage erforderlich.

---

596 Allgemein zur Frage der Zuständigkeit der Sozialgerichte für Angelegenheiten nach dem Sozialgesetzbuch: *Waibel* SGb 2005, 215 ff.

597 Zur Abgrenzung des öffentlichen Rechts vom Privatrecht s. zB *Wörlen/Metzler-Müller* BGB AT Rn. 13 ff.

447   Zurück zu unserem Fall!

▦   In welchem Verfahren könnte R seine Rente besonders schnell wieder ungekürzt erhalten? Überlegen Sie!

▶   Im Verfahren des vorläufigen Rechtsschutzes!

Dieses ist in § 86b I und II SGG geregelt. Denkbar wäre ein Antrag auf Anordnung der aufschiebenden Wirkung des Widerspruchs (s. § 86a II Nr. 3 SGG) gem. § 86b I 1 Nr. 2 SGG. § 86b I SGG entspricht im Wesentlichen § 80 V VwGO, § 86b II SGG grds. § 123 VwGO. Darauf kommt es hier jedoch nicht an, da ausdrücklich nur nach einer »Klage« und nicht nach anderen Rechtsschutzmöglichkeiten gefragt ist.

▦   Welche Klageart könnte in Betracht kommen? (Überlegen Sie, welches Klageziel R anstrebt!)

▶   R geht es zunächst darum, überhaupt eine Widerspruchsentscheidung zu erhalten! In derartigen Fällen greift § 88 SGG. Die *Untätigkeitsklage* nach dem SGG wird angesichts § 131 III SGG als »echte« Untätigkeitsklage iS einer nur auf Erlass eines Bescheids oder Widerspruchsbescheids gerichteten Klage aufgefasst[598] und unterscheidet sich damit von dem Verständnis der Untätigkeitsklage nach § 75 VwGO.[599]

448   Eine Untätigkeitsklage ist gem. § 88 SGG statthaft, wenn über einen Antrag auf Erlass eines Verwaltungsaktes innerhalb von sechs (Abs. 1) oder über einen Widerspruch innerhalb von drei (Abs. 2) Monaten nicht entschieden wurde. Da über den Widerspruch des R nicht innerhalb von drei Monaten entschieden wurde, stellt sich die Frage, ob hier ein »zureichender Grund« für die Verzögerung vorlag.

▦   Wie würden *Sie* entscheiden? Versuchen Sie ihre Auffassung zu begründen!

▶   Da in der Behörde die üblichen Arbeitsumstände und -bedingungen vorlagen, ist nicht ersichtlich, worin ein anzuerkennender besonderer Verzögerungsgrund liegen könnte!

Weil auch die übrigen Zulässigkeitsvoraussetzungen gegeben sind und das Gesetz keine weiteren Anforderungen aufstellt, ist damit die Untätigkeitsklage des R nicht nur zulässig, sondern zugleich auch begründet! Das Sozialgericht wird die DRV Berlin-Brandenburg zum Erlass eines Widerspruchsbescheids verurteilen. Ergeht der erstrebte Bescheid – wie im Regelfall – noch während des gerichtlichen Verfahrens, hat sich dieses damit erledigt; allerdings hätte R die Möglichkeit, gegen einen ablehnenden Widerspruchsbescheid erneut Klage zu erheben oder die bisherige Klage umzustellen (§ 99 III Nr. 3 SGG).[600]

---

598   S. zB Meyer-Ladewig/Keller/Leitherer/*Leitherer* SGG § 88 Rn. 2, 9b.

599   Die **verwaltungsrechtliche Untätigkeitsklage** wird lediglich als Möglichkeit verstanden, auch ohne abgeschlossenes Widerspruchsverfahren Klage erheben zu können, s. zB *Kopp/Schenke* VwGO § 75 Rn. 1; ob eine Verpflichtungsklage auf Erteilung eines Widerspruchsbescheids statthaft ist, ist für die VwGO streitig; dafür zB *Kopp/Schenke* VwGO Vorb. § 68 Rn. 13 mwN auch zu der vor allem von der Rspr. vertretenen Gegenmeinung.

600   Instruktiv zum Thema: *Francke/Dörr,* Verfahren nach dem Sozialgerichtsgesetz (mit zahlreichen Beispielen und Übungsaufgaben), 2. Aufl. 2009; sowie – mit Schriftsatzmustern – *Herold-Tews,* Der Sozialgerichtsprozess – Darstellung mit Schriftsatzmustern, 6. Aufl. 2012; und *Körner/Rittweger,* Fallbuch Sozialrecht, 2012. Zu nunmehr 60 Jahren Sozialgerichtsgesetz, s. *P. Becker* SGb 2014, 1 ff.; *Krasney* WzS 2014, 3 ff.

Übersicht 40: Rechtsschutz im Sozialrecht

449

A. Rechtsschutz vor den Verwaltungsgerichten: VwGO	
Besonderheiten: Fachkammern (§ 188 S. 1 VwGO), Gerichtskostenfreiheit (§ 188 S. 2 VwGO)	

B. Rechtsschutz vor den Sozialgerichten: SGG	
Besonderheiten	**Zulässigkeitsprüfung einer Klage**[601]
I. **Dreistufiger Aufbau** (ehrenamtliche Richter in allen Instanzen, §§ 9 I, 12; 33; 40[602])	1. **Rechtswegeröffnung**, § 51
1. Sozialgerichte, §§ 7 ff. (Fachkammern)	2. **Ordnungsgemäße Klageerhebung**, §§ 90, 92
2. Landessozialgerichte, §§ 28 ff. (Fachsenate)	3. **Beteiligten-, Partei- und Prozessfähigkeit**, §§ 69 ff.
3. Bundessozialgericht mit Sitz in Kassel, §§ 38 ff. (Fachsenate) (nur hier Vertretungszwang, § 73 I, IV)	4. **Zuständiges Gericht**, §§ 8, 29, 39, 57 f. (maßgebend ist idR der Wohnsitz einer natürlichen Person, unabhängig davon, ob diese Kläger oder Beklagter ist)
II. **Grundsatz der Klägerfreundlichkeit**	5. **Richtige Klageart**, §§ 54 f., 88, 131 I 3 (Besonderheit: kombinierte Anfechtungs- und Leistungsklage, § 54 I, IV)
1. geringe formale Anforderungen, §§ 91, 92	6. **Beschwer/Feststellungsinteresse**, §§ 54 I 2, II; 55 I aE
2. Gerichtskostenfreiheit für Versicherte und Leistungsbezieher, § 183 (iÜ Pauschgebühren, § 184)	7. **Vorverfahren**, §§ 78 ff.
3. Erstattung außergerichtlicher Kosten nur für Versicherte und Leistungsbezieher möglich, § 193 I, IV	8. **Klagefrist**, §§ 87, 89, 91
4. Pflicht zur Anhörung eines bestimmten Arztes als Gutachter (§ 109 I – icR nur gegen Kostenvorschuss)	9. **Rechtsschutzbedürfnis**
III. **Ändernde Verwaltungsakte** werden automatisch Gegenstand des Verfahrens, § 96	10. ggf. **Beiladung**, § 75

---

601 Vgl. auch *Bley/Kreikebohm/Marschner* SozR Rn. 1217; *Muckel/Ogorek* SozR § 18 Rn. 13; *Schnapp/Schmitt* Übungen SozR 11.

602 §§ ohne Gesetzesbezeichnung sind solche des SGG.

Sachregister

(Die Zahlen beziehen sich auf die Randnummern.)